D1749707

325797

GESELLSCHAFT FÜR RHEINISCHE GESCHICHTSKUNDE

RHEINISCHE LEBENSBILDER

BAND 1

RHEINLAND-VERLAG GMBH · KÖLN · 1983

RHEINISCHE LEBENSBILDER

BAND 1

Im Auftrag der Gesellschaft für rheinische Geschichtskunde

herausgegeben von Edmund Strutz

RHEINLAND-VERLAG GMBH · KÖLN · 1983

3 unveränderte Auflage 1983
ISBN 3-7927-0717-9
Rheinland-Verlag GmbH - Köln 1961
Druck: Proff GmbH & Co. KG. - Bad Honnef

GELEITWORT

Die Gesellschaft für Rheinische Geschichtskunde ist eine Körperschaft, die seit langen Jahrzehnten, getreu ihrem Gründungsauftrage von 1881, der gelehrten Forschung dient, im wesentlichen durch die kritische Sichtung und Edition vielfältiger Quellen. Darstellende Geschichtsschreibung soll dagegen im Grundsatz keine Obliegenheit solcher Gremien sein, sie bleibt in thematischer Konzeption und schriftstellerischer Formung immer von der Entscheidung und Leistung des einzelnen bestimmt. Allen Bemühungen aber, fundierte Kenntnis und waches Verständnis rheinischer Geschichte auch über den Kreis der Fachhistoriker hinaus zu vermitteln, gebührt ein aufmerksames Interesse der Rheinischen Gesellschaft, und hierbei darf sie sich auch zu fördernder Anregung und behutsamer Lenkung berufen fühlen. So hat sie seit 1931 in loser Folge eine Auswahl der bei ihren Jahresversammlungen gehaltenen Vorträge der Öffentlichkeit vorgelegt, nachdem sie bereits 1922 die Publikation einer von neun namhaften Gelehrten erarbeiteten zweibändigen „Geschichte des Rheinlandes" in die Hand genommen hatte, die als umfassende, aber doch überschaubare Synthese bis heute ihren grundlegenden Wert hat behaupten können.

Erstmals im Jahre 1936 regte Prof. Dr. Max Braubach (Bonn) im Vorstand der Gesellschaft an, neben den großen Quellenwerken, die sich nur an die gelehrte Fachwelt wenden, eine auch für die Hand des interessierten Geschichtsfreundes bestimmte Reihe von „Lebensbildern" zu begründen. Das ermutigende Beispiel anderer historischer Landschaften, in denen sich Veröffentlichungen dieser Art unter der Betreuung durch ähnliche Körperschaften seit langem bewährt haben, war dabei nicht ohne Einfluß. In der Tat eignet sich die Sammlung wissenschaftlich unterbauter, aber allgemeinverständlich gehaltener, der literarischen Form des Essay nahestehender Kurzbiographien aufs beste zur konkret-veranschaulichenden Einführung in eine vielgestaltige Vergangenheit; sie erlaubt es, die im Grunde untunliche zentrale Planung auf das unvermeidliche Mindestmaß zu beschränken, sie läßt den Neigungen der Mitarbeiter weiten Spielraum, während sie für den Leser den Anreiz mehrt und den Zugang erleichtert. Die der wissenschaftlichen Arbeit nicht förderlichen Jahre vor, in und nach dem Kriege ließen den Plan der Rheinischen Lebensbilder fürs erste nicht zur Reife gedeihen, aber er blieb unvergessen und wurde seit 1955/56 von neuem aufgegriffen, sogar von zwei Seiten. Prof. Braubach kam auf seine Anregung zurück; er gewann dafür den Vorstand der Gesellschaft, aber auch das verständnisvolle Interesse des neukonstituierten Landschaftsverbandes Rheinland, der die unentbehrliche wirtschaftliche Sicherung zusagte. Unabhängig davon aber hatte der seit Jahrzehnten um die Geschichte seiner bergischen Heimat verdiente Regierungsvizepräsident i. R. Dr. Edmund Strutz (Wermelskirchen) bereits mit der Vorbereitung von „Bergischen Lebensbildern" begonnen. Nichts lag näher, als die beiden Vorhaben zu vereinigen: Dr. Strutz übernahm die Federführung für den ersten Band, und ein neugebildeter Redaktionsausschuß, der sich zugleich um eine Erweiterung des Mitarbeiterkreises bemühte, trat ihm zur Seite. Daraus ist eine erste Streuung und Sammlung von knappen Biographien erwachsen, die, zeitlich sowohl wie thematisch, einen weiten Bogen über ein volles Jahrtausend rheinisch-deutscher Vergangenheit spannen und fünfzehn Persönlichkeiten, die durch Herkunft oder Wirken den Rheinlanden verbunden waren, allen Freunden rheinischer Geschichte nahebringen wollen. In einigen Fällen haben die Autoren erstmals die Lebensgeschichte ihres Helden im ganzen nach den Grundsätzen historischer Kritik aufgehellt und darüber in einem Anmerkungsapparat Rechenschaft abgelegt; im übrigen aber bedingte der Zweck der Sammlung einen Verzicht auf stetes gelehrtes Beiwerk. Jedem Beitrag folgen jedoch orientierende Hinweise für denjenigen Leser, bei dem der Wunsch nach tiefer eindringender Beschäftigung mit Zeit, Person und Umwelt wachgeworden ist.

Allen, die sich um die Entstehung des Bandes gemüht haben – vor allem den Verfassern, aber auch Herrn Dr. Strutz und seinen Helfern, dem Landschaftsverband, dem Verlag –, sei herzlich gedankt. Dem Bande selber wünschen wir eine freundliche Aufnahme und viele Nachfolger.

Im Juli 1961
Der Vorsitzende der Gesellschaft
für Rheinische Geschichtskunde
THEODOR SCHIEFFER

INHALT

	Geleitwort	
ROBERT HAASS	Bruno I., Erzbischof von Köln (925–965)	1
GERHARD KALLEN	Philipp von Heinsberg, Erzbischof von Köln (etwa 1130–1191)	12
ERICH WISPLINGHOFF	Engelbert I. von Berg, Erzbischof von Köln (etwa 1182–1225)	30
GEORG DROEGE	Dietrich von Moers, Erzbischof und Kurfürst von Köln (etwa 1385–1463)	49
HELMUT LAHRKAMP	Jost Maximilian Graf von Gronsfeld (1598–1662)	66
MAX BRAUBACH	Johann Wilhelm, Kurfürst von der Pfalz, Herzog von Jülich und Berg (1658–1716)	83
EDMUND STRUTZ	Elias Eller, der Gründer der Stadt Ronsdorf (1690–1750)	102
PAUL SCHOENEN	Johann Joseph Couven, Architekt der Reichsstadt Aachen (1701–1763)	121
MARIE LUISE BAUM	Johann Gottfried Brügelmann (1750–1802)	136
JOHANNES STEUDEL	Johannes Müller (1801–1858)	152
EDITH ENNEN	Gottfried Kinkel (1815–1882)	168
HANS HERTER	Franz Bücheler (1837–1908)	189
LEO NORPOTH	Ferdinand Sauerbruch (1875–1951)	207
INGE MEIDINGER-GEISE	Heinrich Lersch (1889–1936)	224
BERNHARD POLL	Franz Oppenhoff (1902–1945)	244

MITARBEITER

MARIE LUISE BAUM, Diplombibliothekarin, Wuppertal-Elberfeld. – DR. PHIL. MAX BRAUBACH, Universitätsprofessor, Bonn. – DR. PHIL. GEORG DROEGE, Assistent am Institut für geschichtliche Landeskunde der Rheinlande an der Universität Bonn. – DR. PHIL. EDITH ENNEN, Städt. Archivrätin, Bonn. – D. DR. PHIL. ROBERT HAASS, Monsignore, Universitätsdozent, Direktor des Historischen Archivs des Erzbistums Köln, Köln. – DR. PHIL. HANS HERTER, Universitätsprofessor, Bonn. – DR. JUR. DR. PHIL. GERHARD KALLEN, Universitätsprofessor, Neuß. – DR. PHIL. HELMUT LAHRKAMP, Staatsarchivrat, Düsseldorf. – DR. PHIL. INGEBORG MEIDINGER-GEISE, Erlangen. – DR. MED. DR. PHIL. LEO NORPOTH, Professor, Essen. – DR. PHIL. BERNHARD POLL, Archivdirektor, Aachen. – DR. PHIL. PAUL SCHOENEN, Professor, Aachen. – DR. MED. DR. PHIL. JOHANNES STEUDEL, Universitätsprofessor, Bonn. – DR. JUR. EDMUND STRUTZ, Regierungsvizepräsident a. D., Wermelskirchen. – DR. PHIL. ERICH WISPLINGHOFF, Staatsarchivassessor, Düsseldorf.

BRUNO I.

ERZBISCHOF VON KÖLN
(925–965)

Von Robert Haaß

Die Regierungszeit Brunos bezeichnet in der rheinischen Geschichte, insbesondere in der Geschichte des Erzbistums Köln, einen tiefen Einschnitt. Als Erzbischof Wichfrid (Wigfrid) am 9. Juli 953 gestorben war, wählte man wenige Tage später Brun(o), den Bruder Ottos d. Gr., zu seinem Nachfolger. König Otto selbst war auf die Kunde von dem zu erwartenden Ableben Wichfrids schon vorher (nach Ostern) in Köln gewesen, offenbar um bei der Neubesetzung des überaus wichtigen Metropolitansitzes in dem unruhigen Lothringen seinen Einfluß geltend zu machen. Die Wahl seines jüngsten Bruders war ein hervorragender politischer Erfolg des Königs, aber auch für das Erzbistum von großer kirchlicher Bedeutung. Es ist darum von hohem Reiz, Bruns Bestrebungen zu verfolgen und die Ideale herauszustellen, für die er sich eingesetzt hat, zumal wir durch Ruotgers Vita Brunonis über ihn sehr gut unterrichtet sind.

I.

Der Neugewählte, jüngster Sohn König Heinrichs I., des ersten ostfränkischen (deutschen) Königs aus dem Hause der Liudolfinger, und der Mathilde, Tochter des vornehmen und reichen Grafen Dietrich, eines direkten Nachkommen des berühmten Sachsenherzogs Widukind, war im Jahre 925 geboren und, wie es scheint, von Anfang an für eine hohe kirchliche Laufbahn ausersehen. Mit vier Jahren kam der junge Königssohn zu Bischof Balderich von Utrecht, um an der dortigen Domschule herangebildet zu werden. Daß man ihn nicht zu dem sächsischen Benediktinerkloster Korvey schickte, was an sich näher gelegen hätte, sondern nach Utrecht, beruht wohl auf persönlichen Beziehungen des Bischofs zur Königsfamilie. Bruno erhielt eine für die damalige Zeit sehr gute Erziehung und Ausbildung, und in dem zu Lothringen gehörigen Utrecht, dessen Bischof selbst einem lothringischen Grafenhause entstammte, bahnten sich manche Beziehungen zum lothringischen Adel an, die später für ihn von großem Nutzen werden sollten. An der Domschule erwarb er sich u. a. einen guten lateinischen Stil. War das für ihn, der schon 940 das Amt des Kanzlers am Königshofe übernahm, eine gewisse Notwendigkeit, so begeisterte er sich darüber hinaus für die Formenschönheit der Sprache, die er an dem spätlateinischen christlichen Dichter Prudentius, dann auch an klassischen Autoren (Vergil, Cicero u. a.) bewundern lernte. Sogar die griechische Sprache wurde ihm vertraut. Es war der Ire Israel, ein Missionsbischof, der ihm in Utrecht die Antike nahegebracht hatte. Auch nach seiner Rückkehr an den königlichen Hof wurde Bruno bald der Mittelpunkt aller gelehrten Bestrebungen, die übrigens sein königlicher Bruder nach Kräften förderte. Bis zu seinem frühen Lebensende bewahrte er sich eine große Vorliebe für literarische Studien. Im Jahre 950 wurde er Kommendatarabt des berühmten Klosters Lorsch (bei Worms) und begleitete im folgenden Jahre Otto I. auf dessen erster Heerfahrt nach Italien, auf der Otto die alte Politik Karls d. Gr. wiederaufnahm und auch an die Wiedererlangung der Kaiserkrone dachte. Als es während des Italienzuges zu einem Zerwürfnis zwischen Otto und dem Mainzer Erzbischof Friedrich kam, übertrug Otto seinem Bruder das Amt des Erzkaplans, das der Mainzer bis dahin wahrgenommen hatte. Aus der Betrauung mit diesem Amt hat man mit Recht geschlossen, daß Bruno schon damals für eine hohe hierarchische Stellung vorgesehen war. Dazu kam es in der Tat, als 953 der Kölner Erzstuhl durch Tod erledigt war.

II.

Die oben angedeuteten Spannungen im Reiche hatten sich seit 951 weiter verschärft und führten im März 953 zum offenen Ausbruch eines Aufstandes gegen den König, an dessen Spitze sein Sohn aus erster Ehe, Liudolf, stand. Die tieferen Gründe waren Zwistigkeiten innerhalb der königlichen Familie, wobei es um den Einfluß am Hofe und um Fragen der Reichspolitik ging. Liudolf, Herzog in Schwaben, der wohl um die Nachfolgeschaft im Reich bangte, und der lothringische Herzog Konrad der Rote, Schwiegersohn des Königs, beide begreiflicherweise unterstützt von Erzbischof Friedrich, haben wohl nicht eine Absetzung oder gar Ermordung des Königs ins Auge gefaßt, aber sie waren sicher entschlossen, den Einfluß auszuschalten, den Ottos zweite Gemahlin Adelheid und sein Bruder Heinrich, Herzog in Bayern, auf den König ausübten. Die Entscheidung mußte am Mittelrhein und in Süddeutschland fallen, wo die Machtzentren der Gegner Ottos lagen. Aber auch in Lothringen gärte es. Da war es ein wohlberechneter Schachzug des Königs, als er 953 seinen jüngsten Bruder, seinen getreuen und zuverlässigen Mitarbeiter, auf den einflußreichen Metropolitansitz in Lothringen brachte und ihm bald darauf – das war das unerhört Neue – die Verwaltung des Herzogtums Lothringen anvertraute, nachdem er Konrad den Roten abgesetzt hatte. Otto setzte hier die Politik fort, die schon sein Vater Heinrich I. eingeleitet hatte. Als es diesem 925 gelang, die Rheinlande, die damals einen Teil Lotharingiens bildeten und längere Zeit zwischen dem entstehenden deutschen Reich und dem westfränkischen Reich hin und her geschwankt hatten, wieder stärker an das ostfränkische Reich anzuschließen, suchte er gerade auf dem Wege über die Besetzung der lothringischen Bistümer seinen Einfluß zu sichern. Er hatte Ruotbert, den Bruder seiner Gemahlin, auf den Trierer Erzbischofsstuhl erheben lassen. Otto d. Gr. bestimmte den Sachsen Berengar, einen Verwandten seines Hauses, zum Bischof von Verdun (939 oder 940). Diese kirchlich-politische Sicherung Lothringens fand ihre Vollendung, als es Otto gelang, seinen ihm unbedingt ergebenen Bruder in eine entscheidende Schlüsselstellung zu bringen. Die Lage in Lothringen war schwierig, als Brun sein doppeltes Amt antrat. Zwar hatte der fränkische Graf Konrad der Rote, Schwiegersohn Ottos d. Gr. und seit 944 durch königliche Ernennung Herzog von Lothringen, keinen sehr festen Rückhalt in seinem Herzogtum. Der einheimische Adel stand dem landfremden Manne, der energisch zugreifen konnte, von Anfang an nicht sehr wohlwollend gegenüber, aber der abgesetzte Herzog hatte doch auch eine beträchtliche Zahl von Anhängern. Um das Land in der Treue zu seinem Bruder Otto zu erhalten, berief Bruno, noch bevor er die Bischofsweihe empfangen hatte, die Großen des Landes, geistliche und weltliche Herren, im September 953 zu einer Zusammenkunft nach Aachen, und es gelang seiner gewinnenden und ausgleichenden Persönlichkeit, die Schwierigkeiten zu meistern und den Abfall zu bannen. Auch in den folgenden Jahren, als der Liudolfsche Aufstand am Mittelrhein und in Süddeutschland dem König schwer zu schaffen machte, brachte Bruno es zuwege, in seinem Gebiet den inneren Frieden zu bewahren und das Land für seinen königlichen Bruder zu retten. Wo es nicht zu umgehen war, schreckte der Herzog-Erzbischof nicht davor zurück, mit starker Hand durchzugreifen. Das erfuhr 958 der unbotmäßige Graf Reginar III. vom Hennegau, der in den vergangenen Jahren zu Otto d. Gr. und Brun gestanden hatte, jetzt aber, gestützt auf einen mächtigen Familienanhang, Trotz bieten zu können glaubte. Brun zog gegen ihn zu Felde, nahm ihn gefangen und schickte ihn in die Verbannung. Einen anderen Teil des Adels wußte er dadurch zu gewinnen, daß er ihn zur Landesverwaltung heranzog. Das Herzogsamt nahm Brun jedoch nur vorübergehend wahr; 959 wurde Lothringen in Ober- und Niederlothringen aufgeteilt, und die neugebildeten Herzogtümer ergebenen und zuverlässigen Parteigängern verliehen. Brun scheint allerdings „Archidux" (Erzherzog) geblieben zu sein. Aus dieser Bezeichnung seines Biographen Ruotger hat man wohl mit Recht den Schluß gezogen, daß der Erzbischof eine gewisse Oberaufsicht über das ganze Lothringen beibehielt.

Die ottonische Kirchenpolitik, durch Besetzung der Bischofsstühle mit ergebenen Anhängern den politischen Einfluß des Königs zu stärken, hat Bruno, der getreue Gehilfe seines Bruders, nach Kräften fortgesetzt. Freilich, bei dem ersten Versuch erlebte er einen Mißerfolg. Wenige Monate nach seiner Ernennung zum Erzbischof und Herzog kam durch seine Vermittlung der gelehrte und reformeifrige Bischof Rather von Verona auf den Bischofsstuhl von

Lüttich. Rather stand ihm persönlich nahe. Aber der heftige und in seinem Charakter unausgeglichene Mann konnte sich in Lüttich, obwohl er einem edlen Geschlecht dieser Gegend entstammte, ebensowenig halten wie im italienischen Verona und mußte schon nach zwei Jahren vor dem Widerstand des Adels weichen. Im Jahre 956 kamen gleich zwei Männer aus sächsischem Blute, die zudem mit der königlichen Familie nahe verwandt waren, auf lothringische Bischofsstühle. Heinrich wurde Erzbischof von Trier und Berengar Bischof von Cambrai in der Nordwestecke des Landes, die durch ihre Lage besonders gefährdet war. Wenn auch die Mitwirkung Bruns an diesen beiden Erhebungen nicht ausdrücklich bezeugt ist, so spricht doch die gesamte Lage dafür, daß er seine Hand im Spiele gehabt hat. Fest steht seine Mitwirkung bei der Wahl von zwei anderen Männern aus sächsischem Geschlecht: Ebrachar, Dechant des Bonner Cassius-Stiftes, vorher Leiter der dortigen Stiftsschule, bestieg als zweiter Nachfolger des oben genannten Rather den Stuhl von Lüttich (958) und der sächsische Grafensohn Dietrich, ein Vetter Brunos, von ihm selbst in der Domschule zu Köln herangebildet, den Stuhl von Metz (965). Man hat etwas übertreibend von einer „Versachsung" des lothringischen Episkopats gesprochen. Aber Bruno war klug und einsichtig genug, den Bogen nicht zu überspannen. Er hat verschiedentlich auch einheimische Adlige, auf deren Treue und Zuverlässigkeit er bauen konnte, durch seinen Einfluß auf lothringische Bistümer befördert, so den in Köln ausgebildeten Wichfrid, der 962 Bischof von Verdun wurde, und den aus der Nähe von Köln stammenden Gerhard, einen Zögling der Kölner Domschule, der 963 auf den Bischofsstuhl von Toul gelangte, dem er ein Menschenalter zur Zierde gereichte; er wurde später von Papst Leo IX. heiliggesprochen. Als der schon erwähnte Bischof Berengar wegen seines rücksichtslosen Auftretens Cambrai um 962 verlassen mußte, wurde auf Brunos Betreiben Engrannus (Engram), wahrscheinlich ein Sachse, zum Nachfolger bestimmt. Ihm folgte aber, wiederum unter Brunos Einfluß, der Lothringer Ansbert.

Die politische Wirksamkeit Brunos blieb nicht auf die Grenzen des Herzogtums beschränkt. Wiederholt hat er auf die Verhältnisse in Frankreich Einfluß genommen. Hier hatte der erst zwölfjährige König Lothar, ein Sohn von Bruns Schwester Gerberga, nach dem frühen Tode seines Vaters schwer mit dem mächtigen Herzog Hugo d. Gr. von Francien zu kämpfen, der ebenfalls mit einer Schwester Brunos, Hadwig, vermählt war. Nach Hugos Tod (956) war es dessen Sohn Hugo Capet, der dem König wiederholt Schwierigkeiten bereitete. Bruno rettete dem jungen König den Thron und schreckte auch nicht davor zurück, wenn es notwendig war, mit Heeresmacht einzugreifen. Bezeichnend für seinen wachsenden Einfluß im Westfrankenreich ist der Umstand, daß es ihm 962 gelang, den Lothringer Odelrich, einen fähigen, ihm befreundeten Mann, gegen den Kandidaten des Herzogs Hugo Capet auf den wichtigen Metropolitansitz von Reims zu bringen. Auf einer Reise, die er als

Friedensstifter in das Nachbarland unternahm, ist er am 11. Oktober 965 in Reims gestorben. Diese Tätigkeit Bruns im Westreich ist allerdings weniger aus seiner politischen und kirchlichen Stellung erwachsen. Es waren vielmehr in der Hauptsache persönliche Gründe, die ihn als einen der nächsten Blutsverwandten der streitenden Parteien veranlaßten, schlichtend und ausgleichend zu wirken. Es versteht sich, daß neben seiner Einsicht und Erfahrung auch seine Stellung als Herzog und Erzbischof seinen Vermittlungsversuchen den nötigen Nachdruck gab. Ebenso ist nicht zu bezweifeln, daß er dadurch sehr erheblich der Mehrung des deutschen Ansehens im Nachbarland gedient hat.

In der großen Reichspolitik ist Bruno nach außen hin weniger hervorgetreten, obwohl er schon in jungen Jahren an der Spitze der Hofkanzlei stand und seit 951 das Amt des Erzkaplans versah, das sonst ein Vorrecht des Mainzer Erzbischofs war. Er war der treue Helfer seines Bruders, ohne daß er, soweit bekannt ist, an der Grundlegung des ottonischen Regierungssystems besonders beteiligt war. Wohl hat er dieses System, wenn wir seine ganze Wirksamkeit überschauen, durchaus vertreten und sich dafür eingesetzt. Er stand hier im Schatten seines größeren Bruders. In den allgemeinen Reichsangelegenheiten hat er überall auf Ausgleich und Versöhnung hingearbeitet. Im Liudolfschen Aufstand bemühte er sich, gerade Erzbischof von Köln und Herzog von Lothringen geworden, Vater und Sohn, die sich bei Mainz kampfgerüstet gegenüberstanden (953), miteinander auszusöhnen. Der Versuch, seinen Neffen Liudolf durch eine Aussprache unter vier Augen zum Nachgeben zu bewegen, mißlang allerdings. An der späteren Unterwerfung Liudolfs und seiner Aussöhnung mit dem Vater, die im Dezember 954 auf dem Reichstag zu Arnstadt in Thüringen gelang, ist Bruno beteiligt. Er war es auch, der dem niedergedrückten und mißgestimmten Neffen den ehrenvollen Auftrag erwirkte, das deutsche Heer im folgenden Jahre nach Italien zu führen, was sehr zur endgültigen Versöhnung zwischen Otto und Liudolf beigetragen hat. Als der König vor seiner großen Italienfahrt seinen im sechsten Lebensjahr stehenden Sohn Otto in Aachen zum König krönen ließ, nahm Bruno zusammen mit den beiden anderen rheinischen Erzbischöfen an der heiligen Handlung teil. Andererseits vermissen wir Bruno auf manchen wichtigen politischen Zusammenkünften, auf Hof- und Reichstagen; ein deutliches Zeichen, daß er sich in der großen Politik eine kluge Zurückhaltung auferlegte, die wohl manches Mal durch die jeweiligen Umstände geboten war. Der Erzbischof fehlte in der entscheidenden Ungarnschlacht auf dem Lechfelde (955), und auch das lothringische Heeresaufgebot war nicht zur Stelle. Wahrscheinlich war die gefährdete Lage in Lothringen der Grund, der Otto d. Gr. zum Verzicht auf die Hilfe der lothringischen Großen bewogen hat. Noch mehr fällt zunächst auf, daß der Kölner nicht an dem größten Ereignis der Regierung Ottos, an der Romfahrt und der Erlangung der Kaiserkrone (962), persönlich teilnahm. Er blieb vielmehr zusammen mit dem Erzbischof Wilhelm von Mainz als Reichsverweser in Deutschland zurück und erfüllte hier eine Aufgabe, die für das Gelingen des Römerzuges von nicht zu unterschätzender Wichtigkeit war. Otto konnte sich in Ruhe seiner zielbewußten und erfolgreichen Italienpolitik widmen, die ihn mehr als zwei Jahre von Deutschland fernhielt.

III.

Brunos Verstrickung in die hohe Politik könnte den Eindruck erwecken, als habe er auf dem eigentlich kirchlichen Gebiete weniger geleistet. Das wäre jedoch ein Irrtum. Als Oberhirt einer der bedeutendsten Kirchenprovinzen hat er seine bischöflichen Pflichten in vollem Maße erfüllt. Diese Leistung war nur möglich auf Grund seiner religiösen Persönlichkeit, die ganz von ihrer hohen Aufgabe durchdrungen war.

Der Erzbischof war eine innerliche, tief religiöse Natur. Es war wohl das Erbteil seiner aufrichtig frommen Mutter Mathilde (die man später in die Zahl der Heiligen eingereiht hat), das auf ihren jüngsten Sohn übergegangen war. Der von hohem religiösem Ernst erfüllte Knabe mochte sich wohl von Jugend auf zum Priestertum hingezogen fühlen, anders als so manche deutschen Bischöfe der folgenden Jahrhunderte, die vorwiegend aus politischen Rücksichten den geistlichen Stand erwählten. Mit der religiösen Haltung verband sich von Anfang an ein hoher sittlicher Ernst. Bruno hat offenbar keine großen inneren Kämpfe und Wandlungen durchgemacht, sondern ist, wie die Blume der Sonne, in harmonischem seelischem Wachstum seiner Berufung und seiner Lebensaufgabe entgegengereift. Er war eine frühreife Natur, der der im Lichte des Glaubens erfaßte Gedanke an Tod und Ewigkeit schon in jungen Jahren seinen Stempel aufgedrückt hat. Dementsprechend war sein persönliches Leben von großer Einfachheit in Kleidung und Ernährung. Luxus, Schwelgerei und Übertreibungen jeglicher Art waren ihm zuwider. Aber trotz dieser starken asketischen Neigungen weiß sein Biograph Ruotger, der ihm persönlich sehr nahe gestanden hatte, nichts von übertriebenen äußeren Werken der damals üblichen Askese (Kasteiungen, Fasten usw.) zu berichten, was er uns sicher nicht verschwiegen hätte. Ein typischer Zug mittelalterlicher Frömmigkeit fehlte auch bei ihm nicht. Auf seinen vielen Reisen sammelte Bruno mit Eifer Reliquien, um dadurch den Ruhm seiner Bischofsstadt zu erhöhen. Wenn er auch „meist wie ein Einsiedler" lebte, so wußte er doch trotz seiner einfachen Lebensführung da, wo es seine Stellung erforderte, mit Würde zu repräsentieren, was besonders bei der häufigen Anwesenheit seines königlichen Bruders in Köln der Fall war. Sein Haus war sehr gut ausgestattet; Dienerschaft und Hofstaat entsprachen seiner vornehmen Abkunft und seinen hohen Würden.

Sehr sympathisch berührt bei ihm die enge Verbindung von ernster religiöser Haltung und hoher geistiger Aufgeschlossenheit. Es wurde schon darauf hingewiesen, daß er sich in jungen Jahren durch eine hervorragende sprachliche

Ausbildung und durch großes Interesse an allen wissenschaftlichen Bestrebungen auszeichnete. Sein Biograph hat ihn, wohl etwas übertreibend, geradezu als den Wiederentdecker der sieben freien Künste der Antike in Deutschland bezeichnet. Bruno ist dieser Einstellung sein Leben lang treu geblieben. Auch in Zeiten starker Beanspruchung durch Amtspflichten der verschiedensten Art fand er immer noch Zeit, sich den geliebten Büchern zuzuwenden, die er auf seinen häufigen Reisen und selbst auf Kriegszügen mitzuführen pflegte. Gern widmete er sich, wo sich Gelegenheit dazu bot, der Diskussion wissenschaftlicher Fragen. Es waren vor allem philosophische Probleme, die im Vordergrund seines Interesses standen, was man ihm in konservativen kirchlichen Kreisen verübelte, da man es als einigermaßen ungehörig ansah. Vielleicht trat die Beschäftigung mit theologischen Fragen etwas zurück, weil die Entwicklung der Theologie noch nicht so weit vorangeschritten war. Immerhin ist nicht zu verkennen, daß sein Bildungsgang und sein wissenschaftliches Interesse einen gewissen weltlichen Einschlag hatten.
Bruno war, als er im Alter von achtundzwanzig Jahren auf den Kölner Erzstuhl erhoben wurde – die Bischofsweihe fand am 25. September 953 in Köln statt –, eine hochgebildete und charakterlich in sich geschlossene Persönlichkeit. Waren auch die ersten Aufgaben, die er zu lösen hatte, vorwiegend politischer Natur, so hat er sich doch auch von Anfang an den Aufgaben seines geistlichen Amtes mit Eifer zugewandt. Über seine bischöfliche Amtsführung (Weihen von Kirchen, Visitationen, Beaufsichtigung des Klerus usw.) wissen wir nichts Näheres, da die Quellen uns im Stich lassen. Wohl bemerkt sein Biograph, daß sie untadelig war und selbst von seinen Gegnern kaum angegriffen werden könne. Daß der Erzbischof für seine Maßnahmen nicht restlose Zustimmung fand, erklärt sich ungezwungen aus den schwierigen politischen Verhältnissen in Lothringen, die natürlich auch auf den kirchlichen Bereich abfärbten. Ruotger hebt hervor, daß Bruno an den Sorgen und Bedrängnissen der Bevölkerung lebhaften Anteil nahm und gern dem Predigtamt oblag, wobei er, seiner eigenen Haltung entsprechend, oft auf das Glück im besseren Jenseits hinzuweisen pflegte.
Daß ein Mann von seinen hohen geistigen Eigenschaften auch der Reform des kirchlichen Lebens seine Aufmerksamkeit zuwandte, versteht sich von selbst. Nun sind wir freilich über die damaligen kirchlichen Zustände im Erzbistum sehr wenig unterrichtet. Sie mögen in Anbetracht der Zeitverhältnisse nicht besonders schlimm gewesen sein, aber vom Ideal waren sie sicher weit entfernt. Jede kirchliche Reform muß nach einem alten Erfahrungsgrundsatz beim Klerus beginnen. Darum lag es Bruno am Herzen, die Geistlichkeit sittlich, religiös und auch wissenschaftlich zu heben. In der richtigen Erkenntnis, daß dieses Ziel am ersten zu erreichen war, wenn die Geistlichen in festen Gemeinschaften zusammengeschlossen waren, förderte er besonders die Stiftskirchen, die für die damalige Seelsorge und für die Ausbildung des Klerus von großer

Bedeutung waren. In der Stadt Köln wandelte er die Pfarrkirchen, die noch nicht Stiftskirchen waren, in solche um, und auch an vielen anderen Orten der Erzdiözese ging er in diesem Sinne vor. Um 964 gründete er im westfälischen Soest das Kanonikerstift St. Patrocli. Wie sehr ihm die Förderung der Kollegiatskirchen ein persönliches Anliegen war, zeigt in auffallender Weise sein Testament, das gerade diese Kirchen mit reichen Zuwendungen bedachte. In Köln fand die Domschule sein besonderes Interesse, ebenso die Stiftsschule in Bonn. Wissen wir auch darüber kaum Einzelheiten, so ist der ausgezeichnete Zustand dieser Schulen schon dadurch bezeugt, daß mehrere hervorragende Bischöfe Lothringens aus ihnen hervorgingen und auch in ihren Bischofsstädten Schulen gründeten, die bald zu bedeutender Blüte gelangten.

Auch für die kirchliche Kunst hatte Bruno Verständnis. Allerdings sind die Nachrichten, die über seine Förderung der sakralen Kunst auf uns gekommen sind, dürftig und vorwiegend in seinem Testament enthalten. Von den Kunstschätzen, die er dem Dom und anderen Kölner Kirchen testamentarisch überwiesen hat, ist nichts auf die Gegenwart gekommen, so daß es nicht möglich ist, sich darüber ein Urteil zu bilden. Wohl kann man mit gutem Recht annehmen, daß die Blüte der Kunst in seiner sächsischen Heimat, die in der Baukunst wie in der kirchlichen Kleinkunst hervorragende Werke geschaffen hat, auch auf den für alle geistigen Werte sehr empfänglichen Mann eingewirkt und ihn veranlaßt hat, in seinem Erzbistum als Förderer kirchlicher Kunst zu wirken, zumal ihm in seiner Stellung die nötigen Mittel – Ruotger spricht einmal von „seinem königlichen Reichtum" – zur Verfügung standen. Nicht nur die männlichen Kollegiatsstifte, auch die Kanonissenstifte erfreuten sich seiner liebevollen Fürsorge, so die Kölner Stifte St. Maria im Capitol, St. Cäcilia und St. Ursula, die er ebenfalls in seinem Testament mit Legaten bedachte. Bei der Förderung der Kanonissen standen ihm sicherlich die blühenden adligen Frauenstifte des Sachsenlandes (Gandersheim, Herford und Quedlinburg) vor Augen. Die Reformmaßnahmen des Erzbischofs stießen begreiflicherweise hier und da auf Widerstand, z. B. bei den Kölner Stiften St. Andreas und St. Maria im Capitol; aber Bruno ließ sich dadurch nicht beirren, sondern verfolgte beharrlich sein Ziel.

Bei seiner asketischen Einstellung würde man erwarten, daß er sich auch um die Reform der Klöster bemüht habe, doch ist er darin weniger hervorgetreten. Schon vor seiner Erhebung zum Erzbischof verwaltete er mehrere Klöster (mit Namen ist uns nur Lorsch bekannt) als Kommendatarabt und bemühte sich um die Aufrechterhaltung der echten Klosterzucht, aber während seiner zwölfjährigen Amtszeit als Bischof entstand nur ein Kloster, das auf ihn zurückgeht, das Benediktinerkloster St. Pantaleon in Köln. Er hat es in den ersten Jahren seiner bischöflichen Wirksamkeit gegründet, wahrscheinlich 957. Der Aufbau scheint langsam vonstatten gegangen zu sein. Denn erst 964 wird ein Abt für das Kloster bestimmt, der Mönch Christian aus der Trierer Abtei St. Maximin, consilii industrie ⁊ discipline. Dns oms uias uras ita disponat. ut in omnib; ei mandatis. sine reprehensione uiuatis. ⁊ ad brauiu supne uocacionis pueniatis ibiq; corona iusticie. atq; celestiu thesauroz donatiua percipiatis. Si cuiqm in hoc opusclo qd placuerit: laus preceptoris erit. Explicit Prefacio. Mathildis regina

S C S B R V N O

Erzbischof Bruno I. von Köln und seine Mutter Königin Mathilde
Chronik von St. Pantaleon (12. Jh.), fol. 93ᵛ im Staatsarchiv Düsseldorf
Aufnahme Rheinisches Bildarchiv, Köln

die sich der von Gorze ausgehenden lothringischen Klosterreform angeschlossen hatte. Es ist immerhin bemerkenswert, daß Bruno hier ein feines Gespür für die Zeiterfordernisse offenbart, indem er „sein" Kloster dieser neuen Richtung anschloß. Eine weitere Klostergründung von seiner Seite ist nicht bekannt; auch in seinem Testament ist von Klöstern, im Gegensatz zu den Stiftskirchen, nur St. Pantaleon bedacht. Man darf allerdings unterstellen, daß sein früher Tod den einen oder anderen Plan vielleicht nicht mehr zur Ausführung kommen ließ.
Beachtenswert ist seine Regelung des Eremitenwesens. Um jeglicher Willkür und den Gefahren der Vereinsamung vorzubeugen, ordnete er an, daß jeder Eremit einer bestimmten Kirche zugewiesen werden sollte, bei der oder in deren Bereich seine Zelle lag. Ferner bedurfte es von jetzt an einer kirchlichen Erlaubnis, um als Einsiedler (Rekluse) zu leben. Auch wurden für die Eremiten bestimmte religiöse Vorschriften, sozusagen eine Art Regel, erlassen. Endlich bekümmerte sich der Erzbischof auch um den Lebensunterhalt der Einsiedler, denen er an den Apostelfesten bestimmte Gaben darreichen ließ.
Einer kurzen Erwähnung bedarf schließlich das Verhältnis des Erzbischofs zur römischen Kurie und zum Papst. Was wir durch Ruotger über seine Auffassung vom Primat des Papstes wissen, ist durchaus korrekt. Aber es fällt auf, daß Brunos Beziehungen nach Rom nicht sehr eng waren, wenigstens nicht so eng wie bei einzelnen seiner deutschen Mitbischöfe. Er ist selbst nie zum Besuch des Papstes in Rom gewesen und hat, soweit wir unterrichtet sind, sich nie mit Klagen oder Anfragen nach Rom gewandt. Wenn er erst zwei Jahre nach seiner Wahl zum Erzbischof bei Papst Agapet II. um die Verleihung des Palliums, des Zeichens der Metropolitangewalt, einkam, so liegt das wahrscheinlich daran, daß er die Vollendung des dreißigsten Lebensjahres, wie es den kanonischen Vorschriften entsprach, abwarten wollte. Wenn man das Verhältnis Bruns zu den Päpsten richtig bewerten will, darf man nicht übersehen, daß die Lage des Papsttums, das nach der Auflösung des Karolingerreiches unter der erniedrigenden Herrschaft römischer Adelsparteien stand, nicht sehr erfreulich war, und Bruno war als Erzkanzler und politischer Vertrauter Ottos d. Gr. über die Zustände in Rom sicher gut orientiert. Man kann es einem Mann von seiner ernsten religiösen Auffassung nicht verdenken, wenn er zu dem Nachfolger Agapets, dem unfähigen und gänzlich ungeeigneten Johann XII. (955-963), keine näheren Beziehungen anstrebte. Als aber Otto d. Gr. in Rom wieder bessere Zustände herbeiführte (962/63), neigte sich Brunos Leben bereits dem Ende zu.

IV.

Um die Wende Mai-Juni 965 hielt Otto d. Gr., der, gezwungen durch die Kaiserkrönung und durch die schwierige Ordnung der italienischen Verhältnisse, jahrelang von Deutschland abwesend gewesen war, in Köln einen glänzenden Reichstag ab. Schon vorher fand sich die ganze kaiserliche Familie zur

Feier des Pfingstfestes am Hof des Erzbischofs ein. Es sollte das letztemal sein, daß der Kaiser und sein ihm so eng verbundener Bruder sich im Leben wiedersahen. Im Sommer begab sich Bruno wieder einmal zur Schlichtung von Zwistigkeiten zwischen König Lothar und Herzog Hugo von Francien nach Compiègne an den französischen Hof. Auf der Rückreise mußte er, schon erkrankt, in Reims Aufenthalt nehmen. Die Krankheit nahm bald eine schlimme Wendung und führte am 11. Oktober zum Tode. Der Erzbischof wurde nach Köln übergeführt, auf der letzten Fahrt tief betrauert an allen Orten, die die Leiche passierte. Sie kam am 18. Oktober in Köln an und wurde am folgenden Tag in der von ihm gegründeten Abtei St. Pantaleon bestattet.

In Köln erlosch das Andenken an einen Kirchenfürsten von solch bedeutender Wirksamkeit nicht. Nachweisbar wurde er schon im 12. Jahrhundert als Heiliger verehrt. Ein „volkstümlicher" Heiliger ist Bruno freilich nie geworden, konnte er auch nicht werden. Erst 1870 wurde seine Verehrung als Seliger (Beatus) und 1895 die Verehrung als Heiliger (Sanctus) vom Papst ausdrücklich für das Erzbistum Köln approbiert.

Bruno war, so läßt sich zusammenfassend sagen, ein typischer Vertreter des ottonischen Regierungssystems, das für das deutsche Mittelalter bezeichnend geworden ist. Otto d. Gr. hat die Bischöfe und Äbte in einem bis dahin nicht gekannten Ausmaß zu staatlichen Aufgaben herangezogen und in ihnen ein Gegengewicht geschaffen gegen die Macht der weltlichen Fürsten, besonders der Stammesherzöge. Sein jüngster Bruder verkörpert in einer achtunggebietenden und überzeugenden Weise die Verbindung von geistlichem und weltlichem Amt. Abgesehen von der Führung des Herzogsamtes, das er nur vorübergehend innehatte, hat er als Erzbischof, getragen von lebendigem Glauben und darin verwurzeltem tiefem Pflichtgefühl, mit nie erlahmender Liebe und Treue politische, kirchenpolitische und geistliche Aufgaben erfüllt. Für seinen Bruder Otto, der ihm an staatsmännischer Begabung zweifellos überlegen war, wurde er so zu einem unschätzbaren Helfer, der sich ihm bereitwillig unterordnete und dessen Regierungsgrundsätze er in seinem Machtbereich mit Milde und kluger Maßhaltung, aber auch, wo es erforderlich war, mit Festigkeit vertrat. Als er starb, war Lothringen, und damit insbesondere unsere rheinische Heimat, ein fester Bestandteil des Reiches. Bruno war der führende Kopf des ganzen lothringischen Episkopats, wie sein Einfluß auf die Besetzung mancher Trierer Suffraganbistümer eindeutig zeigt. Die bedeutende, einflußreiche Rolle, die die Kölner Erzbischöfe in den folgenden Jahrhunderten der deutschen Geschichte gespielt haben, ist durch Bruno begründet worden; mit ihm hat sie eingesetzt. Aber auch seine Reformen auf innerkirchlichem Gebiet, besonders seine Bemühungen um die Hebung der Stiftskirchen und um eine bessere Ausbildung der Geistlichen, haben auf die Lage der Kirche in den Rheinlanden entscheidend eingewirkt. Alles in allem erscheint der sächsische Königssohn als einer der besten Hirten, die das Erzbistum Köln im Mittelalter gehabt hat.

QUELLEN UND LITERATUR

Hauptquelle: Ruotgeri Vita Brunonis archiepiscopi Coloniensis, in: MG SS rer. Germ., Nova series X, 1951, hrsg. von Irene *Ott*. – Deutsche Übersetzung von *ders.* in: Geschichtsschreiber der deutschen Vorzeit, hrsg. von Karl Langosch, 3. Gesamtausgabe, 30. Band, 1954; auch auf die Übersetzung von H. Schrörs (s. u.) sei hingewiesen.

Maßgebend für eine Biographie Brunos sind die folgenden Arbeiten des Bonner Kirchenhistorikers Heinr. *Schrörs:*

Ruotgers Lebensgeschichte des Erzbischofs Bruno von Köln, übersetzt und erläutert, in: Annalen d. Hist. Vereins für d. Niederrhein 88 (1910).

Die Vita Brunonis des Ruotger, ebd. 90 (1911).

Das Testament des Erzbischofs Bruno von Köln, ebd. 91 (1911).

Erzbischof Bruno von Köln (953–965), eine geschichtliche Charakteristik, ebd. 100 (1917).

Von der neueren Literatur seien genannt:

K. *Hallinger:* Gorze-Kluny, Studien zu den monastischen Lebensformen und Gegensätzen im Hochmittelalter, 2 Bde., 1950/51

Alb. *Hauck:* Kirchengeschichte Deutschlands III[3,4] (1912; Neudruck 1952), 41 ff. u. ö.

H. *Hoffmann:* Politik und Kultur im ottonischen Reichskirchensystem, in: Rhein. Vierteljahrsbl. 22 (1957), 31 ff.; vgl. I. Ott in: Deutsches Archiv 15 (1959), 293 f.

Rob. *Holtzmann:* Geschichte der sächs. Kaiserzeit ([2]1955), 156 ff. u. ö.

F. *Lotter:* Die Vita Brunonis des Ruotger, 1958

F. W. *Oediger:* Regesten d. Erzbischöfe von Köln I (1954 ff.) Nr. 347–483

Heinr. *Sproemberg:* Die lothringische Politik Ottos d. Gr., in: Rhein. Vierteljahrsblätter 11 (1941), 1 ff.

PHILIPP VON HEINSBERG

ERZBISCHOF VON KÖLN

(etwa 1130-1191)

Von Gerhard Kallen

I.

Die zweite Hälfte des 12. Jahrhunderts führt in der Geschichte des Abendlandes auf allen Gebieten des menschlichen Lebens zu einer Wende. Die Ratio, der Verstand, dringt vor in die Bereiche des öffentlichen und geistigen Lebens. Man bemühte sich nun, die Geheimnisse des Glaubens verstandesgemäß zu beweisen. In großen Summen wird das theologische Wissen systematisch zusammengefaßt. Gelehrte Doktoren tragen die neue Wissenschaft auf Universitäten vor. Neben die Theologie tritt dort auch das geistliche, das kanonische Recht; bisher getragen von einer religiös-theologischen Ideologie, in deren Mittelpunkt die Sakramentenlehre stand, wird es nun zu einer auf eigenen Füßen stehenden, man möchte fast sagen, von der „Kirchenräson" geschaffenen Wissenschaft. Alexander III., der Gegenspieler Barbarossas, ist der erste Papst, dessen Dekretalen in die Summa decretalium Gregors IX. eingehen. Auf weltlichem Gebiet wurde das Gesetzeswerk Justinians zu einem Mittel, die Gerechtsame des weltlichen Herrschers zu stützen.

Als einen institutionellen Amtsträger sieht man den Herrscher, der bisher Führer eines Personenverbandes war. Theodor Mayer hat vor allem im „Staat" der Zähringer einen ersten „institutionellen" Flächenstaat entdeckt, der uns das Verständnis bahnt für die Anfänge und das Wesen des deutschen Territorialstaates. Der im 12. Jahrhundert aufblühende Ritterstand der Ministerialen war höchst geeignet zur Bekleidung von Hofämtern oder (zuerst in Italien) neugebildeter Ämter herrschaftlicher Verwaltung und für militärische Dienste. Er vermochte die Zentralisation der Staatsverwaltung zu stärken.

Politische Begebenheiten haben diese Entwicklung gefördert, die in Deutschland dem Territorialstaat zugute kam. Eine der wichtigsten, vielleicht die wichtigste für die staatliche Neuorientierung Deutschlands, erblicke ich im Wormser Konkordat. Der König behielt jetzt nur noch die Lehnshoheit über die kanonisch gewählten Bischöfe und investierte sie in ihre Regalien. Rechtlich waren sie dadurch mit den Laienfürsten in eine Reihe und damit in eine Front gestellt. Da es staatliche Hoheitsrechte waren, mit denen der König die Reichsprälaten ausstattete, wurde der Grund gelegt für das eigenmächtige geistliche

Territorium in Deutschland, dessen „Fläche" ja durch die Diözesangrenze gegeben war und das in seiner Eigenart einmalig ist und an der Neuordnung der Staatsverfassung im Reich erheblichen Anteil hat. – In der Wirtschaft trat neben die alte Naturalwirtschaft jetzt die *Rechenhaftigkeit* des Geldes.
Auf die Wandlungen kultureller Art in der Baukunst, Dichtung, Wissenschaft kann hier nur hingewiesen werden. Ich möchte jedoch an ein schönes Wort Karl Hampes erinnern, das sich auf den Mainzer Reichstag von 1184 bezieht. Dieser ist „die Verkörperung einer neu anbrechenden großen Kulturepoche. Der Händedruck, den dort der Troubadour Herr Guiot von Provins und der deutsche Dichter Heinrich von Veldeke miteinander austauschten, versinnbildlichte gleichsam das Hineinfluten der ritterlichen Kultur Frankreichs in das Reichsgebiet. Sie bedeutete ein erstes Schönheitsideal des Lebens seit den Tagen des Altertums, ein erstes Erwachen sinnlicher Weltfreude neben den strengen Forderungen christlicher Moral, eine erste *Laienbildung*."

II.

In dieser zweiten Hälfte des 12. Jahrhunderts lebte und wirkte der Erzbischof von Köln, Philipp von Heinsberg. Er starb 1191 im Alter von schätzungsweise sechzig Jahren. Vielgestaltig sind die Einflüsse und Kräfte, die auf ihn einwirkten, und die Wendigkeit, mit der er sie jeweils aufgriff, benutzte oder sich ihnen entgegenstellte, machen es nicht leicht, ihn zu charakterisieren. Er ist eine komplexe Natur. Auch politisch kann man ihn nicht, wie ich es selbst getan habe, einfach als Partikularisten hinstellen. Man kann auch nicht seine Reichspolitik, Territorialpolitik, Städtepolitik nebeneinander behandeln, um ein Bild von ihm zu gewinnen. Alles ist miteinander verschränkt. Die beiderseitigen Interessen von Kaiser und Erzbischof kreuzen einander nicht nur auf einem, sondern auf einer Reihe von Gebieten. Man wird daher am besten im wesentlichen chronologisch die Aufgaben verfolgen, vor die er sich gestellt sah, und prüfen, wie er sie meisterte.
Philipp entstammte dem Geschlecht der Edelherren von Heinsberg (und Falkenburg), einem mächtigen Dynastengeschlecht, dessen Stammburg an der Wurm nördlich von Aachen lag und dessen verwandtschaftliche Beziehungen zu führenden Adelsfamilien vom Hennegau bis nach Niedersachsen reichten. Seine Mutter war eine Pfalzgräfin von Sommerschenburg. Er selbst hat durch klug berechnete Verheiratungen seiner Schwestern Uda, Mechthild und Salome den Einfluß seiner Familie gefördert. Mechthild war an den Markgrafen der Niederlausitz Dedo Groitzsch verheiratet; durch sie hat das Heinsberger Geschlecht Anteil an der Behauptung deutschen Raums im Osten gehabt. Von den Brüdern war Gottfried der Erbe des väterlichen Besitzes, ein zweiter, Goswin, wirkte als kaiserlicher Podestà in Italien, der dritte, Hermann, war ebenfalls Geistlicher.

Es ist nicht allzuviel, was wir aus den Quellen unmittelbar über seine Persönlichkeit erfahren. Übereinstimmend wird er als eine äußerlich anziehende, ja schöne Persönlichkeit geschildert, werden seine Klugheit und Redegewandtheit gerühmt, die ihm bei diplomatischen Verhandlungen zustatten kamen. Aber auch auf seine hochfahrende Art gegenüber Gleich- und Höhergestellten weist man hin, während er seiner Umgebung und seinen Mannen gegenüber als großzügig und freigebig geschildert wird. Man vergißt nicht seine engen Beziehungen zum Kaiser zu unterstreichen, dem er nach dem Vorbild seines Vorgängers Reinald von Dassel wie eine zweite Säule des Reichs *(altera regni columna)* zur Seite stand. Sehr bezeichnend ist seine Charakterisierung im Kölner Bischofskatalog, in der seine Vorrangstellung unter den Reichsfürsten hervorgehoben und betont wird, daß er überhaupt mehr in weltliche und kriegerische Aufgaben verwickelt und mehr auf den Ruhm bedacht gewesen sei, der in der Welt als der bei Gott zu gewinnen ist. Selbst die Kirchen habe er nicht verschont und um seiner weltlichen Zwecke willen sie gelegentlich ihrer Güter und Privilegien beraubt. Bis zu welchen Ausschreitungen die gewalttätige Art Philipps sich entladen konnte, offenbart er unter anderem besonders 1179 auf seinem zweiten Zuge gegen Heinrich den Löwen, auf dem unter seiner Führung seine Mannen, unterstützt von burgundischen Söldnern, „Rotten" genannt, zerstörend, sengend und mordend bis nach Neuhaldensleben vordringen, um, ohne Erfolg gehabt zu haben, in gleicher Weise heimzukehren. Ein gleichzeitiger Chronist meint, er sei mehr zur gänzlichen Verwüstung als zur Eroberung Westfalens ausgezogen. Auch seine Überheblichkeit zeigte sich bei dieser Gelegenheit. Für sich die Stellung eines Oberfeldherrn beanspruchend, verletzte er durch sein hochfahrendes Wesen den ihm verbündeten Otto von Meißen so, daß dieser abzog. Die gleiche Schroffheit ließ ihn nicht davor zurückschrecken, der freilich nicht allzusehr verbürgten Nachricht Arnolds von Lübeck zufolge, später dem jungen König Heinrich Gehorsam zu versagen mit dem Hinweis, man könne nicht zwei Herren dienen, und den Kaiser zu kränken mit dem Wort, er bedaure es, dem Reiche so viel Opfer gebracht und mit solcher Hingebung gedient zu haben. Aber beides hätte er seiner Art nach sagen können.

Und das ist derselbe Philipp, der in der Arenga einer Verpfändungsurkunde im Interesse des Reichs 1176 beteuerte: „Wenn wir sorgsam erwägen, in welchem Maße und mit welcher Treue unsere ehrwürdigen Väter sich bisher abgemüht haben, um die Majestät des Reiches zu erhöhen, so ist es nicht mehr als recht und billig, daß wir uns an ihrem Eifer und ihrer Hingebung ein Vorbild nehmen und vor keinen Geldausgaben, vor keinem Menschenverluste zurückschrecken, bis die kaiserliche Hoheit wieder im Vollbesitz ihrer Kraft das erhobene Haupt der Rebellen beugt und zu Boden wirft. Darum wisse es jetzt ... die kaiserliche Majestät wie die Vasallenschaft der Kölner Kirche, daß wir nicht durch eigene Not gezwungen, sondern einzig und allein zur Förderung der Ehre des Römischen Reiches zwei Höfe ... verpfändet haben."

Die genannten Beispiele mögen schon jetzt als Beweis dafür dienen, welch komplexe Natur in Philipp vor uns steht.

Der junge Kleriker erfuhr einen ersten Unterricht durch den Scholastikus Gottfried in der Stiftsschule von St. Andreas in Köln. In Reims widmete er sich den höheren Studien unter Führung desselben Gottfried. Wenn es richtig ist, daß er bei seinem Tode etwa sechzig Jahre alt war, dann erlangte er schon mit fünfundzwanzig Jahren die Würde des Kölner Domdekans. Als solcher steht er in einer Urkunde von 1156. Bald danach erscheint er zugleich als Dompropst und Archidiakon in Lüttich. Dem Kölner Domdekan übertrug Erzbischof Reinald alsbald die Verwaltung des durch seinen eigenen Reichsdienst verwaisten Bistums. Philipp legte schon damals eine Probe auch seines militärischen Talentes ab, als er 1164 das Erzstift vor dem Einfall des Pfalzgrafen Konrad schützte und die Burg Rheineck befestigte, die nun mit den Burgen Ahr und Nürburg die Südgrenze des Erzstiftes abschirmte. 1166 zog er nach Italien und wurde auf Reinalds Vorschlag für kurze Zeit an die Spitze der Reichskanzlei gestellt. Bis zu der Katastrophe von Tusculum im Jahre 1167 befand er sich im Gefolge des Kaisers.

Über zweitausend Ritter und die Blüte des höchsten Fürstenadels hatte die Seuche hinweggerafft. Zu den Opfern gehörte Reinald von Dassel. Es bedurfte bei Friedrich keiner Überlegung, zu dessen Nachfolger Philipp von Heinsberg auszusehen. So sehr hatte dieser in kurzer Zeit das Vertrauen des Kaisers gewonnen. Ein Empfehlungsschreiben nach Köln genügte, um die Wähler, Prioren, Adel und Ritterschaft, den Wünschen des Kaisers geneigt zu machen: „Weil wir niemand, der ihm (Reinald) ähnlich wäre, in dem ganzen Reich gefunden haben, es sei denn unser Kanzler Philipp, in dem wir einen treuen Mitarbeiter bei der Verwaltung des Reiches und des Staatswesens erlangt haben, so wünschen wir von ganzem Herzen, daß dieser allein und kein anderer durch euren wachsamen Eifer in die Würde eines Kölner Erzbischofs und in die so ausgezeichnete Ehrenstellung des Erzkanzleramtes (von Italien) ohne Verzug befördert werde."

Am 15. August 1168 traf der neue Erzbischof in Köln ein und wurde am Michaelistage des gleichen Jahres von Bischof Gottfried von Utrecht in Gegenwart von sechs anderen Bischöfen geweiht.

Schon zwei Tage später begab er sich mit Erzbischof Christian von Mainz und Herzog Heinrich von Sachsen nach Frankreich, um im Auftrag des Kaisers mit den Königen von Frankreich und England, Ludwig VII. und Heinrich II., zu unterhandeln. Von Cambrai aus gab ihnen Graf Philipp von Flandern das Geleit. Über das Ergebnis der Mission ist wenig bekannt. Aber der bald folgende Friede von Montmirail zwischen Frankreich und England ist wahrscheinlich eine Folge dieser Verhandlungen. Es war die erste diplomatische Sendung Philipps, ihr Erfolg ein gutes Verhältnis des Reiches zum Westen. Insbesondere auch auf das Einvernehmen mit Ludwig VII. legte Friedrich Wert. Und darin ist wohl ein Grund zu sehen, daß die damaligen Bemühungen Philipps, Cambrai von Reims zu lösen und dem Metropolitanbezirk Köln als Suffraganbistum einzugliedern, völlig fehlschlugen, obwohl der Papst Paschalis III. schon für den Plan gewonnen war.

In den ersten Jahren seiner Regierung als Erzbischof war Philipp rastlos tätig, Frieden und Wohlfahrt im Erzstift wiederherzustellen. Dieses hatte schwere Jahrzehnte hinter sich. Um 1150 war es durch die Fehden der Großen und nicht ohne Schuld seiner Bischöfe so heruntergekommen und zerrüttet, daß Arnold II. erst auf das Versprechen königlicher Hilfe und Zusicherung von weiterer Unterstützung durch Konrad III. hin seine Bedenken, die Wahl zum Erzbischof anzunehmen, aufgab. Seine erfolgreiche Tätigkeit zur Wiederherstellung des Landfriedens am Rhein und in Westfalen sind der Urgrund für die königliche Ernennung zum Herzog von Ribuarien, und es entspricht den Tatsachen, wenn ihn Otto von Freising *ecclesiae suae reparator* nennt. Auch Reinald von Dassel hatte trotz seiner langen Abwesenheit das Erzstift nicht vergessen. Das schönste Geschenk, das er seiner Domkirche und auch der Stadt Köln machte, waren die Gebeine der Heiligen Drei Könige. Köln war seitdem der bedeutendste Wallfahrtsort in Deutschland, und „der Opferkasten bei den Gebeinen der Heiligen Drei Könige wurde eine immerfließende Quelle unermeßlicher Reichtümer".

Philipp von Heinsberg hat in den genannten Jahren seiner Regierung zahlreiche Gunstbezeigungen und Schenkungen zugunsten der Stifter und Klöster in Stadt und Bistum vollzogen, so an St. Kunibert, St. Ursula, St. Pantaleon, St. Severin in Köln, an Xanten, Soest, Schwarzrheindorf, Kloster Meer u. a. Auf die vielumstrittenen Urkunden von 1169 über Vogtei und Burggrafenamt sowie auf die Aufzeichnung des Kölner Dienstrechtes wird in anderem Zusammenhang zurückzukommen sein. Hier dürfte es aber auch schon am Platze sein, des systematischen Aufkaufs und Erwerbs von Burgen zu gedenken, durch die er in jahrzehntelangem Bemühen das „Territorium" Köln eigentlich geschaffen hat, nach außen und innen stärkte und vor allem sich selbst einen Lehnshof und eine Ministerialität aufbaute, so daß er bis zu viertausend Ritter ins Feld führen konnte. Besonders lag dem Erzbischof an dem Schutz der Südgrenze des Kölner Gebiets am Nordrand des Neuwieder Beckens mit einem Flankenschutz bis tief in die Eifel, ebenso auf dem rechten Rheinufer im Westerwald, wo er mit Isenburg fast die Lahnlinie erreichte. Im Westen stieß er mit Diest in das Herz von Brabant. In dem neuerworbenen Westfalen baute er zu den bestehenden alten Straßen neue entlang von Ruhr und Sieg. Er erweiterte den Besitz im Norden bis zur Lippe, im Osten bis zur Weser. Der weltliche Machtbereich Kölns erstreckte sich nach 1180 auch auf das zu Mainz gehörende Bistum Paderborn.

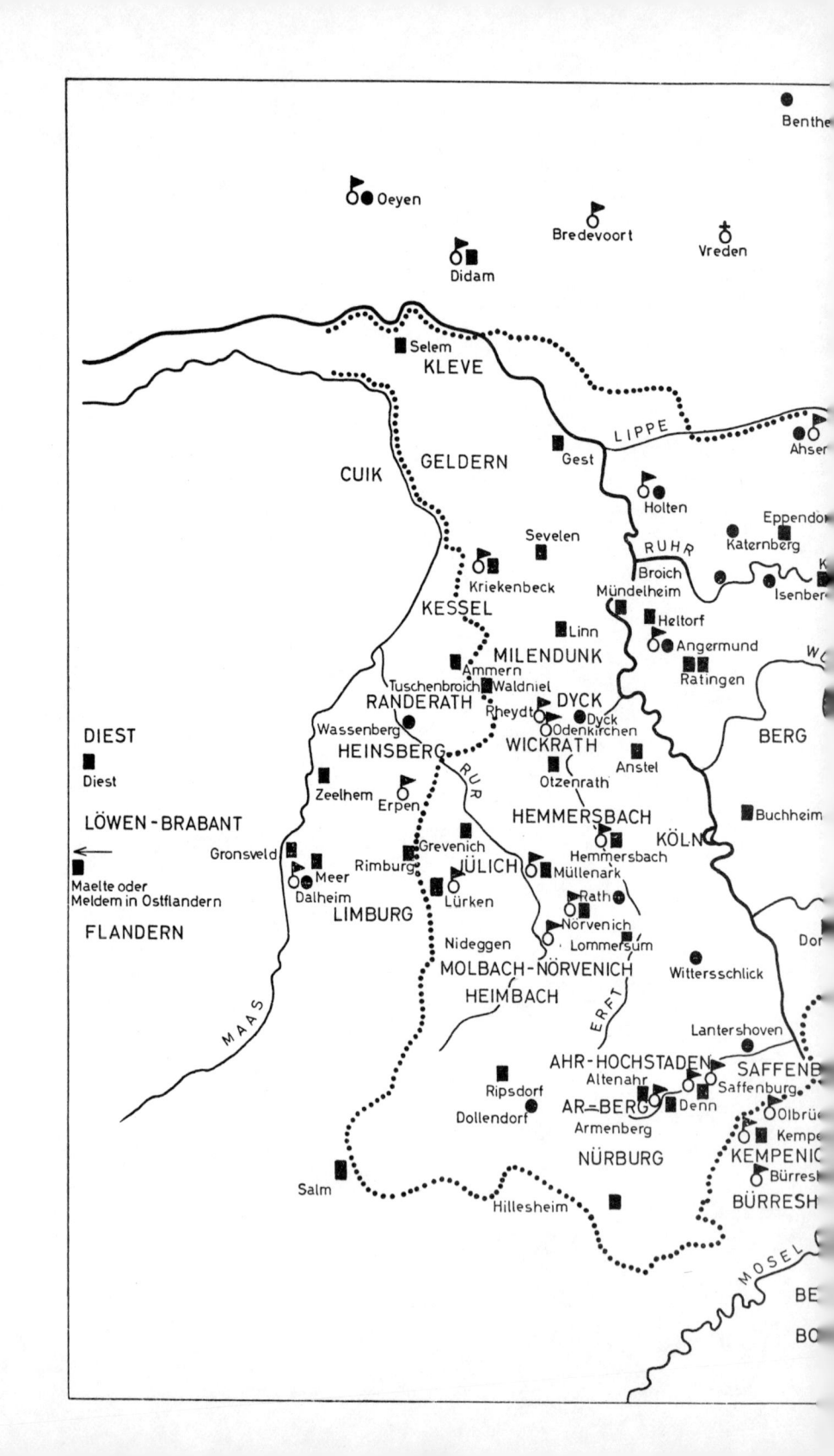

Oeyen
Bredevoort
Vreden
Benthe[im]
Didam
Selem
KLEVE
LIPPE
CUIK GELDERN
Gest
Ahser
Holten
Eppendo[rf]
Sevelen
RUHR
Katernberg
Kriekenbeck
Broich
K[
KESSEL
Mündelheim
Isenber[g]
Linn
MILENDUNK
Heltorf
Ammern
Angermund
Tuschenbroich Waldniel DYCK
Ratingen
RANDERATH Rheydt Dyck
DIEST Wassenberg Odenkirchen BERG
HEINSBERG WICKRATH
Diest Anstel
LÖWEN-BRABANT Zeelhem Erpen
RUR
HEMMERSBACH
Otzenrath
Gronsveld Grevenich Buchheim
Maelte oder Rimburg JÜLICH Hemmersbach KÖLN
Meldem in Ostflandern Meer Müllenark
FLANDERN Dalheim Lürken
LIMBURG Rath
Nideggen Norvenich
Lommersum
MOLBACH-NÖRVENICH
Wittersschlick
HEIMBACH
MAAS
Lantershoven
AHR-HOCHSTADEN SAFFENB[URG]
Ripsdorf Altenahr
Saffenburg
AR=BERG Denn
Dollendorf Olbrü[ck]
Armenberg
Kempe[nich]
NÜRBURG KEMPENIC[H]
Bürres[heim]
Salm BÜRRESH[EIM]
Hillesheim
MOSEL
BE[
BO[

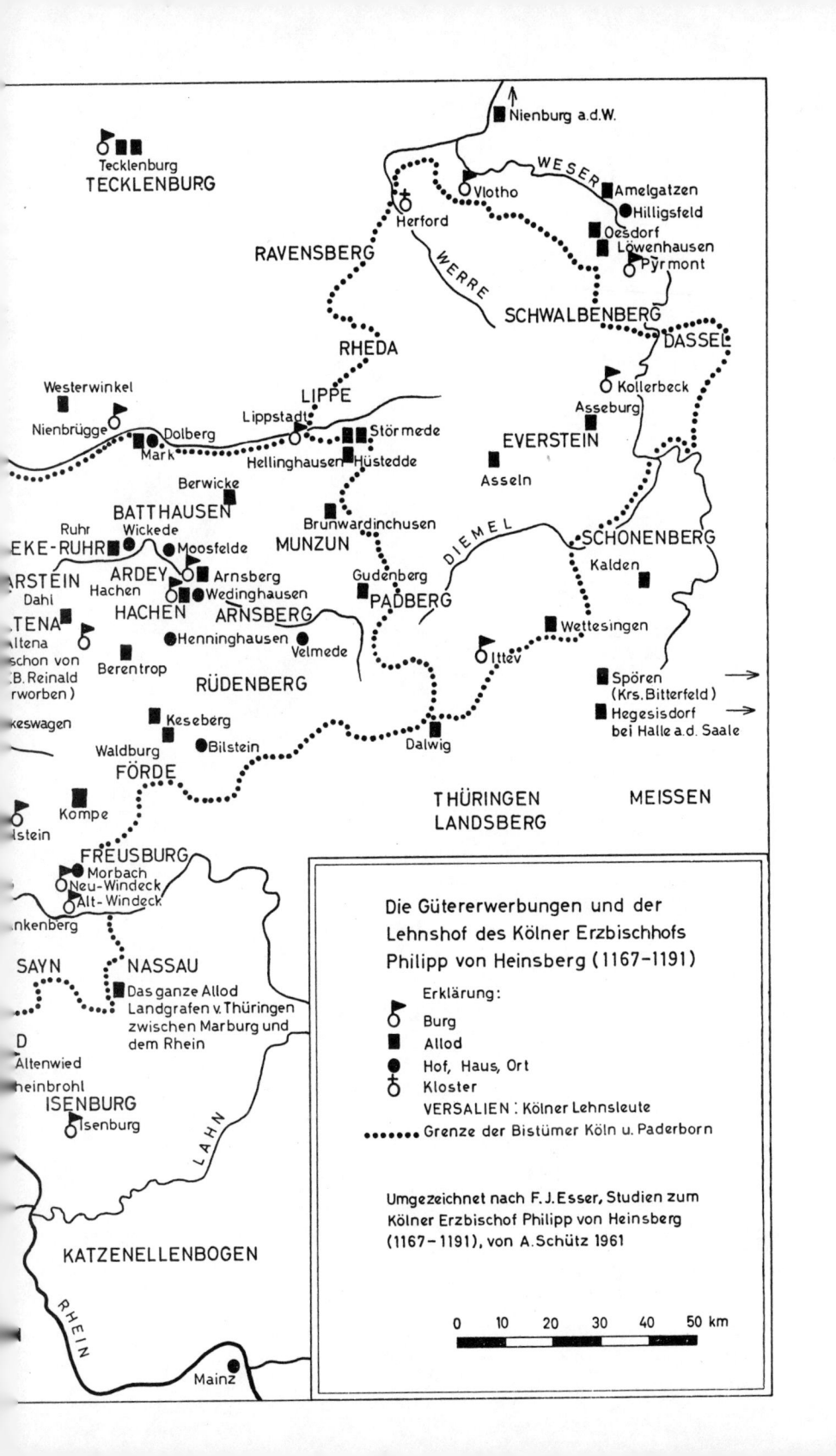

Die Gütererwerbungen und der Lehnshof des Kölner Erzbischofs Philipp von Heinsberg (1167–1191)

Erklärung:
- ⚑ / ○ Burg
- ■ Allod
- ● Hof, Haus, Ort
- ☥ Kloster
- VERSALIEN: Kölner Lehnsleute
- ••••••• Grenze der Bistümer Köln u. Paderborn

Umgezeichnet nach F.J.Esser, Studien zum Kölner Erzbischof Philipp von Heinsberg (1167–1191), von A.Schütz 1961

0 10 20 30 40 50 km

Orte (Auswahl):
Tecklenburg, TECKLENBURG, Nienburg a.d.W., Vlotho, Herford, Amelgatzen, Hilligsfeld, Oesdorf, Löwenhausen, Pyrmont, RAVENSBERG, WERRE, SCHWALBENBERG, DASSEL, RHEDA, Kollerbeck, LIPPE, Lippstadt, Störmede, Asseburg, EVERSTEIN, Westerwinkel, Nienbrügge, Dolberg, Mark, Hellinghausen, Hüstedde, Asseln, Berwicke, BATTHAUSEN, Brunwardinchusen, DIEMEL, SCHONENBERG, Ruhr, Wickede, MUNZUN, Gudenberg, Kalden, EKE-RUHR, Moosfelde, ARDEY, Arnsberg, PADBERG, ARSTEIN, Dahl, Hachen, Wedinghausen, Wettesingen, TENA, HACHEN, ARNSBERG, Altena, Henninghausen, Velmede, Ittev, Spören (Krs. Bitterfeld), Berentrop, RÜDENBERG, Hegesisdorf bei Halle a.d. Saale, keswagen, Keseberg, Waldburg, Bilstein, Dalwig, FÖRDE, THÜRINGEN LANDSBERG, MEISSEN, Kompe, stein, FREUSBURG, Morbach, Neu-Windeck, Alt-Windeck, nkenberg, SAYN, NASSAU, Das ganze Allod Landgrafen v. Thüringen zwischen Marburg und dem Rhein, Altenwied, heinbrohl, ISENBURG, Isenburg, LAHN, KATZENELLENBOGEN, RHEIN, Mainz

und von der Kölner Bürgerschaft beschworen wurde. Erst Philipp von Heinsberg hat die Offensive gegen Heinrich planmäßig betrieben. Er war die Seele aller Bestrebungen, die auf nichts Geringeres als auf den Sturz des Löwen hinzielten. Schon vor 1180 hat er zwei große grausame, aber ergebnislose Feldzüge gegen ihn geführt. Auch als nach 1180 der Löwe starrköpfig blieb und sich dem Fürstenspruch von Gelnhausen nicht beugte, hat Philipp mit seinen Verbündeten weitergekämpft, jedoch abermals das Ziel nicht erreicht. Erst das Eingreifen des Kaisers, der vor 1180 diesen Gegensätzen zugesehen, sogar des öfteren zum Frieden geraten hatte, der dann in Gelnhausen dem Drängen der Fürsten nachgab, und der 1181 mit Heeresmacht den Löwen selbst angriff, hat diesen zu Boden geworfen. Fußfällig erbat er in Erfurt die Gnade des Kaisers. Dieser jedoch beließ ihm nur seine Allode Braunschweig und Lüneburg, verbannte ihn im übrigen auf wenigstens drei Jahre. Heinrich begab sich 1182 an den Hof seines Schwiegervaters, Königs Heinrich von England.

Aus dem Besitz Heinrichs des Löwen erhielt Philipp den *ducatus Westfalie et Angarie*, das Herzogtum über Westfalen und Engern. Das war ein gewaltiger Machtzuwachs. Im Besitz zweier Dukate, an der Spitze eines gewaltigen Lehnshofs freier Vasallen und zahlreicher Ministerialen war er jetzt nach dem Kaiser der mächtigste Fürst im Reiche. Es wurde oben schon auf den planmäßigen Erwerb und Ausbau von Burgen rechts und links des Rheins durch Philipp hingewiesen. Vergleicht man die Zahl der Ritter, mit denen er zu verschiedener Zeit auftrat, so zog er gegen Heinrich den Löwen mit 1500 Rittern, auf dem Pfingstfest zu Mainz 1184 standen ihrer 1700 hinter ihm, und im Jahre 1187 versammelte er um sich in Köln 4000.

Die Begründung des Herzogtums Westfalen und Engern ist, wie ich anderwärts glaube gezeigt zu haben, einzubeziehen in die Reihe der von Friedrich I. neugeschaffenen Herzogtümer, die einen neuen Reichsfürstenstand begründeten und dem planmäßigen Ausbau eines großen deutschen Lehnsstaates mit dem Kaiser als oberstem Lehnsherrn an der Spitze dienen sollten.

Der *ducatus* bedeutet keineswegs schon die Landeshoheit. Es ist eine qualifizierte Gebietsherrschaft, vor allem mit Heeres- und Gerichtsgewalt (Besitz von Grafschaften) und mit Zoll- und Münzhoheit. Aber neben dem Landesherrn – schon im 12. Jahrhundert werden diese Gebietsherren *domini terrae* genannt – stehen zu eigenem Recht gräfliche und edelfreie Dynasten, die auch nicht immer lehnsrechtlich an den Landesherrn gebunden waren. Landrecht und Lehnsrecht stehen zu Anfang des institutionellen Flächenstaates noch nebeneinander. Das Problem der Landesherrschaft war wesentlich eine Durchsetzung gegenüber dem Landadel. O. Brunner hat in seinem ausgezeichneten Buch „Land und Herrschaft" auf dieses eigenrechtliche Nebeneinander hingewiesen. Land ist dabei „die Gemeinschaft der das Land bebauenden und beherrschenden Leute". Selbst innerhalb der einzelnen Rechtskreise, des Hof-

III.

Vom Jahre 1174 haben wir eine erste Nachricht über die Dienste, die Philipp dem Kaiser und dem Reiche leistete. Sie betrifft die Italienpolitik. Als *fidelissimus mandatorum nostrorum exsecutor* bezeichnet ihn Friedrich, als Philipp kaiserliche Besitzungen im Maasgebiet im Auftrag des Kaisers verpfändete, um für diesen Geld im Lombardenkrieg flüssig zu machen. Aber er schonte selbst das bischöfliche Tafelgut nicht, um dem Kaiser zu helfen. Nicht so starrsinnig wie Reinald, war er dem Kaiser auch ein gewandter Helfer in den diplomatischen Bemühungen um einen Ausgleich mit den Lombarden und Alexander III. Das wurde erst recht wichtig nach der Niederlage Friedrichs bei Legnano. An den Verhandlungen, die zum Vorfrieden von Anagni führten, hat Philipp teilgenommen, und an dem Zustandekommen des Friedens von Venedig mit dem Papst hatte er seinen angemessenen Anteil. Sein persönlicher Lohn besteht darin, daß er seinen Frieden mit dem Papst machte und von diesem das Pallium erhielt.

IV.

Nunmehr war der Weg frei für ihn, mit der ihm eigenen Energie und Erbitterung den Kampf in Deutschland aufzunehmen gegen seinen großen und mächtigen Rivalen und Gegner: Heinrich den Löwen. Dieser hatte im östlichen Holstein, in Lauenburg, Mecklenburg, an der Ostsee und in weiten Slawengebieten sich eine Herrschaft begründet, die man mit Recht als landeshoheitliche Gewalt bezeichnen kann und die an die Ansätze rationeller Herrschaftsformen gemahnt, wie sie sich in normannischen Staaten entwickelt hatten. Er verfügte über Gerichts- und Heeresgewalt, über Markt- und Münzhoheit, eine Kirchenhoheit, wie man sie im Westen Deutschlands noch nicht kannte. Eine solch nahezu souveräne Herrschaft war möglich, weil in diesen Kolonisationsgebieten dem Landesherrn nicht wie im Westen alte wohlbegründete Freiheiten eigener Dynasten und älterer Kirchenbesitz entgegenstanden. Mit gewaltsamer Rücksichtslosigkeit suchte der Löwe aber auch in den ihm gehörenden Stammesgebieten Bayern und Sachsen eine ähnliche Herrscherstellung zu erringen. Bayern wurde von seiner ausgreifenden Politik weniger erfaßt als Sachsen. Hier scheute er sich nicht vor der Einziehung erbenloser Hinterlassenschaften unter schroffer Übergehung von Ansprüchen der Verwandten – auch Philipps Schwester Salome wurde davon betroffen –, vor der Beschlagnahme von Gütern eigenwilliger Dynasten, vor dem Erwerb von Vogteirechten und Grafschaften, insbesondere auch von Gografschaften. Diese gewaltsame Eroberungspolitik bedrohte nicht nur das Erzbistum Köln, sondern auch die sächsischen und niedersächsischen Dynasten und Freien. Schon Reinald von Dassel hatte daher im Jahre 1167 zusammen mit dem Erzbischof Wichmann von Magdeburg einen Bund geschlossen, dem die ostfälischen Adligen beitraten und der von den Prioren, Edlen, Vasallen, Ministerialen der Kölner Kirche rechts, Dienstrechts und Lehnsrechts, besteht diese Verschränkung von Herrenrecht und Genossenschaftsrecht, wie A. Hausler schon vor fünfundsiebzig Jahren ebenso knapp wie anschaulich dargelegt hat. Beim Lehnsrecht ist die Treupflicht des Herrn so stark, daß bei deren Verletzung, vor allem auch bei Rechtsverweigerung, ein Widerstandsrecht des Lehnsmannes ausgelöst werden kann.

Philipp von Heinsbergs Ziel war zweifellos eine sehr starke Landesherrschaft, aber er war nicht so rücksichtslos wie Heinrich der Löwe. Er war auch viel zu klug, die Edelherren in seinem Gebiete oder seine Vasallen, auf deren Hilfe er angewiesen war, unnötig zu kränken, wenn er auch gegen offenkundige Gegner, wie das Schicksal Bernhards von Lippe zeigt, keine Milde kannte; aber auch gerade ihn hatte er aus Klugheit bald wieder versöhnt. Seine Ministerialen behandelte er besonders pfleglich. Ihnen war ja vor allem die Verteidigung der Heimat anvertraut, und sie lohnten es ihm. Das Kölner Dienstrecht ist durch ihn etwa um 1170 aufgezeichnet worden. Auch erneuerte er z. B. mit Zustimmung der Prioren das Hofrecht der erzbischöflichen Hofesfamilien in Soest. Das Wohl der von ihm Abhängigen lag ihm am Herzen.

Das geistliche Zepterlehen war durch den Dukat ein Fahnlehen geworden, und das war immerhin im Zusammenhang mit der damit an den Erzbischof fallenden Macht ein guter Anfang, die Gebietsherrschaft schließlich zur Landeshoheit zu steigern. Wenn das aber auch erst seine Nachfolger erreicht haben, so gebührt ihm das Verdienst, die Grundlagen für den späteren Kölner Kurstaat gelegt zu haben. Zu seinen Lebzeiten freilich war das „Land" Köln (die *terra Coloniensis*) im Westen wie im Osten weit davon entfernt, ein zusammenhängendes Herrschaftsgebiet zu sein. Das Herzstück von Westfalen z. B., die Grafschaft Arnsberg, haben die Kölner Erzbischöfe erst 1368 erworben, und im Westen war das kölnische Stiftsgebiet umklammert insbesondere vom Besitz der Grafen und späteren Herzöge von Jülich, die – ehemalige Lehnsvasallen des Erzbischofs – in den folgenden Jahrhunderten ebenbürtig als territorialfürstliche Rivalen sich neben und gegen ihn stellten.

Praktisch wurde der *ducatus* links und der neue rechts des Rheins ein dualistischer Ständestaat. Neben den Erzbischof als Landesherrn traten die vier Stände der Prioren, Edelvasallen, Ministerialen und Städte (zunächst die Stadt Köln). Die Prioren sind eine Gruppe hoher Prälaten, zu der Dignitäre der Kölner Domkirche und Stifter, Äbte von Klöstern, wie Brauweiler, Gladbach, Siegburg u. a., Pröpste von Diözesanstiftskirchen, wie Bonn und Xanten, gehörten. Sie hatten ein Zustimmungsrecht in Angelegenheiten, die das Kirchengut und Diözesanangelegenheiten betrafen, und waren ausschlaggebend an der Bischofswahl beteiligt. Erst im 13. Jahrhundert hat sie das Domkapitel verdrängt. Siegfried von Westerburg ist der erste Erzbischof, der 1274 ausschließlich vom Domkapitel *(a solis canonicis)* gewählt wurde.

Schon in der obenerwähnten Urkunde Reinalds von Dassel begegnen diese vier Gruppen. Sie wirken mit und stimmen zu bei der Verpfändung von bischöflichem Tafelgut 1176; um 1202 in dem Schied zwischen Erzbischof Adolf und König Otto werden sie ausdrücklich als *ordines* bezeichnet.

V.

Die Herrschaft über zwei Dukate bedeutete für Philipp von Heinsberg nicht nur eine gewaltige Machtsteigerung. Sie wurde zugleich für ihn zu einer Versuchung. Der Erzbischof wurde eben nicht nur Erbe welfischer Rechte, sondern er geriet auch in die Bahnen welfischer Politik. Er war doch nicht wie Reinald von Dassel oder Christian von Mainz zeitlebens die *altera regni columna*. Aber nicht nur die große Machterweiterung bestimmte sein nunmehriges Verhalten zum Reich. Es war für das Erzstift Köln im Nordwesten des Reiches politisch und wirtschaftlich eine neue Lage geschaffen worden durch den Aufstieg anderer Mächte, der Stadt Köln und der westlichen Nachbarn.

In Köln erstrebten die Geschlechter, Patriziat und Kaufleute, seit 1112 Unabhängigkeit („Freiheit") neben und von dem Erzbischof. Für die wirtschaftlichen Bedürfnisse des Marktes genügte das hofrechtliche und grundherrliche „Bannrecht" nicht mehr. Köln war in schnellem Wachstum die führende Stadt im Nordwesten Deutschlands geworden. Durch das Stapelrecht suchte die Stadt den fremden Handelsverkehr bei sich zusammenzuführen, und man hat Köln den „Seehafen für West- und Süddeutschland" genannt. Insbesondere hat Heinrich II. Plantagenet die Kölner Kaufleute durch viele Privilegien begünstigt. Sie besaßen in London eine Gildhalle, um die sich die Lübecker vergeblich bemühten. Lebhaft waren auch die Handelsbeziehungen zu Flandern. Neben der Rheinlinie wurde die Achse Köln–Brügge bedeutsam. In der rheinischen Metropole gipfelte der Verkehr stromabwärts über Waal und Lek nach England, zu Lande nach Brügge, stromaufwärts und endlich nach Nordosten über Münster–Osnabrück oder über den Hellweg. In westfälischen Städten wie Soest waren wallonische Kaufleute ansässig. Daß das Kölnische Recht über Soest nach Lübeck kam, ist bekannt. Vor der wachsenden wirtschaftlichen Verbundenheit verlor die Reichsgrenze an der Schelde vollends an trennender Kraft.

Die führende Stellung, welche das Stift Utrecht, politisch und geistig stets eng mit Köln verbunden, in salischer Zeit gehabt hatte, mußte es von der zweiten Hälfte des 12. Jahrhunderts an mit anderen Territorien – Holland, Hennegau, Flandern, Brabant – abstimmen. Flandern lag im Brennpunkt der Interessen Frankreichs, Englands und des Reiches (Köln). Bald wurde in Flandern das starke Bürgertum der Städte politisch wichtiger als das Grafenamt. Zu Flandern stand der von Frankreich beschirmte Hennegau immer in einer gewissen Spannung. Die politische Entwicklung führte dazu, daß selbst Friedrich I.

Balduin V. von Hennegau vor den anderen niederländischen Fürsten bevorzugte. Er gab ihm die Anwartschaft auf die Herrschaft des kinderlosen Grafen von Namur, die er als reichsfürstliche Grafschaft vom Kaiser zum Lehen nehmen sollte. So sollte das staufische Reichsinteresse im Westen auch gegenüber Köln verstärkt werden. Brabant nahm eine schwankende Stellung ein. Ehemals eng mit Köln verbunden, insbesondere mit der Stadt Köln – 1288 focht Johann von Brabant auf seiten der Kölner gegen den Erzbischof –, hatte es sich infolge einer zielstrebigen Heiratspolitik der französischen Könige seit dem 14. Jahrhundert ganz dem Westen zugewandt.
Alle diese Dinge kamen im letzten Drittel des 12. Jahrhunderts in Fluß und stellten den Erzbischof von Köln vor eine Entscheidung. Die Herzöge von Brabant und Limburg waren mit anderen (den Grafen von Kleve, Geldern, Jülich, Berg, Are und Sayn) in den Kampf gegen Heinrich den Löwen gezogen. Als seine *fideles* unterzeichneten dieselben und auch Philipp von Flandern 1169 die Urkunden für den Kölner Stadtvogt Gerhard von Eppendorf und für den Burggrafen von Are. Der Plan des Kaisers mit Balduin von Hennegau war für Philipp eine Herausforderung. Die Ausdehnungspolitik des Kölner Erzbischofs andererseits stieß aber nicht nur im Westen auf den Widerstand des Kaisers. Schon die Ernennung seines Bruders Konrad zum rheinischen Pfalzgrafen hatte eine antikölnische Note. Ihn bezwang 1164 Philipp bei Rheineck. Der Plan, das Bistum Cambrai in den Metropolitanbezirk Kölns einzubeziehen, scheiterte am Widerspruch des Kaisers. Für Nymwegen und Kaiserswerth bekundete Barbarossa ein völlig neues Interesse, indem er hier starke Pfalzen errichtete, Kontrollstationen des Kölner Handels. Zwangsläufig stießen so im Westen Kaiser und Erzbischof aufeinander. Im Hinblick auf Köln konnte weder Friedrich I. noch Philipp der geschichtlichen Entwicklung ruhig zusehen.
Um 1180 war das Einvernehmen zwischen Kaiser und Erzbischof vorzüglich. Das Herzogtum Westfalen und Engern war ja die große Belohnung Philipps wegen seiner Verdienste um das Reich. 1184 auf dem glänzenden Reichstag von Mainz entzündete sich zuerst der lange aufgespeicherte Unmut des Kölners und führte zu dem ärgerlichen Zwischenfall mit dem Abt von Fulda, dessen Platz Philipp beanspruchte. Der Ärger war dadurch entfacht worden, daß Balduin von Hennegau vom Kaiser ausersehen war, vor ihm das Reichsschwert zu tragen. Darin sah Philipp eine persönliche Kränkung, der Rangstreit war dann Anlaß des Zwistes. Nur die Vermittlung des jungen Königs Heinrich erreichte es schließlich, daß der Kölner nicht mit seinem ganzen Gefolge von Edlen und Rittern den Reichstag verließ.
Aber nur äußerlich war die Spannung überbrückt. Ja, Philipp erhielt sogar vom Kaiser den Auftrag, mit Philipp von Flandern zu König Heinrich II. von England zu fahren, um dessen Verstimmung über die Verurteilung seines Schwiegersohnes Heinrich zu beheben und seine politische Hilfe zu gewinnen.

Die flandrisch-französischen Gegensätze waren zwar für den Augenblick behoben, blieben aber bedrohlich für die Zukunft.

Glänzend in Dover vom König selbst empfangen, wurden die Gesandten nach London geführt und dort fünf Tage lang fürstlich bewirtet. Die Unterhandlungen führten schließlich zu einer Einigung, um den Preis freilich, daß der Kölner Erzbischof sich mit dem Löwen versöhne. Der Hinweis des Königs auf seine Verdienste um den Kölner Handel gab den Ausschlag. Der lange zögernde Philipp versprach, „daß er dem Herzog die Treue bewahren werde, und er nahm ihn wieder in seine Freundschaft auf". Er riet dem König auch, sich an den Papst zu wenden als Fürsprecher für Heinrich den Löwen beim Kaiser.

Philipps Haltung in London war sicherlich nicht durch seinen Unmut über den Kaiser bestimmt, er hatte ja auch persönlich keinen Grund, dem Löwen freundlich gesinnt zu sein. Aber sein Pakt mit diesem wurde ihm von seinen Gegnern in Deutschland fast als Hochverrat gegen den Kaiser ausgelegt. Die Spannung zwischen Philipp und Friedrich I. verschärfte sich von neuem, um im Jahre 1188 bis zur Zerreißprobe zu wachsen.

Sucht man nach einem Grund für das Entgegenkommen Philipps gegenüber Heinrich dem Löwen, so darf man ihn weniger im Gegensatz zum Kaiser als in der Rücksichtnahme auf den Kölner Handel erblicken, auf den der englische König ja auch vielsagend angespielt hatte.

VI.

Das führt nun dazu, das Verhältnis Philipps zu Köln kurz zu umreißen. Als Stadtherr von Köln hatte Philipp längst nicht mehr eine so starke Stellung wie etwa Anno II. Es ist aber bezeichnend, daß dieser gerade auf Betreiben Philipps kanonisiert wurde.

Im 12. Jahrhundert versuchten die Bürger von Köln, den Stadtherrn einzuschränken, auch auf dem wichtigen Gebiet der Gerichtsbarkeit. Nicht zuletzt um die Rechte der Schöffen zu präzisieren, sind die Urkunden von 1169 für den Stadtvogt und für den Burggrafen zu verstehen. Der Zweifel an ihrer Echtheit ist in unserem Zusammenhang belanglos, weil die Führer im Streit über Echtheit oder Unechtheit in dem Punkte übereinstimmen, daß die Kölner Rechtsverhältnisse um 1170 richtig wiedergegeben sind. Oberster Richter in der Stadt ist der Erzbischof, der seit dem 12. Jahrhundert auch das Richtschwert selbst in die Hand nahm *(ducatus sanguinis,* Gerhoh von Reichersberg). Die Erzbischöfe von Köln hatten die Herrschaft über die Stadt aus Grafschafts-, nicht aus Immunitätsrecht inne. Sie ließen sie von einem besonderen Burggrafen verwalten. Er ist der Stellvertreter des Erzbischofs, der Nachfolger des Kölngaugrafen. Er hat in Köln militärische und richterliche Befugnisse, er führt den Vorsitz in den drei echten Dingen, „Witzigdinge" genannt, während bei den anderen Dingen der Stadtvogt den Vorsitz hat, allein oder mit dem Burggrafen zusammen. Der Burggraf wältigt auch die Schöffen an. Er gehört zum hohen Adel, seit 1166 sind Burggrafen die Grafen von Are; der Stadtvogt ist Ministeriale, von 1139 bis 1422 ist das Amt in Händen der Ritter von Eppendorf. Der Burggraf ist, wenn man will, Nebenbuhler, der Stadtvogt gehorsamer Diener des Erzbischofs; er besitzt daher auch nicht den Königsbann, sondern richtet im Namen des Erzbischofs.

Erzbischof und Stadt stehen vor 1180 nicht im besten Einvernehmen miteinander. Das zeigt noch der Mauerbau von 1180. Gegen Philipps Verbot hatte die Stadt mit der Befestigung begonnen. Erst nach Beilegung des Zwistes mit dem Erzbischof, nach Zahlung von zweitausend Mark an diesen, im Einvernehmen auch mit dem Burggrafen wurde die Befestigung weitergeführt. Darauf bestätigte Philipp alle Rechte der Bürger und der Stadt.

Schon vorher hatte er im Jahre 1178 im Streite der Genter mit Köln um die Schiffahrt über Köln hinaus zuungunsten von Köln entschieden, aus Rücksicht auf den Kaiser und seine flandrische Politik. Die Kölner ihrerseits waren im Kampf Philipps mit Heinrich dem Löwen mit Rücksicht auf ihren englischen Handel sehr zurückhaltend.

Das Verhältnis zwischen Stadt und Stadtherrn besserte sich erst nach dem Besuch Philipps in England; je mehr dieser einsah, daß die Interessen der Stadt sich mit den eigenen deckten, wurde er zugänglicher für sie. Der Gegensatz zum Kaiser tat ein übriges.

Auch den kleineren Landstädten wandte Philipp seine Fürsorge zu, wobei Andernach, Soest, Neuß, Siegburg insbesondere zu nennen sind.

VII.

Zu den Spannungen mit dem Kaiser kam im Jahre 1185 noch ein Zerwürfnis mit dem König Heinrich, dessen Überlieferung allerdings zweifelhaft ist, da Heinrich und Philipp bald nachher wieder im guten Einvernehmen standen. Der Erzbischof hat jedoch an der Hochzeitsfeier Heinrichs mit Constanze in Mailand, wiewohl er eingeladen war, nicht teilgenommen.

Ein neues offenes Zerwürfnis zwischen Friedrich I. und Philipp brachte erst der Streit um die Bistumsnachfolge in Trier. Hier standen sich – in Zwietracht gewählt – der Archidiakon Folmar und der Domdechant Rudolf gegenüber. Folmar appellierte an den Papst Urban III., einen erbitterten Feind der Staufer. Es genügte dem Papst, zu erfahren, daß Rudolf der Kandidat des Kaisers sei, um Folmar zu inthronisieren – vor der Regalienverleihung. Darauf entbrannte aufs neue der Streit zwischen Papst und Kaiser, in den sich nunmehr Philipp auf seiten des Papstes einmischte. Auch er trat für Folmar ein und wurde von Urban III. zum päpstlichen Legaten für seinen Metropolitanbezirk ernannt. Seine Machenschaften gegen den Kaiser, gegen den er auch die deutschen Erzbischöfe zu gewinnen trachtete, führten aber nicht zu dem gewünschten

Erfolg. Auf dem Reichstag von Gelnhausen 1186 errang der Kaiser einen vollständigen Sieg; er gewann auch das Gefolge der Bischöfe zurück. Diese schrieben sogar an den Papst und protestierten gegen dessen kaiserfeindliche Politik. Aber die Fronten waren abgesteckt. Im März 1187 hielt Philipp in Köln eine Provinzialsynode ab, auf der seine Suffragane, der Adel des Landes und gegen viertausend Ritter anwesend waren. Es war eine Heerschau gegen den Kaiser. Aber auch dieser rüstete; er war so erzürnt, daß er Philipp zur Verantwortung nach Worms lud. Gleichzeitig schürte er im Rücken des Kölners in den Niederlanden Unruhen, damit dieser von dorther nicht unterstützt werden könne.

Da Philipp in Worms nicht erschien, erhielt er eine zweite Ladung nach Straßburg. Wiederum blieb er fern, und auf einem Hoftage in Trier beklagte sich der betagte Kaiser bitter, daß er in seinem hohen Alter von dem Kölner Pfaffen *(a Coloniensi clerico)* noch gezwungen werde, ein Heer zu sammeln und gegen seinen Willen einen Teil seines Reiches zu verwüsten. Daß die Stellung Philipps noch fest war, zeigte die Versammlung von Koblenz, auf der König Heinrich die Großen und Edlen Lothringens fragte, wer von ihnen sich auf seine Seite stellen wolle und gegen den Erzbischof. Als alle sich weigerten, verließ er erzürnt die Stadt.

Hätte sich nicht ob der Katastrophe von Hittin und der Eroberung Jerusalems durch den Sultan gerade jetzt im Abendland eine neue gewaltige Kreuzzugsbegeisterung entfacht und wäre dem stauferfeindlichen Urban III. nicht der friedliche Gregor VIII. gefolgt, so wäre es doch wohl zu bewaffneter Auseinandersetzung zwischen Kaiser und Erzbischof gekommen.

Aber Philipp war zu klug, angesichts der Kreuzzugspredigt sich weiter gegen den Kaiser zu stellen und sich so öffentlich moralisch ins Unrecht zu setzen. Er zeigte seine Wendigkeit. Er unterwarf sich und die Stadt Köln 1188 auf dem Reichstag zu Mainz bedingungslos dem Kaiser.

Wenn auch der Friede äußerlich war, so blieb er doch erhalten, obgleich beide Parteien bei ihrem Standpunkt verharrten. Friedrich verlieh 1188 dem Hennegauer die Markgrafschaft Namur. Und Philipp blieb dem Hofe fern. Damals ließ er das berühmte Kölner Güterverzeichnis anfertigen. Dem in Abwesenheit Barbarossas 1189 trotz einer zweiten Verbannung zurückgekehrten Heinrich dem Löwen gegenüber verhielt er sich loyal mit Rücksicht auf England und den Kölner Handel.

VIII.

Philipps Beziehungen zu den Staufern besserten sich unter König Heinrich. Der König brauchte ihn und bemühte sich, wie die Kölner Chronik sagt, ihn auf jede Weise an sich zu locken, „weil er ein tatkräftiger und sieghafter Mann *(vir strenuus et victoriosus)* war", und so erhielt Philipp, eingedenk der zahlreichen Dienste, „die er unserm erlauchten Vater Friedrich ... und uns erwiesen hat und hinfort immer, wie wir glauben, erweisen wird", in der Kölner

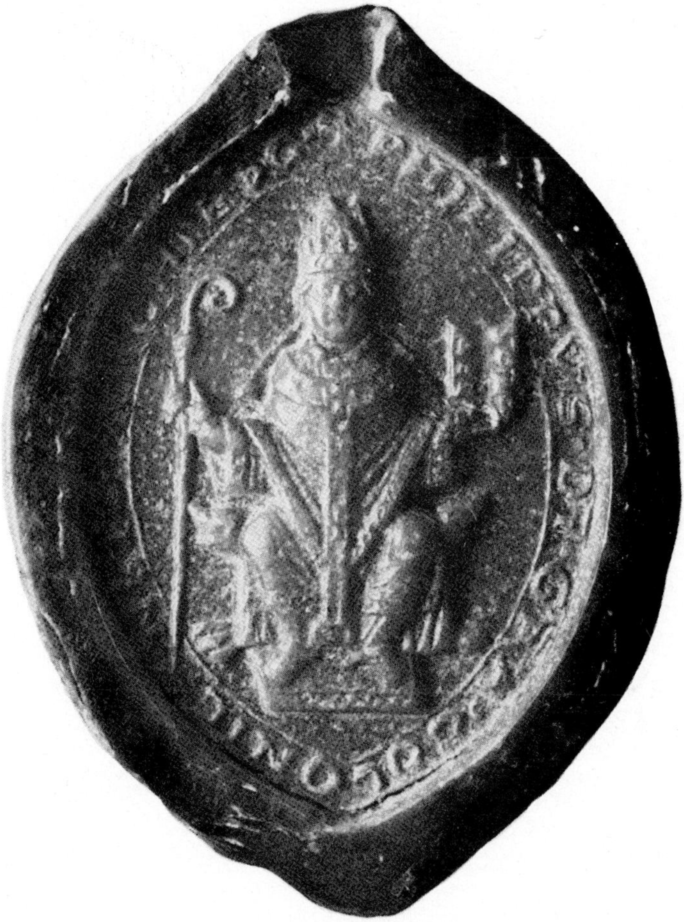

Siegel des Erzbischofs Philipp von Heinsberg von Köln aus dem Jahre 1181
Stadtarchiv Köln, St. Cunibert Urkunde 14 − Aufnahme Rheinisches Bildarchiv, Köln

Diözese alle Münzstätten außer Duisburg und Dortmund. Die erzbischöflichen Städte bekamen Zollfreiheit in Kaiserswerth. Heinrich ging noch weiter: er löste alle von Philipp im Reichsdienst verpfändeten Güter wieder ein. Und außerdem kam im Juli 1190 auch ein Ausgleich zwischen dem König und Heinrich dem Löwen zustande.

Der Erzbischof endete, wie er begonnen hatte, im Dienste von Kaiser und Reich. Mit seinem König Heinrich VI. zog er Ende 1190 nach Italien, verhandelte mit dem Papst Coelestin III. wegen der Krönung Heinrichs zum Kaiser und nahm am Ostersonntag 1191 daran teil. Dann begab er sich mit Heinrich gen Süden, um den Widerstand gegen diesen im sizilischen Königreich zu brechen.

Bei der Belagerung von Neapel ereilte auch Heinrichs Heer das Schicksal, das Friedrich I. nach der Schlacht von Tusculum überfallen hatte: die Pest brach aus, und, wie damals Reinald, so fiel ihr jetzt Philipp zum Opfer. Seine Gebeine wurden nach Köln gebracht und im Dom an der Seite Reinalds beigesetzt. Über seinem Grab errichtete man im 14. Jahrhundert jenen zinnengekrönten monumentalen Sarkophag, der heute in der Maternus-Kapelle des Doms steht.

IX.

Wollte man Philipp nur als Politiker sehen, so würde ein wesentliches Moment in seinem Lebensbild fehlen. Trotz der eingangs zitierten Nachricht des Chronisten, er habe sich im wesentlichen um weltliche Angelegenheiten gekümmert, fehlen bei Philipp weder religiöse und kirchliche Interessen, noch läßt sich ihm eine Aufgeschlossenheit für geistige Dinge absprechen. Schon für die ersten Regierungsjahre wurde auf seine Sorge für Kirchen und Klöster in Stadt und Stift Köln hingewiesen. In dem äußeren Schutz und der Sicherung der Kirchen und Klöster in seinem Bistum sah er auch weiterhin eine Aufgabe. Bezeichnend für seine Gesinnung ist in diesem Zusammenhang die Antwort auf die Beschwerde von Landbewohnern über den Einzug von zwölf Mönchen in das Kloster auf dem Stromberg, die Caesarius von Heisterbach überliefert hat: „Gott gebe, daß in jedem Dorfe meines Bistums ein Kloster dieser Gerechten wäre, die Gott lobten und für mich und meine Herde beteten. Ich glaube, es wäre um den Zustand meiner Kirche viel besser bestellt, als es jetzt der Fall ist, sie würden keinem schaden, aber vielen nützen. Fremden Besitz rauben sie nicht, da sie ihren eigenen mit allen teilen." Der Glaubwürdigkeit dieses Wortes könnte das Interesse des Caesarius entgegenstehen, seine Zisterziensermönche herauszustellen.

Bei seinen Klostergründungen bevorzugte der Erzbischof die Reformorden, Zisterzienser (Stromberg, Heisterbach), regulierte Augustinerchorherren (Mechten bei Köln, Neuß, Walberberg), Zisterzienserinnen (Hoven bei Zülpich). Bei neugegründeten ebenso wie bei den bestehenden Kirchen war er großzügig mit der Verleihung von Gütern und Rechten, und er bestätigte die Verfügungen anderer. Besondere Fürsorge bekundete er für St. Ursula in Köln und für Xanten.

Namentlich war er auch darauf bedacht, den Übergriffen der Vögte entgegenzutreten, und strebte danach – was freilich auch seiner eigenen landesherrlichen Macht zugute kam –, selbst die Vogtei in die Hand zu nehmen oder das Kloster in den Schutz des hl. Petrus zu stellen; so bei dem von ihm sehr geförderten, 1166 gegründeten Prämonstratenserinnenkloster Meer bei Neuß, bei Schwarzrheindorf und in Rees. Auch das vom Pfalzgrafen Heinrich gegründete Kloster Maria-Laach nahm er in den Schutz des Erzbistums. Von einem gewissen Nepotismus ist er nicht freizusprechen, und da wirkt es fast erheiternd, wenn er selbst klagt, daß es Menschen gebe, die dazu neigten, auf jede nur mögliche Weise von den Gütern der Kirche ihren Freunden etwas zukommen zu lassen, um so für sie zu sorgen. Auch in die Pfarrorganisation griff er gelegentlich ein.

Für die Disziplin und Aufrechterhaltung der kirchlichen Ordnung waren Synoden für das Bistum und Provinzialsynoden für den Metropolitanbezirk notwendig. In beiden Fällen hat sich der Erzbischof bewährt. Die Generalsynode von 1187 freilich war mehr eine Heerschau als eine geistliche Versammlung.

Gebetsverbrüderungen förderte er ebenso wie den – übrigens auch einträglichen – Reliquienkult. Während seiner Regierungszeit wurde der neue prachtvolle Dreikönigenschrein geschaffen und aufgestellt. Eine anschauliche Beleuchtung erfahren die Kölner kirchlichen Zustände gerade unter dem Gesichtspunkt des Reliquienkults durch den Reisebericht zweier Mönche aus Grammont (Dep. Haute-Vienne). Die Mönche trafen den vielbeschäftigten Erzbischof in seinem Palast und trugen ihm ihr Anliegen vor: die Bitte um Überlassung von Ursula-Reliquien. Der Erzbischof empfing sie sehr zuvorkommend, küßte jeden von ihnen und räumte ihnen einen Ehrenplatz ein. Er gewährte ihnen ihre Bitte, obwohl er, wie er sagte, ein Ausfuhrverbot für Jungfrauenleiber aus seinem Bistum erlassen habe. Mit sieben Jungfrauenleibern beschenkt und mit einem Brief an ihren Prior verließen die Mönche Köln. Dieser Brief ist für das Lebensbild Philipps interessant. Der Erzbischof drückt die Hoffnung aus, daß er, der mit so viel weltlichen Unternehmungen beschäftigt sei, mit Hilfe der Gebete der Mönche zum Hafen des Heiles gelangen werde. Er vergleicht sich mit der geschäftigen Martha in der Bibel, die von der wachsamen Maria unterstützt werden müsse. Er habe den Mönchen gern solch zahlreiche Reliquien überlassen, was er kaum einem Kaiser oder Könige getan hätte, und er bittet um die Aufnahme in die volle Gebetsbrüderschaft des Ordens, um Teilhaber und Genosse ihrer Gebete und guten Werke zu werden.

Man braucht hierin keine Heuchelei zu sehen, sondern ist berechtigt, den Brief als Zeugnis zu werten, daß der sonst so weltliche Mann auch religiösem Empfinden zugänglich war.

Und nun noch ein Wort über die Beziehungen Philipps zum geistigen Leben. Hier gewinnen wir vor allem aus seinen Beziehungen zur hl. Hildegard, der Seherin vom Rupertsberg, und zu Wibert von Gembloux entscheidende Aussagen. Jene hat er verehrt und oft besucht, und mit diesem unterhielt er einen ausgedehnten Briefwechsel. Es sind auch Stücke von Briefen zwischen Hildegard und Philipp erhalten; doch bevor eine kritische Ausgabe der Briefe Hildegards vorliegt, sind sie mit Vorsicht zu behandeln. Aus einem Schreiben Philipps möchte ich jedoch einige Sätze erwähnen, weil sie ähnliches aussagen wie der Brief an den Prior von Grammont. Philipp bedauert, Hildegard nicht besuchen zu können. Es liege ihm daran, ihr mitzuteilen, daß er von den Wirbeln und den Stürmen weltlicher Geschäfte so verstört werde, daß er gelegentlich gezwungen sei, die Augen des Geistes auch gen Himmel zu richten. Philipp wurde durch die Mystikerin, Naturfreundin und Ärztin, die „Prophetin der reinen freimütigen Wahrheit" besonders angezogen. Das zeigen nicht nur die wiederholten Besuche auf dem Rupertsberg, dem „Lichtherd für weite Lande"; davon berichten auch die Briefe des langjährigen Sekretärs der gelehrten Frau, des wallonischen Mönchs Wibert von Gembloux. Er war in dieser Stellung der Nachfolger des Propstes Wezelo von St. Andreas. Durch ihn hat Philipp vielleicht Hildegard kennengelernt, und durch Hildegard kam der Erzbischof in Beziehungen zu Wibert. Von ihm erfahren wir aus einem Briefe nach dem Tode Hildegards, daß Philipp die Seherin sehr geliebt hat. Er hatte auch den Mönch aufgefordert, ihm über ihr Leben und Hinscheiden zu berichten, insbesondere ihm seine Stellungnahme zu den Wundern mitzuteilen, die von ihr berichtet wurden.

Wiberts Briefe tragen oft das Gepräge des Gekünstelten, des Gewählten, Eleganten und Geistreichen. Hildegard erlaubte ihm, das, was er für sie geschrieben habe, elegant zu stilisieren. Wiberts und Hildegards Freundschaft ist ein „Symbol der Paarung romanischer Form und deutschen Geistes im Hochmittelalter". Der deutsche Einfluß in Belgien auf geistigem Gebiet wurde abgelöst durch den französischen; Zisterzienser und Kreuzzugsbewegung trugen mit dazu bei.

Aus Wiberts Briefen an Philipp erfahren wir manches, was das Lebensbild des Bischofs rundet. Besonders möchte ich das Schreiben erwähnen, das (undatiert) von Knipping dem Jahre 1180 zugewiesen wird. Wibert hat Philipp in Köln aufsuchen wollen, ihn aber so mit Geschäften überhäuft gefunden, daß er nicht zu ihm habe vordringen können. Der Kardinallegat Petrus von Pavia habe die Teilnahme des Erzbischofs an der Entscheidung kirchlicher Fragen gefordert. Herzöge, Große und Grafen des Landes seien dagewesen, um ihn zu dem täglich erwarteten und eiligst notwendigen Zuge gegen Heinrich den Löwen zu drängen. Von Zimmer zu Zimmer sei Philipp geeilt *(de cubiculo in cubiculum)*. Auch Gläubiger hätten heischend und mahnend sich eingefunden. Erst nach einer Woche sei es ihm gelungen, flüchtig den Erzbischof zu sprechen, um mit ihm über die Reise nach Tours zu reden und Empfehlungsbriefe mitzunehmen. Noch ein anderes Mal kommt der Mönch darauf zurück, daß die Rücksicht auf die vielen Geschäfte, die auf Philipp lasteten, ihn davon abgehalten habe, ihn aufzusuchen. Das geschieht in dem Briefe, in dem er ihm überschwenglich zu dem Sieg über Heinrich den Löwen gratuliert. Er suchte aber auch mäßigend auf Philipp einzuwirken, bat ihn, den drohenden Krieg mit Frankreich zu verhindern, und dankte für die einstweilige friedliche Beilegung des Streites.

Ein letzter Gegenstand in dem Briefwechsel Philipps mit Wibert betrifft das Interesse des Erzbischofs an einer neuen Lebensbeschreibung des hl. Martin von Tours mit einer Stellungnahme zu den von ihm berichteten Wundern. Wie bei Hildegard von Bingen zeigte sich auch hier das Verlangen Philipps, über religiöse Dinge unterrichtet zu werden, wobei er eine kritische Darstellung verlangte. Während die Lebensbeschreibung Hildegards unvollendet blieb, konnte Wibert zu Ende der achtziger Jahre seinem erzbischöflichen Freund das Buch über den hl. Martin *(libellus rhythmicus)* überreichen. In dem Widmungsbrief fehlt nicht die Mahnung an den Erzbischof, daß er von der Betriebsamkeit und von der Verschwendung der Seele an die irdischen Dinge sich abkehre, jenem besseren Teil der Maria sich zuwende und dem höchsten Gut sich widme.

X.

Philipp von Heinsberg lebte in einer Zeitenwende. Neben einem sakral-theokratisch-aristokratischen drängte ein neues laikales, bürgerliches, rationales Zeitalter vor, ohne jenes auslöschen oder völlig ersetzen zu können. Wer in einer solchen Zeit lebt, hat es schwer. Er kann die Tradition nicht abschütteln, sich aber dem Neuen auch nicht versagen. Er muß die Gegensätze in sich austragen.

In dieser Wende vollzieht sich als Folge auch die Unterhöhlung des alten Reiches durch die Territorien, zu der in der ottonischen Zeit das Königtum selbst bei den geistlichen Reichsprälaturen durch die Vergebung höchster staatlicher Rechte den ersten Anstoß gegeben hatte. Die Auflösung der Stammesherzogtümer im 12. Jahrhundert konnte in Deutschland nicht zu einem Einheitsstaat führen, auch nicht mit Hilfe des Lehnsrechts. Philipp hat die Reichstreue gelegentlich vergessen, sie aber selbst dann nicht restlos in sich austilgen können, wenn das territorialfürstliche Interesse bei ihm das Übergewicht gewann und ihn zur Opposition gegen den Kaiser führte. Er war der letzte in der Reihe der Kölner Erzbischöfe, der seinem kaiserlichen Herrn im Dienste des Reiches nach Italien folgte, aber auch der erste, der als „Erbe der welfischen Politik", nicht unbeeinflußt von der Handelspolitik seiner Stadt Köln, im Bunde mit England und den Welfen in Nordwestdeutschland gegen Kaiser und Reich Stellung nahm. Er war auch der erste, der als Fernziel seiner Politik die Bildung eines geschlossenen niederrheinisch-westfälischen Machtkomplexes zwischen Maas und Weser sah, ein Ziel, dessen Erreichung selbst seinen Nachfolgern nicht gelungen ist.

Philipp von Heinsberg war eine Persönlichkeit, die über die fürstlichen Standesgenossen seiner Zeit auch durch die Vielseitigkeit und Spannweite seiner Interessen hinausragt.

QUELLEN UND LITERATUR

Die *Quellen* zur Geschichte Philipps von Heinsberg sind zusammengestellt von R. *Knipping,* Die Regesten der Erzbischöfe von Köln im Mittelalter (Publ. der Gesellschaft für Rheinische Geschichtskunde 21) Bd. 2 (1901), Nr. 906 ff. Ebenda ist auch die ältere *Literatur* verzeichnet, aus der *Arn. Peters,* Die Reichspolitik des Erzbischofs Philipp von Köln (Diss. Marburg 1899) und insbesondere *H. Hecker,* Die territoriale Politik des Erzbischofs Philipp I. von Köln (1883) hervorgehoben seien. Seither erschien: *Fr. Esser,* Studien zum Kölner Erzbischof Philipp von Heinsberg (Diss. Köln 1955). Sehr zu beachten ist auch *W. Levison* in: Geschichte des Rheinlandes, hrsg. von der Gesellschaft für Rheinische Geschichtskunde, Bd. 1 (1922), bes. S. 142–148.

Die Einzelnachweise finden sich in dem Druck dieser Abhandlung in: Im Schatten von St. Gereon, Erich Kuphal zum 1. Juli 1960 (Veröffentl. des Köln. Geschichtsvereins 25 [1960]), S. 183–205.

ENGELBERT I. VON BERG

ERZBISCHOF VON KÖLN
(etwa 1182–1225)

Von Erich Wisplinghoff

Caesarius von Heisterbach, der Biograph Engelberts I., zitiert in einer seiner Sonntagshomilien, die kurz vor dem tragischen Ende des Erzbischofs niedergeschrieben wurde, den Ausspruch eines Pariser Scholasters: er könne alles glauben, nur nicht, daß ein deutscher Bischof in seinem Bistum selig werden könne. Früher hätten allerdings, so fährt Caesarius fort, einige Kölner Erzbischöfe Burgen zerstört und an ihrer Stelle Klöster errichtet; heute baue man dagegen Burgen und verschleudere das Klostervermögen. Kurz nach dem Tode seines Helden berichtet er, einer seiner Mitbrüder habe Engelbert vorgehalten, er sei zwar ein guter Herzog, aber kein guter Bischof. Sogar in der Lebensbeschreibung, dem Versuch, den gewaltsam in der Blüte seiner Jahre Dahingerafften zu einem deutschen Thomas von Canterbury zu erhöhen, hat er nicht verhehlt, wie wenig die Lebensführung des glanz- und prachtliebenden Reichsfürsten seinen mönchisch-strengen Forderungen entsprach. In schroffem Gegensatz zu den Vorbehalten des unpolitischen Zisterziensers, der sich allem Anschein nach nur mit Mühe davon überzeugen konnte, daß in dieser Welt Recht und Gesetz durch weltliche Machtmittel erhalten und befördert werden müssen, steht die begeisterte Huldigung des Weltkindes Walther von der Vogelweide an den getreuen Reichsverweser und Prinzenerzieher. Einem großen Teil der benachbarten Territorialherren erschien der kraftvolle Wahrer kölnischer Rechte nach dem bei Caesarius überlieferten Ausruf Friedrichs von Isenberg als „der Räuber, der die Edlen enterbt und niemand verschont". Allerdings hat sein Tod in der Verteidigung kirchlicher Belange viel dazu beigetragen, die unterschiedlichen Urteile des Mönchs und des Weltmanns einander anzunähern. Die Wertung der modernen Historiker ist sehr viel einheitlicher, fiel doch die Regierung Engelberts in eine Zeit friedlicher Beziehungen zwischen Kaiser und Papst, den beiden die damalige abendländische Welt beherrschenden Gewalten, so daß er nicht Partei zu ergreifen brauchte. Für die neuere Geschichtsschreibung war deshalb auch kein Grund vorhanden, bei der Darstellung seiner Zeit die Kämpfe der Ghibellinen und Guelfen mit Tinte und Druckerschwärze fortzusetzen.

I.

Heimat des bergischen Grafenhauses, dem Engelbert entstammte, war das fränkisch-sächsische Grenzgebiet. Die Grundlagen seiner Macht schufen der Landesausbau in dem spät erschlossenen Raum zwischen Ruhr und Sieg und der Besitz zahlreicher Kirchenvogteien. Die Grafschaft Berg war um die Mitte des 12. Jahrhunderts dank ihrer großen Einkünfte und zahlreichen Ministerialen zu einem wesentlichen Machtfaktor geworden. Ihr rascher Aufstieg erfolgte nicht so sehr wie bei vielen anderen niederrheinischen Territorien auf Kosten des Erzstifts Köln, sondern mehr in seinem Gefolge. Vier Glieder der Familie hatten in der Zeit zwischen 1132 und 1216 bereits den Stuhl des hl. Maternus innegehabt. Das Georgsstift in Köln war zu seiner unbestrittenen Domäne geworden; im Domkapitel herrschten seine Parteigänger vor. In dem tatkräftigen und skrupellosen Machtpolitiker Adolf von Altena, dem Vetter Engelberts, scheinen sich bestimmte Eigenschaften des Geschlechts besonders ausgeprägt verkörpert zu haben; jedenfalls führten die Gegner der bergischen Partei in den drei streitigen Kölner Bischofswahlen des 12. Jahrhunderts bewegliche Klage über ihr rücksichtsloses Vorgehen. Für einen Hang zum Abenteuerlichen scheint zu sprechen, daß drei Grafen von Berg aus den Kreuzzügen nicht zurückgekehrt sind. Die Mutter Engelberts entstammte dem Hause der Grafen von Geldern, das durch seine zahlreichen Fehden zu Ende des 12. und Anfang des 13. Jahrhunderts vor allem mit dem Bistum Utrecht das nördliche Niederrheingebiet mit Unruhe erfüllte. Bei dieser Durchmusterung der Verwandtschaft Engelberts wird man nicht übersehen dürfen, daß sein Großoheim Erzbischof Bruno II. von Köln auch von einer ihm nicht günstig gesinnten Stelle als glänzender Redner und gebildeter Theologe anerkannt wird. Bezeichnend ist für alle Angehörigen des bergischen Hauses das starke Zusammengehörigkeitsgefühl, das sich im Falle Engelberts vor allem gegenüber den isenbergischen Vettern bewährte.

Engelbert, zweiter Sohn der zweiten Ehe des auf dem Kreuzzug Friedrich Barbarossas gebliebenen Grafen Engelbert, ist nach allgemeiner Ansicht um 1185, in Wirklichkeit aber doch wohl zwei bis drei Jahre früher geboren. Während sein älterer Bruder Adolf zur Nachfolge in der weltlichen Stellung der Familie vorgesehen war, wurde Engelbert schon früh für die geistliche Laufbahn bestimmt. Er wird als schlank, aber kräftig und von ungewöhnlich schönem Äußeren geschildert. Leider fehlen Abbildungen, die auch nur entfernt Anspruch auf Porträtähnlichkeit erheben könnten. Unter Klerikern sei er als Kleriker, unter Rittern als Ritter aufgetreten, was doch auch seine Ausbildung in den ritterlichen Künsten voraussetzt. Gerühmt wird seine Liebenswürdigkeit, seine rasch bewegliche und auf das Praktische gerichtete Intelligenz sowie eine nie um Auskunft verlegene Wendigkeit, die jedoch mit Festigkeit des Entschlusses gepaart war. Von seiner Leutseligkeit, dem unentbehrlichen Charakteristikum des großen Herrn, berichten einige hübsche

Anekdoten. Das Bild wäre unvollständig, wenn nicht erwähnt würde, daß er durch Härte und Entschlußkraft seinen Feinden ein wahrhaft furchtbarer Gegner war, der nicht dazu neigte, den Niedergeworfenen durch Großmut zu versöhnen.

Zum erstenmal erscheint Engelbert in den Quellen Anfang 1198 als Propst des Georgsstifts in Köln; um die gleiche Zeit wird er auch Domkanoniker gewesen sein. Über seinen Bildungsgang ist so gut wie nichts bekannt; Caesarius, dem wir die Nachrichten über seine hohen geistigen Gaben verdanken, erwähnt nur beiläufig seine Schulzeit und Schulentlassung. Schon im folgenden Jahr wählte ihn die Mehrheit des Kölner Kapitels zum Dompropst, doch konnte er sich erst 1203 nach vierjährigem Kampf, in dem er seine Sache persönlich in Rom vertrat, gegen seinen Gegner Dietrich von Heimbach, den Propst von St. Aposteln, durchsetzen. Im gleichen Jahr soll er die auf ihn gefallene Wahl zum Bischof von Münster wegen seines jugendlichen Alters abgelehnt haben. Aber die Wirren des deutschen Thronstreits zwischen dem Staufer Philipp von Schwaben und dem Welfen Otto IV. überschatten auch seine Laufbahn. Nach dem Abfall Erzbischof Adolfs von Altena von Otto IV. suchte er dessen von Papst Innocenz III. verfügte Absetzung durch Proteste gegen das überstürzte Verfahren und die Appellation nach Rom hinauszuzögern, bevor er offen mit einem Teil seines Kapitels zu ihm übertrat. Daß Engelbert die Einkünfte aus dem Grundbesitz des Domkapitels in den folgenden Jahren für sich und seine Anhänger verwandte, ist ihm nicht nur von den damaligen Gegnern, sondern auch von der Mehrzahl der modernen Historiker sehr verdacht worden. Der Papst bezeichnete ihn auf Grund der Beschwerden der welfischen Partei als Räuber, ließ ihn exkommunizieren und später sogar absetzen. In neuerer Zeit fällte man das Verdikt, er trage ein gerütteltes Maß von Schuld an den Verwüstungen des Bürgerkrieges, womit sein Einfluß überschätzt und den Äußerungen zeitgenössischer Parteileidenschaft zuviel Ehre erwiesen wurde. Der Donner aus Rom war nicht so ernst gemeint, wie er zunächst klang. Dies zeigte sich 1208, als Engelbert nach der vorübergehenden Beendigung der Wirren ohne weiteres die Dompropstei zurückerhielt. Daß er das Kapitel für die verlorenen Einkünfte entschädigen mußte, wird ihn bei der Fülle seiner übrigen Pfründen, von denen wir sicher nur sehr unvollständige Kunde besitzen, wohl kaum stärker berührt haben. Um die gleiche Zeit dürfte er auch Propst von St. Severin in Köln geworden sein, während jeder Anhaltspunkt fehlt, wann er diese Würde in Deventer und Zutfen erlangte. In den nächsten Jahren erscheint er mehrfach im Gefolge des Erzbischofs Dietrich von Köln, des ehemaligen Mitbewerbers um die Dompropstei. 1212 beteiligte er sich an einem Kreuzzug gegen die Albigenser. Bei seiner Rückkehr hatten sich die politischen Verhältnisse der Heimat schon wieder entscheidend gewandelt. Nun war Erzbischof Dietrich wegen seiner Treue zu Otto IV. von dem päpstlichen Legaten Erzbischof Siegfried von

Mainz abgesetzt und Adolf von Altena mit der Verwaltung der Erzdiözese beauftragt worden.

War hiermit Adolf auf die Seite des bald darauf persönlich in Deutschland erscheinenden Staufers Friedrich II. verwiesen, nahmen auch der geldrische Vetter und der Freund Engelberts, der Trierer Erzbischof Dietrich von Wied, seine Partei, so scheinen sich die bergischen Brüder einer klaren Stellungnahme fürs erste entzogen zu haben. Otto IV. hat sich noch 1214 um sie bemüht, wie ein Gunsterweis an das bergische Hauskloster zeigt; so wäre es nicht ausgeschlossen, daß Engelbert ihm die Propstei des Aachener Marienstifts zu verdanken hat, die er in den Jahren 1213–1215 erhielt. Erst nach der vernichtenden Niederlage des Welfen gegen Philipp II. August von Frankreich bei Bouvines 1214 wagten es auch Graf Adolf und Engelbert, im Verein mit den übrigen niederrheinischen Herren, auf die staufische Seite überzugehen. Der unerfreuliche Schwebezustand in der Kölner Erzdiözese dauerte jedoch weiter an. Erst um die Jahreswende 1215/16 wurden die beiden Prätendenten Dietrich und Adolf endgültig abgesetzt, mit einer Rente abgefunden und den Kölner Prioren, den Vorstehern der bedeutendsten Stifte und Klöster der Erzdiözese, der päpstliche Befehl zur Wahl eines neuen Erzbischofs erteilt. Engelbert wurde am 29. Februar 1216 einstimmig gewählt; ein Ergebnis, zu dem die Macht der Familie, ihre vorsichtige Zurückhaltung während der letzten Jahre und die gewinnende Persönlichkeit des Kandidaten in gleicher Weise beigetragen haben mögen. Die in Voraussicht des Ergebnisses von einer kleinen Gruppe der Anhänger Dietrichs in Rom erhobene Klage gegen Engelbert hatte nicht den geringsten Erfolg.

II.

Die Aufgabe, vor die sich der neue Erzbischof zu Anfang seiner Regierungszeit gestellt sah, war schwierig genug. Die von 1198 bis 1208, wieder von 1212 bis 1215 dauernden Kämpfe brachten dem Erzstift erhebliche Einbußen an Besitzungen, Rechten und Einkünften. Die Quellen sind voll von Klagen über die kriegerischen Verwüstungen, die den Niederrhein als Hauptrückhalt Ottos besonders hart betrafen. Die streitbaren Vorgänger hatten zudem keine Bedenken getragen, die Mittel des Erzstifts zur Gewinnung und Belohnung von Anhängern einzusetzen; von einer geordneten Verwaltung konnte in diesen unruhigen Zeiten kaum die Rede sein. Für die kostspieligen Versuche zur Wiedererlangung der erzbischöflichen Würde hatte vor allem Dietrich von Heimbach beträchtliche Schulden bei römischen Bankiers gemacht, auf deren Bezahlung der Papst drängte. Nicht zuletzt hatten die demoralisierenden Einflüsse des Bürgerkriegs einen Sittenverfall zur Folge gehabt, von dem Caesarius erschreckende Beispiele bietet.

Vornehmste Aufgabe Engelberts als Herzog in Ripuarien und Westfalen, wichtigste Voraussetzung für den erfolgreichen Wiederaufbau in seinem

Territorium war die Erhaltung des Friedens. Die dem Herzog zustehenden Befugnisse, das Geleitrecht, das Recht, Burgen und Befestigungsbauten in seinem Sprengel zu genehmigen, und seine Gerichtsbefugnisse sollten in erster Linie der Durchsetzung dieses hohen Ziels dienen. Engelbert hat diese Pflicht bejaht, zumal sie ihm große Möglichkeiten zur Förderung kölnischer Belange eröffnete. Damals wie heute galt der alte römische Satz, daß man zum Kriege gerüstet sein müsse, wenn man den Frieden wolle; die Mittel zu dieser Rüstung mußte ihm das Erzstift zur Verfügung stellen. Es ist also nicht der Ausdruck eines besonderen Machiavellismus, daß sich herzogliches Walten und die Verfolgung eigener territorialpolitischer Ziele bei ihm nicht trennen lassen. Sein Ansehen manifestierte sich besonders in dem zahlreichen Gefolge an Grafen und Edlen, das er in seinem Herrschaftsbereich und am königlichen Hofe um sich versammeln konnte. Er legte Fehden bei, amtete als Schiedsrichter und trat den Übergriffen des Adels, der Ministerialen und der Bürger mit Schärfe entgegen. Sein Ruhm als rücksichtsloser Verfolger von Gewalttat und Unrecht fand eine anekdotisch zugespitzte Form in der Erzählung, daß ein Kaufmann auf gefährlichen Wegen bloß dank des mitgegebenen Handschuhs Engelberts sicher gereist sei. Die Nachricht einer Utrechter Quelle, auf sein geheimes Betreiben habe der Graf von Geldern in einer Fehde mit dem Bistum Utrecht die Unterstützung fast des gesamten rheinischen Adels gefunden, paßt schlecht in das von den Zeitgenossen gezeichnete Bild des konsequenten Friedenswahrers und gibt vielleicht nur das Lagergeschwätz wieder; sicher ist wohl, daß er sich in diesen das ganze nordwestdeutsche Reichsgebiet von Brabant bis Bremen aufwühlenden Ereignissen nicht um eine friedliche Regelung bemüht hat. Hierbei mag die Einsicht mitgespielt haben, daß sogar seine Mittel nicht ausreichten, um in einem solchen Streit als Schiedsrichter aufzutreten.

Aber auch diesem von Caesarius nachdrücklich als Friedensfürsten geschilderten kraftvollen Herrn blieben kriegerische Auseinandersetzungen nicht erspart. In zwei kurzen Fehden zwang er Limburg und das mit diesem verbündete Kleve nieder. Der Anlaß zu dem ersten Zusammenstoß war die Errichtung einer Burg und einer Stadt im ripuarischen Herzogtum durch Limburg ohne seine Erlaubnis; die zweite Fehde entsprang den Auseinandersetzungen um die Grafschaft Berg, die Engelbert nach dem Tode seines Bruders – auf dem Kreuzzug 1218 vor Damiette in Ägypten – in eigene Verwaltung genommen hatte, ohne die Ansprüche Heinrichs von Limburg, der mit der bergischen Erbtochter Irmgard verheiratet war, zu berücksichtigen. In dem endgültigen Friedensschluß von 1220 wurden beide Gegner hart angefaßt. Kleve hatte unter Vorbehalt seiner Ehre Köln auf Anforderung Kriegshilfe gegen jedermann zu leisten; über die Auslegung des Vorbehalts konnte der Erzbischof entscheiden. Jede Zuwiderhandlung sollte den Verlust aller kölnischen Lehen des Klevers nach sich ziehen, wozu nach dem Anspruch

Kölns die ganze Grafschaft gehörte. Die Limburger erkannten in ihren Streitigkeiten mit den Grafen von Hochstaden, Veldenz und Namur Engelbert als Schiedsrichter an; die Grafen von Vianden mußten bedingungslos aus der Gefangenschaft entlassen werden. Die Anrechte Heinrichs von Limburg auf Berg wurden für die Lebenszeit des Erzbischofs, der allerdings nie daran gedacht zu haben scheint, diesen wertvollen Besitz endgültig seiner Kirche zu sichern, mit einer Jahresrente abgefunden. Für das Erzstift erwarb er nur die Vogtei über das Kloster Siegburg, die jedoch bald wieder verlorenging. Vorläufig war dank der engen Gemeinschaft mit Berg die Macht Kölns im engeren Niederrheingebiet so stark, daß nach den beiden Kraftproben mit Walram von Limburg keiner der Großen es mehr auf einen Waffengang ankommen ließ. Infolgedessen gelang es Engelbert, die folgerichtig betriebenen Versuche zur Wiedergewinnung entfremdeten Kölner Besitzes, über deren Erfolge allerdings nur eine mehr beiläufige Notiz des Caesarius vorliegt, im wesentlichen „mit Gerichtsverfahren und Urteilsspruch" durchzusetzen. Jedoch müssen sie so heftigen Anstoß erregt haben, daß er sich aus Furcht vor Anschlägen des Adels mit einer starken Leibwache umgab. Zur Überwachung des gefährlichen limburgischen Nachbarn errichtete er bei Herzogenrath die Burg Valantia. Schon vorher übertrug ihm 1219 Graf Heinrich von Kessel die Vogtei über bestimmte Güter des Klosters Marienweerd, wodurch der kölnische Einfluß an der Maas erheblich verstärkt wurde. In seiner bergischen Heimat verstärkte Engelbert die Befestigungen der Burg an der Wupper. Es bedeutete eine rückhaltlose Anerkennung der kölnischen Vormacht, als 1223 der Graf von Kleve dem Erzbischof ein weiteres Allod als Lehen auftrug und die herzogliche Genehmigung zur Anlage einer Burg einholte, die nach ihrer Fertigstellung ebenfalls kölnisches Lehen und Offenhaus sein sollte.

Das an sich schon beträchtliche Gewicht Kölns unter den Territorien des Niederrheins wurde durch eine kluge Bündnispolitik weiter vermehrt. Der Einkreisung des Erbfeindes Limburg dienten Verbindungen mit Brabant 1217 und mit Namur 1223. Herzog Heinrich I. von Brabant schloß 1222 einen neuen Vertrag mit Engelbert, durch den er ihm seine Allode und Burgen Lommersum, Othée, Tilburg, Dormal und Hannut zu Lehen auftrug. Man hat hierin häufig, ähnlich wie im Falle Kleve, einen Triumph kölnischer Machtbestrebungen und einen vielversprechenden Ansatzpunkt für eine weitere Ausdehnungspolitik gesehen; eine Interpretation, die angesichts der Kleve weit überlegenen Kraft Brabants und seiner für die Möglichkeiten mittelalterlicher Kriegführung zu großen Entfernung von der kölnischen Machtbasis wohl verfehlt ist. Praktische Bedeutung hat diese Maßnahme, die nach Caesarius allein auf die Initiative des Herzogs zurückging, ohnehin kaum erlangt. Zudem sollte dabei bedacht werden, daß jedes Lehnsverhältnis eine beiderseitige Verpflichtung zum Inhalt hatte; deshalb liegt der Gedanke nahe, daß dies der Preis war, den der Brabanter für eine stärkere Rückendeckung durch Köln bei seinen zahlreichen, weitausgreifenden Projekten gezahlt hat. Die oft wiederholte Behauptung, durch ein Reichsweistum habe Engelbert im gleichen Jahre zu Aachen eine Art kölnischer Oberhoheit über Brabant aufzurichten versucht, findet in der Quelle keine Stütze. Ein sichereres Urteil ist über die zu Anfang seiner Regierungszeit erfolgte Erneuerung des alten Bündnisses mit der Trierer Kirche möglich. Engelbert hatte sehr früh die pfalzgräfliche Burg Thuron an der unteren Mosel, von der aus Räubereien begangen worden sein sollten, erobert, durch neue Anlagen verstärkt und für das Erzstift trotz der Intervention des Papstes zugunsten des Unterlegenen behauptet. Bei Bacharach erbaute er die Burg Fürstenberg, die ihrer Lage nach weniger gegen den Herrn von Braubach als gegen den Pfalzgrafen gerichtet war. Von dem Wildgrafen ließ er sich gegen zweihundert Mark die Schmidtburg im westlichen Hunsrück als Lehen auftragen. Schließlich gewann er auch die Burg Vianden, die später gegen Manderscheid ausgetauscht werden sollte. Diese weitausgreifende und damals gewiß noch aussichtsreiche Politik im Süden, die sich auf den alten Kölner Besitz in Rhens und Bacharach stützen konnte, war ohne Einverständnis mit Trier, das allerdings erst etwa ein Jahrhundert später zur Zeit Balduins von Luxemburg in diesem Raum stärker Fuß gefaßt hat, nicht möglich; man wird aus einer Vertragsbestimmung sogar schließen dürfen, daß Engelbert mit dem Widerstand trierischer Lehnsleute und Ministerialen rechnete. Die Nachfolger sahen sich jedenfalls nicht mehr in der Lage, diese Ansätze weiter auszubauen.

Eine besondere Würdigung verdient die Territorialpolitik Kölns während dieser Jahre in Westfalen, die niemals vorher oder nachher so günstige Aussichten bot. Denn einmal war Engelbert der erste Kölner Metropolit, der hier seine herzogliche Würde nachdrücklich zur Geltung gebracht hat; andererseits verfügte er mit Berg noch über die Landbrücke zu dem dort bereits vorhandenen, nicht unbeträchtlichen erzstiftischen Besitz im Sauerland und in der Soester Börde, um die sich spätere Generationen so oft energisch, aber erfolglos bemüht haben. Es kam hinzu, daß die weltlichen Herrschaften des westfälischen Interessengebiets Kölns bei weitem nicht so machtvolle Gebilde waren wie die großen niederrheinischen Territorien. Die Mittel der Einflußnahme und der Machtausdehnung waren die gleichen wie im rheinischen Herzogtum. Die herzogliche Rechtsprechung und schiedsrichterliche Tätigkeit auf den Landtagen erfaßte allem Anschein nach einen immer größeren Personenkreis. Der Graf von Nassau und der Abt von Helmarshausen mußten die Genehmigung zur Gründung der Städte Siegen und Helmarshausen sowie der Burg Krukenberg dadurch erkaufen, daß sie die Hälfte der Neugründungen an Engelbert abtraten. Der Edelherr Christian von Blankenburg trug ihm gegen eine Geldzahlung sein Allod Krombach bei Siegen als Lehen auf. Gemeinsam mit der dortigen Äbtissin gründete er die Stadt Herford. Die Stadt Paderborn nahm er in seinen Schutz auf. Die kölnischen Rechte an der Burg

Padberg ließ er sich in scharfer Form von den Besitzern erneut verbriefen. Das gerade erworbene Brilon wurde befestigt; ebenso sorgte er für eine Neubefestigung von Attendorn. Die Nachricht des Caesarius, Engelbert habe eine Reihe turmbewehrter und sehr schöner Pfalzen erbaut, wird sich also vor allem auf Westfalen beziehen. Gerade auf die westfälische Stellung der Kölner Kirche hat sich der Verlust von Berg am stärksten ausgewirkt; was Engelbert mit guten Aussichten auf friedlichem Wege durchsetzen wollte, hat Konrad von Hochstaden zwanzig Jahre später trotz dauernder kriegerischer Auseinandersetzungen nicht mehr erreichen können.

III.

Sind hiermit die Grundlinien der „Außenpolitik" des großen Erzbischofs nachgezogen, so wenden wir uns jetzt dem gewichtigsten Problem der kölnischen „Innenpolitik", dem Verhältnis zu der Stadt Köln, zu. Hier mußte Engelbert eine besonders schlimme Erbschaft antreten, da sich das Selbstgefühl und das Unabhängigkeitsstreben der seit der Zeit Erzbischof Annos II. stets unruhigen Bürgerschaft während der langen Kriegszeit, in der sie gegen ihren Erzbischof und gegen den König erfolgreich Front gemacht hatte, sehr gehoben hatte. Jedoch ermöglichten heftige Streitigkeiten zwischen Schöffen und Zünften ein kraftvolles Durchgreifen des Stadtherrn. Als sich die Zünfte seiner aus „Eifer um die Gerechtigkeit" gefällten Entscheidung nicht beugen wollten, belegte er sie mit einer hohen Geldstrafe. Er gab der Bürgerschaft neue Satzungen und regelte die Rechtsprechung des Schöffengerichts. Daß er selbst dem Hochgericht vorsaß, geht aus einer Erzählung des Caesarius hervor. Das Organ der städtischen Selbstverwaltung, der Rat, wurde aufgelöst. Anders als seinem Nachfolger Heinrich von Molenark gelangen ihm diese schwerwiegenden Eingriffe ohne Anwendung militärischer Gewalt. Auch in Soest, der damals bedeutendsten Stadt Westfalens, hat er sich durchgesetzt, ohne daß darüber Einzelheiten bekannt sind. Es war nicht zum wenigsten durch die Handelsinteressen seiner Bischofsstadt bedingt, wenn er beim Kaiser Friedrich II. für eine englandfreundliche Haltung des Reiches eintrat. Den kleineren, zu einer selbständigen Politik unfähigen Städten erwies er seine Gunst, wenn er auch nicht bereit war, den Satz, daß Stadtluft frei macht, anzuerkennen, und in verschiedenen Fällen verfügte, daß etwaige grundherrliche Abhängigkeitsverhältnisse der Stadtbürger bestehenbleiben sollten. An einzelnen Begünstigungen sind die Fixierung der Abgaben der Stadt Neuß, die Gewährung der Abgabenfreiheit für das bergische Wipperfürth und in Westfalen die Stadtprivilegien für Rüthen, Brilon, Medebach und Attendorn zu nennen. Im ganzen steht seine Tätigkeit derjenigen Heinrichs von Molenark nicht nach, der am Niederrhein auf diesem Gebiet besonders aktiv war.

Eine weitere bedenkliche Folge des großen Krieges war, daß die Ministerialität, die bisher im wesentlichen „staatstragende" Schicht, auf ihrem Wege zur

Selbständigkeit einen weiteren großen Schritt vorwärts gemacht hatte. Engelbert selbst scheint mit ihr keine Schwierigkeiten gehabt zu haben; was man jedoch von dieser Seite erwartete, zeigte der Vertrag von 1220, in dem sich der Kölner Erzbischof und der Graf von Kleve gegen etwaige Übergriffe ihrer beiderseitigen Ministerialen verbündeten. Das Lehnswesen hatte seine auflösenden Wirkungen auch hier ausgeübt. Abhilfe konnte nur die Betrauung von beliebig absetzbaren Beamten mit Verwaltungsaufgaben schaffen. Die Angaben über den nicht durchgeführten Plan Engelberts, sämtliche erzbischöflichen Einkünfte von zwölf Schultheißen verwalten zu lassen, von denen jeder für die Bedürfnisse eines Monats sorgen sollte, lassen nicht erkennen, in welchem Verhältnis diese Leute zum Erzbischof stehen sollten. Ist deshalb ein Urteil über den wesentlichsten Punkt nicht möglich, so muß andererseits betont werden, daß der Gedanke nicht sonderlich originell und wohl von der alten Tafelgüterverwaltung oder von klösterlichen Vorbildern beeinflußt war. Die Aufteilung des Erzstifts in Ämter unter absetzbaren Amtsleuten scheint erst unter Konrad von Hochstaden begonnen zu haben. Die von Engelbert 1219 vorgenommene Regelung der Kanzleiverhältnisse bezweckte wohl nur, den einflußreichen Posten ihres Vorstehers dem Domkapitel zu sichern. Von der geplanten Verwaltungsreform aber hatte sich der Erzbischof vor allem versprochen, auf die Steuereinnahmen verzichten zu können. Obwohl schon Dietrich von Heimbach auf diese Weise seine Politik finanziert hatte, erregte sie noch immer starken Anstoß. Der moderne Steuerzahler kann dem Manne seine wehmütige Bewunderung nicht versagen, der, auf das Unrecht der Steuererhebung hingewiesen, seine Schuld anerkannte, wenn er sich auch vor seinen Kritikern gewiß zu Recht darauf berief, daß er ohne Geld den Frieden nicht erhalten könne. Deutlich wird durch diese hübsche Erzählung des Caesarius ein konservativer Zug im Wesen des Erzbischofs beleuchtet. Jedenfalls gelang es ihm dadurch, die Kosten für seine aufwendige Amtsführung und das glanzvolle Auftreten am königlichen Hofe zu bestreiten sowie die drückende Schuldenlast des Erzstifts erheblich zu verringern. Seine Räte, die bei Caesarius einmal erwähnt werden, bleiben im Dunkel der Anonymität. Es ließen sich wohl Vermutungen äußern, wer zu diesem Kreis gehörte, aber mit dem bloßen Namen wäre nicht viel gewonnen. Im übrigen darf bei der kraftvollen und selbstbewußten Persönlichkeit ihres Herrn angenommen werden, daß sie keinen großen Einfluß erlangt haben.

IV.

Die Ernennung Engelberts zum Reichsverweser und Prinzenerzieher durch Friedrich II., die vermutlich zu Ende des Jahres 1220 erfolgte, mag die Zeitgenossen nicht wenig überrascht haben, obwohl der König ihm schon vorher begrenzte Aufträge in seiner Vertretung erteilt hatte. Seit 1180 war die Politik der Kölner Erzbischöfe vorwiegend staufer- und damit auch reichsfeindlich gewesen, aus zwingenden politischen Notwendigkeiten. Denn für die Stadt Köln, die Wirtschaftsgroßmacht der damaligen Zeit nördlich der Alpen, auf die auch die Erzbischöfe Rücksicht nehmen mußten, war der ungestörte Handel mit England eine Lebensfrage. Die Staufer aber waren durch den seit 1180 wieder aufgebrochenen Gegensatz zu den mit dem englischen Königshaus verschwägerten Welfen auf die Seite der Feinde Englands verwiesen worden, die sich um den französischen König gesammelt hatten. Wahrscheinlich waren es jedoch nicht die Interessen der Stadt allein; der plötzlich so bedrohlich emporgestiegenen Macht Frankreichs gegenüber mußte den Fürsten im Nordwesten des Reichs das Bündnis mit England als ein natürlicher Schutzwall erscheinen. Wie die Bemerkung des Caesarius zeigt, Engelbert habe die Reichsgeschäfte „nicht ohne Furcht" übernommen, ist er sich dieser Schwierigkeiten vollauf bewußt gewesen. Doch man wird sagen dürfen, daß in ihm der Sachwalter des Reichs den niederrheinischen Territorialfürsten besiegt hat; Friedrich II., der den Erzbischof persönlich kannte, hat seine gute Menschenkenntnis auch in diesem Fall bewiesen. Besser als die anerkennenden Worte der zeitgenössischen Chronisten zeugt für die Berechtigung dieses Urteils das Lob Walthers von der Vogelweide, das durch Caesarius und die eigenen Worte Friedrichs II. bestätigt wird. Auch das offensichtlich gute Verhältnis, das ihn mit seinem schwierigen Zögling verband, weist in die gleiche Richtung. Von der hohen Meinung, die das Ausland von ihm hatte, kündeten Gesandtschaften und Geschenke der Könige von Frankreich, England, Dänemark, Ungarn, Böhmen und Kastilien.

Um seine neue Stellung auszufüllen, mußte Engelbert das Wanderleben des deutschen Hofes mitmachen. Dies geschah, wenn auch mit einigen Unterbrechungen, erst seit Ende 1223, obwohl er schon früher bei gelegentlichem Verweilen am Hofe in die Reichsangelegenheiten wirksam eingegriffen hatte. König Heinrich erklärte auf seinen Rat 1221 eine zugunsten des Grafen Wilhelm von Holland in dessen Streit mit der Gräfin Johanna von Flandern ergangene Verfügung für ungültig. In dem Hildesheimer Bistumsstreit rief er die stiftische Ministerialität, die sich erbittert gegen den neugewählten Bischof Konrad gewandt hatte, energisch zur Ordnung und brachte ein Bündnis norddeutscher Fürsten gegen sie zustande. 1222 krönte er seinen Schutzbefohlenen in Aachen zum deutschen König. In den Streitigkeiten um den geldrischen Rheinzoll zwischen seinem Vetter Gerhard von Geldern und dem Bischof von Utrecht erreichte er, nachdem frühere königliche Entscheidungen kassiert worden waren, eine für seinen Verwandten günstige Lösung. Nach der Gefangennahme des Königs Waldemar von Dänemark durch den Grafen Heinrich von Schwerin mußte er in den darauffolgenden langwierigen und wechselvollen Verhandlungen die Interessen des Reiches vertreten. Friedrich II. hatte 1214 die Unterstützung des Dänen gegen Otto IV. durch die Preisgabe aller

Reichsrechte jenseits von Elbe und Elde erkauft. Dieser schwerwiegende Verzicht sollte jetzt rückgängig gemacht werden. Die diplomatischen Verhandlungen allein brachten jedoch noch kein Ergebnis; es bedurfte erst noch eines siegreichen Waffenganges, bis Graf Heinrich kurz nach der Ermordung Engelberts seine Erfolge für sich und das Reich auch vertraglich sichern konnte.
Sehr viel wichtiger für Engelbert als diese von Köln doch weit entfernt liegenden norddeutschen Angelegenheiten war das Verhältnis zu den Westmächten. Als diplomatische Vorbereitung zu dem militärischen Vorgehen gegen die englischen Besitzungen in Südfrankreich hatte der französische König Ludwig VIII. das Bündnis mit Kaiser Friedrich II. erneuert, der darauf auch der Reichsregierung in Deutschland den Befehl zu dem Anschluß an diesen Vertrag gab. Obwohl Papst Honorius III. ebenfalls sein Einverständnis mit diesem Zusammenschluß erklärt hatte, wußte Engelbert, der schon vorher Verbindung mit König Heinrich III. von England aufgenommen hatte, im November 1224 jeden Erfolg der an der Reichsgrenze bei Toul stattfindenden Verhandlungen zu verhindern. Ihm selbst schwebte ein Bündnis mit England und eine deutsch-englische Doppelhochzeit vor: der deutsche König Heinrich sollte die englische Königsschwester Isabella heiraten, die 1235 die Gemahlin Friedrichs II. wurde; dem König Heinrich III. war die Tochter Herzog Leopolds von Österreich zugedacht. In seiner Korrespondenz mit England vertrat der Erzbischof die Ansicht, bei genügend hohen finanziellen Anerbietungen sei ein Mißerfolg dieser Pläne ausgeschlossen. Mit rauher Hand zerstörte der Kaiser alle diese Projekte, als er seinen Sohn mit Margarete von Österreich verlobte; es war sicher nur ein geringer Trost für den Urheber so weitgehender Pläne, daß damit eine ursprünglich geplante französische Heirat des Thronfolgers gegenstandslos wurde. Wie der Reichsverweser den Fehlschlag seiner Westpolitik aufgenommen hat, läßt sich kaum mit Sicherheit sagen. Nach Caesarius hat er die Absicht geäußert, den Reichsgeschäften zu entsagen und als Buße für seine Sünden einen Kreuzzug zu unternehmen. Möglicherweise hat es sich hierbei nur um den Ausdruck einer vorübergehenden Verstimmung gehandelt. Für diese These könnte die Absicht Engelberts sprechen, an den Hochzeitsfeierlichkeiten König Heinrichs Ende November 1225 in Nürnberg teilzunehmen. Den Chronisten der Zeit hat die Anwesenheit des falschen Balduin von Flandern in Köln viel Anlaß zu Spekulationen gegeben, doch läßt sich aus ihren widersprechenden Angaben nicht einmal die Frage klären, ob er mit Engelbert überhaupt zusammengetroffen ist, geschweige denn, ob der Erzbischof daran gedacht hat, sich seiner in frankreichfeindlichem Sinne zu bedienen.
Die Einseitigkeit der Quellen erlaubt, ähnlich wie in der Territorialpolitik, nur die Beteiligung des Reichsverwesers an den Haupt- und Staatsaktionen seiner Zeit mit groben Strichen nachzuzeichnen. Von der Alltagsarbeit, deren vornehmstes Ziel die Aufrechterhaltung von Frieden, Recht und Ordnung

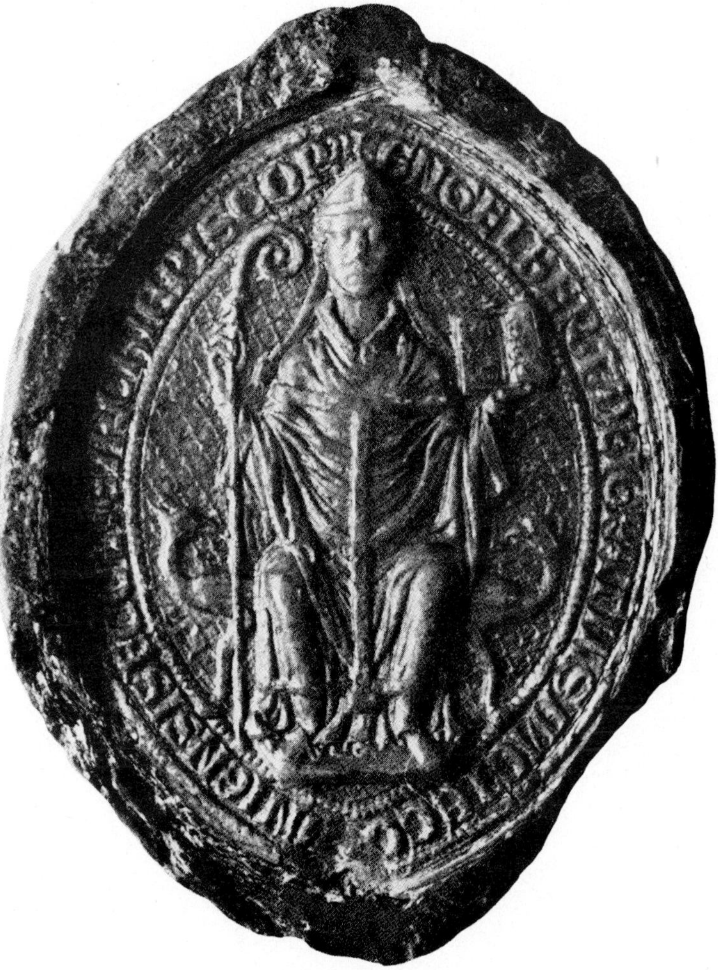

Siegel des Erzbischofs Engelbert I. von Berg von Köln aus dem Jahre 1218
Stadtarchiv Köln, St. Severin Urkunde 11 - Aufnahme Rheinisches Bildarchiv, Köln

im ganzen Reich war, wäre überhaupt nichts bekannt, wenn nicht eine allgemein gehaltene Bemerkung seines Biographen gleichfalls von außerordentlichen Erfolgen auf diesem wichtigen Gebiet spräche.

V.

Das absprechende Urteil, das in den Kreisen des strengen Mönchtums über Engelbert in der Erfüllung seiner geistlichen Pflichten kursierte, war gewiß nicht unberechtigt, wenn auch an diesem Verdikt erhebliche Abstriche zu machen sind. Persönlichkeiten, die in gleicher Weise den so verschiedenartigen Aufgaben gerecht wurden, vor die sich der deutsche Bischof des Mittelalters gestellt sah, sind immer und überall sehr selten gewesen. Auf dem Kölner Bischofsstuhl hat wohl nur Anno II., in dem sich asketische Neigungen und stark entwickeltes weltliches Machtstreben in höchst merkwürdiger Weise mischten, diesen Anforderungen entsprochen, aber auch er hat scharfem Tadel nicht entgehen können. Einen Engelbert dagegen zogen Neigungen und Fähigkeiten auf die Bahn des weltlichen Fürsten, was in einer Zeit, in der die Stellvertretung des Bischofs in seinen verschiedenen Funktionen durch Weihbischof, Offizial und Generalvikar noch nicht ausgebildet war, zu Unzuträglichkeiten führen konnte. Andererseits mußte es die Geistlichkeit dankbar empfinden, an ihrer Spitze einen Mann zu wissen, der sie mit Erfolg vor den Übergriffen der großen und kleinen weltlichen Herren schützte.
Die bischöfliche Lehrgewalt, deren Hauptinhalt die Predigt und die Schriftauslegung bildet, hat Engelbert nach dem Zeugnis des Caesarius kaum ausgeübt, doch dürfte er sich hierin von seinen Vorgängern kaum wesentlich unterschieden haben. Sehr viel wichtiger für den normalen Gang des kirchlichen Lebens war die Erfüllung der Weiheverpflichtungen, der sich der Erzbischof offensichtlich etwas eifriger unterzogen hat. An Einzelheiten ist bekannt, daß er die Kirchen der Zisterzienserinnenklöster Roermond und Saarn weihte; an der Weihe der Kirche zu Schwelm hat ihn nur der Tod gehindert. Mehrmals hat er die Einkleidung von Nonnen vorgenommen.
Mit sehr viel mehr innerer Anteilnahme wird er den aus der bischöflichen „potestas iurisdictionis" erwachsenden Pflichten zur Gesetzgebung, Rechtsprechung und Verwaltung nachgekommen sein, berührten sich doch hier geistliche und weltliche Sphäre am engsten. Er hat ein Provinzialkonzil abgehalten, und wir kennen zwei von ihm herrührende Synodalstatuten, die sich gegen Häretiker und landstreichende falsche Priester richten. Noch mehr bezeugen seinen Eifer in diesen Geschäften die zahlreichen Urkunden, in denen Patronats- und Vogteiangelegenheiten geregelt und sonstige Streitigkeiten geschlichtet werden. Das ausdrücklich vom Papst gebilligte und empfohlene Verfahren, daß die aus der Vogtei entstehenden Aufgaben und Rechte, wenn irgend möglich, vom Bischof übernommen werden sollten, hat Engelbert

mehrfach angewandt, da auf diese Weise auch den territorialpolitischen Bestrebungen wichtige Schrittmacherdienste geleistet wurden. Es war wohl kaum ganz ohne Nebenabsicht, daß er die Augustinerinnen von St. Gertrud in Löwen in seinen Schutz aufnahm. Als „Schützer des Reichs" trat er für das Reichsstift Nivelles gegen den Cambraier Archidiakon für Brabant ein. Auf seine Veranlassung fand eine Visitation durch eine Zisterzienserkommission in dem Kanonissenstift Vilich statt, während er im Auftrag Friedrichs II. handelte, als er die Benediktiner des Reichsklosters Burtscheid durch Zisterzienserinnen ersetzte. Bei der Besetzung kirchlicher Stellen hat er seinen Einfluß mit großer Entschlossenheit, vor allem zugunsten seiner Verwandtschaft, eingesetzt, so etwa bei der Besetzung der Bischofsstühle von Münster und Osnabrück. Hierbei hat er sich gelegentlich in einem Maße gegen die durch delegierte Richter vertretene päpstliche Autorität gewandt, daß die von Caesarius behauptete besondere Ehrerbietung seines Helden gegenüber dem römischen Stuhl doch etwas zweifelhaft wird. Zugunsten dieser Ansicht könnte aber angeführt werden, daß er anläßlich einer Doppelwahl in St. Kunibert um Rechtsbelehrung bei Papst Honorius III. nachgesucht hat. Bei den streitigen Vorsteherwahlen in St. Patroklus zu Soest und in Vilich ist er vor massiver Beeinflussung der Gegenpartei durch Drohungen und den Einsatz militärischer Machtmittel nicht zurückgeschreckt. Daß er den neuen Orden der Franziskaner und Dominikaner trotz der Verdächtigungen durch seinen Klerus die Niederlassung in Köln gestattete, ist wohl mehr ein Zeichen seiner Unvoreingenommenheit als seines frommen Sinnes oder einer besonderen Voraussicht. Der schwierigen Probleme, die der Massenandrang von Frauen zum geistlichen Leben stellte, war er sich bewußt, wie sein Antrag an das Generalkapitel des Zisterzienserordens zeigt, „geistlich lebende Frauen in den Orden einzugliedern".

Haften somit seiner kirchlichen Tätigkeit peinliche Erdenreste an, hat er mit seiner Vernachlässigung der aus der Lehrgewalt entstehenden Aufgaben eine wichtige Seite seines geistlichen Auftrags nicht erfüllt, so ist andererseits anzuerkennen, daß er energisch auf Zucht und Ordnung innerhalb seiner Herde bedacht war. An seiner persönlichen Frömmigkeit sind vollends keine Zweifel gestattet. Die Zeiten, in denen es zum guten Ton gehörte, daß der Erzbischof wenigstens ein Kloster oder Stift gründete, waren auch in Köln schon längst vorbei; Engelbert hat sich mit einer Reihe kleinerer Gaben zu seinem Seelenheil begnügt. Unter den von ihm bedachten geistlichen Gemeinschaften finden sich Vilich, Knechtsteden, Weiher, Siegburg, Steinfeld, Xanten, Brauweiler, Eberbach, St. Severin und St. Cäcilien in Köln. Abt Gervasius von Prémontré machte ihn auf eigenen Wunsch der Gebete und der guten Werke des Prämonstratenserordens teilhaftig; er hob dabei hervor, daß Engelbert wie nur wenige seiner Amtsbrüder um sein Seelenheil besorgt sei. Ebenso ließ sich der Erzbischof in die Gebetsbrüderschaft des Klosters Eberbach aufnehmen. Das Generalkapitel der Zisterzienser sorgte auf seine Veranlassung dafür, daß die Erinnerung an die elftausend Jungfrauen in der Liturgie des Ordens einen Platz fand. Begreiflicherweise ist es vor allem Caesarius, der eine Reihe von Beispielen für die Frömmigkeit des Erzbischofs anführt. Danach ist er zweimal während seiner Regierungszeit zu dem berühmten Marienheiligtum von Rocamadour gepilgert. Mehrere Jahre hat er jeden Mittwoch zu Ehren Mariens gefastet. Während der Hungersnot von 1224/25 sorgte er für die Zufuhr von Lebensmittel, die er durch die Klöster an die Hungernden verteilen ließ; er verbot aus dem gleichen Anlaß das Bierbrauen, obwohl er dadurch seine Einkünfte sehr schädigte. Seine kostbaren, wenig gebrauchten Kleider verschenkte er nicht an Schauspieler und Gaukler, sondern an Priester und Geistliche, während er Arme und Geistliche häufig an offener Tafel aus seiner Schüssel essen und aus seinem Becher trinken ließ. Für den von ihm angeregten Neubau des Kölner Doms, der bekanntlich zu seiner Zeit noch nicht begonnen wurde, stellte er jährlich fünfhundert Mark zur Verfügung; er sorgte außerdem für prunkvolle gottesdienstliche Geräte.

VI.

Die Kunde, daß der machtvolle Reichsverweser und Herzog am 7. November 1225 einem Anschlag seines Verwandten Friedrich von Isenberg zum Opfer gefallen war, erschütterte ganz Deutschland. Caesarius hat das ganze zweite Buch seiner Lebensbeschreibung der Vorgeschichte und der Tat selbst vorbehalten, die er auf Grund der Aussagen von Augenzeugen packend und dramatisch schildern konnte. Es ist nur zu verständlich, daß der Heisterbacher Mönch bei der Abfassung einer Schrift, die die Unterlagen für die Heiligsprechung des Märtyrers Engelbert liefern sollte, dem Standpunkt des Grafen von Isenberg nicht gerecht geworden ist, wie er auch in leicht zu durchschauender Tendenz als Ursache des folgenschweren Zusammenstoßes die Auseinandersetzungen um die Essener Vogtei wohl etwas zu sehr in den Vordergrund gerückt hat. Die neuere Forschung hat diesem Mangel abzuhelfen versucht, ohne dabei ihrerseits Übertreibungen ganz vermeiden zu können.
Friedrich von Isenberg, der altenaischen Linie des Hauses Berg entstammend und Sohn eines Vetters Engelberts, war zunächst für die geistliche Laufbahn bestimmt. 1207 ist er als Domkanoniker nachweisbar; er trat aber nach dem Tod seines Bruders Eberhard in die Welt zurück. Obwohl er eine Tochter Walrams von Limburg heiratete, hielt er sich zunächst auf der Seite des Erzbischofs, der ja auch Friedrichs Brüder Dietrich und Engelbert bei der Erlangung der Bischofssitze von Münster und Osnabrück sehr wirksam unterstützte. Seit 1220 ist jedoch, wie aus den Zeugenlisten der erzbischöflichen Urkunden hervorgeht, eine gewisse Entfremdung eingetreten. Den gewissenhaften Haushalter kennzeichnet die Anlage von zwei Verzeichnissen des Kirchenguts, das seiner Vogtei unterstand. Es ist bekannt, wie oft im deutschen Mittelalter die

Vogtei ihrem Inhaber den Aufstieg zur Landeshoheit ermöglicht hat; auch Friedrich von Isenberg hat sich auf den seinem Schutz unterstehenden neunhundert Hufen Essens wie ein Landesherr aufgeführt, indem er die Beamten der abteilichen Grundherrschaft nach Gutdünken ein- und absetzte und Steuern erhob. Die Äbtissin von Essen hatte sich schon mehrfach bei den Erzbischöfen Dietrich und Engelbert darüber beklagt, doch zunächst ohne Erfolg. Erst als sie päpstliche und kaiserliche Dekrete erlangte, die den Erzbischof zum Einschreiten aufforderten, mußte dieser gegen seinen Verwandten Stellung nehmen. Dem Sinn seines Auftrags hätte es zweifellos weit mehr entsprochen, wenn Caesarius von größerem Interesse seines Helden an der Verteidigung der Essener Kirche hätte berichten können, aber es ergibt sich hieraus, daß Engelbert in diesem Falle keine kölnische Territorialpolitik betrieben hat. Auf einem Tag in Soest zu Anfang November 1225 bot der Erzbischof dem Isenberger an, ihm aus eigenen Mitteln den finanziellen Schaden zu ersetzen, wenn er die Vogtei gesetzmäßig ausüben wolle. Der Graf lehnte diesen Vorschlag ab und wurde auf den Martinstag zu weiteren Verhandlungen nach Köln geladen.

Friedrich von Isenberg hatte seine Gründe, die ihm die Zustimmung zu dem durchaus wohlwollenden Vorschlag des Erzbischofs verboten. Die Essener Stiftsdamen hatten um diese Zeit in zwei älteren Urkunden fälschende Einschübe vorgenommen, durch die die Rechte des Vogtes stark eingeschränkt wurden; von den Gütern der Äbtissin wurde er überhaupt ausgeschlossen. Zwar ist nicht anzunehmen, daß der Graf von dieser Verfälschung Kunde hatte; der Gedanke, dort als Beamter auftreten zu müssen, wo er vorher als Herr geschaltet hatte, ist für ihn sicher nicht angenehm gewesen. Entscheidend war jedoch ein anderer Grund. Die konsequente und entschlossene Territorialpolitik, die kraftvolle Wahrung der herzoglichen Rechte hatte dem Erzbischof nicht nur Limburg und Kleve zu Feinden gemacht. Caesarius berichtet, daß der Isenberger auch auf Unterstützung der Grafen von Tecklenburg und von Arnsberg sowie des Edelherrn von der Lippe rechnete, denen Engelbert Unrecht getan habe. Der Tecklenburger war von ihm zur Zahlung einer Buße von dreitausend Mark an den Grafen von Ravensberg verurteilt worden; in den beiden letztgenannten Fällen könnte es sich ebenfalls um Auseinandersetzungen über Vogteien gehandelt haben, von denen wir aus einigen Urkunden erfahren. Die Tatsache, daß der Herzog von Limburg schon am 9. November 1225 mit einem starken Aufgebot von Rittern und Bauern vor der kölnischen Burg Valantia lag, erlaubt den Schluß, daß die Mißstimmung bereits zu konkreten Abmachungen geführt hatte. Wie Caesarius andeutet, war eine Reihe weiterer Dynasten mit Isenberg und Limburg im Bunde; er wagt jedoch keine Namen zu nennen. Der neueren Forschung gelang der Indizienbeweis, daß nicht die Ermordung, sondern die Gefangennahme Engelberts beabsichtigt war. Unter diesen Umständen hätte der Graf sehr töricht gehandelt, wenn er in Soest auf einen Kompromiß eingegangen wäre, da er doch hoffen durfte, wenige Tage später die Verhandlungen in weit besserer Stellung wiederaufnehmen zu können.

Als der Erzbischof, der am Abend des 6. November wegen der bevorstehenden Amtshandlung noch gebeichtet hatte, am 7. November 1225 nach Schwelm zur Weihe der dortigen Kirche ritt, hielt Friedrich von Isenberg seine Stunde für gekommen. Er legte seine Leute, unter denen sich auch Ministerialen seines Bruders, des Elekten von Münster, befunden haben sollen, bei Gevelsberg in einen Hinterhalt, während er selbst sich davon überzeugte, daß ihm das Opfer, dem in den vorhergehenden Tagen schon Warnungen zugekommen waren, auch in die Falle ging. Trotz der sehr umsichtigen Vorbereitungen wäre der Erzbischof beinahe noch entkommen; bei dem sich entspinnenden Handgemenge kam es infolge der Disziplinlosigkeit der Leute des Grafen, unter denen auch ein von Engelbert Geächteter war, zu dem blutigen Ende.

Der unerwartete Ausgang des Überfalls hatte zur Folge, daß sich keiner der Adligen des Landes mit dem Täter zu identifizieren wagte: es war schon viel, daß er zunächst auf der Tecklenburg eine Zuflucht fand. Nach der raschen Eroberung und Zerstörung der kölnischen Burg Valantia, die von dem Angriff völlig überraschend getroffen wurde, schloß der Herzog von Limburg zwar noch ein Bündnis mit der Stadt Köln, die die ihr von Engelbert gegebenen Satzungen verbrannt hatte, stellte aber dann das weitere Vorgehen ein. Die Bürgerschaft von Soest zerstörte die erzbischöfliche Pfalz in ihrer Stadt. In Köln handelte man in dieser kritischen Situation mit größter Schnelligkeit und Entschlossenheit. Bereits am 15. November fand auf Betreiben des Trierer Erzbischofs Dietrich die Wahl des Nachfolgers statt, die einstimmig auf den Bonner Propst Heinrich von Molenark fiel. Heinrich, zweifellos ein harter und energischer Charakter, wenn er auch das Format seines Vorgängers nicht erreichte, verpflichtete sich noch am Wahltag eidlich zur Rache an den Tätern. Er verweigerte den Limburgern Walram und Heinrich, dem Erben Bergs, zunächst die Belehnung mit den kölnischen Lehen, lud die Häupter der Kölner Rebellen vor sein Gericht und zerstörte, als sie nicht Folge leisteten, ihre Häuser in der Stadt. Schon Ende November wurde zu Nürnberg und wenig später erneut zu Frankfurt die Reichsacht über den Grafen verhängt; den Kirchenbann sprach der damals in Deutschland weilende päpstliche Legat Kardinalbischof Konrad von Porto aus, der auch die Brüder des Täters, die Elekten von Münster und Osnabrück, zur Verantwortung wegen der gegen sie erhobenen schweren Beschuldigungen nach Lüttich lud. Nach tumultuarischen Verhandlungen wurden sie suspendiert, da sich keiner ihrer Kollegen als Eideshelfer bei dem ihnen auferlegten Reinigungseid zur Verfügung stellte, und zur endgültigen Entscheidung nach Rom verwiesen. Dem Zug seiner geistlichen Brüder dorthin schloß sich auch Friedrich von Isenberg an. Seine Hoffnung, am päpstlichen Stuhl Gnade zu finden, erfüllte sich nicht; auch die beiden

Bischöfe wurden vom Papst abgesetzt, der durch Briefe deutscher Fürsten und durch kölnische Sachwalter unterrichtet worden war. Nach der Rückkehr in das Reich wurde der Isenberger auf dem Wege von Lüttich nach Huy gefangengenommen, gegen eine erhebliche Geldsumme an Erzbischof Heinrich ausgeliefert und Mitte November 1226 in Köln durch das Rad hingerichtet. Dietrich von Münster war schon früher gestorben; Engelbert von Osnabrück gelang es dagegen, 1239 die bischöfliche Würde wiederzugewinnen († 1250).

Die gekürzte Nachfahrentafel des Grafen Adolf II. von Berg unterrichtet über die Verwandtschaft des Erzbischofs Engelbert I. und des Grafen Friedrich von Isenberg:

	Graf Adolf von Berg († 1161–1165)	∞	Verwandte EB. Friedrichs I. von Köln					
Eberhard v. Altena † nach 1174	∞	Adelheid v. Arnsberg		Friedrich II. EB. v. Köln 1156–1158	Engelbert Graf v. Berg † 1189	∞	1. unbekannt 2. Margarete v. Geldern	Bruno III. EB. v. Köln 1191–1193
Arnold v. Altena	∞	unbekannt	Adolf v. Altena EB. v. Köln 1193–1105	1. Adolf III. v. Berg † nach 1197	2. Adolf IV. v. Berg † 1218	∞	Bertha	Engelbert EB. v. Köln † 7. 11. 1225
Eberhard v. Altena † um 1207	Friedrich v. Isenberg † 14. 11. 1226	∞	Tochter Herzog Walrams v. Limburg	Dietrich Elekt v. Münster † 1226	Engelbert 1224–1226 u. 1239–1250 Elekt u. B. v. Osnabrück	Irmgard	∞	Heinrich v. Limburg, seit 1225 Graf v. Berg

Mit der Schilderung des Schicksals der isenbergischen Brüder sind wir den übrigen Ereignissen etwas vorausgeeilt. Kirchenbann und Acht bildeten die Grundlage für das militärische Vorgehen gegen Friedrich und seine Komplicen, doch blieben die Limburger als die Mächtigsten unbehelligt. Die Burgen des Grafen, Isenberg und Nienbrügge bei Hamm, wurden genommen und zerstört; auch die Brüder Volkwin und Adolf von Schwalenberg erlagen schnell der überlegenen Macht des Erzstifts. Andere weniger verdächtige Adlige wurden zum Reinigungseid zugelassen. Länger dauerte die Niederwerfung des Grafen von Tecklenburg, der erst 1236 zu einem ungünstigen Frieden gezwungen werden konnte. Den Söhnen Friedrichs von Isenberg blieb dank der Unterstützung durch ihren Onkel Heinrich von Limburg, den neuen Grafen von Berg, ein Rest des väterlichen Besitzes an der Lenne; Hauptnutznießer des Falles des Hauses Isenberg waren die Grafen von der Mark. Die Vogtei über Essen suchte sich ohne dauernden Erfolg das Erzstift zu sichern. Auch mit Heinrich von Berg kam es zu langwierigen Auseinandersetzungen um die Vogtei des Klosters Siegburg. Diese Teilerfolge wurden durch Rücksichtnahme auf die „innenpolitischen" Gegner erkauft; Erzbischof Heinrich bestätigte die Rechte der Bürger von Köln, wie sie sie zu Beginn der

Regierungszeit Engelberts besessen hatten. Soest mußte sich zur Wiedererrichtung der Pfalz verstehen, die aber ihres Festungscharakters entkleidet wurde. Im ganzen ein für die kölnische Territorialpolitik sehr unbefriedigendes Ergebnis, das weniger der oft in der Literatur behaupteten Schwäche des neuen Erzbischofs, sondern mehr der durch das Ende der Personalunion mit Berg völlig veränderten allgemeinen Lage zuzuschreiben ist.

Der am Tage der Weihe Heinrichs von Molenark feierlich an Caesarius erteilte Auftrag, eine Lebensbeschreibung Engelberts zu verfassen, deutet auf die Absicht hin, den Heiligsprechungsprozeß für den so tragisch Vollendeten einzuleiten. Caesarius hat nachdrücklich darauf hingewiesen, daß das Kriterium der Heiligkeit nicht unbedingt vorbildlicher Wandel und untadeliger Charakter, sondern ebensosehr die durch den Heiligen gewirkten Wunder seien, und demgemäß eine lange Liste der an Engelberts Grab geschehenen Wunder zusammengestellt. Ob dieser Plan im Lärm des Tages vergessen worden ist, ob sich die Zweifler im Kölner Klerus durchgesetzt haben oder ob die späteren Auseinandersetzungen Heinrichs von Molenark mit Papst Gregor IX. die Kanonisation Engelberts verhindert haben, ist nicht zu ermitteln; fest steht nur, daß man im Mittelalter Engelbert nicht als Heiligen verehrt hat. Erst zu Beginn des 16. Jahrhunderts erscheint sein Name in einem Kölner Martyrologium; 1618 wurde auf Veranlassung des Erzbischofs Ferdinand von Bayern ein Offizium zu Ehren Engelberts in das kölnische Brevier aufgenommen.

QUELLEN UND LITERATUR

Caesarius von Heisterbach, Vita, Passio et Miracula sancti Engelberti archiepiscopi Coloniensis. Ed. *A. Poncelet* in: Acta Sanctorum Nov. 7, III (1910) und *F. Zschaeck* in: Die Wundergeschichten des Caesarius von Heisterbach (Publ. der Gesellschaft für Rhein. Geschichtskunde 43), Bd. 3 (1937).

Die Regesten der Erzbischöfe von Köln im Mittelalter (Publ. der Gesellschaft für Rhein. Geschichtskunde 21), Bd. 3, bearb. von *R. Knipping* (1909) Nr. 138 ff.

J. Ficker, Engelbert der Heilige, Erzbischof von Köln und Reichsverweser (1853).

W. Kleist, Der Tod des Erzbischofs Engelbert von Köln, in: Zeitschrift für vaterländ. Geschichte und Altertumskunde, hrsg. v. d. Verein für Geschichte und Altertumskunde Westfalens 75, 1 (1917).

J. Greven, Die Entstehung der Vita Engelberti des Caesarius von Heisterbach, in: Annalen des Hist. Vereins für den Niederrhein 102 (1918).

J. Greven, Engelbert der Heilige und die Bettelorden, in: Bonner Zeitschrift für Theologie und Seelsorge 2 (1925).

W. Levison, in: Geschichte des Rheinlandes, hrsg. von der Gesellschaft für Rhein. Geschichtskunde, Bd. 1 (1922), S. 156 ff.

H. *Foerster,* Engelbert der Heilige (1925).

H. Th. *Hoederath,* Der Fall des Hauses Isenberg 1225/26 in rechtsgeschichtlicher und soziologischer Schau, in: Zeitschrift der Savigny-Stiftung für Rechtsgeschichte, Kanon. Abt. 40 (1954).

Th. *Rensing,* Die Ermordung Engelberts des Heiligen und die Ehrenrettung für Dietrich von Isenberg, in: Westfalen 33 (1955).

A. *Steltzmann,* Erzbischof Engelbert I. von Köln, in: Jahrbuch des Kölnischen Geschichtsvereins 33 (1958).

E. *Wisplinghoff,* Der Kampf um die Vogtei des Reichsstifts Essen im Rahmen der allgemeinen Vogteientwicklung des 10.–12. Jahrhunderts, in: Aus Geschichte und Landeskunde. Forschungen und Darstellungen Franz Steinbach zum 65. Geburtstag gewidmet (1960).

DIETRICH VON MOERS

ERZBISCHOF UND KURFÜRST VON KÖLN

(etwa 1385-1463)

Von Georg Droege

I.

Leistung und Persönlichkeit Dietrichs von Moers sind dem Mittelalter und der Neuzeit in gleicher Weise verbunden. Jahrhundertealten Traditionen kurkölnischer Politik folgend, ist Dietrich von Moers der letzte Repräsentant in der Reihe der berühmten Kölner Erzbischöfe des Mittelalters gewesen, der eine hegemoniale Stellung des Erzstiftes in West- und Nordwestdeutschland anstrebte. Der Neuzeit zugewandt erscheint er, wenn er die säkularen Anliegen einer Reform von Reich und Kirche aufmerksam verfolgte und maßgebend in sie eingriff und ferner die modernen verfassungsrechtlichen Grundlagen vorbereitete, auf denen der kurkölnische Staat bis zum Ende des alten Reiches noch Bestand gehabt hat. In mittelalterlicher Weise wiederum hat Dietrich keine Selbstzeugnisse über sein politisches Wollen hinterlassen, und seine Persönlichkeit bleibt weitgehend hinter dem Werk verborgen. Selbst sein Geburtsjahr ist unbekannt. Aber die Berichte und Urteile seiner Zeitgenossen rücken ihn in die Nähe der kraftvollen Fürstengestalten der Renaissance. Sie schildern ihn als einen Mann von hoher Bildung und Klugheit, geistigen Dingen zugetan, der Kontakt zu bedeutenden Vertretern des Humanismus, wie Nikolaus von Cues und Enea Silvio, hielt und sich gern mit Gelehrten der Kölner Universität umgab; sie lassen andererseits die Vitalität seiner Persönlichkeit erkennen, wenn sie berichten, daß er mit den Truppen in den Krieg zog und das Lagerleben mitmachte, noch als alter Mann den Herzog von Kleve zum Duell forderte oder ihm feindlich gesinnte Domherren einfach umbringen ließ. Mehr Weltmann als Geistlicher, liebte er Pracht und Prunk, Jagden und Schauspiele. Indessen hat er keineswegs die geistlichen Aufgaben ganz vernachlässigt. Große Metropolitansynoden, Reformen von Klerus und Klöstern und die Neuordnung des kirchlichen Verwaltungsapparates geben davon Zeugnis. Allgemein gesagt, war es eben die Kombination zwischen Altem und Neuem, die den Typ des geistlichen Landesherrn im 15. Jahrhundert schuf, für den Dietrich ein ganz hervorragendes Beispiel ist.
Als zweiter Sohn des regierenden Grafen Friedrich von Moers und seiner Gemahlin Walburga von Saarwerden war er anscheinend schon früh zum geistlichen Stand bestimmt worden. Von seinem Oheim, dem Kölner Erz-

bischof Friedrich von Saarwerden, wurde er 1397 zum Propst des Bonner Cassiusstifts befördert und erhielt eine Domherrenstelle in Köln, ohne indessen vorerst die höheren Weihen zu empfangen. So halb Kleriker, halb Laie, reiste er 1409 als Vertreter seines erzbischöflichen Oheims auf das Konzil zu Pisa, wo er zum erstenmal Zugang zu der hohen Politik erhielt und angesichts des Schismas in Papsttum und Christenheit mit den Ideen der Kirchenreform und ihren politischen Lösungsversuchen vertraut wurde. Diese Reformfragen haben den jungen Grafensohn noch später als Erzbischof intensiv beschäftigt, ja sie sollten eine dramatische Aktualität für seine Person und das Erzstift gewinnen. Auch in die Aufgaben, das Territorium zu regieren, hat er sich unter Leitung seines Oheims eingearbeitet, als er seit 1413 mit Zustimmung des Domkapitels die Verwaltung Kurkölns übernahm. So vorbereitet, schien er ganz im Nepotismus der Zeit die unangefochtene Anwartschaft auf die Nachfolge im Erzstift zu besitzen.

Nach dem Tode Friedrichs von Saarwerden am 9. April 1414 kam es jedoch zu einer Doppelwahl. Herzog Adolf von Berg versuchte mit Unterstützung der Herzöge Reinald von Jülich-Geldern, Anton von Lothringen-Brabant-Limburg und des Grafen Gerhard von Kleve-Mark seinem Sohn Wilhelm, der schon mit sechzehn Jahren 1399 das Bistum Paderborn übernommen, aber zur Unzufriedenheit der mächtigen Landstände verwaltet hatte, den Kölner Erzstuhl zu verschaffen. Tatsächlich erhob auch bereits am 18. April 1414 die Minorität des Domkapitels unter Anführung des Dompropstes Gerhard von Berg Wilhelm zum Erzbischof; die Majorität des Kapitels aber hatte sich aus Furcht vor einer gewaltsamen bergischen Wahlbeeinflussung nach Bonn zurückgezogen und wählte sechs Tage später Dietrich, der Bundesgenossen im Erzbischof von Mainz, im Pfalzgrafen und im Herzog Adolf von Kleve fand. Dietrich bekannte sich sogleich zur Obödienz des Pisaner Papstes Johann XXIII., den auch König Sigismund und die Mehrzahl der deutschen Fürsten anerkannten. Wilhelm von Berg dagegen suchte Anlehnung bei dem damals bereits machtlosen Gregor XII. So war der Ausgang des Streites nicht zweifelhaft. Zwar zögerte Johann XXIII. die Anerkennung Dietrichs hinaus mit der Begründung, die Wahl des Domkapitels sei ungültig, weil die Ernennung eines Erzbischofs von Köln dem päpstlichen Stuhl reserviert sei. Aber Sigismund setzte sich für Dietrich ein, da er eine Verzögerung seiner Krönung, die der Kölner Erzbischof vornehmen mußte, befürchtete. So befand sich Dietrich gegen Ende des Jahres im festen Besitz des Erzstifts und vollzog am 8. November zugleich mit seiner ersten Messe die Krönung Sigismunds in Aachen.

II.

Die Gegnerschaft zu Berg war damit jedoch noch nicht aus dem Weg geräumt. Vielmehr äußerten sich in dem Streit über den unmittelbaren Anlaß hinaus die jahrhundertealten territorialen Spannungen, die Kurköln als den Erbfeind der weltlichen Landesherren am Niederrhein erscheinen ließen. An der Spitze des gegen Kurköln gerichteten Widerstandes stand Adolf von Berg bezeichnenderweise auch dann noch, als der Prätendent Wilhelm gegen eine Geldabfindung schon auf das Erzstift verzichtet hatte. Die Situation wurde noch dadurch verschärft, daß das bergische Haus die Anwartschaft auf die Erbfolge in Jülich-Geldern beim Tode des kinderlosen Herzogs Reinald besaß und Dietrich zusammen mit dem Herzog von Kleve befürchten mußte, von dem jülich-bergisch-geldrischen Übergewicht erdrückt zu werden. So war es Dietrichs Bemühen, in seinen ersten Regierungsjahren die außenpolitische Freiheit des Erzstifts wiederherzustellen. Er fand wiederum Hilfe beim deutschen König, der den Herzog von Jülich-Geldern zur Aufgabe seines gegen Dietrich gerichteten Bündnisses mit Berg bewog und durch einen Schiedsspruch 1417 den Krieg zwischen Berg und Kurköln beilegte. Auch Dietrich selbst machte sehr energische Anstrengungen, seine Position zu festigen. Es gelang noch im Jahr seiner Wahl, das Paderborner Domkapitel zu veranlassen, die Administratur von Stift und Diözese Paderborn ihm zu übertragen. Papst Johann XXIII. dehnte deren Dauer 1415 auf die Lebenszeit Dietrichs aus. Dadurch war nicht allein die bergische Stellung empfindlich getroffen, sondern auch ein altes Ziel kölnischer Hegemonialpolitik im Nordwesten erreicht, um das sich bereits Konrad von Hochstaden im 13. Jahrhundert, wenn auch vergeblich, bemüht hatte.

Nachdem sich Dietrich nach außen behauptet hatte, wandte er sich der Konsolidierung seiner Herrschaft im Territorium zu und geriet dabei, wie die meisten seiner Vorgänger, in Konflikt mit der Stadt Köln. Entsprechend den fürstlichen Tendenzen seiner Zeit, die Partikulargewalten einer einheitlichen Zentralgewalt unterzuordnen, versuchte er dieses als Handels- und Verkehrszentrum im Mittelalter bedeutendste deutsche städtische Gemeinwesen, das besonders in jurisdiktioneller Hinsicht eine merkwürdige Zwitterstellung zwischen Reichsfreiheit und landesherrlicher Untertänigkeit einnahm, seinem Territorium einzugliedern. Diesen labilen Status ausnutzend, verlangte Dietrich 1417 wie sein Vorgänger die unbedingte Unterwerfung der Stadt, die Anerkennung seiner Oberhoheit und namentlich die Zuweisung der ertragreichen Einkünfte von Judenschutzgeld und Verbrauchszöllen. Köln suchte und fand gegen diese Forderungen sofort die Unterstützung des Herzogs von Berg, dem Dietrich unter Berufung auf die Privilegien des Erzstifts das eigenmächtig angeeignete Recht auf Zollerhebung und Geleit am Rheinstrom bestritt. Für die Primitivität der damaligen Kriegsführung ist es bezeichnend, daß die Stadt mit Adolf von Berg den Rhein durch eine von Ufer zu Ufer gezogene eiserne Kette sperrte. Der Staatshaushalt der rheinischen Kurfürsten, der im wesentlichen aus den Zolleinkünften aufgebaut war, geriet durch die Sperrung ins Wanken. Als Bundesgenossen Dietrichs schritten sie militärisch ein und planten sogar eine Aufteilung der Stadt in vier Besatzungszonen. Erst nach langen Verwüstungszügen wurde der Friede wiederhergestellt, der Dietrich immerhin die Zahlung einer Summe von 25 000 Goldgulden einbrachte, wenn auch der Versuch, Köln zu einer territorialen Landstadt herabzudrücken, mißlungen war.

In der folgenden Zeit ließ der bergische Druck auf Köln nach. Der Herzog war seit 1417 mit der Besitznahme der ihm zu Lehen gegebenen Markgrafschaft Pont-à-Mousson beschäftigt, die mit seiner Gefangennahme 1422 kläglich endete. Diesen günstigen Umstand nützte Dietrich aus, um sich mit der ihm eigenen Unrast gleich in einen neuen abenteuerlichen Plan zu stürzen. Er betrieb nämlich zusammen mit den übrigen rheinischen Kurfürsten und den ostdeutschen Dynasten, zunächst ohne Mithilfe des deutschen Königs, ein Unternehmen gegen die Hussiten und ließ sich zum Hauptmann des Reichsheeres wählen. Das deutsche Heer freilich lief beim Anrücken der Hussiten im Herbst 1421 vor Saaz auseinander. Abgesehen von diesem Mißerfolg ist jedoch das Eingreifen Dietrichs in die Reichspolitik aus dem Anspruch aller rheinischen Kurfürsten auf die oligarchische Führung des Reiches zu erklären, den Dietrich wiederholt bis an sein Lebensende dem König gegenüber vertrat. So nahm er auch 1424 am Kurverein von Bingen teil, durch dessen Beschlüsse die Kurfürsten die Regierung im Reich für sich beanspruchten. Überhaupt kümmerte sich Dietrich in dieser Zeit merkwürdig wenig um die territorialen Angelegenheiten, sondern versuchte vielmehr, in der hohen Politik Fuß zu fassen. Ein großer Teil des diplomatischen Verkehrs zwischen dem deutschen König und England wurde über Dietrich abgewickelt, der schon 1416 mit König Richard von England einen Bündnisvertrag abgeschlossen hatte. Während des Baseler Konzils in den dreißiger Jahren erscheint Dietrich dann als der maßgebende Verbindungsmann zwischen dem Reich und England überhaupt. Auch in den jahrelangen Auseinandersetzungen um die große wittelsbachische Erbschaft in Brabant, Holland und Hennegau, an der der deutsche König Sigismund, der Herzog von Burgund und die mit Erbansprüchen auftretenden Wittelsbacher Verwandten interessiert waren, wurde Dietrich als Bevollmächtigter des Königs seit 1420 verwickelt. Dunkel deutet sich hier bereits der später für Kurköln so verhängnisvolle Gegensatz zu Burgund an.

III.

Neben den reichspolitischen Interessen aber bot das Eingreifen Dietrichs in die großen Territorialfragen des Nordwestens die Gelegenheit, bei dem 1423 eintretenden Erbfall im Hause Jülich-Geldern und dem Anfall dieser Gebiete an Berg eine wichtige Mittlerrolle einzunehmen. Dank seiner geschickten Politik übernahm Dietrich von Moers seit dieser Zeit die außenpolitische Initiative mit dem dahinterstehenden Anspruch auf Errichtung der kurkölnischen Hegemonie. Dadurch verstrickten sich aber auch die gegeneinander gerichteten territorialen Machtinteressen, die sich zwanzig Jahre später explosiv entladen sollten.

Dietrich hatte zuerst glänzende Erfolge, indem er die benachbarten weltlichen Fürsten gegeneinander ausspielte. Im Herzogshaus von Kleve-Mark war das Prinzip der Primogenitur noch nicht zur Anerkennung gelangt. Der ältere Sohn des Herzogs, Adolf, erbte das Herzogtum Kleve, der jüngere, Gerhard, die Grafschaft Mark. Jedoch Herzog Adolf von Kleve willigte in diese Teilung mit seinem Bruder nicht ein, sondern gab Gerhard nur eine kleine Abfindung von einigen Schlössern. Diese gespannte Situation zwischen den Brüdern nutzte Dietrich aus, um zunächst Gerhard, der mit dem Herzog von Berg verbündet gewesen war, auf seine Seite zu ziehen. So durchbrach er die Isolierung, in der sich Kurköln seit 1414 befand. Verständigte sich auch daraufhin Berg mit Kleve, so konnte Dietrich doch als ersten Erfolg seines Schrittes die Reichspfandschaft an Sinzig und Remagen, die Gerhard besaß und zunächst Adolf von Berg als Unterpfand für seine Neutralität in den klevischen Erbfolgestreitigkeiten übertragen hatte, 1422 für Kurköln erwerben. Adolf von Berg, gehindert durch die Auseinandersetzung um Pont-à-Mousson und den jülich-geldrischen Erbfall von 1423, mußte sich diese Gebietserweiterung Kurkölns, die eine wichtige Landbrücke zu den Besitzungen um Andernach und in der Eifel war, gefallen lassen. Darüber hinaus war der Herzog gezwungen, sich mit Dietrich 1423 in einem Nichtangriffspakt zu verständigen, um in Geldern freie Hand zu bekommen. Denn im Gegensatz zu Jülich, wo man ihm sofort als Nachfolger huldigte, hatten die geldrischen Stände unter Berufung auf das Recht der weiblichen Erbfolge beim Tode Reinalds von Jülich-Geldern Arnold aus dem Hause Egmont zum Nachfolger erhoben und Adolf von Berg ausgeschaltet. Schon zu Beginn des Jahres 1425 aber verständigte sich Dietrich auch mit Arnold von Geldern durch ein Abkommen, in dem sich beide Kontrahenten die Anerkennung ihrer gegenseitigen Rechte versprachen.

In dem jahrelangen Krieg, der einerseits zwischen dem Herzog von Berg und Arnold von Egmont um die Nachfolge in Geldern, andererseits zwischen Gerhard von der Mark und Adolf von Kleve ausbrach, nahm Dietrich eine politische Schlüsselstellung ein. Seine Neutralität gegenüber Berg und Geldern nutzte er zugunsten einer Unterstützung Gerhards von der Mark gegen Kleve aus und ließ sie sich teuer bezahlen. Der Preis für sein Eintreten war der Erwerb der wohl ergiebigsten Zollstätte des ganzen Rheingebiets, Kaiserswerth, das er ihm für die ungeheure Summe von 100000 Goldgulden 1424 abkaufte, wiewohl Gerhard von seinem Bruder Adolf nur auf Lebenszeit in den Nießbrauch des Zolls eingesetzt und zu dem Verkauf gar nicht legitimiert war. Dietrich festigte auch sogleich seine fadenscheinigen Besitzrechte, indem er sich von Reichs wegen die Pfandschaft an Kaiserswerth übertragen ließ. Neben dieser wichtigen Erwerbung war das Ergebnis des Krieges die völlige

Trennung der Mark unter Gerhard vom Herzogtum Kleve, die 1435 auf Vermittlung des rheinischen Pfalzgrafen für die Lebenszeit Gerhards sanktioniert wurde. Für Dietrich von Moers und seine Politik war die Schwächung der klevischen Macht ein ganz außerordentlicher Erfolg auf dem Wege, die kölnische Vormacht im Nordwesten auszubauen.

Noch im Jahre 1424 gelang Dietrich ein weiterer Schachzug. Auf seine Vermittlung hin wurde sein Bruder Heinrich zum Bischof von Münster gewählt, so daß sich die westfälischen Besitzungen des Erzstifts, zu denen schon durch die befreundete Grafschaft Mark der Weg von den rheinischen Kernlanden offenstand, durch den Ausbau der moersischen Stellung arrondierten. Noch während der Kämpfe zwischen Jülich-Geldern und Kleve-Mark glückte Dietrich 1433 ein weiterer Ausbau seiner Macht mit der Erhebung seines Bruders Walram zum Bischof von Utrecht. Bereits in dem entscheidungsreichen Jahr 1423, in dem Dietrich die kölnische Ausdehnungspolitik unter kluger Berechnung des politischen Kräftespiels aufgenommen hatte, war sein Bruder Walram als Kandidat in Utrecht aufgetreten, konnte sich jedoch neben den beiden anderen Bewerbern, die von Geldern und von Burgund gestützt wurden, nicht durchsetzen. Das durch eine Doppelwahl gespaltene Bistum Utrecht wurde zum Objekt territorialer Machtkämpfe, hinter denen sich die großen Auseinandersetzungen der Zeit abspiegeln. Der burgundische Einfluß, repräsentiert in dem Bischof Rudolf von Diepholz, fand Unterstützung an Papst Eugen IV., während der geldrische Kandidat Sweder von Culenberg, der noch von dem Gönner Dietrichs, Papst Martin V., bestätigt worden war, an das Konzil von Basel gegen die Entscheidung Eugens appellierte. Als Sweder während des Prozesses in Basel starb, nahm Dietrich im Bunde mit Geldern seine Chance wahr und setzte die Wahl Walrams gegen Burgund durch. Nach dem Eingriff Dietrichs in die niederländischen Erbfolgestreitigkeiten im Auftrage des deutschen Königs zeichnen sich hier bereits stärker die Machtkonstellationen zwischen burgundischer und kurkölnischer Einflußsphäre ab, die in den vierziger Jahren das Ringen um die Vormacht im Nordwesten bestimmten.

IV.

Auch auf dem Felde der Reichspolitik nahm Dietrich in den dreißiger Jahren eine führende Stellung ein, die teilweise von territorialpolitischen Beweggründen mitbestimmt wurde. Ein zweiter Zug gegen die Hussiten, den er 1431 als Führer des Reichsheeres unternahm und der vor Tauß mit einer vernichtenden Niederlage endete, entsprang sicherlich seinem seit dem Pisaner Konzil geweckten Interesse für die Anliegen der Kirchenreform. Ganz deutlich kommt das zum Ausdruck in seiner Haltung gegenüber dem Konzil von Basel (1431 bis 1449). Hier neigte er dem in diesem Zeitalter der großen Konzilien wieder zum Leben erwachten genossenschaftlichen Gedanken zu, der in der Auffassung gründete, daß das Konzil, weil es die Vertretung der Gesamtheit der Kirche darstelle, grundsätzlich über dem Papst stehe. Von ähnlich gearteten Erwägungen ausgehend, hatte Dietrich schon früher den oligarchischen Führungsanspruch der Kurfürsten gegenüber dem König vertreten. Das Konzil von Basel, das sich von Anfang an in scharfem Gegensatz zu Papst Eugen IV. konstituiert hatte, wurde über die rein kirchlichen Belange hinaus – angesichts der für König und Reich gleich bedeutsamen Regelung der Hussitenfrage wie auch durch die Übertragung der angedeuteten konziliaren Doktrin auf das Verhältnis der Kurfürsten zum Reichsoberhaupt – ein Politikum erster Ordnung. Dietrich glaubte, in dem ersten Jahr des Konzils (1431) wenigstens die Hussitenfrage militärisch lösen zu können, und hielt sich von einer offenen Anerkennung des Konzils zurück. Auch als der Bruch zwischen Konzil und Papst offenkundig geworden war, vermied er eine Stellungnahme gegen Eugen und schlug im Bund mit dem Erzbischof von Mainz auf dem Kurfürstentag zu Frankfurt zunächst sehr vorsichtig die Abhaltung eines eigenen deutschen Nationalkonzils vor und beeinflußte im folgenden Jahr (1432) nach dem Scheitern dieses Projektes die geistlichen Kurfürsten zu einer Vermittlungsaktion zwischen Papst und Konzil. Wiederum setzte er sich dann persönlich auf einem zweiten Fürstentag zu Frankfurt für die Neutralitätserklärung der Kurfürsten in dem Streit zwischen Konzil und Papst ein, die auf seine Anregung hin schon im Oktober 1432 beschlossen, aber erst nach dem Scheitern langjähriger Schlichtungsverhandlungen als Neutralitätsakte am 17. März 1438 von den Kurfürsten verkündigt wurde. Bei unverkennbarer Hinneigung zum Konzil hat Dietrich in seiner Funktion als Reichskurfürst an der Neutralitätspolitik mit Konsequenz festgehalten.

Sosehr diese Haltung dem Papst mißfiel, wurde doch erst durch die Verquickung territorialer Belange mit den konziliaren Forderungen die Kluft zwischen Dietrich und Eugen IV. vertieft. Wir erinnern uns der Bemühungen Dietrichs um Paderborn, die zur Übernahme der lebenslänglichen Administratur geführt hatten. Damit nicht zufrieden, versuchte Dietrich von Moers, die völlige Inkorporation von Stift und Bistum Paderborn durchzusetzen, und hatte es in der Tat verstanden, 1429 durch List, Einfluß und kluge Unterhandlungen eine Bulle Papst Martins V. zu erwirken, die die Inkorporation aussprach, ein auch für die damaligen Zeiten unerhörtes Ereignis. Das Domkapitel von Paderborn, das sich seine selbständige Stellung als Wahlkollegium zu erhalten suchte, appellierte gegen diese Entscheidung an den Kaiser und den Papst. Der Streit wurde verschärft, als nach dem Tode Martins der neue Papst Eugen IV. alle noch nicht rechtskräftig vollzogenen Inkorporationen aufheben ließ, ohne freilich diese Entscheidung angesichts der prekären Stellung des Papsttums gegenüber Dietrich sofort durchzusetzen. Daher wurde das Konzil mit der Frage befaßt, und nach langwierigen Auseinandersetzungen mit der Reformpartei des Konzils auf der einen, mit den Vertretern des Paderborner Kapitels auf der anderen Seite erhielt Dietrich im März 1439 die rechtliche Anerkennung der Inkorporation seitens des Konzils; hingegen nahm Eugen IV. sofort für Paderborn Stellung. Auch in der Utrechter Frage kam es zu Differenzen zwischen Dietrich und dem Papst, als Eugen IV., wie erwähnt, im Bunde mit dem antikonziliaren Burgunderherzog gegen Walram von Moers einschritt und Dietrichs Hegemonialpläne störte. Und schließlich stützte sich Dietrich wiederum zum Unwillen des Papstes auf einen Konzilsbeschluß, als er in einen Streit um den vakanten Bischofsstuhl von Osnabrück als Metropolit gegen den bisherigen Administrator Erich von Hoya eingriff und mit Zustimmung der Baseler Kirchenväter 1441 seinem Bruder, dem Bischof Heinrich von Münster, auch die Administratur von Osnabrück übertrug.

V.

Um 1440 jedenfalls stand Dietrich auf der Höhe seiner Macht. Was seine Vorgänger in jahrhundertelangen Kämpfen vergebens zu erreichen versucht hatten, schien ihm beinahe mühelos in den Schoß zu fallen. Die moersischen Brüder geboten in einem Raum, der von der Nordsee bis an die Lippe und von der Ijssel bis an die hessische Grenze reichte. Dazu kam als Kernland das Erzstift selbst hinzu, das sich von Xanten bis an die Mosel erstreckte. Die Dynasten dieser weiten Gebiete beugten sich den Schiedssprüchen des Kölner Erzbischofs. Nur der Herzog von Kleve, der in seiner Macht durch die Operationen Dietrichs weithin eingeschränkt war und zu einem Satelliten Kurkölns erniedrigt zu werden drohte, leistete noch Widerstand. Hinter ihm stand als Verbündeter das mächtige Burgund, dem Kleve verwandtschaftlich und kulturell eng verbunden war. Es verfolgte freilich mit der Erhaltung der klevischen Unabhängigkeit ganz eigene Ziele. In der Form einer „pénétration pacifique" schob es konsequent seine Macht nach Nordwesten vor, wie sein Eingriff in die Utrechter Wirren zeigt, und war durchaus Partei in den während der vierziger Jahre folgenden Kämpfen. Diese tragen den Namen Soester Fehde, doch ist die Bezeichnung irreführend. Als Kleve, seinen Lebensraum verteidigend, zum Entscheidungskampf gegen Kurköln antrat, entzündete sich der Konflikt zwar an dem Gegensatz der alten Hauptstadt des kölnischen Westfalen zum Erzbischof, die ihre bürgerlich-ständische Freiheit gegen den absolutistischen Anspruch Dietrichs von Moers verteidigte und auf die klevische Seite überschwenkte. Doch wurden in Wirklichkeit tiefe, jahrhundertealte Gegensätze ausgetragen, die über die politische Führung in Nordwestdeutschland entschieden, ja den ganzen westeuropäischen Raum berührten. Die Bedeutung der Soester Fehde ergibt sich bereits aus den Kräftekonstellationen. Dietrich von Moers stützte sich auf die oligarchischen Kräfte, die im Reich durch die Kurfürsten, in der Kirche durch das Konzil vertreten waren. Seine Gegner waren zwangsläufig Papst Eugen IV., das unter Philipp

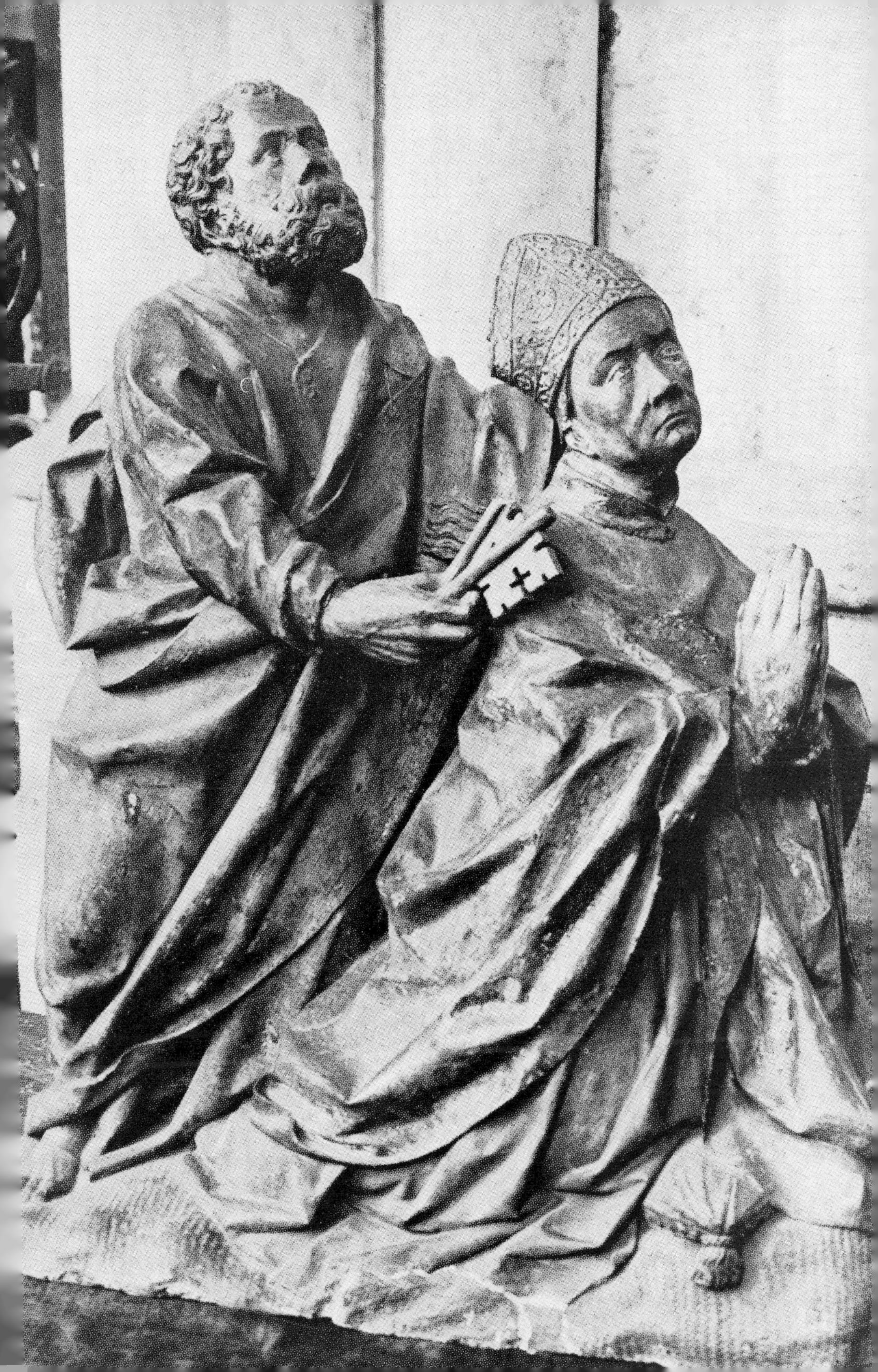

Erzbischof Dietrich von Moers von Köln. Grabmal im Dom zu Köln
Aufnahme Rheinisches Bildarchiv, Köln

dem Guten straff regierte, antikonziliarisch gesinnte und im Nordwesten territorial interessierte Burgund und natürlich der Herzog von Kleve. Einigen Rückhalt gegen diesen mächtigen Block fand Dietrich 1447 in einem Bündnis mit dem Burgund verfeindeten Frankreich.

Nach 1440 spitzten sich die Gegensätze rasch zu, verschärft durch Reibungen zwischen Kurköln und Kleve über die geistliche Gerichtsbarkeit des Erzbischofs im klevischen Territorium, um die Reichspfandschaft an Dortmund, die Vogtei über das Frauenstift Essen und um die Orte Rees und Aspel. In dieser Situation hat Dietrich kurze Zeit geschwankt, ob er nicht durch Rücktritt von der vereinbarten kurfürstlichen Neutralität seine Beziehungen zum Papst verbessern könne. Wahrscheinlich aber hat er den Rückhalt bei dem 1440 neugewählten deutschen König Friedrich III. vorgezogen, der zunächst Eugen IV. und seinen kirchenpolitischen Forderungen sehr reserviert gegenüberstand. Er unterstützte Dietrich in der Soester Frage durch einen Rechtsspruch des königlichen Gerichts, durch das Soest in die Acht getan wurde, sowie durch Verleihung der Regalien von Utrecht an Walram und von Osnabrück an Heinrich von Moers. Doch hielt die königliche Freundschaft für Dietrich nicht lange an. Sein starres Festhalten am Baseler Konzil, das die übrigen Kurfürsten und der König bald kaum noch respektierten, führte Dietrich in eine politische Isolierung, die von verhängnisvollen Folgen war, so daß er sich in dem seit 1444 einsetzenden Entscheidungskampf im wesentlichen nur auf seine territoriale Macht und die seiner Familie verlassen konnte.

Am Vorabend des Konfliktes versuchte Philipp der Gute von Burgund 1444 noch eine friedliche Vermittlung, brachte aber dann durch eine Intervention beim Papst zusammen mit dem Herzog von Kleve im November die Lawine ins Rollen. Durch eine Bulle vom 16. Januar 1445 eximierte auf Grund dieser Intervention Eugen IV. bis auf weiteres die klevischen Länder von der geistlichen Gerichtsbarkeit Dietrichs und seines Bruders Heinrich und beauftragte den Gegenbischof Walrams von Moers in Utrecht, Rudolf von Diepholz, mit der Einsetzung eines eigenen Bischofs für die klevischen Gebiete. Als sich Dietrich diesem Entscheid nicht beugte, wurde er im Juli 1445 nach Rom vorgeladen, und da er sich dort nicht verantworten wollte, wurde am 24. Januar 1446 seine Absetzung und Bannung als Häretiker und Schismatiker ausgesprochen. Den Bundesgenossen Dietrichs, den Trierer Erzbischof Jakob von Sirk, traf derselbe Bannspruch. An Stelle der abgesetzten Erzbischöfe ernannte Eugen IV. bezeichnenderweise einen Neffen und einen Halbbruder Philipps von Burgund, obgleich auch der Sohn des Herzogs von Kleve sich auf den Kölner Erzbischofsstuhl Hoffnungen gemacht hatte.

Dietrich von Moers dachte freilich nicht daran, diesem Druck nachzugeben, zumal die Maßnahmen des Papstes die Kurfürsten und den König wiederum gegen Eugen IV. einten. Darüber hinaus verhandelte Jakob von Sirk im

Auftrage Dietrichs mit Karl VII. und dem Dauphin von Frankreich über verschiedene Projekte, die dem Papst und Burgund in gleicher Weise gefährlich wurden. Einmal sollte nämlich das Baseler Konzil unter dem Schutze Karls VII. mit Zustimmung des englischen und des spanischen Königs auf französischen Boden verlegt werden. Weiter wurde festgelegt, daß der französische König das von Philipp von Burgund besetzte Luxemburg überfallen sollte, ein Plan, dem auch der deutsche König Friedrich III. angesichts der Gegnerschaft zu Burgund in den noch immer nicht geklärten Erbschaftsfragen im niederländischen Raum nahestand und den auch der Herzog von Sachsen auf Grund von Erbschaftsansprüchen auf Luxemburg betrieb. Der Herzog von Geldern wurde wenigstens zu wohlwollender Neutralität gegenüber Dietrich gewonnen. Also suchte Dietrich sein Glück bei den Waffen und mobilisierte die Finanzquellen des Erzstifts in größtem Umfang. Verhandlungen mit Karl von Frankreich über die Anwerbung der berüchtigten marodierenden Söldnerhaufen der Armagnacs zerschlugen sich zwar, aber zusammen mit seinen durch reiche Geldspenden angeworbenen Bundesgenossen, den Bischöfen von Münster, Hildesheim und Minden, den Herzögen und Kurfürsten von Sachsen, Brandenburg, Bayern und Braunschweig und vielen Grafen brachte er ein für die damalige Zeit außergewöhnlich starkes Heer von 15000 sächsischen und hussitischen Söldnern zusammen, das nach der Eroberung von Soest gegen Burgund in Luxemburg eingesetzt werden sollte. Unter persönlicher Leitung des Erzbischofs berannte diese Kriegsmacht im Sommer 1447 tagelang das von klevischen Truppen und bürgerlichen Milizen verteidigte Soest. Der Hunger in der jahrelang verwüsteten Landschaft und das Scheitern des entscheidenden Sturmes auf die Stadt – er mißlang merkwürdigerweise, weil die Sturmleitern zu kurz waren – zwangen schließlich zum Abzug der Truppen. Es ist nicht abzusehen, von wie weittragender Bedeutung für die Fortentwicklung der westdeutschen und niederländischen Verhältnisse das diplomatische und militärische Spiel gewesen wäre, wenn es nicht vor den Mauern von Soest in so unverhoffter Weise gescheitert wäre.

Bei den folgenden Friedensverhandlungen kam es Dietrich zustatten, daß Papst Eugen IV. starb und sein Nachfolger Nikolaus V. eine kompromißbereitere Haltung in den Konzilsfragen wie Dietrich persönlich gegenüber einnahm. So leisteten Dietrich wie auch Jakob von Sirk dem neuen Papst gegen das Versprechen päpstlicher Hilfe in den territorialen Fragen als dem einzigen Haupt der Christenheit volle Oboedienz und wurden auf das Drängen des Reiches bei der Kurie am 4. Dezember 1447 restituiert. Der Friede selbst wurde unter Vermittlung der Kardinäle Nikolaus von Cues und Carvajal in Maastricht am 27. April 1449 auf der Grundlage des Status quo geschlossen. Soest und das eroberte Xanten blieben bei Kleve, Kaiserswerth bei Köln. Das Resultat der Auseinandersetzung war eine empfindliche Schwächung der kölnischen Vormachtstellung im Nordwesten.

VI.

Für die Energie und das Geschick Dietrichs von Moers ist es bezeichnend, daß er auch unter veränderten Voraussetzungen das einmal gefaßte Ziel trotz der Niederlage in der Soester Fehde weiter verfolgte. Die Ereignisse der fünfziger Jahre zeigen, wie geschickt er und sein Haus, bisher die hartnäckigsten Gegner des Papstes, nun als Vorkämpfer der neuerstarkten päpstlichen Partei im Nordwesten Deutschlands ihre Geltung zurückzugewinnen trachteten. Der Papst selbst war wohl bereit, für den Frontwechsel Dietrichs den entsprechenden Preis zu zahlen. Schon in den Friedensverhandlungen von Maastricht kam die Hilfe des Papstes Dietrich zustatten. Der Bund bewährte sich in der auf die Soester Fehde unmittelbar folgenden Münsterschen Stiftsfehde. Nach dem Fortfall der kirchenpolitischen Spannungen treten klarer als in der Soester Fehde die Gruppierungen der antiburgundischen Front hervor, die wiederum Dietrich von Moers anführte. Seine Gegner waren, wie schon in der Soester Fehde, Kleve und Burgund.

Auf die Seite Dietrichs trat zunächst der Utrechter Bischof Rudolf von Diepholz über, bislang ein Anhänger Burgunds, nachdem in den Verhandlungen zwischen Dietrich und dem Papst Walram von Moers gegen das Versprechen einer Entschädigung mit einem anderen Bischofssitz auf das Bistum Utrecht verzichtet hatte. Rudolf suchte durch Anlehnung an Dietrich die Selbständigkeit Utrechts zu erhalten, das bei dem langsamen Vorrücken der burgundischen Macht allmählich einem immer stärkeren Druck ausgesetzt war. Ebenso verbündeten sich aus denselben Beweggründen heraus gegen den Widerstand einer starken burgundischen Partei im eigenen Land Herzog Arnold von Geldern mit Dietrich und schließlich auch Herzog Gerhard von Jülich-Berg.

Wiederum waren die Pläne Dietrichs sehr großräumig konzipiert. Nachdem die Herstellung der Verbindung zwischen den Kernlanden und den westfälischen Besitzungen des Erzstifts über Kleve nicht geglückt war, setzte Dietrich wie schon zu Beginn seiner Regierung in Berg die Hebel an. Hier war nach dem Tode des kinderlosen Herzogs Adolf 1437 Gerhard von Berg gefolgt, ein Großneffe Dietrichs von Moers, der Sohn seines ehemaligen Rivalen um den Kölner Erzstuhl, Wilhelm, und Adelheids von Tecklenburg, einer Nichte Dietrichs. Gerhard war auf Betreiben Dietrichs 1440 vom König mit den Regalien von Jülich und Geldern belehnt worden. Damit wurde ein Einverständnis zwischen dem politisch sehr unbedeutenden Gerhard und dem Erzbischof hergestellt, das 1449 zu dem eben erwähnten Bündnis führte und 1450 zur Erblandesvereinigung zwischen Berg und Kurköln erweitert wurde. In diesem Vertrag wurde bestimmt, daß alle Fragen der Außenpolitik, die Entscheidungen über Krieg und Frieden und allgemeine wirtschaftspolitische Belange von beiden Fürsten gemeinsam geregelt werden und in beiden Landen die Stände kommende Herrscher auf diese Vereinigung eidlich verpflichten sollten. Dietrich wurde zu dieser Regelung durch erbrechtliche Erwägungen bestimmt. Die Ehe Herzog Gerhards war seit langem kinderlos geblieben, und es war zu erwarten, daß im Fall des Todes durch eine dann wirksam werdende weibliche Erbfolge das Herzogtum Kleve Jülich-Berg beerben würde. Diesem bevorstehenden Machtzuwachs Kleves baute Dietrich mit dem Vertrag von 1450 entgegen, wobei er es an finanziellen Subsidien vornehmlich an die bergischen Stände nicht fehlen ließ.

Im Jahre 1451 konnte er dann den Herzog und seine Gemahlin bewegen, für den Fall, daß sie keine Kinder hinterließen, ja selbst wenn der herzogliche Stamm in Zukunft überhaupt aussterben sollte, das Herzogtum Berg mit den Grafschaften Blankenberg und Ravensberg und den Städten Sinzig und Remagen dem Kölner Erzstift zu schenken. Diese Schenkung wurde in einen Verkaufsvertrag eingekleidet, indem für die Summe von 104000 Goldgulden Berg an Kurköln überging. Blankenberg wurde sofort dem Erzstift eingeräumt; Ritterschaft und Städte leisteten dem Erzbischof bereits für den Fall des Aussterbens der Herzogsfamilie die Huldigung als dem rechtmäßigen Herrn. Durch die Verpfändung ganzer kölnischer Landesteile hatte Dietrich bereits bis Ende 1451 die Summe von 54000 Gulden abbezahlen können. Für den Rest erhielt Gerhard eine Rente aus den erzstiftischen Zöllen. Dieser nach dem Verlust der Soester Fehde besonders ins Gewicht fallende Geldaufwand wurde gerechtfertigt durch die außerordentliche Bedeutung, die das Herzogtum Berg für Kurköln als Brücke nach Westfalen besaß. Obgleich der Erbfall nie eintrat, da wenige Jahre später Gerhard noch Nachkommen geboren wurden, spielte diese neue Situation, die bei ihrer Realisierung noch stärker als zu Beginn der Soester Fehde die Suprematie Kurkölns in Nordwestdeutschland bedeutet hätte, bei den Auseinandersetzungen in der Münsterschen Stiftsfehde eine gewichtige Rolle.

1450 war Dietrichs Bruder, der Bischof Heinrich von Münster, gestorben. Um die Nachfolge kämpften die niedersächsischen Grafen von Hoya, die klevische Parteigänger waren, und das Haus Moers. Die münsterschen Landstände und Städte, die mit der durch vorwiegend moersisch-kölnische Interessen bestimmten Politik Heinrichs wenig zufrieden gewesen waren, hielten zu Hoya, während das Domkapitel zu Münster auf Grund reicher Geldspenden Dietrichs Bruder Walram zum Bischof wählte. Papst Nikolaus V. bestätigte auch sofort die Wahl Walrams und billigte die Exkommunikation und die Verhängung des Interdikts über alle Personen und Gebiete, die Walram nicht anerkannten.

Kleve war 1450 also wiederum ernsthaft von einer Einkreisung durch Kurköln bedroht. In dieser Not versuchte es zunächst, die Hand auf die Reichspfandschaft Dortmund zu legen, die bisher immer zu Köln gehalten hatte. Dann erschütterte es mit Erfolg die moersische Stellung in Utrecht und Münster, indem es, die ständefeindliche Haltung des Hauses Moers ausnutzend, die Städte an der Ijssel und im Münsterschen und die Stadt Utrecht auf seine Seite zog. Aber letztlich mußte es sich doch wie in der Soester Fehde an Burgund anlehnen. Kurköln selbst war durch die vorangegangenen Ereignisse finanziell bereits so stark geschwächt, daß Walram von Moers sich schon 1452 auf Drängen Dietrichs bereit erklärte, gegen eine jährliche Rente das Stift nach seiner Eroberung an den Neffen des Utrechter Bischofs, Konrad von Diepholz, abzutreten. Dafür übernahm Rudolf von Diepholz die Hauptlast des Kampfes gegen Hoya und Kleve mit der Eroberung der Städte des Stiftes Münster. Das Bündnis der moersisch-diepholzischen Partei mit dem Papst bewährte sich, als Rudolf von Diepholz zum Verwalter der Diözese Osnabrück ernannt wurde, nachdem der dort postulierte Bischof Albrecht von Hoya resigniert hatte. Burgund hatte militärisch in diese Wirren nicht eingegriffen, sondern sich auf diplomatische, dafür um so wirkungsvollere Intervention beim Papst und bei seinen mit der Schlichtung der Streitigkeiten beauftragten Legaten beschränkt. Der Mißerfolg der Großraumpolitik Dietrichs von Moers wurde bereits damals angesichts der durch den ungeheuren Kraftaufwand der vergangenen Jahrzehnte erschöpften Kräfte des Erzstifts und des Hauses Moers deutlich sichtbar. Ein Ausweg schien sich zu bieten, als Rudolf von Diepholz 1455 starb, nachdem er fast das ganze Stift Münster erobert hatte. Doch sein Tod verschärfte nur die Situation. In dem Kampf um die Nachfolge in Utrecht setzte Philipp von Burgund die Erhebung seines Sohnes David gegen den vom Kapitel gewählten und von Dietrich und Arnold von Geldern unterstützten Gisbert von Brederode durch. Er überging aber auch in einer für seine Interessenpolitik bezeichnenden Weise die Wünsche des klevischen Herzogs auf Berücksichtigung seines Sohnes bei der Utrechter Kandidatur. In Osnabrück wurde dagegen Konrad von Diepholz zum Bischof gewählt. Wiederum kam es hier und in Münster zu kriegerischen Verwicklungen zwischen den Grafen von Hoya und den Anhängern Dietrichs von Moers. Dietrich selbst hat damals bereits das Scheitern seiner Politik erkannt. Unter Ausspielung der Verstimmungen zwischen Kleve und Burgund anläßlich der Utrechter Bischofswahl hat er mit weit zurückgesteckten Zielen einen erträglichen Ausgleich mit Burgund gesucht. Als aber dann 1456 sein Bruder Walram von Moers, der noch immer Bischof von Münster war, starb, wurde Dietrich damit das wichtigste Faustpfand, das er in den Unterhandlungen noch besaß, aus der Hand genommen. Bei der Neuwahl hat Burgund auch in Münster seinen Einfluß geltend gemacht.

VII.

In den letzten Jahren seines Lebens hat der alternde Erzbischof durch päpstliche Schiedssprüche wenigstens das an Kleve verlorene Gebiet zurückzugewinnen versucht, ohne aber praktische Erfolge zu zielen. Noch einmal hat er sich dann in die Reichspolitik eingeschaltet. Zusammen mit dem ränkevollen Trierer Erzbischof Jakob von Sirk hat er die Forderung nach einem deutschen Nationalkonzil erhoben und sich dabei einer Oppositionspartei gegen den Kaiser angeschlossen, die zur Wahl eines Gegenkönigs in der Person des Erzherzogs Albrecht von Habsburg führen sollte. Schließlich hat er auch im Anklang an seine früheren Hussitenzüge 1456 einen Kreuzzug des Reiches gegen die Türken gefordert. Aber Dietrichs politische Rolle war ausgespielt. Sein hohes Alter, die Spannungen im eigenen Land, die Auseinandersetzungen mit den Ständen, neue Streitigkeiten mit der Stadt Köln und der finanzielle Ruin verhinderten jeden neuen aktiven Schritt. Als der Erzbischof am 13. Februar 1463 auf seinem Schloß Zons starb, bestand von dem ehemals mächtigen Länderkomplex, den er für Kurköln und das Haus Moers erworben hatte, fast nichts mehr. Das Erzstift war verarmt und verschuldet; aus einem Territorium, das die Geschicke des Niederrheins bestimmt hatte, wurde, wie der Zugriff Burgunds auf Kurköln unter Dietrichs Nachfolger Ruprecht von der Pfalz beweist, ein Spielball fremder Mächte. Das Scheitern seiner Politik läßt sich zu einem großen Teil auf Dietrichs Persönlichkeit zurückführen; vom Ehrgeiz getrieben, ließ er es oftmals am nüchternen Blick für die Gegebenheiten und Erfordernisse seiner Zeit fehlen. Es war aber auch die ganz exponierte Stellung eines geistlichen Territoriums zum Papst, zum Kaiser, zum Konzil und zu den umliegenden weltlichen Herrschaften, die seine an sich zielbewußten und konsequenten Handlungen zum Mißerfolg verurteilte.

VIII.

Eine Würdigung Dietrichs von Moers wäre jedoch nicht ganz gerecht, wenn sie nur das außenpolitische Scheitern sähe. Bedeutendes hat er für die Ausgestaltung des Territoriums geleistet, das erst unter seiner Regierung die territoriale Einheit gewonnen hat. Der Dualismus von Fürstenmacht und Ständerecht, der sich in völliger Gleichberechtigung beider Teile verfassungsrechtlich äußert, fand sich unter Dietrich von Moers zu gemeinsamem Zusammenwirken im Interesse des Landes, auch wenn es dabei zeitweilig zu Spannungen und taktischen Kompromissen gekommen ist. So hat er die Grundlage für die landständische Verfassung Kurkölns gelegt, die die Einheit des Landes garantierte und die allgemeinen Interessen der territorialen Gemeinschaft über ständische Eigenbelange hinaus zur Richtschnur des politischen Handelns aller am Land beteiligten Personen und Stände machte. Diese Verfassungsentwicklung vollzog sich unter einem doppelten Aspekt. Die ungeheure Verschuldung infolge der außenpolitischen Bestrebungen Dietrichs, die dazu führte, daß bei seinem Tode kein einziges kurkölnisches Amt mehr unverpfändet war, bildete den unmittelbaren Anlaß, der Fürst und Stände zusammenführte. Daneben war es das obrigkeitliche Prinzip, das der Landesherr nach dem zeitweiligen Rückgang seiner Stellung im 14. Jahrhundert wieder zur Geltung zu bringen suchte, indem er die autonome ständische Gewalt bestritt und wenigstens in der Theorie den Anspruch auf Untertänig-

keit aller Landeingesessenen erhob, während ihm die Stände nun ihre Auffassung vom Staat entgegensetzten.
Zur Behebung der Finanznot hat Dietrich seit 1435 neben den normalen Steuern, die die Untertanen seines Herrschaftsbereichs leisteten, zum ersten Male eine allgemeine Steuer ausgeschrieben, die von den Hintersassen der ständischen Vasallen und den den Ständen rechtlich gleichgestellten Landstädten zu zahlen war. Nach dem mittelalterlichen Gewohnheitsrecht, das im Falle der allgemeinen Landesnot besondere Abgaben an den Fürsten gewährleistete, geschah die Forderung des Erzbischofs zu Recht; indessen bedurfte sie der ständischen Zustimmung, die zunächst verweigert wurde. Dietrich hat damals unter Heranziehung des genannten zweiten Prinzips fürstlichen Hoheitsanspruchs die Steuer in einem Teil seiner Gebiete durchgesetzt und namentlich die Stadt Neuß zur Unterwerfung gebracht. In den Jahren nach der Soester Fehde und während der Münsterschen Stiftsfehde wurde der finanzielle Beitrag der Stände immer notwendiger. Sie konnten sich jetzt auch den Forderungen kaum entziehen, da die Ordnung im Lande ihnen ebensosehr am Herzen liegen mußte wie dem Kurfürsten selbst. Andererseits war Dietrich bei seinen Schwierigkeiten jetzt kaum in der Lage, einen absolutistischen Machtanspruch den Ständen gegenüber durchzusetzen. So gewährten ihm 1449 die Edelleute und die Ritterschaft des Stifts zur Erleichterung der Schuldenlast eine außergewöhnliche einmalige Steuer, die von ihren Hintersassen in ihren Herrlichkeiten und Gerichten erhoben wurde. Fürst und Stände wurden durch die Not zu dieser gemeinsamen Aktion zusammengeführt. Schon vier Jahre später mußten die Stände wiederum eine neue Steuer gewähren, bei der sie ebenfalls am Prinzip der Freiwilligkeit und Einmaligkeit der Gewährung festhielten. Aber es zeigte sich doch sehr deutlich, daß die Stände nicht mehr umhin konnten, in immer kürzerer Folge, zuletzt jährlich, zur Bestreitung der dem Staat obliegenden Aufgaben die Steuern zu bewilligen, die dann unter dem Namen landständische Steuern in derselben Verfahrensweise, wie sie sich unter Dietrich eingespielt hatte, bis zum Ende des kurkölnischen Territorialstaates bestanden und erhoben wurden. Prägte sich auch in der Steuerbewilligung und der Freiwilligkeit der Zahlung das ständische Recht als vom Landesherrn unabhängiges Recht aus, so wurden doch die Stände, darunter namentlich die nahezu selbständigen Unterherrschaften, erst durch die Steuerzahlung in den Verband des Territoriums eingegliedert.
Als der Teil des Landes, der die Lasten mitzutragen hatte, beanspruchten die Stände für sich, auch zu den politischen Fragen Stellung zu nehmen. Sie negierten dabei keineswegs grundsätzlich die Politik des Erzbischofs. Im Gegenteil, in allen wichtigen Fragen, wie der Soester Fehde, beim Ankauf von Kaiserswerth und des Herzogtums Berg, konnte sich Dietrich ihrer Zustimmung versichern. Aber ihr Anspruch auf Mitbeteiligung an den Ent-

scheidungen über die Geschicke des Landes wuchs in dem Maße, wie die Ansprüche des Landesherrn an das Land sich steigerten. Namentlich war es die innere Organisation der Staatsverwaltung, für die sich naturgemäß das ständische Interesse entzünden mußte. Die Verwaltungslast des bis in die hohe europäische Politik verstrickten Kurfürstentums, die allein auf den Schultern Dietrichs ruhte, führte zu einer Vielgeschäftigkeit und Unrast, die noch durch das Fehlen eines hauptstädtischen Behördenmittelpunktes vermehrt wurde. Die Stände und die aus ihnen stammenden kurfürstlichen Räte hatten berechtigten Anlaß, über das Versagen der Verwaltung zu klagen. Neben dem Umstand, daß mit den bisherigen Regierungsmethoden nicht auszukommen war, trug auch das Erfordernis, die noch stark privatwirtschaftliche Verquickung von Hof- und Landesfinanzen seit den landständischen Steuererhebungen zu trennen, dazu bei, die Ausbildung einer verantwortlichen kollegialen Ratsbehörde zu beschleunigen. Schließlich zwang auch die finanzielle Not zur Errichtung von Zentralbehörden, die ein Verzeichnis der Einnahmequellen des Landes aufzustellen und die Leistungsfähigkeit des Territoriums abzumessen hatten, damit man auf dieser Grundlage die Staatseinnahmen und Staatsausgaben etatisieren konnte. So ersuchte Dietrich um 1440 seine Räte, ein Programm auszuarbeiten, wodurch er von der Verwaltungstätigkeit entlastet, das Finanzwesen geregelt und eine Ordnung in der Lokalverwaltung und im Hofhaushalt eingeführt werden sollte. Die Räte regten darauf an, der Landesherr solle der Kanzlei eine bestimmte Ordnung geben, die Register erneuern und ordentlich führen lassen, kontinuierliche Ratssitzungen einführen und den Räten eine Einsichtnahme in die allgemeinen Landesangelegenheiten zugestehen. Wenn auch das Hauptproblem, die Einschränkung der fürstlichen Omnipotenz in Verwaltungsdingen, dadurch nur halb gelöst war, da die willkürliche Ein- und Absetzung der Räte dem Erzbischof überlassen blieb, so wurden doch in den fünfziger Jahren bei der Reform der Haushaltsführung und der Erschließung brachliegender Einnahmequellen große Erfolge erzielt. Freilich ließen das selbstbewußte Temperament Dietrichs und die Art seiner Regierungsführung oft eine tiefe Kluft zwischen ihm und den Ständen aufbrechen. So ist der Abfall der Stadt Soest von Kurköln aus dem Widerstand gegen den angestrebten Absolutismus des Landesherrn zu erklären. Ähnliche Gegensätze traten auf, wenn Dietrich sich über die mit den Ständen geschlossenen Verträge hinwegsetzte, die die Einheit des Landes gewährleisten und den Landesherrn an einer rücksichtslosen Verpfändung und Veräußerung von Hoheitsrechten hindern sollten.

Ihren Abschluß hat die ständische Bewegung, die durch Dietrich eingeleitet wurde, sofort nach seinem Tode erhalten. Noch vor der Neuwahl des Nachfolgers einigten sich die Vertreter des Landes in einer Erblandesvereinigung 1463 auf eine schriftlich formulierte Verfassung, die von dem folgenden Erzbischof beschworen werden mußte und bis zum Ende des kurkölnischen

Territoriums als Staatsgrundgesetz von Bedeutung geblieben ist. Sie enthält zahlreiche Abwehrbestimmungen gegen den fürstlichen Absolutismus, dem eigene ständische Rechte gegenübergestellt werden. Andererseits setzt sie eine Einmütigkeit der Stände voraus, die oft in der Praxis nicht vorhanden war. Aber über dieser defensiven Haltung, die in manchen Punkten den Keim zu politischer Stagnation barg, darf man nicht vergessen, daß sie zum ersten Male in der Geschichte Kurkölns die politische und verfassungsrechtliche Einheit von Land und Herrschaft herstellte und garantierte. Daß dies gelang, war wohl die wichtigste Folge der Politik Dietrichs von Moers.

Schon die Zeitgenossen haben darin sein Hauptverdienst gesehen. Sie beurteilten seine Persönlichkeit nicht nach dem Mißlingen seiner außenpolitischen Ambitionen. Denn er war mit seinen hochfliegenden Plänen nur der Prototyp seines Standes und seiner Zeit, und alle niederrheinischen Fürsten, die gleiche oder ähnliche politische Ambitionen hatten, stellte er mit seinem politischen Format weit in den Schatten. Daher lautet das Urteil der Koelhoffschen Chronik von 1499: „He was ein weidelich furst und regierde dat buschdom mit groisser eren."

LITERATUR

J. Hansen, Westfalen und Rheinland im 15. Jahrhundert. 1. Bd.: Die Soester Fehde (1888); 2. Bd.: Die Münstersche Stiftsfehde (1890).

M. Birck, Der Kölner Erzbischof Dietrich Graf von Moers und Papst Eugen IV. (1889).

J. Stentrup, Erzbischof Dietrich II. von Köln und sein Versuch der Inkorporation Paderborns (1904).

H. Aubin, Ein Gutachten über die Verbesserung der kurkölnischen Zentralverwaltung von etwa 1440, in: Festgabe Friedrich von Bezold (1921).

F. Petri, Nordwestdeutschland in der Politik der Burgunderherzöge, in: Westfälische Forschungen 7 (1954).

G. Droege, Verfassung und Wirtschaft in Kurköln unter Dietrich von Moers (1957).

JOST MAXIMILIAN
GRAF VON GRONSFELD

(1598-1662)

Von Helmut Lahrkamp

Nicht annähernd so volkstümlich wie der draufgängerische Reitergeneral Jan von Werth, der bedeutendste „Soldat von Fortune", ist sein Waffengefährte und Landsmann, der Graf von Gronsfeld gewesen, der im Dreißigjährigen Krieg als Heerführer der Ligastreitkräfte eine hervorragende Rolle gespielt hat. Der hochgebildete rheinische Aristokrat, der es bis zum kurbayerischen Feldmarschall und Oberbefehlshaber brachte, ist in seiner Heimat schnell vergessen worden. Persönlich ebenso tapfer wie Werth, war er als Schüler Tillys ein Vertreter der spanisch-niederländischen Kriegstaktik, als deren Hauptkennzeichen bedächtige Schwerfälligkeit der Operationen und Bevorzugung der Defensive galten. Als Feldherr hat Gronsfeld nicht die Erfolge erzielt, die sein kurfürstlicher Herr von ihm erhoffte. Aber als einziger General jener Epoche hat er bei der Lektüre eines zeitgenössischen Geschichtswerks einige seiner Kriegserinnerungen aufgezeichnet, die für die Forschung noch immer wertvoll sind. Seine Korrekturen zu Wassenbergs „Teutschem Florus" wurden in der Amsterdamer Ausgabe von 1647 gedruckt, freilich ohne Namensnennung des Verfassers, weshalb sie mitunter als Ergänzungen eines anderen hohen Offiziers, des Grafen Ludwig Jakob von Fürstenberg, gegolten haben und so zuweilen in der Literatur irrtümlich erwähnt werden.

I.

Jost Maximilian Graf zu Gronsfeld und Bronckhorst, Freiherr zu Batenburg und Rimburg, Herr zu Alpen und Hönnepel – wie sein voller Titel lautet –, wurde als ältester Sohn des Grafen Johann II. von Gronsfeld und seiner Gemahlin Sibylle Gräfin von Eberstein im Jahre 1598 auf Schloß Rimburg im heutigen Landkreis Aachen geboren und am 22. November getauft. Er entstammte einem alten Adelsgeschlecht mit reichem Grundbesitz, das nach der Reichsherrschaft Gronsfeld in der Nähe von Maastricht seinen Namen führte. Nach der Sitte jener Zeit unternahm der junge Graf um 1615 in Begleitung seines Erziehers eine Bildungsreise ins Ausland – die „Kavalierstour" –, bei der Frankreich und Italien berührt wurden; es ist anzunehmen, daß Jost

Maximilian auch eine Zeitlang an einer Universität Studien getrieben hat, doch wissen wir darüber nichts Näheres. Nach dem frühen Tode seines Vaters, der am 20. Juni 1617 unerwartet starb, kehrte er nach Hause zurück und empfing von der Regierung des Herzogtums Brabant am 5. September die Herrschaft Rimburg als Lehen. Da begann mit dem Prager Fenstersturz 1618 die „böhmische Rebellion", an der sich der große Krieg entzündete. Jost Maximilian entschloß sich, Kriegsdienste zu nehmen; seine Sympathien galten der Sache des soeben erwählten Kaisers, der die Hilfe der katholischen Liga angerufen hatte.

Schon wurde im Rheinland die Werbetrommel gerührt. Im Auftrag des rheinischen Ligadirektoriums hatte Gronsfelds Verwandter, der Obrist Johann Jakob Graf von Bronckhorst zu Anholt, die Aufbringung und Führung des rheinischen Truppenkontingents angenommen. Jost Maximilian erhielt auf seine Bitte sogleich eine Hauptmannsstelle im Infanterieregiment Anholt, das im Januar 1620 in bayerische Besoldung übernommen wurde. Graf Anholt, der bereits 1622 zum Feldmarschall befördert wurde, war ein tüchtiger Frontoffizier, aus dessen Regiment nicht weniger als fünf spätere Feldmarschälle und Reichsgrafen hervorgegangen sind: Matthias Gallas, Gronsfeld, Joachim Christian von Wahl, Gottfried Huyn von Geleen und Alexander von Velen. Das Regiment galt als eines der Eliteregimenter der bayerischen Armada und bestand – unter wechselnden Namen – bis zum Ende des Dreißigjährigen Krieges.

Der junge Gronsfeld empfing seine Feuertaufe im ungarischen Feldzug des Jahres 1620. Besonders lebendig erhielt sich in seinem Gedächtnis der Tod des kaiserlichen Generalleutnants Graf von Dampierre vor der Festung Preßburg. Bethlen Gabor, der mit Hilfe der Türken 1613 Fürst von Siebenbürgen geworden war, hatte sich mit den böhmischen Protestanten verbündet und auf dem rechten Donauufer eine Offensive gegen Unterösterreich eingeleitet; der Kaiser sah sich gezwungen, ihm ein Korps unter Dampierres Kommando entgegenzuwerfen, bei dem sich auch das Infanterieregiment Anholt befand. Nach glücklichen Anfangserfolgen beabsichtigte Dampierre, die ungarische Landeshauptstadt Preßburg durch einen nächtlichen Überraschungsangriff einzunehmen. Mit Soldaten bemannte Kähne fuhren donauabwärts, Gronsfeld befehligte die Avantgarde von zweihundert Musketieren. Aber der Sturm mißglückte; Graf Dampierre, der neben Gronsfeld, eine Hellebarde in der Hand, bis an das Festungstor vorgedrungen war, empfing einen tödlichen Pistolenschuß, „...darauff er alsobald auffs Angesicht niederfihl und ohn einiges wortsprechen tod blieben". Während Gronsfeld sich noch um seine Leiche bemühte, fiel der Feind aus, schlug den Sturmtrupp zurück und schleppte Dampierre in die Festung. Der abgetrennte Kopf des Generals wurde unter Siegesgeschrei auf der Mauer aufgepflanzt, Gronsfeld selbst erhielt drei Schüsse durch seine Rundtartsche, zwei durch den Federbusch und einen Streifschuß an der

Backe. In wilder Verwirrung flohen seine Leute in den Kähnen über die Donau zurück, glücklicherweise unverfolgt von der Preßburger Besatzung. Diese aufregenden Stunden hat Gronsfeld später anschaulich in seinen Erinnerungen geschildert.

In den folgenden Jahren ist Gronsfeld als Kompanieführer an allen größeren kriegerischen Aktionen der Armee des Grafen Tilly beteiligt. Er nahm an den Kämpfen gegen den Grafen Ernst von Mansfeld teil und zeichnete sich in der Schlacht bei Stadtlohn gegen den „tollen Christian" von Braunschweig (3. August 1623) so aus, daß ihn Tilly mit der Siegeskunde zum Kurfürsten Maximilian nach München schickte. Dort erhielt er zur Belohnung eine goldene Kette und wurde im Jahre 1624 zum Obristlieutenant ernannt. Im dänisch-niedersächsischen Krieg kommandierte er 1500 Musketiere und vertrat den abwesenden Kommandeur des Fußregiments Herliberg. Auch als diplomatischer Unterhändler – er sprach fließend französisch – bewährte er sich. Auf dem Kreistag zu Braunschweig versuchte er im Auftrag seines Generals die niedersächsischen Stände vom Bündnis mit dem König von Dänemark abzubringen (Mai–August 1625). Als dies vergeblich blieb, mußten die Waffen entscheiden. Die Schlacht bei Lutter am Barenberge wurde zum Ruhmestag Gronsfelds.

Als sich am 27. August 1626, gegen 12 Uhr mittags, die Armee Tillys gegen die dänische Schlachtordnung in Bewegung setzte, führte Graf Gronsfeld die Vorhut. Das Schlachtfeld wurde durch ein Bächlein – die Hummecke – „recht über-zwerg mitten durch geteilt". Tilly gab Gronsfeld Ordre, mit seinem Regiment den Bach zu überschreiten. Er kam glücklich hinüber, ihm folgten ein weiteres Infanterieregiment und zwei Reiterregimenter. In diesem Moment rückten die Dänen mit ganzer Macht heran und trieben die Kavallerie zurück, die ihrerseits das Fußvolk in Verwirrung brachte. Hinter Gronsfeld auf dem linken Flügel kamen die Dänen so weit über den Bach, daß sie Tillys Artillerie „mit den Händen angegriffen". Gronsfelds Truppe allein hielt unerschüttert stand, obwohl sie von Reiterei und Fußsoldaten bedrängt wurde, und wich keinen Fußbreit, wie ihr Kommandeur sich rühmt. „Welches dan verursachet, daß Hochwolgedachter General die andern auf mein exempel gewiesen, die außreissende Reuter widerum zum stande gebracht, und das Treffen so tapfer erneuert, daß endlich der Feind zu weichen angefangen und uns das Feld cedirt." 30 dänische Kompanien mit vielen hohen Offizieren zogen sich zum Schloß Lutter zurück, ergaben sich aber auf Gnade und Ungnade; der neben dem König Christian IV. befehligende ehemalige kaiserliche Generalfeldzeugmeister Fuchs von Bimbach fiel. Mit diesem Sieg brach die dänische Machtstellung in Nordwestdeutschland völlig zusammen.

Nach der Schlacht ließ Tilly die Obristen der Armee zusammenrufen und bedankte sich „in genere" gegen alle, die sich wohl verhalten hätten; „in specie" aber setzte er Gronsfeld seinen eigenen Hut auf mit den Worten: „Du bist ein Graf und hast getan wie ein Graf! Ein Generalshut wird dir nicht übel anstehen!" Er wandte sich zu den übrigen Offizieren und sagte, es solle sie nicht verdrießen: „Dieser Kavalier ist nächst Gott Ursache unserer Victori!" Darauf traten alle der Reihe nach auf Gronsfeld zu und wünschten ihm zu solch ansehnlichem Lob Glück. Wie damals nach Stadtlohn wurde er auch jetzt mit der Siegesbotschaft zum bayerischen Kurfürsten gesandt; wieder bekam er eine goldene Kette zum Lohn. Maximilian ernannte ihn zum Obristen, „jedoch bis ein Regiment ledig wird, nur mit Kammerherrenschlüssel und Obristentitel samt etlich untergebenen Kompanien". Im nächsten Jahr erhielt er das von ihm bei Lutter geführte Infanterieregiment als Inhaber.

Im Winter 1627/28 leitete Gronsfeld die Belagerung der Festung Stade, wohin sich der englische General Charles Morgan mit vier Regimentern gerettet hatte. Nach Tillys Ankunft ergab sich Stade am 7. Mai 1628; damit fiel der letzte westlich der Elbe noch in dänischer Hand befindliche feste Platz. Die Ermattung Dänemarks führte zum Frieden von Lübeck (22. Mai 1629), wobei Gronsfeld an den vorbereitenden Verhandlungen teilnahm und neben dem kaiserlichen General Aldringen seinen Namen unter den Vertrag setzen konnte. Norddeutschland lag Ferdinand II. zu Füßen.

Mit der Ankunft des Schwedenkönigs Gustav Adolf, der am 6. Juli 1630 mit etwa 12000 Mann auf der Insel Usedom im Oderdelta landete, nahm der Krieg seine große Wendung. Die Stadt Magdeburg erhob sich gegen den Kaiser und mußte durch Ligatruppen unter Pappenheim belagert werden. Gronsfelds Infanterieregiment nahm am entscheidenden Sturm auf die Stadt teil (20. Mai 1631), er selbst weilte jedoch an der Weser als Kommandant der Besatzungstruppen im Erzstift Bremen. Als Tilly mit seiner Armee in Sachsen einbrach, erhielt Gronsfeld Befehl, die Armeeabteilung des Grafen Fugger zu übernehmen, die um Hersfeld lagerte, und sie der Hauptarmee zuzuführen. Er verband sich bei Eisenach mit den Kaiserlichen unter Aldringen, der seine Regimenter aus Italien herangeführt hatte. Als beide Generale – inzwischen war Gronsfeld Generalwachtmeister geworden – aber in Thüringen anlangten, erfuhren sie, daß der bisher immer siegreiche Tilly bei Breitenfeld durch die Schweden eine vernichtende Niederlage erlitten habe (17. September 1631). Der verwundete Feldherr wies Gronsfeld an, zur Weser zurückzukehren.

Im Januar 1632 erschien in Wolfenbüttel, wo damals Gronsfeld sein Hauptquartier genommen hatte, der Feldmarschall Graf Pappenheim, um auf Anordnung des bayerischen Kurfürsten das Oberkommando des Ligaheeres in Nordwestdeutschland anzutreten. Gronsfeld wurde ihm unterstellt. Auf den nur vier Jahre älteren Pappenheim, dem viele die Schuld an der Niederlage bei Breitenfeld gaben, war Gronsfeld nicht gut zu sprechen. Er gehorchte ihm nur widerwillig, da er sich zurückgesetzt fühlte und von Pappenheims militärischen Fähigkeiten – zu Unrecht allerdings – keine hohe Meinung hatte. Als er seine Erinnerungen aufzeichnete, empörte ihn, daß man alle Erfolge, die im

Jahre 1632 auf dem Kriegsschauplatz zwischen Rhein und Weser errungen wurden, allein Pappenheim zuschrieb. Er meinte, wenn man ihm die Mittel zur Verfügung gestellt hätte, die jener empfing, hätte auch er leicht in kurzer Zeit eine neue Armee auf die Beine gebracht. Der Feldmarschall habe „närrischer bestialischer weise" ganze Provinzen dem Feind überlassen und alle Garnisonen an sich gezogen. Als Vertreter einer defensiven Strategie hatte Gronsfeld wenig Verständnis für die ruhelosen Streifzüge des Reiterführers Pappenheim, die von Stade und Bremen bis Kassel, von Hildesheim bis Maastricht gingen. Seiner Kritik hat er in Schreiben an den kaiserlichen Generalissimus Wallenstein, der nach Tillys Tod die Oberleitung aller kaiserlich-ligistischen Truppen übernommen hatte, mehrfach offen Ausdruck gegeben.

Dennoch hatte Gronsfeld als Pappenheims Stellvertreter und Führer der Fußtruppen Anteil an dessen Erfolgen. Er brachte den Hessen am 17. Juni 1632 bei Volkmarsen eine empfindliche Niederlage bei. Als Pappenheim im August 1632 seinen berühmten Zug in die Niederlande unternahm und das verschanzte Lager der Holländer vor dem belagerten Maastricht vergeblich berannte, blieb Gronsfeld mit dem Hauptteil der Infanterie an der Weser zurück, um die vereinigten Armeen der Hessen, Lüneburger und Schweden zu beunruhigen. Kurfürst Maximilian übersandte ihm am 10. September das Patent als Generalfeldzeugmeister der Liga. Ein schneller Aufstieg – war doch Gronsfeld noch keine vierunddreißig Jahre alt! Er galt als hervorragend tapferer Soldat; bei seinen Untergebenen wußte er sich durchzusetzen und hielt gute Zucht. Die Klagen wegen Brutalität und Habgier, die gegen viele Generale laut wurden, verstummten vor seiner Person; er war einer der wenigen menschlichen Heerführer jener Epoche. Als Pappenheim zum Heer Wallensteins stieß und in der blutigen Schlacht bei Lützen fiel, wurde Gronsfeld sein Nachfolger im Kommando.

II.

Gronsfeld übernahm keine leichte Aufgabe, da sich im Frühjahr 1633 das Übergewicht der Schweden und ihrer Alliierten auch in Nordwestdeutschland stark bemerkbar machte. Der Reichskanzler Axel Oxenstierna, nach dem Tod des Schwedenkönigs das Haupt der Protestanten, beabsichtigte, die Territorien des Kölner Kurfürsten Ferdinand zu besetzen und Gronsfelds Verbindung mit dem kaiserlichen General Graf Merode, der am Rhein neue Truppen sammelte, abzuschneiden. Sein Kriegsplan sah vor, Gronsfelds Armee, die sich auf die Festungen Wolfenbüttel, Hildesheim, Hameln, Minden und Nienburg stützte, einzukesseln und durch überlegene Kräfte zu vernichten. Dem mit Schweden verbündeten Herzog Georg von Braunschweig-Lüneburg wurde ein schwedisches Korps unter dem Feldmarschall Dodo von Knyphausen, einem ehemaligen Unterführer des „tollen Christian", unterstellt; hinzu traten hessische Hilfsvölker. Beide Heerführer traten mit etwa 14000–16000 Mann den

Vormarsch nach Westen an. Da indes Herzog Georg nur so weit als schwedischer General handelte, wie dies nicht gegen sein und des Welfenhauses Interesse verstieß, sah er davon ab, die Direktiven des Kanzlers zu beobachten, die auf Gewinnung der Rheinlinie abzielten, sondern begann mit der Belagerung von Hameln, wo sich ein großes Magazin befand.

Wallenstein hatte nach der Lützener Schlacht zur Unterstützung Gronsfelds den Kürassierobristen Lothar Dietrich von Bönninghausen an die Weser entsandt. Dieser verwegene Reiterführer brachte in kurzer Zeit auf eigene Kosten mehrere Kavallerieregimenter zusammen, deren Vorhandensein sich bald günstig auswirkte. Gleichwohl war die Lage der kaiserlich-ligistischen Armee kritisch. Gronsfeld rief die Hilfe der rheinischen Kurfürsten an und verlangte von der Stadt Köln die Lieferung von Kriegsgerät. Zur Befriedigung seiner über Soldrückstände murrenden Truppen erhob er in den Hochstiften Münster und Osnabrück Kontributionen und scheute sich auch nicht, im April 1633 über 11 000 Taler zu beschlagnahmen, die dem bei Lützen gefallenen Obristen Johann Rudolf von Palant gehörten und in einem Mindener Kloster deponiert waren; die Witwe verwies er an den Kölner Kurfürsten. Gronsfeld konnte am 6. Mai 200 Dragoner in das belagerte Hameln werfen, dessen Kommandant sich energisch verteidigte. Seine Versuche, den Pfalzgrafen Wolfgang Wilhelm, Herzog von Jülich-Berg, angesichts der drohenden Gefahren zur Aufgabe seiner Neutralität zu veranlassen, blieben erfolglos. Im Juni 1633 erteilte er Bönninghausen Ordre, die Verbindung zum Grafen Merode herzustellen und mit diesem beschleunigt heranzurücken. Der von Herzog Georg ausgesandte Knyphausen suchte zusammen mit dem hessischen Generalleutnant Melander diese Vereinigung zu verhindern, doch befanden sich die Kaiserlichen in so starker Stellung, daß beide von einem Angriff absahen. Gronsfeld, der die Garnisonen von Osnabrück, Minden und Nienburg aufgeboten hatte, konnte sich am 6. Juli mit Merode und Bönninghausen verbinden und schlug vor, unverzüglich Hameln zu entsetzen.

Bei (Hessisch-) Oldendorf in der Grafschaft Schaumburg kam es zur Entscheidungsschlacht. Die kaiserlich-ligistische Armee fand in der Frühe des 8. Juli 1633 den Weg durch den Feind verlegt, der das Belagerungskorps von Hameln größtenteils an sich gezogen hatte. Herzog Georg, Knyphausen und Melander hatten eine sehr geschickt gewählte Stellung inne; hinter einem tief eingeschnittenen Bachlauf stand das Fußvolk in Schlachtordnung, in der Front unangreifbar, während der rechte Flügel durch Waldungen, der linke durch sumpfigen Wiesengrund gedeckt war. Diese Geländeverhältnisse machten es Gronsfeld unmöglich, die damals schlachtentscheidende Reiterei wie üblich zur Einleitung des Kampfes gegen eine der Flanken anreiten zu lassen. Zu spät erkannte er, daß er in eine Falle gegangen war; Merode und Bönninghausen rieten ihm von einer angesichts des Feindes kaum tunlichen Kehrtwendung ab. Die Mehrzahl der Obristen forderte sofortigen Angriff; Gronsfeld, der nichts mehr als den Vorwurf der Feigheit fürchtete, fügte sich schließlich. Eine vorgeschobene Stellung des Gegners am „Oldendorfer Knick" verhinderte jedes weitere Vorrücken des Fußvolks, während Kanonenkugeln in die dichtgedrängten Reihen einschlugen. Als Gronsfeld den Obristen Freiherrn von Merode, einen Verwandten des kaiserlichen Generals, zur Attacke auffordern ließ, verweigerte dieser den Gehorsam und äußerte, ebensogut könne man ihm befehlen, mit dem Kopf gegen eine Mauer zu laufen.

Mittags um 12 Uhr griff Knyphausen mit der schwedischen Kavallerie an. Zwar wurden seine ersten Regimenter zurückgetrieben, aber als die Hauptmasse seiner Kürassiere und Dragoner auf die kaiserliche Reiterei eindrang, wurde diese geworfen. Gronsfeld und Bönninghausen brachten noch einmal vierzig Standarten in Front zum Feinde, doch hielten ihre Reiter den Anritt der Schweden nicht aus; sie ließen die Infanterie im Stich, gegen die nun der Flügel Melanders zum Angriff vorging. Es entstand eine Panik, die Fahnen gingen verloren, Graf Merode wurde tödlich verwundet, in wilder Verwirrung wandten sich die kaiserlich-ligistischen Truppen zur Flucht. Die Reiterei Bönninghausens kam erst in der Nähe von Minden zum Stehen, Gronsfelds gesamte Artillerie und Bagage wurde eine Beute des Gegners. Gegen 6000 Tote und Verwundete bedeckten die Walstatt, etwa 1700–1800 Mann wurden gefangengenommen. Der Oberbefehlshaber selbst entrann „kümmerlich zu Fuß, weil mein Pferd nur zum Hin- und Herreiten, und nicht zum Ausreißen qualifiziert", wie er Wallenstein schrieb. Die belagerte Festung Hameln ergab sich am 18. Juli, als jeglicher Entsatz aussichtslos schien, gegen freien Abzug der Besatzung.

Gronsfeld begab sich mit etwa 1000 Mann, die er hatte sammeln können, zuerst nach Minden, dann in die Festung Nienburg an der Weser, wo er am 17. Juli ein Zeugenverhör über die verweigerte Attacke des Obristen von Merode vornehmen ließ, den er für die Niederlage verantwortlich machte. Dieser, der harte Bestrafung durch Wallenstein fürchtete, war nach der Schlacht zum Feinde übergegangen. Gronsfeld sah – nicht ganz mit Unrecht – die Ursache des Verlustes der Schlacht in dem stürmischen Drängen des Grafen Merode, Hameln unter allen Umständen zu entsetzen, ohne auf die Geländebeschaffenheit und die Stärke des Gegners Rücksicht zu nehmen. Bönninghausen hatte als Führer der Aufklärungsreiterei versagt, doch haftete an dem Oberbefehlshaber fortan der Makel der Niederlage. Die rheinischen Kurfürsten entzogen ihm ihre Gunst und betrieben bei Wallenstein seine Absetzung. Es war ein Glück für die katholische Partei, daß die Meinungsverschiedenheiten der Sieger die Ausnutzung ihres Erfolges verhinderten. Herzog Georg und Knyphausen trennten sich in Unfrieden; während Georg sich gegen Pyrmont wandte, rückte Knyphausen auf Osnabrück. Landgraf Wilhelm rief seine Truppen ins Münsterland, wo sich Bönninghausen durch neue Werbungen stärkte. Die kaiserliche Reiterei war imstande, dem Feind

ET DIVITES DIMISIT INANES

IVSTVS MAXIMILIANVS
Com. à Bronckhorst, in Gronsfeldt, et Eberstein, S.C.M. Cam. et Maresch. Gen.lis et Colon.ellus

Elias Widemann ad vivum delin. et sculp. Viennæ 1651

Jost Maximilian Graf Gronsfeld-Bronckhorst
Stich von Elias Wiedemann, Wien 1651
Aufnahme Bildarchiv der Österreichischen Nationalbibliothek

weiter Abbruch zu tun, während das Fußvolk für den Kampf im offenen Feld zu schwach geworden war.
Gronsfeld weilte tatenlos in Nienburg und zog sich zum Jahresende 1633 nach Köln zurück. Kurfürst Maximilian von Bayern hatte den Feind in seinen Stammlanden und konnte ihm weder Sold noch Truppen zur Verfügung stellen. Sein Bruder Ferdinand von Köln schlug dem kaiserlichen Generalissimus Wallenstein vor, er möge den Grafen Philipp Mansfeld zum „General-Capo an der Weser" ernennen. Von Gronsfeld war keine Rede mehr. Am 13. Januar 1634 bat er, Wallenstein möge ihm Nachricht geben „ob Sie zu einigen Dero Diensten mich capable befinden oder erkennen". Die Absetzung und Ermordung des Feldherrn in der Nacht zum 26. Februar ließ es nicht mehr zu einer Beantwortung dieses Schreibens kommen.
Für den kaiserlichen Dienst hatte Graf Gronsfeld 1632 ein Arkebusierregiment errichtet; mit dieser Truppe begab er sich nach der Schlacht bei Nördlingen (6. September 1634) zur Hauptarmee, deren Oberkommando des Kaisers Sohn Ferdinand von Ungarn übernommen hatte. Am 7. September 1635 erneuerte Kurfürst Maximilian von Bayern Gronsfelds Patent als Generalfeldzeugmeister und übertrug ihm die Führung des bayerischen Korps, das sich in Stärke von 6500 Mann mit der Armee des Generalleutnants Graf Gallas vereinigte. Doch Gallas, der „Heerverderber", hatte kein Glück, als er in Lothringen eindrang und den weichenden französisch-deutschen Truppen des Herzogs Bernhard von Weimar folgte. Seine Armee ging am Hungertyphus zugrunde, während ihr Oberbefehlshaber üppige Gelage hielt. Proviantmangel und Krankheiten dezimierten auch die bayerischen Regimenter, die üble Ausschreitungen begingen, denen Gronsfeld mißvergnügt zusehen mußte. Streitigkeiten mit der kaiserlichen Generalität verleideten ihm seine Stellung. Nach dem Scheitern des Feldzugs erbat er den Abschied und wurde am 13. Juni 1636 seiner Kriegsdienste entlassen. Seine militärische Laufbahn schien abgeschlossen.

III.

Gronsfeld ließ sich als Privatmann in Köln nieder. Hier verliebte er sich in die schöne Anna Christina Hardenrath, die Tochter des verstorbenen Bürgermeisters Johann Hardenrath, der wegen seiner Tüchtigkeit in der städtischen Verwaltung und seiner Unbestechlichkeit allen nachfolgenden Bürgermeistern als Muster der Nachahmung vorgehalten zu werden pflegte. Am 14. März 1639 wurde die Ehe in aller Stille geschlossen; am 30. Juli wurde die erste Tochter Anna Justina Gertrud getauft. Der glücklichen Ehe entsprossen sieben Kinder. Das Paar wohnte in Hardenraths Haus auf der Sternengasse, das nach dem General fortan „Gronsfelder Hof" benannt wurde. Es verdient bemerkt zu werden, daß die aus Frankreich vertriebene Königinmutter Maria von Medici bei Gronsfelds im November 1641 geborenem Töchterlein Maria Patenstelle versah und im Gronsfelder Hof am 3. Juli 1642 starb. Der verabschiedete General verfolgte aufmerksam die Kriegshändel, bewirtete an seiner Tafel durchreisende Kavaliere und Diplomaten und errang sich in der Reichsstadt eine geachtete Position. Bei der Lektüre der Geschichte des Krieges, die der aus Emmerich gebürtige Bibliothekar Eberhard Wassenberg verfaßt hatte, schrieb er eigene Erlebnisse, Verbesserungen und Ergänzungen des Buches nieder, die später ein geschäftstüchtiger Verleger in eine Neuauflage des damals vielgelesenen Werkes aufnahm. Gronsfelds soldatisch knappe Korrekturen vermitteln einen guten Einblick in das damalige Kriegswesen; eine fortlaufende Schilderung lag nicht in seiner Absicht, so daß den Notizen Fragmentarisches anhaftet. Seine Bemerkungen reichen nur bis zur Übernahme des Kommandos an der Weser durch den Grafen Pappenheim, umfassen also den Zeitraum von 1620 bis 1632. Über die unglückliche Schlacht von Hessisch-Oldendorf und die operativen Bewegungen, die ihr vorausgingen, hat sich Gronsfeld leider nicht mehr geäußert.

Die finanzielle Lage des Grafen war wechselnd. Im Kriege hatte er ungeheure Summen verausgabt, die nur zum Teil durch die Ligakasse ersetzt wurden. Antonetta Maria von Wylich-Winnenthal, die Witwe des Obristen von Palant, dessen Nachlaß er 1633 in Minden angegriffen hatte, verlangte Ersatz der 11 619 Taler, nachdem sie sich mit dem Generalwachtmeister von Bönninghausen in zweiter Ehe vermählt hatte; nach ihrem Tode führten ihr Bruder Dietrich Karl von Wylich und ihr Schwager Carsilius von Palant den Prozeß weiter. Plündernde Söldnerscharen zogen auch Gronsfelds Besitzungen in Mitleidenschaft; in der Rimburg lag eine spanische Besatzung, die im Lande Herzogenrath bedeutenden Schaden anrichtete und die umliegenden Waldungen rücksichtslos abholzte. Gronsfeld entschloß sich, die Herrschaft zu verkaufen. Am 22. Juni 1640 ging Rimburg mit allen zugehörigen Ländereien und Gerechtsamen für 90 000 Taler an den kaiserlichen Generalkriegskommissar und Reichshofrat Arnold Freiherrn von Boymer über. Freilich entspann sich bald zwischen An- und Verkäufer über die termingemäße Zahlung ein Rechtsstreit, welcher vor dem Rat von Brabant mehr als hundertvierzig Jahre anhängig blieb. Es gab unerquickliche Streitigkeiten zwischen den gräflichen Geschwistern Gronsfeld, von denen die Schwestern Gertrud und Felicitas unvermählt waren, während ihr Bruder Otto Wilhelm eine Bürgerliche ohne Vermögen, Sibylla Oelers, geehelicht hatte. Am 25. April 1641 wurde ein Teilungsvertrag abgeschlossen, doch brach in der Folge Jost Maximilian die Beziehungen zu seinem Bruder Otto Wilhelm gänzlich ab. Dieser starb 1651 fast mittellos, nachdem er sein Vermögen verschwendet hatte, und Gertrud und Felicitas führten einen erbitterten Prozeß gegen seine Witwe. Schloß Gronsfeld wurde 1643 von den Hessen besetzt und geplündert, jedoch durch kölnische Truppen und Aachener Bürger zurückerobert. Nach Übergabe des Schlosses wurden alle hessischen Söldner erbarmungslos umgebracht.

IV.

Gronsfelds Beziehungen zum Münchener Hof waren auch nach seiner Entlassung nicht abgerissen, sowenig er zunächst gewillt war, sich wieder in Kriegsdienste zu begeben. Nach dem Tode des einarmigen Feldmarschalls Graf Wahl (1644) bot ihm jedoch der Kurfürst das Generalkommando in der Oberpfalz an, das Gronsfeld nach längeren Verhandlungen annahm. Am 15. März 1645 erhielt er seinen alten Rang als bayerischer Generalfeldzeugmeister zurück und wurde zum Gouverneur von Ingolstadt ernannt. So war er wieder in das Kriegsgetümmel zurückgekehrt, ohne freilich zunächst als Heerführer verwendet zu werden. Bald wurde das seit 1634 vom Kriege verschonte Bayern Kriegsschauplatz. Im Herbst 1646 brach eine starke französisch-schwedische Armee unter Turenne und Wrangel in das Land ein; das kaiserlich-bayerische Heer unter Erzherzog Leopold Wilhelm und Feldmarschall Graf Geleen war zu schwach, überdies mit Kriegsmaterial und Lebensmitteln zu unzulänglich versehen, um wirksamen Widerstand leisten zu können. Notgedrungen leitete Kurfürst Maximilian in Ulm Waffenstillstandsverhandlungen ein und ließ den Kaiser in Stich, der damit fast gänzlich isoliert war. Bayern wurde vom Feinde geräumt. Gronsfeld, der wegen seiner Unbestechlichkeit das volle Vertrauen seines Kurfürsten genoß, wurde am 3. Mai 1647 zusammen mit dem Geheimen Rat Krebs nach Paris geschickt, um dort über eine mögliche Allianz mit Frankreich zu verhandeln. Ihn empfahl seine Sprachgewandtheit im Französischen – in deutschen Heeren eine so seltene Kenntnis, daß nach der Oldendorfer Schlacht niemand in der Armee Herzog Georgs Gronsfelds erbeutete Papiere zu lesen verstand als Gustav Adolfs natürlicher Sohn Gustav Gustavsson! Am französischen Hofe wurden die Abgesandten ehrenvoll aufgenommen; der Graf erhielt Audienz bei der Königin Anna und beim Kardinal Mazarin, dem Lenker der französischen Politik, und wurde durch Geschenke geehrt. Doch die Entwicklung der politischen Lage machte schon im Juli seine Rückberufung notwendig.

Kaiser Ferdinand III. hatte versucht, sich des bayerischen Heeres, das sowohl auf ihn wie auf den Kurfürsten einen Eid abgelegt hatte, zu versichern. Es war ihm gelungen, den General der Kavallerie Johann von Werth und den Generalwachtmeister von Sporck zu gewinnen, die den Versuch unternahmen, die bayerischen Regimenter der in Böhmen stehenden kaiserlichen Armee zuzuführen. Gegenbefehle Maximilians, der in letzter Stunde gewarnt worden war, durchkreuzten ihre Pläne. Die Truppen erklärten sich für den Kurfürsten. Werth und Sporck wurden geächtet und entflohen am 9. Juli ins kaiserliche Lager. Da der bisherige Oberbefehlshaber der Bayern, Graf Geleen, nach Abschluß des Waffenstillstands das Kommando niedergelegt hatte, vertraute der Kurfürst dem aus Frankreich zurückgekehrten Grafen von Gronsfeld unter gleichzeitiger Beförderung zum Feldmarschall den Oberbefehl an. Jost Maximilian sah sich am Ziel seines Ehrgeizes und an der Spitze einer kriegsgeübten Armee von 15000 Mann.

Als die Schweden durch Einmarsch in das Kölner Erzbistum die Bestimmungen des Waffenstillstandsvertrages verletzten und von Münster aus die katholischen Fürsten einen dringenden Appell an das frühere Oberhaupt der Liga richteten, entschloß sich Kurfürst Maximilian wiederum zur Unterstützung des Kaisers. Im Vertrag von Passau (2. September 1647) verpflichtete er sich, die bayerische Armee mit der kaiserlichen zu vereinigen, bedang sich jedoch die Fortdauer der Neutralität mit Frankreich aus. Anfang Oktober führte Graf Gronsfeld 10000 Mann mit 30 Geschützen nach Böhmen, wo inzwischen der ehemalige hessische Generalleutnant Peter Melander, der nach dem Tode des Grafen Gallas im Mai 1647 zum kaiserlichen Generalissimus ernannt worden war, eine schlagkräftige Armee aufgestellt hatte. In ihm begegnete Gronsfeld einem der Feldherren, die ihn 1633 bei Oldendorf besiegt hatten; bei seinem empfindlichen Ehrgefühl schuf dies sofort Spannungen. Der finstere und herrische Melander, der bei den höheren Offizieren wenig beliebt war, verstand es nicht, zu Gronsfeld ein gutes Verhältnis zu finden; jener tat keinen Schritt des Entgegenkommens. So mußte die Einheitlichkeit der Operationen notwendigerweise leiden. Unter unheilvollen Voraussetzungen begann der letzte Feldzug der vereinigten kaiserlichen und bayerischen Waffen.

Zunächst ließ sich alles gut an. Der Schwede Wrangel mußte seine Pläne auf die kaiserlichen Erblande aufgeben und verlor alle Früchte der bisherigen Siege. Melander und Gronsfeld folgten ihm auf dem Fuße durch Thüringen und drangen am 2. November über die Werra in Hessen ein. Um die schwedischen Angelegenheiten in Deutschland stand es schlimmer als je seit Gustav Adolfs Tod; Wrangel, nach Westfalen zurückgedrängt, schwebte in Furcht, nach Pommern ausweichen zu müssen, zog seinen General Wittenberg aus Schlesien an sich, das so vom Feinde befreit wurde, und bat dringend um französische Hilfe. Aber das Verhältnis zwischen dem kaiserlichen und dem bayerischen Befehlshaber verschlechterte sich, je mehr Melander zum Angriff auf die Schweden drängte. Gronsfeld, dessen Heer das stärkere und geübtere war, hatte geheime Instruktionen. Sein Kurfürst hatte ihm verboten, über die Weser hinaus die Schweden zu verfolgen, da die Franzosen gedroht hatten, in diesem Fall werde Turenne erbarmungslos in Bayern einfallen. Meinungsverschiedenheiten über taktische und strategische Fragen kamen hinzu; ein Schreiben Gronsfelds aus Wolfhagen vom 25. November 1647 an Maximilian lobte auf der einen Seite den kaiserlichen Feldmarschall als tapferen, eifrigen und wachsamen Soldaten, klagte aber andererseits über dessen Eigensinn, Ungeduld und hochfahrendes Wesen; „kein Mensch könne sich nach seinem Kommando richten, da er selbst fast nimmer wisse, was zu tun sei; ob man zwar bisweilen Kriegsrat halte und etwas beschlösse, bleibe es doch nicht dabei, sondern Melander ändere Marsch und Vorhaben nach seinem Belieben".

Schließlich verweigerte Gronsfeld jeden weiteren Vormarsch und entzog sich dem kaiserlichen Oberbefehl, indem er zum mittleren Main zurückmarschierte, um Bayern gegen den drohenden Angriff Turennes zu schützen. Melander blieb in Hessen, war jedoch jetzt nicht mehr in der Lage, die Schweden in Westfalen anzugreifen. Bei der Belagerung des Marburger Schlosses wurde er am 28. Dezember schwer verwundet. Seine Truppen, denen keine Winterquartiere vergönnt waren, hatten sich durch Desertion und Proviantmangel vermindert, während Wrangel seine entmutigten und teilweise unberittenen Söldner in Niedersachsen reorganisieren konnte. Allein die Lande der braunschweigischen Herzöge hatten 11 000 Pferde aufbringen müssen. Als die Schweden um Neujahr 1648 bei Minden über die Weser gingen, mußte Melander, der in Fulda Genesung gesucht hatte, sein Heer an die Saale zurückführen.

Im Februar 1648 vereinigten sich erneut Bayern und Kaiserliche, um gemeinsam die bayerischen Grenzen zu decken. Wrangel stand am 9. März schon bei Ochsenfurt und erzwang vom Bischof von Bamberg die Herausgabe der schweren Geschütze, die Melander auf seinem Rückmarsch aus Mangel an Bespannung hatte zurücklassen müssen. Mit einer neuen französischen Armee nahte der Marschall Turenne, der am Jahresende den Waffenstillstand mit Bayern aufgekündigt hatte. Schweden und Franzosen verbanden sich am 23. März bei Ansbach. Hatten die Bayern in Hessen ihre Mitwirkung verweigert, so erhielt nun Melander in Bayern Geheimbefehle des Kaisers, die einer Entscheidungsschlacht widerrieten, um die kostbaren Truppen zu schonen. Aber auch ohne Schlacht verschlechterte sich der Zustand des kaiserlichen Heeres zusehends, so daß ein Aufhalten des feindlichen Vormarsches kaum möglich schien. Aus Tierhaupten am Lech schrieb Graf Gronsfeld am 31. März 1648 seinem kurfürstlichen Herrn jenen denkwürdigen Brief, in dem er erklärte, daß sich in beiden Armeen – der bayerischen und der kaiserlichen – sicherlich über 180 000 Seelen befänden, welche, es seien gleich Jungen, Troßknechte, Weiber und Kinder, doch alle wie die Soldaten leben müßten. Man gebe aber nur für 40 000 Mann Proviant her, und zwar nur so viel, daß jeder auf vierundzwanzig Stunden zu leben habe; wie nun die übrigen 140 000 Menschen sich ernähren könnten, wenn sie nicht hin und wieder „ein Stück Brot" suchten, sei gegen seinen Verstand. Wenn zuzeiten der Soldat ein wenig Geld habe, so sei doch kein Ort vorhanden, wo er etwas kaufen könne. Er sage das nicht, um die mitunter vorkommenden Räubereien und Gewalttätigkeiten zu billigen, sondern allein zur Nachricht, daß nicht alles aus Mutwillen, sondern von vielen aus lauter Hunger geschehe. Es sei kein General in der Welt, der ein solches Heer so beisammenhalten könne, daß nicht leichtfertige Gesellen das Plünderungsverbot überträten, wie der Kurfürst im Anfang des Krieges, als die Armada noch alle Monate richtig bezahlt worden sei, selbst gesehen. Was Graf Tilly für Mühe und Arbeit gehabt habe, die Zucht zu erhalten, indem er alle Jahr „dergleichen Exorbitanzien halber" nicht nur einen, sondern wohl zweihundert habe aufknüpfen lassen, das sei denen bekannt, die unter seinem Kommando die Waffen getragen!

So war im Jahre 1648 der Troß des Heeres dreieinhalbmal so stark wie die Zahl der Kämpfenden. Diese Zahlen sprechen deutlicher als alle Ausführungen und zeigen, welch grauenhafte Masse von Elend sich um die Fahnen zusammengeballt hatte. Ein Infanterieregiment von 3000 Mann hatte mindestens 600 Wagen, und jeder Wagen war zum Brechen voll mit Weibern, Kindern, Dirnen, Troßbuben und geplündertem Gut. Eine solche Menge war in der Tat nicht zu bändigen. Beim Anmarsch des Feindes flüchtete zudem das bayerische Landvolk scharenweise zum Heere, um mit ihm zu leben. Befehle vom grünen Tisch nutzten nichts; oft genug wird Gronsfeld sein undankbares Feldherrnamt verwünscht haben. Vor dem anrückenden schwedisch-französischen Heer gingen Melander und Gronsfeld am 13. Mai über die Donau zurück und wandten sich auf Augsburg. Sie sahen sich am Morgen des 17. Mai von schwedischer Kavallerie gestellt, und bei Zusmarshausen kam es zum Gefecht, in dem Melander sein Ende fand. Er suchte die weichende Nachhut zum Stehen zu bringen und warf sich mit dem Degen in der Faust ins Getümmel, bis ihn zwei Schüsse zu Boden streckten; wenige Stunden später starb er in Augsburg, wohin ihn sein Gefolge gerettet hatte. Opferwillig deckte der Reiterführer Graf Raimondo Montecuccoli – der spätere berühmte Heerführer – mit der Kavallerie den Rückzug auf das Gros, das sich unter Gronsfelds Befehl an dem Flüßchen Schmutter aufgestellt hatte, um das Vordringen des Feindes aufzuhalten. Wrangel erschien an der Spitze seiner gesamten Reiterei und gab sofort das Zeichen zum Angriff. Vergebens suchte die schwedische Reiterei den Flußübergang zu erzwingen; sie wurde von der bayerischen Infanterie, die sich an den seichten Uferstellen dicht gedrängt zusammengeschart hatte, durch Musketenfeuer zurückgetrieben. Wrangel ließ seine Geschütze auffahren, doch behaupteten sich die Bayern standhaft gegen die verheerende Wut von dreißig Feuerschlünden, bis die einbrechende Nacht dem Blutvergießen ein Ende setzte. Im Schutz der Dunkelheit zogen sich die kaiserlich-bayerischen Truppen unter die Mauern Augsburgs zurück, wo der Stadtkommandant Obrist Adrian Wilhelm von Virmond Soldaten und Bürger auf die Wälle entboten hatte. Das Gefecht hatte sie gegen 2000 Tote und Verwundete sowie 800 Gefangene gekostet; schlimmer war, daß sich die Kaiserlichen, ohne bestätigten Oberbefehlshaber, großenteils verliefen.

Für die Verteidigung des Lechs konnte Gronsfeld fast nur auf seine Bayern zählen, von denen ein Viertel als Besatzung der festen Plätze abgestellt werden mußte. Mit Montecuccolis Reitern verfügte er über 7000 Berittene und 7500 Mann zu Fuß, während Turenne und Wrangel 18000 Reiter und 11000 Fußsoldaten kommandierten. Dennoch versuchte Gronsfeld den Fluß zu behaupten und leistete dem überlegenen Gegner vom 22. bis zum 26. Mai überall Widerstand. Seine Not schilderte ein Schreiben an den Kurfürsten vom 24. Mai, in dem er ausführte, er müsse mit wenigem Volk auf achtzehn Meilen weit den Strom hüten, den man an tausend Stellen durchwaten könne. Es sei ein Mirakel, daß der Feind nicht schon diesseits des Lechs stehe, weil er nicht überall Truppen zusammenbringen könne, um ihm zu begegnen. Seine Reiter hätten seit zehn Tagen nicht abgesattelt oder den Küraß vom Leib getan. Gronsfeld mochte sich an Tilly erinnern, der auf ebendiesem Posten für Bayerns Rettung sein Leben im Kampf gegen den Schwedenkönig verloren hatte.

Als Kurfürst Maximilian ihm gemessene Befehle zur Schonung der Armee und Deckung Münchens zusandte, glaubte Gronsfeld es auf das Wagnis einer Schlacht nicht ankommen lassen zu dürfen. Da er von ausgeschickten Patrouillen die – wie sich später herausstellte, irrige – Nachricht erhielt, der Feind habe eine Furt gefunden und passiere sie bereits mit der Reiterei, entschloß er sich nach abgehaltenem Kriegsrat in der Nacht vom 26. zum 27. Mai, den Lech zu verlassen und nach Innerbayern zurückzugehen. Der Rückzug wurde fluchtähnlich, da der Troß jede Disziplin vermissen ließ, und zeitigte Auflösungserscheinungen, weil die Obristen befürchteten, vom folgenden Gegner zur Vernichtungsschlacht gezwungen zu werden. Überall verließen die geängstigten Einwohner ihre Dörfer, der bayerische Kurfürst flüchtete aus München nach Salzburg. Er machte Gronsfeld für das Chaos verantwortlich und ließ ihn am 4. Juni durch seinen Kämmerer Georg Christoph von Haslang verhaften. „Ungleich im Mißgeschick und durch das Alter grämlich geworden", haßte er seinen Vertrauten jetzt auch als Ratgeber zum Bruch des Ulmer Waffenstillstands, der ihn wieder auf die Seite des Kaisers geführt hatte. Der Feldmarschall konnte in München durch die Wachen kaum vor der Entrüstung der Landbevölkerung geschützt werden, die ihm Schuld am Verlust ihrer Habe gab. Er wurde zur schweren Verantwortung in die Festung Ingolstadt abgeführt, deren Gouverneur er noch vor zwei Jahren gewesen war. Interimistischer Befehlshaber der bayerischen Feldarmee wurde der Generalfeldzeugmeister Hans Wilhelm von Hunolstein.

Graf Gronsfeld konnte in der Festungshaft darüber nachdenken, ob er am Lech die Waffenehre des bayerischen Heeres verraten habe, wie ihm die Anklage vorwarf. Der Krieg ging weiter; brennende Gehöfte und Dörfer verkündeten den Anzug der unbarmherzigen Sieger. In der höchsten Not berief Kaiser Ferdinand III. den bewährten Feldmarschall Octavio Piccolomini an die Spitze der letzten kaiserlichen Streitkräfte, der aus den spanischen Niederlanden nach Böhmen reiste, von den Feinden mit Freipässen versehen, um sein neues Amt antreten zu können. Ihm zur Seite trat Johann von Werth, der während Melanders Generalat ohne Kommando gewesen war. Unter kleinen Scharmützeln standen sich im Herbst die Gegner gegenüber, bis im Oktober Wrangel das übel zugerichtete Bayern räumte. Der eintretende

Winter nötigte die Truppen in die Winterquartiere, und in diesen erreichte sie die Botschaft von dem zu Münster und Osnabrück am 24. Oktober unterzeichneten Frieden.

Über Gronsfeld war ein Kriegsgericht zusammengetreten. Er wußte sich so geschickt zu verteidigen, daß er freigesprochen wurde. Seine Richter sahen ein, daß er sein möglichstes getan hatte, um die Befehle des Kurfürsten auszuführen, daß aber der Feind und die Verhältnisse stärker gewesen waren. Anfang des Jahres 1649 wurde er aus der Haft entlassen.

V.

Nachdem der Feldmarschall die nächsten vier Jahre auf seinen Gütern oder in Köln gelebt hatte, traten im Jahre 1653 wieder neue Aufgaben an ihn heran. Bei der Gründung des niederrheinisch-westfälischen Grafenkollegiums spielte er eine maßgebende Rolle und übernahm als Nachfolger des Grafen von Rietberg das Direktorium. Er ging als Vertreter der Reichsgrafen nach Regensburg und versuchte, seinen Standesgenossen Sitz und Stimme im Fürstenrat des Reichstags zu verschaffen. Waren hier seine Bemühungen teilweise vom Erfolg begleitet, so blieb seine Bewerbung um die Stelle des Kreisobristen im niederrheinisch-westfälischen Reichskreise vergeblich, obwohl er sich über den brandenburgischen Gesandten Joachim Friedrich von Blumenthal die Unterstützung des Kurfürsten Friedrich Wilhelm zu sichern suchte. Auf dem Essener Kreistag erhielt der pfalz-neuburgische Kandidat Freiherr von Reuschenberg die meisten Stimmen. Gronsfeld weilte mehrfach am Kaiserhof in Wien und vertrat als kaiserlicher Kommissar im Jahre 1660 den neuen Kaiser Leopold I. bei der Huldigung in den Reichsstädten Aachen, Köln und Dortmund. Kurz darauf reiste er als Sondergesandter zu Christoph Bernhard von Galen, dem streitbaren münsterschen Fürstbischof, um über die Türkenhilfe zu verhandeln und der Belagerung von Münster beizuwohnen. Nach neunmonatiger Blockade verlor die Stadt, die nach Reichsfreiheit gestrebt hatte, am 26. März 1661 ihre bisherige freie Stellung und Bedeutung in der Landespolitik. Im nächsten Jahr war Gronsfeld bemüht, Mißhelligkeiten zwischen dem Grafen Thurn und Taxis und der Hansestadt Hamburg zu schlichten. Bei Leopold I. war er gern gesehen und pflegte auch Verkehr mit einflußreichen Persönlichkeiten, wie seinem früheren Regimentskameraden Alexander von Velen auf Schloß Raesfeld im Westmünsterlande, den der Kaiser 1641 zum Reichsgrafen erhoben hatte. Sein Tod – am 24. September 1662 – riß ihn aus voller Tätigkeit. Er wurde in der Gruft der Kirche zu Gronsfeld beigesetzt.

Das Leben des Feldmarschalls ist reich an Wechselfällen gewesen. Er war zweifellos ein tapferer Soldat und tüchtiger Truppenführer, wenn auch ohne den genialen Funken, der den wirklichen Feldherrn ausmacht. Am ehesten könnte man ihn mit Octavio Piccolomini, Melchior von Hatzfeldt oder Gustav Horn auf eine Stufe stellen. Lebenslang verehrte er als menschliches und kriegerisches Vorbild den Grafen Tilly, dem er während der zwölf Jahre, die er unter ihm diente, besonders nahe gestanden hatte. In einer Zeit allgemeiner Gesinnungslosigkeit und Untreue stand er selbst- und standesbewußt zu der Fahne, der er einmal geschworen; erst nach dem Tode des Kurfürsten Maximilian, der 1651 zu Ingolstadt starb, hielt er sich seines Eides entledigt. In seiner Anhänglichkeit an den Kaiser und die katholische Kirche ist er nie irre geworden. Als gebildetem „Grandseigneur" aus altem Hause waren ihm die Habsucht und Beutegier vieler Kameraden fremd; soweit wir wissen, hat sich Gronsfeld nie durch Erpressungen bereichert oder die Löhnung der ihm untergebenen Söldner unterschlagen. Er besaß ein sehr empfindliches Ehrgefühl, verabscheute unnötige Grausamkeiten und war in der Erfüllung seiner Pflicht gewissenhaft. Diese menschlichen Tugenden stellen ihm ein sympathisches Zeugnis aus. Von Natur enthaltsam, hielt er im Felde keine Bankette oder Trinkgelage ab, sondern gab seinen Offizieren ein Beispiel der Mäßigung. Doch ihm war das Kriegsglück versagt, das Napoleon von seinen Generälen verlangte; mit der Verteidigung der Lechlinie war ihm 1648 unter den gegebenen Verhältnissen eine Aufgabe gestellt, der sein Feldherrntalent nicht gewachsen war.

Gronsfelds ältester Sohn Otto Wilhelm verzichtete nach dem Tod seines Vaters auf das Erstgeburtsrecht und trat in Wien in den Jesuitenorden ein. Der Papst ernannte ihn 1693 zum Weihbischof von Münster und Osnabrück, wo er 1713 starb. Die anderen drei Söhne traten als Offiziere in die kaiserliche Armee. Johann Philipp fiel 1676 im Gefecht bei Philippsburg, sein Bruder Ernst 1678 vor der Festung Freiburg im Breisgau. Graf Johann Franz zeichnete sich in den Türkenkriegen aus, namentlich bei Zenta, und befehligte ein kaiserliches Kürassierregiment. Er stieg zum Feldmarschall auf und war während des Spanischen Erbfolgekrieges 1709/10 Führer der Reichsarmee am Oberrhein. Als letzter männlicher Sproß des Geschlechts Bronckhorst-Gronsfeld starb er am 8. April 1719 in Luxemburg, wo er kaiserlicher Gouverneur war. Die Güter kamen im Erbgang an die bayerischen Grafen von Toerring-Jettenbach, die sich bis 1803 auch Grafen von Gronsfeld nannten.

QUELLEN UND LITERATUR

Archivalische Quellen im Hauptstaatsarchiv München, im Kriegsarchiv Wien und im Staatsarchiv Düsseldorf; der Nachlaß Gronsfelds befindet sich wohl im Privatarchiv der Grafen von Toerring auf Schloß Seefeld in Oberbayern.
Eine Biographie des Feldmarschalls gibt es nicht; ältere Würdigung durch *Landmann* in der Allgemeinen Deutschen Biographie 9 (1879), S. 726 ff., und *Charles Rahlenbeek*,

Biographie nationale de Belgique 8 (1884/85), Sp. 342–348. Material enthalten vor allem die Quellenpublikationen: Briefe und Akten zur Geschichte des Dreißigjährigen Krieges in den Zeiten des vorwaltenden Einflusses der Wittelsbacher, Neue Folge: Die Politik Maximilians I. von Bayern und seiner Verbündeten 1618–1651, bearb. von *W. Goetz*, T. II, Bd. 1–3 (1907–1942), Bd. 4 (1948); *H. Hallwich*, Wallensteins Ende. Ungedruckte Briefe und Acten, 2 Bde. (1879), und: Briefe und Akten zur Geschichte Wallensteins (= Fontes rerum Austriacarum 63–66), 4 Bde. (1912); Rikskansleren *Axel Oxenstiernas* Skrifter och Brefvexling, Abt. II, Bd. 7 u. 9 (1895 u. 1898), Abt. I, Bd. 8–10 (1942–1954). – Weitere Nachrichten bei *F. W. Barthold*, Geschichte des großen deutschen Krieges vom Tode Gustav Adolfs ab, Bd. II (1843) und *J. Heilmann*, Kriegsgeschichte von Bayern, Franken, Pfalz und Schwaben von 1506 bis 1651, Bd. II, 2 (1868). Daneben sind die biographischen Darstellungen einzelner Heerführer heranzuziehen: *F. v. d. Decken*, Herzog Georg von Braunschweig und Lüneburg, 4 Bde. (1833/34); *H. Hallwich*, Gestalten aus Wallensteins Lager I: Johann Merode (1885); *C. Sattler*, Reichsfreiherr Dodo zu Innhausen und Knyphausen (1891); *F. Geisthardt*, Peter Melander Graf zu Holzappel, in: Nassauische Lebensbilder Bd. 4 (1950); *H. Lahrkamp*, Lothar Dietrich Frhr. v. Bönninghausen. Ein westfälischer Söldnerführer des Dreißigjährigen Krieges, in: Westfälische Zeitschrift 108 (1958). – Für Einzelfragen: *H. Hanssen*, Die Rimburg (1912), S. 171–182; *F. W. Lohmann*, Arnold Meshov. Beiträge zur Kölnischen Chronik, in: Jahrbuch des Kölnischen Geschichtsvereins 22 (1940), bes. S. 80f., 83ff., 137ff.; *H. Lahrkamp*, Die Kriegserinnerungen des Grafen Gronsfeld, in: Zeitschrift des Aachener Geschichtsvereins 71 (1959).

JOHANN WILHELM

KURFÜRST VON DER PFALZ
HERZOG VON JÜLICH UND BERG
(1658–1716)

Von Max Braubach

I.

In Düsseldorf ist am 19. April 1658 der Fürst geboren worden, der als „Jan Wellem" zu einer der populärsten Gestalten in den niederrheinischen Landen werden sollte und noch heute in Grupellos großartigem Reiterstandbild wie lebendig mitten unter den Nachfahren seiner treuen Düsseldorfer zu stehen scheint, die auf ihn den Aufstieg ihrer Stadt zu einem Mittelpunkt von Schönheit und Lebensfreude, ihres Landes zu einem blühenden gewerblichen und industriellen Zentrum zurückführen. Seiner Abstammung nach war er nicht eigentlich Rheinländer. Der mit dem kleinen Fürstentum Neuburg ausgestatteten Nebenlinie des pfälzischen Zweiges der Wittelsbacher waren unter seinem Großvater Wolfgang Wilhelm zu Beginn des 17. Jahrhunderts durch Erbschaft die Herzogtümer Jülich und Berg zugefallen, worauf sie ihren Hauptsitz von der Donau in die bergische Residenz am Rhein verlegt hatte. Auf Wolfgang Wilhelm war 1653 sein kluger und ehrgeiziger Sohn Philipp Wilhelm gefolgt, und ihm war in seiner zweiten Ehe mit Elisabeth Amalie von Hessen-Darmstadt ein reicher Kindersegen zuteil geworden. Dem nach drei Töchtern geborenen Johann Wilhelm sollten noch acht Brüder und fünf Schwestern folgen.

Aus der Tatsache, daß die Eltern sich miteinander gut verstanden, und aus der Feststellung, daß die zahlreichen Geschwister zeitlebens sich die Pflege der familiären Verbindung angelegen sein ließen, dürfen wir wohl schließen, daß dem Erbprinzen glückliche Jahre der Kindheit und der Jugend beschieden gewesen sind. Das neuburgische Haus hatte erst mit Wolfgang Wilhelm das katholische Bekenntnis angenommen, und ihm war Johann Wilhelms Mutter erst bei ihrer Heirat beigetreten, in der Familie Philipp Wilhelms aber herrschten strenge katholische Grundsätze und Anschauungen vor, und so war die Erziehung des Prinzen neben gebildeten Kavalieren wie dem niederrheinischen Freiherrn Hermann von Wachtendonk Jesuiten anvertraut. Wenn sie ihm nicht nur Gläubigkeit und Frömmigkeit einpflanzten, sondern auch Kenntnisse auf den verschiedensten Gebieten und Verständnis für alle Zweige der Wissenschaft und Kunst zu vermitteln suchten, so kamen diesen Bestrebungen offensichtlich die persönlichen Anlagen Johann Wilhelms entgegen, den übrigens wohl von frühen Tagen an das stolze Bewußtsein seiner Herkunft und Stellung und der Wille zu rühmlicher Erfüllung der ihn erwartenden Aufgaben beseelten. Zur weiteren Vorbereitung auf seinen fürstlichen Beruf hat Pfalzgraf Philipp Wilhelm den Sechzehnjährigen mitten während des großen europäischen Krieges, der aus dem Angriff des französischen Königs auf Holland entstanden war, eine große Reise durch West- und Südeuropa antreten lassen, damit er nach des Vaters Worten, „was in fremden Regierungen Böses und Gutes ist, selbst erfahren und bei seiner künftigen Regierung ... jenes evitieren und diesem folgen möge". Über die vom November 1674 bis März 1677 dauernde Fahrt, die über Kleve, den Haag und Antwerpen nach Paris und nach einem Abstecher nach London über Südfrankreich nach Italien – Turin, Genua, Mailand, Rom, Neapel, Venedig –, weiter nach Wien führte und nach der Teilnahme an der Hochzeitsfeier der älteren Schwester Eleonore mit Kaiser Leopold I. in Passau mit dem Besuch der Fürsten- und Bischofssitze in Franken und am Rhein abschloß, sind wir durch die gedruckte Reisebeschreibung des Beichtvaters P. Packenius genau unterrichtet. In Saint-

Verwandtschaftstafel Johann Wilhelms

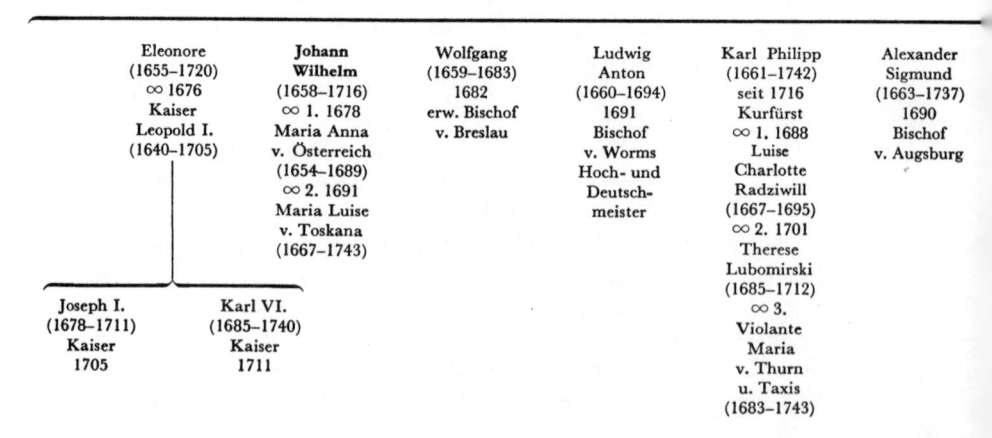

Eleonore (1655–1720) ∞ 1676 Kaiser Leopold I. (1640–1705)	**Johann Wilhelm** (1658–1716) ∞ 1. 1678 Maria Anna v. Österreich (1654–1689) ∞ 2. 1691 Maria Luise v. Toskana (1667–1743)	Wolfgang (1659–1683) 1682 erw. Bischof v. Breslau	Ludwig Anton (1660–1694) 1691 Bischof v. Worms Hoch- und Deutschmeister	Karl Philipp (1661–1742) seit 1716 Kurfürst ∞ 1. 1688 Luise Charlotte (1667–1695) ∞ 2. 1701 Therese Lubomirski (1685–1712) ∞ 3. Violante Maria v. Thurn u. Taxis (1683–1743)	Alexander Sigmund (1663–1737) 1690 Bischof v. Augsburg
Joseph I. (1678–1711) Kaiser 1705	Karl VI. (1685–1740) Kaiser 1711				

Germain bei Paris hat ihn König Ludwig XIV. freundlich empfangen, ohne ihn doch, wie sich zeigen sollte, politisch gewinnen zu können, und des Königs Schwägerin Liselotte von Orléans, die Tochter des pfälzischen Kurfürsten, dessen Erbe ihm einmal zufallen sollte, hat sich noch anderthalb Jahrzehnte später dankbar der herzlichen Anteilnahme des jungen Vetters bei einer ihr zugestoßenen Krankheit erinnert und aus seinem Auftreten die Überzeugung gewonnen, daß dies „ein gar guter Herr" sei, der das beste Gemüt von der Welt besitze. In Rom versicherte ihn Papst Klemens X. seines besonderen Wohlwollens, und in einer Aufführung im Jesuitenkolleg in Neapel vor ihm glaubte man schon jetzt die Staaten und Völker glücklich preisen zu können, die einmal unter dem Zepter dieses Jünglings leben dürften, der mit der Seele Cäsars das Glück Alexanders und die Haltung des jungen Achilles verbinde. So sprach denn auch Packenius schon in dem Titel seiner Schrift voll Bewunderung von dem Herkules oder dem über Jülich, Kleve und Berg herrschenden Kaiser Karl, der in dem Jungherzog wiedererstanden sei.

Wolfgang v. Pfalz-Zweibrücken (1526–1569)
seit 1557 Herzog von Neuburg
∞ 1545 Anna von Hessen (1529–1591)
|
Philipp Ludwig (1547–1614)
∞ 1574 Anna v. Jülich-Cleve-Berg (1552–1632)
|
Wolfgang Wilhelm (1578–1653)
∞ 1613 Magdalene v. Bayern (1587–1628)
|
Philipp Wilhelm (1615–1690)
seit 1685 Kurfürst v. d. Pfalz
∞ 1653 Elisabeth Amalie v. Hessen-Darmstadt (1635–1709)

Franz Ludwig (1664–1732) 1683 Bischof v. Breslau 1694 Bischof v. Worms 1716 Kurfürst v. Trier 1729 Kurfürst v. Mainz	Friedrich Wilhelm (1665–1689) Kaiserlicher General	Maria Sophie (1666–1699) ∞ 1687 König Pedro II. v. Portugal (1648–1706)	Maria Anna (1667–1740) ∞ 1689 König Karl II. v. Spanien (1661–1700)	Philipp Wilhelm (1668–1693) ∞ 1690 Anna Maria Franziska v. Sachsen-Lauenburg (1672–1741)	Dorothea Sophie (1670–1748) ∞ 1. 1690 Eduard II. v. Parma (1666–1693) ∞ 2. 1696 Franz Maria v. Parma (1670–1727)

II.

Überraschenderweise ist ihm schon zwei Jahre nach der Heimkehr die Regierung der Lande am Niederrhein zugefallen. Wohl um dem Sohn die glänzende Verbindung mit einer Kaisertochter zu ermöglichen, hat Philipp Wilhelm sich entschlossen, selbst, ohne doch die Leitung der eigentlichen Politik abzugeben, seine Residenz im Schloße zu Neuburg zu nehmen und Johann Wilhelm die Regentschaft in Berg und Jülich zu übertragen. 1678 waren beide zum Besuch von Tochter und Schwester, die damals ihren ersten Sohn, den künftigen Kaiser Joseph I., zur Welt brachte, nach Wien gekommen, und hier fand die Verlobung Johann Wilhelms mit Leopolds I. Stiefschwester, der Erzherzogin Maria Anna, statt, der noch im gleichen Jahre, am 25. Oktober, in Wiener Neustadt die Trauung folgte. Hat das junge Paar die Flitterwochen inmitten von großartigen Festlichkeiten in Neuburg verbracht, so erfolgte am 30. August 1679 der Einzug in Düsseldorf, wo man ihn nun nicht mehr als Erbprinzen, sondern als Landesherrn empfing. Gerade war der große Krieg im Westen durch die Friedensschlüsse von Nymwegen und Saint-Germain beendet worden. Fast ein Jahrzehnt lang herrschte Friede, ungestört von außen konnte der Fürst so darangehen, die in der Kriegszeit entstandenen Schäden und sonstige Mißstände zu beseitigen und neue Grundlagen für Glück und Wohlstand der Untertanen zu schaffen. Unverkennbar sind Pflichtbewußtsein und Arbeitswille, mit denen er eine bessere Ordnung von Verwaltung, Finanzwesen und Rechtspflege, eine seinen absolutistischen Vorstellungen entsprechende Regelung der Beziehungen der Stände zum Herrscher und untereinander, die Hebung der Wirtschaft, aber auch der Moral und Frömmigkeit der Bevölkerung zu erreichen trachtete. Freilich fallen auch schon in jene Zeit die Anfänge einer höfischen „Magnificence", die neben manchen bevorzugten Schichten auch den Künstlern Vorteile brachte, aber doch wohl bei der Beschränktheit der zur Verfügung stehenden Mittel der Arbeit am Staate Eintrag tat.

Wir wissen nicht, ob Johann Wilhelm damals ungeduldig auf den Augenblick wartete, da er auch in der großen Politik stärker hervortreten konnte. Sicher hat er ihren Gang mit leidenschaftlichem Interesse verfolgt, aber noch stand er im Schatten des Vaters, auf den auch der schon um 1680 verfolgte Plan zurückging, ihm, gestützt auf die doppelte Verwandtschaft mit den Habsburgern, zu den niederrheinischen Herzogtümern die Statthalterschaft in den benachbarten spanischen Niederlanden zu verschaffen und ihn damit, wie Philipp Wilhelm in Wien und Madrid vorstellte, zum Mittelpunkt einer kräftigen „societas et unio armorum et consiliorum" im Nordwesten Europas werden zu lassen. Es wurde nichts daraus, aber die Hoffnung auf eine derartige Ausdehnung seiner Macht erhob sich von neuem, als 1689 die Schwester Maria Anna die Fahrt nach Spanien antrat, um dort den anderen gekrönten Habsburger neben dem österreichischen Leopold, den spanischen König Karl II., zu heiraten. Und inzwischen war eine wichtige Voraussetzung für künftiges Ausgreifen in anderer Richtung gelegt worden, indem 1685 dem Vater die Kurpfalz zugefallen war: die katholischen Neuburger traten damit in Heidelberg an die Stelle der im Mannesstamm ausgestorbenen älteren pfälzischen Linie, die einst an der Spitze des militanten Protestantismus im Reiche gestanden hatte. Es war eine neue große Erbschaft für den Nachfolger Philipp Wilhelms. Immerhin mochte die Vereinigung katholischer und protestantischer Territorien mit sehr verschiedenen Bevölkerungen, Verfassungen und Tendenzen auch manche Schwierigkeiten mit sich bringen, und dazu kam der für diese zersplitterten Lande im Westen des Reichs bedrohliche Ausdehnungsdrang des französischen Nachbarn, für den dann gerade Ansprüche der nach Frankreich verheirateten Schwester des verstorbenen Kurfürsten auf Teile der Pfalz den Anlaß zu neuem großem Vorstoß boten. In der Tat hat sich dann der Aufstieg des bergischen Regenten zum Reichsfürsten und europäischen Politiker nicht unter erfreulichen Umständen vollzogen. Im gleichen Jahre 1689, in dem ihn mit dem Tode seiner habsburgischen Gemahlin ein schwerer persönlicher Schlag traf, brach der neue Krieg zwischen dem von den Seemächten unterstützten Kaiser und Frankreich aus, er brandete auch an die niederrheinischen Herzogtümer, und wenn hier so mancher Ort ein Raub der Flammen wurde, so war vor allem die Kurpfalz der Schauplatz furchtbarer Verwüstung und Zerstörung. Zur Flucht aus Heidelberg gezwungen, ist Philipp Wilhelm 1690 in Wien gestorben, der neue Kurfürst aber konnte nicht daran denken, seine Residenz in den Kurlanden an Mittelrhein und Neckar aufzuschlagen, die noch jahrelang immer wieder von den Schrecken des Krieges heimgesucht wurden.

III.

Trotzdem war für Johann Wilhelm nun die Möglichkeit zu selbständigem politischem Handeln gegeben, und er hat sie entschlossen ausgenützt und damit in erstaunlichem Maße auf die großen Ereignisse seiner Zeit eingewirkt und sie mitgestaltet. Jene Wende vom 17. zum 18. Jahrhundert, jenes Vierteljahrhundert, in dem er den Kurhut der Pfalz trug, war eine Epoche bedeutsamen Umbruchs, einer geistigen und politischen Neubesinnung und einer Kräfteverschiebung, deren Folgen bis in unsere Tage reichen. Wenn wir in den damals vor sich gehenden kulturellen Umschichtungen, die man als eine Krise des europäischen Geistes gekennzeichnet hat, großen Individuen wie Leibniz und Thomasius, Locke und Newton, Bayle und Fénelon begegnen, so sehen wir zugleich die schicksalsvolle Entwicklung von Politik und Krieg durch Gestalten von ungewöhnlichem Format bestimmt. Es ist der Ausgang Ludwigs XIV., der seine hegemonialen Träume in letzten großen Kraftanstrengungen zu verwirklichen suchte, es ist die Zeit der großen Feldherren und Staatsmänner, die diesen Versuch zum Scheitern brachten, des Engländers Marlborough und des zugleich die türkische Gefahr für das Abendland endgültig bannenden Prinzen Eugen, weiter die Zeit des abenteuerlichen nordischen Königs Karl XII., der sich vergebens einer neuen, zum erstenmal Europa beschattenden Macht entgegenwarf, dem russischen Koloß, dem die gewaltige Persönlichkeit des Zaren Peter Form und Stoßkraft gab. Konnte bei derartigen großräumigen Auseinandersetzungen und neben solchen Heroen der Herr der zersplitterten deutschen Territorien um Neuburg, Düsseldorf und Heidelberg sich überhaupt einen Platz in der Geschichte des europäischen Kräftespiels erringen? Und doch begegnet uns sein Name immer wieder in den Akten der hohen Politik und Diplomatie, hat man mit ihm in Paris wie in Wien, in London wie in Berlin, in Madrid wie in Rom gerechnet und ihn häufig im großen Schachspiel wenigstens als Bauer, meist aber als Läufer oder Turm eingesetzt.

Sicher sind die Voraussetzungen dafür schon durch den bei aller unruhigen Geschäftigkeit zielbewußt und erfolgreich um die Mehrung von Macht und Ansehen bemühten Vater gelegt worden. Zeitweise sogar als Kandidat für die Kaiser- und die polnische Königskrone genannt, stand er im Mittelpunkt zahlreicher politischer Kombinationen, und am Ende seines Lebens hat ihm der Kindermangel der älteren pfälzischen Linie die Kur eingebracht, während sein eigener Kinderreichtum ihm großartige Anknüpfungen ermöglichte. Den jüngeren Söhnen wurden geistlich-weltliche Würden in Deutschland zuteil, wichtiger aber waren die Heiraten der Töchter, von denen ja Eleonore Magdalene dem Kaiser Leopold die ersehnten Söhne schenkte, Maria Josepha dem König von Portugal, Maria Anna dem letzten spanischen Habsburger angetraut, zwei weitere Schwestern wenigstens Herzogin von Parma und Schwiegertochter des Polenkönigs Johann Sobieski wurden. Johann Wilhelm selbst war ja auch in diese kluge dynastische Politik, die weit mehr als Versorgung bezweckte, eingefügt worden: durch die Heirat mit der Erzherzogin Maria Anna wurde das Gewicht des neuburgischen Einflusses in Wien verstärkt. Als sie, ohne Kinder zu hinterlassen, starb, hat er nach anfänglichen Bemühungen um eine portugiesische Infantin sich die Hand der Medicäerin Anna Maria Luise, der einzigen Tochter des Großherzogs Cosimo III. von Toskana, zu sichern gewußt. Die Hochzeit, die im Frühjahr 1691 stattfand, konnte unter Umständen, da nur wenige männliche Sprossen des Hauses Medici vorhanden waren, einen Anspruch auf das italienische Großherzogtum begründen. So war die Kinderschar Philipp Wilhelms über fast ganz Europa verteilt, und Johann Wilhelm besaß, als er das Erbe des Vaters antrat, in seinen Verwandten in Österreich, Schlesien und Tirol, Spanien, Portugal und Italien nicht nur eifrige Korrespondenten, sondern auch einflußreiche politische Helfer.

Sein Verdienst ist es aber dann gewesen, daß er diese Voraussetzungen genutzt, diese Beziehungen sorglich gepflegt und ausgebaut hat. In einer Zeit, in der an

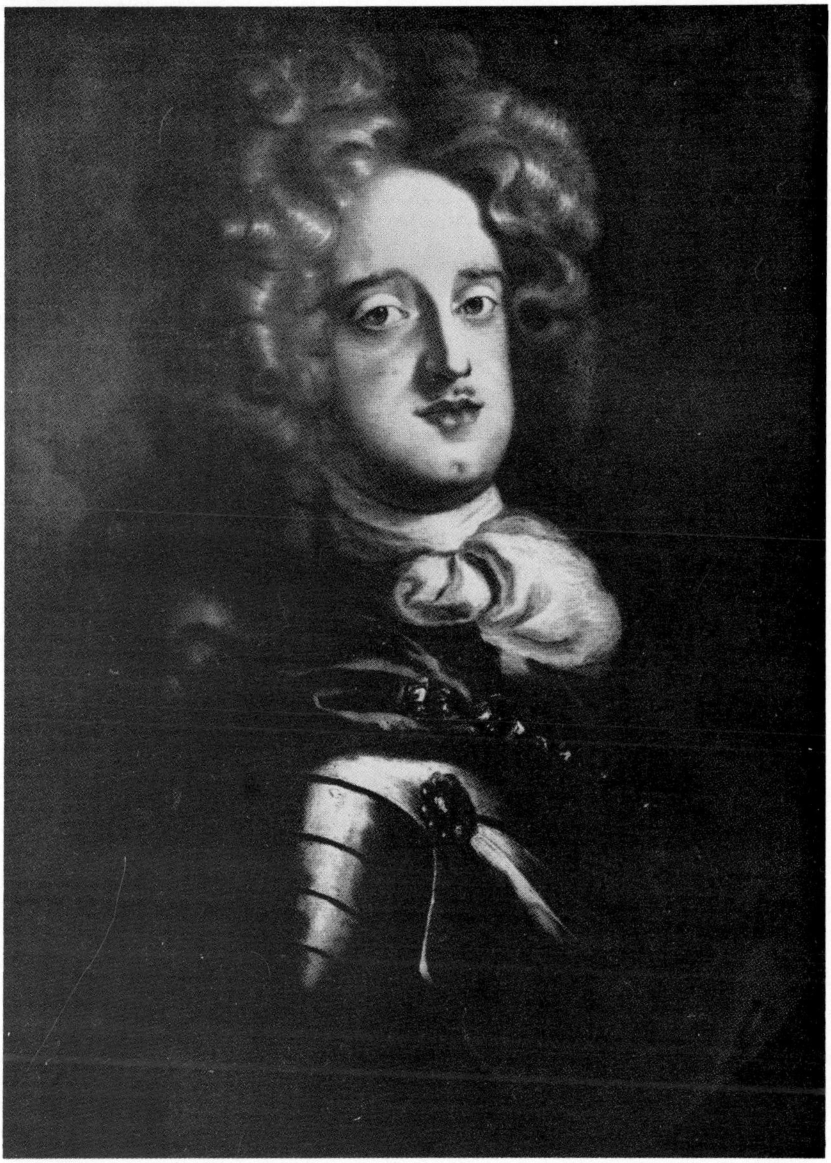

Kurfürst Johann Wilhelm von der Pfalz, Herzog von Jülich und Berg
Ölgemälde von J. F. Douven um 1704, Stadtmuseum Düsseldorf

vielen großen und kleinen Höfen äußerliche Devotion und gravitätische Etikette Ausschweifungen und Liederlichkeit, Familienzwist und Mätressenwirtschaft kaum verhüllten, lassen uns der Briefwechsel des Kurfürsten mit seinen Schwestern und die Berichte seiner Frau an ihre Verwandten und Freunde in Italien die erfreuliche Harmonie im neuburgischen Hause erkennen, in dem die Gatten – trotz der Kinderlosigkeit der Ehe – sich von Herzen zugetan waren und die Geschwister bei aller Verschiedenheit von Charakter und Temperament aneinander festhielten. Köstlich die Schreiben der künftigen spanischen Königin aus dem noch unzerstörten Heidelberg an den Bruder in Düsseldorf, in denen sie wohl dem „Schatz Herze Bruhanserle" mit einem Kuß auf das „herzige Maulerle" sich als ein „armes Marianderl" empfiehlt. Sehnsüchtig hat sie später in Madrid sich Düsseldorf so nah als den Retiro gewünscht, damit man sich jede Stunde sehen könne: „ach das Maul geht mir über, wenn ich daran gedenke". Die Kurfürstin hat zwar offenbar dem Gemahl nicht ohne Kritik gegenübergestanden, aber diese bezog sich wohl hauptsächlich auf seine zu große Gutmütigkeit, daß, wie sie einmal schreibt, „immer alles für die anderen, niemals für ihn selbst" sei, was er tue. Diese menschlich sympathischen Züge mochten ja nun in der Politik nicht immer günstig wirken, aber es kann andererseits nicht bezweifelt werden, daß sich ihm letztlich auch Familie und Freundschaft einordneten in die ihn erfüllenden ehrgeizigen Ziele der Macht- und Rangerhöhung, daß er insofern doch ein typischer Repräsentant jenes allem Stillsitzen und Sichbescheiden abholden Barockfürstentums war.

IV.

Sein Leben war in der Tat erfüllt mit großen Plänen und kühnen Vorstößen. Wir sahen, daß sein Blick schon bei Lebzeiten des Vaters auf die Verbindung von Düsseldorf mit Brüssel gerichtet war. Als jene Schwester „Marianderl" 1689 auf der Brautfahrt nach Madrid in Düsseldorf Station machte, versprach sie ihm, alles zu tun, um ihm die Statthalterschaft der Niederlande zu verschaffen, und zwei Jahre später glaubte sie ihm wirklich wenigstens eine befristete Übertragung in Aussicht stellen zu können: „„...wenn Sie", so meinte sie optimistisch, „es einmal haben, wird sich's schon schicken, daß man Sie darin auf Leben lang bestätigt." Aber hier zeigte es sich zum erstenmal, daß Johann Wilhelm zwar allenthalben, wo er ansetzte, gute Aussichten und Freunde, aber letztlich kein Glück hatte. In dem Wettlauf nach Brüssel machte der andere Wittelsbacher, der bayrische Kurfürst Max Emanuel, das Rennen. Überhaupt erwiesen sich die großen Hoffnungen, die er auf die neue spanische Königin gesetzt hatte, als Illusion. Nicht ohne Schuld der Schwester selbst, der auch der Bruder vorwarf, daß sie sich zu sehr auf der spanischen Nation verhaßte Favoriten, wie die Frau von Berlepsch, gestützt habe! Er könne, so schrieb er in der ihm eigenen drastischen Art an die Kaiserin Eleonore nach Wien, nicht begreifen, daß die gute Königin „so doll und versessen auf ein solch stinkendes gottloses Weib" sei, „é questo alla pazzia" (und das bis zur Narrheit), und daß sie nicht das geringste ohne dieser Megäre Rat tue. Als dann dieser ganze spanische Draht seiner Politik nach dem Tode seines Schwagers, des zeugungs- und lebensunfähigen Karl II., abriß, da beklagte er wohl die von dem bourbonischen Nachfolger in die Provinz verbannte Schwester, nach Wien aber schrieb er, daß sie sich leider durch ihre üble „condotta" das Unglück selbst auf den Hals gezogen habe, und voll Grimm wünschte er der Berlepsch, daß sie auf der Mooker Heide säße, um Waffeln zu backen.

In Spanien hatten sich seine Ansprüche mit denen des Bayern gekreuzt, der ihm seitdem ständiger Widersacher blieb. Zeitweise hat er freilich doch auch erwogen, ihn in das eigene Familiensystem zu verflechten, als die Schwester in Parma ihren Mann verloren und Max Emanuel fast gleichzeitig Witwer geworden war: im Hinblick auf seine bekannte Flatterhaftigkeit fürchtete er allerdings, daß die Schwester vielleicht nie Vergnügen, sondern unaufhörliche „mortificationes" ausstehen werde und sie daher besser Wittib bleibe, als auf diese Weise unglückselig ihr Leben in Bekümmernis zuzubringen. Er wird daher nicht unglücklich gewesen sein, als aus der Verbindung nichts wurde, wie er auch den Plan, die Herzogin statt dessen zur Königin von Schweden zu machen, nicht wirklich ernsthaft verfolgt haben dürfte, schon weil dabei nach seinem eigenen Urteil „timor religionis nicht wenig in Consideration komme". Wenigstens hatte er die Genugtuung, daß er in den Wirren der Zeit, die ihn ja mit dem Angriff der Franzosen auf die ihm 1690 zugefallene Pfalz persönlich tief berührten, von Kaiser und Reich als ein Vorkämpfer bei der Abwehr der Ausdehnungstendenzen Ludwigs XIV. anerkannt wurde. Noch Philipp Wilhelm hatte ihm davon gesprochen, daß der König von Frankreich „in seinem nicht allerchristlichsten, sondern tyrannischen Gemüte" beschlossen habe, die ganze Christenheit und insbesondere das neue pfälzische Kurhaus zugrunde zu richten. Die Verwüstung der Pfalz mußte in Johann Wilhelm diese Überzeugung bekräftigen, und er glaubte sich nicht zum wenigsten berufen, an der Zurückdrängung Frankreichs, der Sicherung des europäischen Gleichgewichtes und der Wiederherstellung der Macht eines sich um seinen kaiserlichen Schwager scharenden Deutschlands mitzuwirken. Selbst begann er eine rasch von sechstausend auf sechzehntausend Mann anwachsende Armee aufzustellen, für deren Einsatz die Verbündeten gern Subsidien bewilligten. Wie aber die Organisation des Kampfes zur Eindämmung der französischen Hegemonie nicht nur von Wien, London und dem Haag, sondern auch von Düsseldorf geleitet wurde, so hat der Pfälzer dann auch selbständig geheime Friedensverhandlungen führen lassen, um einem Sonderfrieden der Seemächte zuvorzukommen: von diesem feinen diplomatischen Spiel hat er zugleich für das Reich, für den Katholizismus in Deutschland und für sich und seine Macht eine günstige Wendung erhofft. Was das Reich betraf, so wurde im Frieden von Ryswick von 1697 die Rückgabe des Elsaß nicht erreicht, und Johann Wilhelm hat einmal in zorniger Aufwallung davon gesprochen, lieber mit dem Degen in der Faust unter des lieben Vaterlandes Ruin sich begraben zu lassen, als mit diesen Bedingungen den Kopf willig dem französischen Joche zu unterwerfen. Dagegen hat er wohl geglaubt, mit der heftig umstrittenen Klausel des Friedensvertrags, der die unter französischer Herrschaft erfolgte Entrechtung der Protestanten in den an Kurpfalz zurückfallenden Gebieten sanktionierte, seiner Kirche genutzt und vor allem seine souveräne Stellung befestigt zu haben.

V.

Politische Initiative und Aktivität hat er auch in dem auf Ryswick folgenden kurzen Friedensjahrfünft entfaltet. Damals hat er ernsthaft geplant, den Besitz der Kurpfalz zu realisieren, indem er seine Residenz von dem mehr an der Peripherie gelegenen Düsseldorf dorthin verlegte. Schon vorher sind an seinem Hofe Pläne für einen großartigen Bau eines kurfürstlichen Schlosses in der Ebene bei Heidelberg entworfen worden, und im Sommer 1698 ist er mit seiner Gemahlin am Neckar erschienen, offenbar von dem Willen erfüllt, die volle Übersiedlung vorzubereiten. Da das zweimal zerstörte Heidelberg unbewohnbar war, richtete man sich in Weinheim ein, von wo aus man alles besichtigte, um, wie die Kurfürstin melancholisch an ihre Verwandten in Italien schrieb, die Häuser zu zählen, die noch standen. Bevor man, erschüttert über den trostlosen Anblick, an den Niederrhein zurückkehrte, gab der Kurfürst Weisungen zum Wiederaufbau, und im Sommer 1699 kam man wieder nach Weinheim, doch war das Ergebnis neuer Besichtigungen und Verhandlungen offenbar bittere Enttäuschung. Die Kurfürstin erbat sich von ihrem Onkel in Florenz scherzhaft die sofortige Zusendung des Rezepts eines Alchimisten, falls dieser wirklich Gold machen könne, denn man brauche hier in der Pfalz dringend Geld; sie versicherte bei anderer Gelegenheit, daß niemand sich von den Schäden und der Not eine zutreffende Vorstellung machen könne, der das Land nicht gesehen habe. Aber während man sich so doch entschloß, in dem freundlichen Düsseldorf zu bleiben, entwickelten Sendboten aus dem fernen Armenien bezeichnenderweise vor diesem deutschen Fürsten die phantastische Idee eines christlichen Befreiungskampfes gegen Türken und Perser und der Begründung eines armenischen Königreiches. Wenn Johann Wilhelm nicht nur unverbindliche Zusagen gab, sondern auch die Voraussetzungen und Möglichkeiten in finanzieller und militärischer Beziehung untersuchen und bereits Verbindungen mit Wien, Rom und sogar Moskau aufnehmen ließ, so wird man doch den Ernst seines Willens zum Handeln in diesem Falle in Zweifel ziehen können. Gewiß, er dünkte sich ebenso berechtigt, eine Krone zu erstreben, wie die Kollegen in Berlin und Hannover,

Dresden und München, aber konnte sie nicht näher liegen als im Orient? Er war zunächst bestrebt, seine Stellung in Europa auszubauen durch ein regelrechtes Bündnis mit dem Kaiser und durch Verträge mit anderen deutschen Fürsten; er hat dann, als mit dem Tode seines Schwagers in Madrid die Frage des Schicksals der großen spanischen Monarchie zur Entscheidung gestellt wurde, sich mit Österreich und mit Holland über gemeinsames Handeln und militärischen Aufmarsch geeinigt und ist als erster Reichsfürst der neuen Haager Allianz des Kaisers und der Seemächte gegen das nach Spanien greifende Haus Bourbon beigetreten. Wieder stellte er sich betont in die Front der Gegner Ludwigs XIV., in der er auf Grund seines planmäßig aufgerichteten „Kriegsstaats" und seiner politischen Energie zu einer umworbenen und gefürchteten Figur wurde. Der Sieg, so hoffte er, sollte ihm Macht und königlichen Glanz einbringen, sei es, daß er das Erbe des zur französischen Seite tretenden Bayern sich sicherte oder das alte Projekt der Herrschaft über Belgien verwirklichte oder endlich ihm aus spanischen Gebieten Italiens ein Reich gezimmert wurde, zu dem ihm seine Gemahlin vielleicht künftig das toskanische Land fügen konnte.

Die Anfänge des großen 1701 ausbrechenden Krieges brachten ihm freilich schwere Sorgen. Während der Enkel des Sonnenkönigs des Kurfürsten Schwester aus Madrid vertrieb, brandeten die Kriegswellen wieder an die zwischen Frankreich und Bayern eingekeilte Pfalz, und selbst in Düsseldorf geriet man in Gefahr, da Max Emanuels Bruder in Kurköln sich dem Feinde anschloß. Zwar hat die Eroberung der Festungen Kaiserswerth und Bonn durch die Haager Verbündeten, deren Vorgehen das kurfürstliche Paar von den Fenstern des Düsseldorfer Schlosses und der Siegburger Abtei beobachten konnte, den Niederrhein sichergestellt, aber im Süden blieb die Lage prekär; mehrfach schien das von Franzosen, Spaniern, Bayern und aufständischen Ungarn bekämpfte Österreich, mit dem Kurpfalz sich auf Gedeih und Verderb verbunden hatte, vor dem Zusammenbruch zu stehen. Mit seiner unerschütterlichen Zuversicht galt gerade Johann Wilhelm damals den Verfechtern energischer Kriegführung im alliierten Lager als die beste Stütze. Ihm schien der Entschluß der Wiener Hofburg, den Erzherzog Karl zur Eroberung Spaniens nach der Pyrenäenhalbinsel zu schicken, als der Beginn der Wende; glanzvoll hat er den über Holland ausreisenden habsburgischen Neffen im Oktober 1703 in Düsseldorf empfangen, und der nach Toledo verbannten Schwester kündigte er triumphierend an, daß alsbald des rechtmäßigen Königs Karl III. Majestät den ihr zustehenden Thron glorios und zur höchsten Konfusion aller ihrer Feinde besteigen, „mithin Eure Königliche Majestät alle höchste verlangte Freude und Vergnügungen nach so langen Leiden und unbegreiflichen Mortifikationen Gott Lob rekuperieren werden". Selbst eilte er auf Drängen der Seemächte im Januar 1704 nach Wien, um dort die reformfreudigen Kreise um den jungen römischen König Joseph und den Prinzen

Eugen in ihrem verzweifelten Kampf gegen die Schwerfälligkeit des Kaisers und die Unfähigkeit seiner Vertrauten zu unterstützen. Die bedeutsame Rolle, die er während des über ein halbes Jahr sich erstreckenden Aufenthalts am Kaiserhofe gespielt hat, geht aus Quellen der verschiedensten Herkunft deutlich hervor. Auf seinen Einfluß bei den dringend notwendigen Staats- und Finanzreformen und bei der Aufstellung des Operationsplans haben der sogenannte junge Hof, die Generale und die seemächtlichen Gesandten ihre ganze Hoffnung gesetzt, er galt ihnen geradezu als der Retter in der Not, und wenn sie bei aller Anerkennung seines guten Willens und feurigen Eifers zeitweise doch an einem Erfolge zweifelten, so hat er schließlich immerhin den kaiserlichen Schwager zu manchen von jenen geforderten Maßnahmen zu bestimmen vermocht. Auch er konnte sich jedenfalls ein Verdienst an der Wendung der Dinge zuschreiben, die mit dem Siege Eugens und Marlboroughs bei Höchstätt im August 1704 eintrat, wie denn auch in der Folgezeit seine Truppen ruhmvollen Anteil an den Schlachten bei Turin, Oudenaarde und Malplaquet und damit an dem Sturz der französischen Vorherrschaft in Europa nahmen.

Damals schien er nun endlich auch für sich selbst die Glückssträhne gepackt zu haben. Sein Rivale Max Emanuel hatte aus Bayern weichen müssen, ihm aber dünkte jetzt die Stunde gekommen, um wenigstens das Spiel und Ergebnis des Dreißigjährigen Krieges umzukehren, den Pfälzern das, was sie damals an Bayern verloren hatten, die Oberpfalz und die ranghöhere Kur, wieder einzubringen. Für seine Absichten war es zwar keineswegs günstig, daß Kaiser Leopold im Frühjahr 1705 starb und Joseph I. an die Spitze des Reiches trat. Denn mochte der Neffe bisher auch mit ihm zusammengewirkt haben, als auf eigene Machtausdehnung und reichsoberhauptliche Revindikation bedachter Kaiser geriet er nun häufig mit dem Kurfürsten in Konflikt. Doch Johann Wilhelm verstand es, ihn unter Druck zu setzen. Er knüpfte enge Beziehungen zu dem England Marlboroughs an, er wußte sich mit dem seinen Wünschen im Reich am meisten widerstrebenden König von Preußen unter Verzicht auf die Wirksamkeit jener Ryswicker Klausel zu verständigen, er scheute sich auch nicht, den Marsch seiner Truppen zur kaiserlichen Armee zu stoppen, bis Kaiser und Kurfürstenkolleg seine Forderungen erfüllt hatten. So erfolgten im Sommer 1708 tatsächlich seine Belehnung mit der Oberpfalz und seine Einführung in die vierte Kur und das damit verbundene Erztruchsessenamt. Er stand nun auf der Höhe seines Lebens, die er u. a. mit der Erneuerung des alten Jülicher Hubertusordens, mit dem großartigen Bau von Schloß Bensberg und der Eröffnung der Düsseldorfer Gemäldegalerie, aber auch mit dem Neubau und der Erweiterung der Heidelberger Universität der Welt demonstrierte. Wenn von der Anlage des das Rheintal bei Köln beherrschenden Bensberger Palastes bald ein Kenner bewundernd meinte, daß es kaum in Deutschland ähnliches gebe, so schien der Schloßherr zu einem der einflußreichsten Männer Europas geworden. In Österreich und im übrigen Reich, in Holland und England galt sein Wort viel, und immer wieder begegnen seiner Minister und Agenten Namen in den diplomatischen Berichten der Zeit, in Rom sah man in ihm den besten Vermittler in dem zwischen Papst und Kaiser ausgebrochenen Konflikt, und in Florenz segnete der durch seine Protektion vor schwerer Belastung bewahrte Großherzog die göttliche Vorsehung, die ihm in dem durchlauchtigsten Schwiegersohn seinen und seines Landes mächtigen Beschützer gegeben habe.

Sollte der Ausgang des großen Krieges ihn noch weiter emporführen? Als England sich der Koalition zu entfremden begann, stand der pfälzische Resident in London als Vertrauensmann auch der neuen englischen Minister im Mittelpunkt der Verhandlungen um einen vernünftigen Ausgleich, und als Kaiser Josephs plötzlicher Tod und der Anfall Österreichs an seinen bisher als Anwärter auf die spanische Krone geltenden Bruder Karl eine völlig neue Lage schufen, hat der pfälzische Minister Schaesberg 1711/12 insgeheim Verhandlungen über eine unmittelbare Verständigung zwischen Wien und Versailles geführt. Bot sich da nicht auch die Gelegenheit, dem vermittelnden Fürsten, der sich bereits durch Grupellos Meisterhand ein eigenes repräsentatives Reiterdenkmal errichten ließ, die ersehnte Königskrone zu gewinnen? Er war, wie Schaesberg dem Unterhändler der Gegenseite andeutete, bereit, sich in Deutschland aus Rücksicht auf Ludwigs XIV. bayrischen Schutzbefohlenen zu beschränken, wenn ihm dafür ein Mittelmeerreich aus Sizilien, Sardinien, Mallorca und Minorca geschaffen wurde. Es erwies sich freilich, daß der König von Frankreich sich lieber mit dem kriegsmüden England verständigte. Aber noch bei den Utrechter Friedensverhandlungen, die 1713 zum französisch-seemächtlichen Sonderfrieden führten, wurde von englischer Seite vorgeschlagen, ihn bei voller Restitution Max Emanuels entweder mit dem Königreich Sardinien oder mit den Niederlanden zu entschädigen, und der Vertrag selbst schien ihn dann wenigstens in dem Besitz der Oberpfalz und der älteren Kur zu bestätigen. War es ein Fehler, daß er durch Verweigerung des Beitritts sich die englische Gunst verscherzte? Wenn ihn dabei sicherlich der reichspatriotische Zorn über die, wie er sich ausdrückte, „spöttlichen, infamen, ehr- und gewissenlosen conditiones" für Deutschland beeinflußte, so gab er sich zugleich der Hoffnung hin, zwar nicht durch militärische Anstrengung, wohl aber durch seine im letzten Jahrzehnt so oft erfolgreich bewährte Diplomatie auch für sich noch mehr herauszuschlagen. Und wirklich vermochte er auch wieder in der letzten Phase des Krieges eine wichtige Rolle zu spielen. Seine Bevollmächtigten waren es, die im Sommer und Herbst 1713 in geheimen Verhandlungen mit den Franzosen die Wege ebneten, auf denen sich dann Prinz Eugen und der Marschall Villars im Schloß zu Rastatt zum endgültigen Abschluß des Krieges trafen. Hatte, als die ersten Kapitäne und Paladine des Kaisers und des Königs die Hände ineinanderlegten, der Vermittler nicht Aussicht und Anrecht auf besondere Berücksichtigung?

Es kam ganz anders. Alle Illusionen zerrannen, man einigte sich auf seine Kosten. Dem Bayern wurden auch die Oberpfalz und der Vorrang in der Kur zuerkannt, Sardinien ebenso wie die bisher spanischen Niederlande wurden dem Habsburger gegeben, und das von Johann Wilhelm zum Schutz seiner Pfalz geforderte feste Landau sicherte sich Frankreich. Es war wohl die Rede von Entschädigungen für den so böse geprellten Kurfürsten, etwa durch die Markgrafschaft Burgau oder durch Luxemburg und vor allem durch das Herzogtum Limburg. Aber der Friede enthielt nichts davon, und spätere Verhandlungen in Wien zogen sich ergebnislos in die Länge. In ohnmächtigem Zorn mußte er die volle Restitution des Bayern mit ansehen, während er mit leeren Händen dastand. Wohl möglich, daß das plötzliche und ruhmlose Scheitern seiner schon so weit vorangetragenen Ambitionen und damit seiner ganzen Politik den Tod des Fürsten beschleunigt hat. Mit ihm sanken bald nach dem Ende des Spanischen Erbfolgekrieges die großen Projekte eines pfälzisch-rheinischen oder pfälzisch-italienischen königlichen Reiches ins Grab. Wenn man sich aber fragt, warum dies Leben nach so großartigen Anläufen so tragisch endete, so wird man Gründe dafür sicher auch in seiner Persönlichkeit finden. Bei allen Anlagen und Fähigkeiten war er doch kein wirklich bedeutender Politiker und Staatsmann. Allzusehr ließ er sich vom Gefühl leiten, allzu lebhaft jagte er bald diesem, bald jenem Projekt nach, allzu hoch schätzte er seine Macht und die Möglichkeiten, die sich ihm boten. Es fehlten ihm Ruhe und Konsequenz, kühle Überlegungen und – was menschlich für ihn spricht – der rücksichtslose machiavellistische Tatwille.

VI.

Die Schwächen seiner Persönlichkeit haben sich auch in seinem innenpolitischen Wirken geltend gemacht. Wohl selten wird man in der Geschichte auf einen Fürsten stoßen, der, wie Johann Wilhelm, in dem einen der ihm zugefallenen Länder als wohlwollender Landesvater und großzügiger Mäzen gepriesen worden ist und in dem anderen bittere Kritik erfahren hat als gleichgültiger, volksfremder Despot, der sich um seine von schwerem Schicksal getroffenen Untertanen kaum gekümmert, ja ihre materielle und seelische Not noch vermehrt habe. Während am Niederrhein der gütige und kunstsinnige „Jan Wellem" den besten Ruf hinterließ, hat man in der Kurpfalz bis in unsere Tage Klage geführt über den verschwenderischen, die Not seines Volkes mißachtenden katholischen Herrscher, der seine zum größten Teil protestantischen Untertanen rücksichtslos in ihren religiösen Gefühlen und kirchlichen Rechten gekränkt habe. Eine ruhige Beurteilung auf Grund der freilich bisher nur lückenhaft erforschten Quellen wird zu dem Ergebnis kommen, daß Johann

Wilhelm weder ein bedeutender Reformator von Staat und Wirtschaft noch ein unbekümmerter Tyrann war, sondern ein wohlmeinender, wenn auch nicht in jeder Beziehung vorurteilsfrei denkender und wirkender Landesherr, der bei manchen nicht zu bestreitenden Unterlassungen und Fehlern doch zum mindesten auf dem Gebiete der Entwicklung von Kunst und Wissenschaft sich nicht geringe Verdienste erworben hat.

Für die in den Anfängen seiner Regierung ohne seine Schuld in tiefste Not geratene Kurpfalz ist der Neuburger in der Tat nicht ein so energischer und glücklicher Restaurator geworden, wie es Liselottes Vater Karl Ludwig nach dem Dreißigjährigen Krieg gewesen ist. Aber er konnte das auch nicht werden. Das Ausmaß der Verwüstungen war weit größer als damals, und ihm war nicht, wie Karl Ludwig nach 1648, eine längere Zeit des Friedens beschieden, um in Ruhe und planmäßig den Wiederaufbau durchzuführen. Wir sahen, daß er nach dem Frieden von Ryswick sich inmitten der Kurlande niederlassen und ihnen seine besondere Aufmerksamkeit zuwenden wollte. Daß der Hof dann doch in Düsseldorf blieb, dazu hat entscheidend die Unsicherheit der Lage seit dem Wiederausbruch des Krieges 1701 beigetragen, der für fast anderthalb Jahrzehnte neue Drangsale über das pfälzische Gebiet brachte. Nur kurz schien im Sommer 1702 in den erhaltenen Teilen des Heidelberger Schlosses alter Glanz aufzuleuchten, als der römische König Joseph mit seiner Gemahlin dort während der Belagerung Landaus durch die ihm unterstellten deutschen Truppen seinen Sitz nahm und mehrfach das wieder nach Weinheim gekommene Kurfürstenpaar in dessen eigenem Schlosse festlich empfing. Aber dann wurde es wieder still, und Johann Wilhelm ist in der Folgezeit nicht mehr häufig am Neckar gewesen. Als endlich wieder Friede einzog, war er schwerfällig und krank geworden, so daß er sich zur Übersiedlung nicht mehr aufzuraffen vermochte. Wenn so also gewisse zwangsläufige Ursachen für seine Zurückhaltung gegenüber dem sicherlich wichtigsten seiner Territorien vorhanden waren, wird man sie doch verwunderlich finden können. Daß er dabei seine landesherrlichen Pflichten gröblich vernachlässigt habe, wird man zwar nicht sagen dürfen. Er hat mit Erfolg Besitzstreitigkeiten mit benachbarten Fürsten bereinigt, er hat den Bürgern der zerstörten Orte mannigfache Erleichterungen gewährt und damit den Aufbau gefördert, und er hat vor allem auch sich bemüht, die berühmte Heidelberger Universität wieder in ihre „vorherige Consistenz, Flor und Lustre" zu bringen: doch nicht ganz zu Unrecht hat man ihn, der seinen Vertrauten in der Musik wie in politischen Dingen, Agostino Steffani, zu ihrem Kurator bestellte, den Grundstein für ein neues Universitätsgebäude legte, die Zahl der Lehrstühle vermehrte und für die Bibliothek die große Büchersammlung des holländischen Gelehrten Graevius ankaufte, im Bilde als den „Restaurator Universitatis Heidelbergensis" verherrlicht. Weniger erfreulich war sicherlich der zeitweise von ihm eingeschlagene religionspolitische Kurs, der tiefe Erbitterung bei den dem reformierten Bekenntnis anhängenden Pfälzern auslöste. Es ist nicht richtig, daß er ein den Jesuiten höriger Fanatiker war; hat er doch z. B. während jenes Aufenthalts in Wien 1704 vereint mit seinem Neffen Joseph und mit den Vertretern Englands und Hollands den Einfluß der aus dem Orden stammenden Beichtväter auf den Kaiser zu brechen gesucht. Aber der treue Sohn der katholischen Kirche hat jenen Artikel des Ryswicker Friedens über die Bestätigung des katholischen Vordringens in den vorher von den Franzosen annektierten pfälzischen Gebieten wenn auch nicht erfunden, so doch gern angenommen und befolgt, und er hat nach anfänglicher Milde das kalvinistische Kirchenregiment rigoros beschränkt. Der Nachweis ist allerdings erbracht worden, daß ihn bei diesem Vorgehen, das nicht nur Katholiken, sondern auch Lutheranern zugute kam, weniger konfessionelle Abneigung als die in ihm wie in den meisten Fürsten seiner Zeit lebendige absolutistische Herrscher- und Staatsgesinnung leitete, der Glaube, daß die Vorrechte und Ansprüche der Reformierten mit seinen fürstlichen Rechten unvereinbar seien, die er einmal als eines Regenten edelstes und vornehmstes Kleinod bezeichnet hat. Diese Überzeugung hat übrigens auf der anderen Seite auch zu heftigen Zusammenstößen zwischen ihm und der römischen Kurie geführt: in dem, was seine souveräne, ihm als Reichsfürsten gebührende Jurisdiktion betreffe, so hat er ihr gegenüber scharf betont, dulde er nicht und werde er nicht dulden, daß ihm jemals das geringste Unrecht geschehe. Und er hat trotz scharfer Mißbilligung von Papst und Jesuiten durch die von Preußen geforderte Religionsdeklaration von 1705 und entsprechende Abmachungen mit Berlin die Ryswicker Klausel wieder außer Kraft gesetzt und damit die Protestanten vor weiteren Verlusten gesichert, als er die preußische Zustimmung zu seinen politischen Plänen brauchte. Das Mißtrauen eines großen Teils der Pfälzer hat er freilich durch den seitdem eingeschlagenen versöhnlichen Kurs nicht zu beseitigen vermocht. Dies Mißtrauen aber mag wieder auf seine eigene Stimmung zurückgewirkt und ihn in der Vorliebe für Düsseldorf und für das ihn liebende fröhliche Volk am Niederrhein bestärkt haben.

Hier, in Berg und Jülich, wo übrigens Johann Wilhelm sich ständig Andersgläubigen gegenüber durchaus tolerant zeigte, haben natürlich schon die dauernde Anwesenheit des Fürsten und seines Hofes und die Vorteile, die sich daraus für manche Teile der Bevölkerung ergaben, eine günstigere Stimmung geschaffen. Es kann wohl auch nicht bestritten werden, daß die in der Zeit der Regentschaft bereits eingeleiteten und später ausgedehnten Maßnahmen zur Verbesserung von Verwaltung und Justiz, von Steuerwesen und Wirtschaft wie auch die Bemühungen um Erziehung und Moral der Bevölkerung – sie kamen insbesondere in den von beiden Gemahlinnen des Fürsten eifrig geförderten Volksmissionen zum Ausdruck – in den niederrheinischen Herzogtümern schöne Früchte getragen haben. Die Grenzen des Wollens und des Vollbringens sind freilich auch hier unverkennbar. Man kann zwar manche

Klagen der Liselotte über den Vetter, der, persönlich ein guter und ehrlicher Herr, sich allzusehr schlechten Ratgebern anvertraue, aus persönlicher Verärgerung über die Behandlung ihrer und ihrer Stiefgeschwister finanziellen Anforderungen erklären. Aber es dürfte schon etwas Richtiges daran sein, daß der Fürst, den zudem die große Politik, die Repräsentation und die Werke der Künstler mehr interessierten als die Arbeit der Verwaltung, dazu neigte, die Menschen schalten und die Dinge laufen zu lassen, und daß die Männer, denen er vertraute, wie die Mitglieder der Familie Wiser, der bevorzugte Günstling Graf Adam Diamantstein, später der Hofkammerpräsident Schaesberg und der Generalkriegskommissar Hundheim zum mindesten nicht das Format von wirklichen Staatsmännern hatten. Und sicher ist, daß die Neigung zur Entfaltung von Pracht und Prunk, zur Jagd und zu Vergnügungen sonstiger Art, zu „Festins" und „Divertissements" mitunter das vernünftige Maß überstieg. Hätte er, von dem die Liselotte einmal bitter schrieb, daß es löblicher vor Gott und der Welt wäre, wenn er sein Geld an die „armen verderbten Pfälzer" anwende als an „Karnevaldivertissements", nicht in der Tat die ihm zufließenden Mittel im Interesse von Staat und Volk besser verwenden können, war er nicht ein leichtfertiger Verschwender, für den auch die Begünstigung der Kunst vor allem zur Erhöhung des Glanzes eines auch in Notzeiten allzusehr auf Lustbarkeiten aller Art bedachten Hofes diente? Wenn wir den Briefen seiner Gemahlin entnehmen, daß er selbst nach ihrer Meinung allzuviel für Luxus, daneben auch für alchimistische „Allotria" ausgab, so verstehen wir die Entrüstung der Holländer, die einen großen Teil des von ihm auf Grund seiner angeblichen Notlage für seine Wiener Reise von 1704 geforderten und erhaltenen Geldes für prachtvolle Geschenke am Kaiserhof vertan sahen.

VII.

Bei alldem bleibt jedoch bestehen, daß gerade aus dieser „Magnificence" des Kurfürsten eine Leistung erwuchs, die seinen Ruhm mit Recht mehr begründet hat als die nach Macht und Kronen greifende Politik oder die wohlmeinenden Bestrebungen zum Besten des Volkes. In großen Bauten, in einzigartigen Sammlungen von antiken Originalen und Abgüssen, von Medaillen, Münzen und Porzellan, vor allem aber von Gemälden, in der geradezu leidenschaftlichen Förderung von Musik und Theater, in diesem ganzen großzügigen Mäzenat über die verschiedensten Zweige von Kunst und Wissenschaft hat Johann Wilhelm zweifellos ein Gut von edler Kultur geschaffen, das die Nachwelt teilweise noch bis zum heutigen Tage entzückt. Wenn Goethe sowohl über die Antikensammlung als auch über die Gemäldegalerie, die ihm zu verdanken waren, in Begeisterung geriet, so hat Schiller angesichts dieser Werke von der Verewigung seines Namens durch die dankbare Kunst gesprochen, und neuere Betrachtung ist gar zu dem Schluß gekommen, daß das ganze

Jahrhundert in Deutschland nicht einen ähnlichen fürstlichen Beschützer der schönen Künste gehabt habe. Musikalisch selbst begabt, hat er der Musik im Schloß und in dem schon 1696 errichteten Opernhaus in Düsseldorf Heimstätten geschaffen, in denen zahlreiche Oratorien, Symphonien, Opern und Balletts ihre Uraufführung erlebten. Als persönliche Berater des Fürsten auf diesem Gebiet begegnen uns insbesondere Italiener, von denen manche wie der schon genannte Agostino Steffani auch als Komponisten einen Namen hatten, aber mit ihnen wetteiferten begabte deutsche Musiker, und zweimal wurde am Hofe Georg Friedrich Händel empfangen und geehrt. Von dem Jagdschloß Bensberg, der Schöpfung des aus Venedig stammenden hervorragenden Hofarchitekten Matteo Alberti, ist schon die Rede gewesen, es ist in den Jahren 1705 bis 1709 entstanden, während von anderen Plänen des Kurfürsten und seines Baumeisters wie das Vorhaben bei Heidelberg so auch der 1709 gegebene Auftrag für eine neue Residenz in Düsseldorf selbst unausgeführt blieb. Über die aus allen Himmelsrichtungen herangeholten Bildhauer, Maler, Stukkateure, Kunsthandwerker, die um die Ausschmückung von Bensberg und um die sonstige künstlerische Verewigung des Zeitalters des „Jan Wellem" bemüht waren, gibt uns die Niederschrift seines Sekretärs Giorgio Maria Rapparini von 1709 „Le Portrait du vrai Mérite dans la Personne Sérénissime de M. l'Electeur Palatin" erwünschte Auskunft. Unter denen, die teils im Dienste des Hofes standen, teils auf Grund ihres Rufes mit besonderen Aufträgen versehen wurden, befanden sich Männer von der Bedeutung des „Hofstatuarius" Gabriel Grupello und der Maler Jan Frans van Douven, Antonio Belluci, Antonio Pellegrini, Jan Weenix, Domenico Zanetti und Adrian van der Werff. Sie haben wohl auch berühmte Besucher des Kurfürsten wie Marlborough und den Prinzen Eugen gemalt, und Douven wurde nicht nur von dem Pfälzer zur Überbringung von „Schildereien" nach Marlboroughs Schloß Blenheim, sondern auch auf Wunsch der Kaiserin Eleonore nach Wolfenbüttel gesandt, um die braunschweigische Prinzessin Elisabeth Christine, die als Gattin des späteren Kaisers Karls VI. ausersehen war, zu porträtieren. Vor allem aber waren viele kunstverständige Beauftragte des Kurfürsten unterwegs, um nach wertvollen Erwerbungen für die schon von seinem Großvater begründete Gemäldesammlung in Düsseldorf Ausschau zu halten. Wenn in Spanien vor der Jahrhundertwende die Schwester Marianne und ihr Beichtvater P. Gabriel um die Beschaffung von Werken Raffaels, Correggios, Paolo Veroneses, Andrea del Sartos, Luca Giordanos, Tizians, Rubens' und van Dycks sowie von kleinen Landschaftsbildern Breughels angegangen wurden, so waren in Italien und in den Niederlanden verschiedene Agenten mit Erfolg bemüht, die Wünsche ihres Herrn zu erfüllen. 1710 wurde ein eigenes Galeriegebäude zur Aufnahme der Schätze errichtet, die später einen bedeutenden Bestandteil der Münchener Pinakothek bilden sollten. Johann Wilhelm selbst war ein Kenner, der zu unterscheiden und fragwürdige

Angebote als solche zu erkennen wußte. Auch den Wissenschaften war er zugewandt, wie die Unterstützung der Arbeiten der Bollandisten und die Anregung zur Sammlung der Schriften des Raimundus Lullus zeigen. Wenn er den bedeutenden holländischen Physiker Nicolas Hartsoeker, der ihm seine „Conjectures physiques" widmete, nach Düsseldorf berief, so sah sich auch sein mit Leibniz in Verbindung stehender Beichtvater P. Ferdinand Orban zu seinen mathematischen Untersuchungen von ihm ermuntert.

Man könne sich, so hat er 1704 zu Steffani geäußert, auf seine Dankbarkeit verlassen, nichts verlange sein Herz mehr, als diejenigen gut zu belohnen, die ihm gut gedient hätten. Manches mag zwar Legende sein von dem, was man über seine Großzügigkeit gegenüber den Künstlern und über seinen jovialen, liebenswürdigen Umgang mit ihnen zu berichten wußte. Echt ist aber das Zeugnis des zornvollen Briefes, in dem er sich von Wien aus im Juni 1704 bei seinem Hofkanzler über die Schikanen beschwerte, mit denen die Esel und Idioten von Bürokraten, die von den schönen, freien Künsten nichts verständen und lieber den ganzen Tag saufen, spielen und tabagieren würden, als sich mit solchen tugendlichen und schönen Wissenschaften zu beschäftigen, der von ihm gewünschten Ausstattung eines so unvergleichlichen Mannes wie des Chevalier Grupello Schwierigkeiten bereiteten: „Ihr aber, mein lieber Hofkanzler", so schließt diese merkwürdige Auslassung, „wohl wisset, daß (ich) solche großen Künstler, wie der Chevalier Grupello u. a. sind, weit mehr ästimiere und vorziehe als alle dergleichen Plackscheißer, also habt Ihr den Chevalier Grupello mordicus zu soutenieren und in die Possession setzen zu helfen". Hier spiegelt sich uns noch einmal das Menschliche an diesem Fürsten, der wohl ungeduldig poltern und zürnen konnte, der aber im Grunde gütig und großmütig war.

VIII.

Unmittelbar nachdem das an den Pfälzer nach dem Tode Kaiser Josephs gefallene Reichsvikariat durch die Kaiserwahl seines zweiten Neffen Karl im Oktober 1711 ein Ende gefunden hatte, war Johann Wilhelm, der sich von der Wahlstadt Frankfurt nach dem pfälzischen Schwetzingen begeben hatte, an einer Kopfrose schwer erkrankt, der im nächsten Jahr ein leichter Schlaganfall folgte. Seitdem war er nicht mehr der alte. Das Scheitern seiner großen Politik, wohl auch die Besorgnisse um die Zukunft seines Hauses, da weder ihm noch seinen Brüdern erbberechtigte Söhne geboren wurden, waren nicht geeignet, ihn wiederaufzurichten. In Düsseldorf ist er am 8. Juni 1716 gestorben. Es war doch nicht nur höfische Phrase, wenn ihn die Inschrift an seinem Grabmal in der Düsseldorfer Andreaskirche pries als den „Princeps vere optimus, qui omnium amorem, venerationem, lacrymas jure meritus", als den besten Fürsten, der wahrhaftig aller Liebe, Verehrung und Trauer verdiente.

LITERATUR

E. v. Schaumburg, Die Jugendjahre Johann Wilhelms, in: Zeitschrift des Bergischen Geschichtsvereins 5 (1869/70); *ders.*, Johann Wilhelm Erbprinz und Pfalzgraf zu Neuburg, Regent der Herzogtümer Jülich und Berg, ebd. 8 (1872); *K. Th. Heigel*, Über den Plan des Kurfürsten Johann Wilhelm von der Pfalz, die armenische Königskrone zu gewinnen (1698–1705), in: Abhandlungen der Münchener Akademie 1893; *A. Hilsenbeck*, Johann Wilhelm, Kurfürst von der Pfalz, vom Ryswicker Frieden bis zum Spanischen Erbfolgekriege 1698–1701 (Diss. München 1905); *Th. Levin*, Beiträge zur Geschichte der Kunstbestrebungen in dem Hause Pfalz-Neuburg, in: Düsseldorfer Jahrbuch 19, 20, 23 (1905, 1906, 1911); *H. Fahrmbacher*, Kurfürst Johann Wilhelms Kriegsstaat im Spanischen Erbfolgekriege 1700–1714, in: Zeitschrift des Bergischen Geschichtsvereins 47/48 (1914/15); *F. Lau*, Beiträge zur Geschichte der Kunstbestrebungen des Kurfürsten Johann Wilhelm, in: Düsseldorfer Jahrbuch 26 (1914); *R. A. Keller*, Johann Wilhelm, ebd. 29 (1918); *G. W. Sante*, Die kurpfälzische Politik des Kurfürsten Johann Wilhelm vornehmlich im Spanischen Erbfolgekriege, in: Historisches Jahrbuch 44 (1924); *ders.*, Die kurpfälzische Politik Johann Wilhelms und die Friedensschlüsse zu Utrecht, Rastatt und Baden 1711–1716, in: Zeitschrift des Bergischen Geschichtsvereins 54 (1923/24); *F. Lau*, Die Regierungskollegien zu Düsseldorf und der Hofstaat zur Zeit Johann Wilhelms (1679 bis 1716), in: Düsseldorfer Jahrbuch 39/40 (1937/38); *H. Kühn-Steinhausen*, Der Briefwechsel der Kurfürstin Anna Maria Luise von der Pfalz, ebenda 40 (1938); *dies.*, Die Bildnisse des Kurfürsten Johann Wilhelm und seiner Gemahlin Anna Maria Luise Medici, ebd. 41 (1939); *dies.*, Die letzte Medicäerin – eine deutsche Kurfürstin (1939); *J. Krisinger*, Die Religionspolitik des Kurfürsten Johann Wilhelm von der Pfalz, in: Düsseldorfer Jahrbuch 47 (1955); *H. Kühn-Steinhausen*, Johann Wilhelm Kurfürst von der Pfalz, Herzog von Jülich-Berg 1658–1716 (1958); *R. A. Keller*, Kurfürst Johann Wilhelm, in: Ruperto-Carola 23 (1958); *M. Braubach*, Kurfürst Johann Wilhelm von der Pfalz, ebenda 24 (1958), mit Zusammenstellung weiterer Einzelliteratur.

ELIAS ELLER

DER GRÜNDER DER STADT RONSDORF
(1690-1750)

Von Edmund Strutz

I.

Nicht alles, was überliefert ist, ist richtig; nicht alle Nachrichten, die wir heute sprechen, schreiben oder gar drucken, werden einmal kritischer Prüfung standhalten. Es ist immer wieder notwendig, auf den Kern der Dinge zurückzugehen, einmal von Grund auf ein Bild zu untersuchen, das irgend jemand in der Vergangenheit auf Goldgrund oder nur grau in grau angelegt hat. Wie leicht kann durch ein paar flüchtige Bemerkungen das Bild eines Menschen völlig verzeichnet werden! Wieviel leichter dann, wenn blindwütiger Haß und Rachsucht die Feder führen! Einer der Fälle, wo solches in der Geschichte des Bergischen Landes nachzuweisen ist, ist die Person des Gründers der Stadt Ronsdorf, des berühmten und vielgeschmähten Elias Eller, dessen aber auch heute noch manche Menschen, die kaum etwas von ihm wissen, in Ehrfurcht gedenken.

Zwei Jahrhunderte lang hat man diesen Mann einseitig verdammt. Mit Behagen sprach man in all dieser Zeit besonders in kirchlich-orthodoxen Kreisen vom Ronsdorfer Skandal, mit Abscheu von dem Führer der Ronsdorfer Separation, und übersah dabei geflissentlich, daß man von diesem außerordentlichen Mann nichts anderes zu sagen wußte, als daß er eine Sekte gegründet, das Wuppertal verlassen und eine neue Siedlung – nämlich Ronsdorf – aufgebaut hatte, eine Siedlung, der seine Anhänger den Namen Zion oder das Neue Jerusalem gaben. Es mußte erst ein Mann vom Format des leider zu früh verstorbenen Elberfelder Superintendenten Klugkist Hesse auftreten und den Nebel, der sich um die Ereignisse des 18. Jahrhunderts verbreitet hatte, mit List verbreitet worden war, zerstreuen, ehe es möglich war, dem Gründer der Stadt Ronsdorf Gerechtigkeit zu verschaffen. War es doch gelungen, sein Bild derart zu verdunkeln, daß selbst seine historische Tat, die Gründung der Stadt Ronsdorf, kaum noch erwähnt wurde und man sogar in seiner Gründung selbst seinen Namen kaum noch zu nennen wagte. Es war höchste Zeit, einmal die kritische Sonde an die Überlieferung zu legen.

II.

Fassen wir zunächst einmal die äußeren Begebenheiten bei der Gründung Ronsdorfs kurz zusammen. In Elberfeld hatte sich im Anschluß an die Predigt, die der sektiererische Wanderprediger Reichsgraf von Hohenau, einer der geistigen Väter Tersteegens, im Jahre 1711 auf dem Ochsenkamp vor den Toren der Stadt gehalten hatte, ein starker Kreis von Erweckten gebildet. Sie verlangten nach einer Erneuerung, nach einem Aufbruch der Kirche, die ihnen in der hergebrachten Form nicht mehr genügte. Man glaubte einmal wieder, daß die Endzeit nahe sei, und auch die Seele des gemeinen Mannes war in sichtbarer Unruhe. Es war die Zeit August Hermann Franckes, des Grafen Zinzendorf und zahlreicher Mystiker und Pietisten. Der Reichsgraf von Hohenau war einer der gewaltigsten Prediger seiner Zeit. Jung-Stilling berichtete, den Zuhörern seiner Predigten sei es gewesen, als würden sie in die Wolken emporgehoben und der Morgen heiliger Ewigkeit bräche herein. In unser nüchternes, fast nur der Wirtschaft und Technik verhaftetes Zeitalter passen diese Gedanken und Hoffnungen zunächst kaum hinein; aber das Bergische Land war stets geistigen und besonders religiösen Strömungen gegenüber besonders aufgeschlossen, und es ist noch nicht manches Jahr vergangen, daß man hierzulande zu Tausenden Säle und Zelte füllte, um den Worten eines schlichten Fabrikanten zu lauschen, denn er sprach gewaltig und nicht wie die Schriftgelehrten. Und nirgendwo gibt es für Sekten und Gruppenbildungen einen günstigeren Nährboden als das Bergische.

Hier liegt die Wurzel dessen, was in der Bewegung Elias Ellers an geistigem Gehalt, an zündender Kraft lag. Ein Aufbrechen, ein Aufwachen ging durch die Elberfelder reformierte Gemeinde. Ein Frühlingsahnen lief durch die Straßen und Gassen. Der einfache Bandwirker merkte es, und dem im Kontor rechnenden Bleicherherrn blieb es nicht verborgen. Aber es war nicht die ganze Gemeinde, die von diesem Neuen ergriffen wurde. Die Mehrzahl folgte in hergebrachter Weise ihren gewählten Seelenhirten, die in Nüchternheit und Klarheit Bibel und Heidelberger Katechismus auslegten und jeder Art von Schwärmerei abhold waren. Gerade der damalige Erste Prediger der Elberfelder reformierten Gemeinde, Bernhard Meyer, war seiner nüchternen Natur nach – er stammte aus der Gegend von Bremen – sicher nicht der rechte Mann, um mit den aufbegehrenden Menschen fertig zu werden. Klugkist Hesse nennt ihn mit Recht einen Mann der Vergangenheit, voll Müdigkeit, und auch sein Nachkomme Wilhelm de Weerth weiß in seinen „Müttergeschlechtern" von diesem Vorfahren, der ein Totengerippe im Wappen führte, wenig mehr zu berichten, als daß er ein strenggläubiger reformierter Prediger gewesen sei. Da aber der Zweite Prediger, Daniel Schleiermacher, der neuen Bewegung zufiel, sich ihr anschloß, ging sehr bald ein Riß durch die bisher so geschlossene größte reformierte Gemeinde des Niederrheins. Man brachte den Zwiespalt vor die Elberfelder Classis, d. h. die Vereinigung der im Umkreis von Elberfeld amtierenden Pfarrer, aber sie sah keinen Weg, die Schwierigkeiten zu beheben. Die bergische Synode, in der die Elberfelder Separatisten natürlich nur noch eine verschwindende Minderheit darstellten, verschloß sich den neuen Wünschen, so daß den Erwecktenkreisen nichts anderes übrigblieb, als sich in kleinen Gemeinschaften, sogenannten Konventikeln, zusammenzuschließen. Das war damals etwas Außergewöhnliches, heute ist man solches gewöhnt. Alle Sektenbildung hat mit solchen Konventikeln, geheimen Versammlungen u. a. begonnen – heute wie ehedem. Auch waren es gewiß nicht die Schlechtesten aus der Elberfelder Gemeinde, die sich da zusammenfanden, sondern gläubige, um ihr Seelenheil besorgte Gemeindeglieder. Es stoßen bei allen Abspaltungen bekanntlich stets nur ohnehin schon gläubige Kreise zu einer neuen Bewegung. Hashagen bemerkt in seinem neuesten Werk über bergische Kirchengeschichte mit Recht, daß ein nennenswertes Eindringen in sogenannte

Kaspar Garschagen
lutherisch,
später reformiert
Kaufmann zu Barmen
∞ Gertrud
Taschemacher
reformiert
1605–1657

←———— Brüder ————→

Anna Garschagen
reformiert
(* 1632)
∞ Elberfeld
28. 10. 1658
Philipp Jakob
Martius
reformiert
Apotheker zu Ed,
von Neustadt
an der Haardt

Johannes Garschagen
lutherisch,
dann reformiert
Kaufmann zu
Hückeswagen
∞ I. Hückeswagen 1674
Angelika Paffrath
reformiert
∞ II. Hückeswagen
Anna Katharina
Steinkäuler
reformiert
1662–1707

∞ II. Hückeswagen 1691
Dietrich Grahe
in Solingen
reformiert, Sektierer

Eva Katharina
Garschagen
lutherisch
1646–1672
∞ Lennep 22. 8 1666
Arnold Hasenclever
lutherisch
1643–1709
Hammerherr
zu Marscheid, dann
zu Herbringhausen bei
Lüttringhausen

Abraham Martius
1667–1746
reformiert
reform. Pfarrer
zu Gevelsberg
∞ Hamm i. W.
12. 1. 1708
Anna Senger
1683–1752

Eva Katharina
Garschagen
(† 1721)
reformiert
∞ Gemarke 1707
Konrad Gülcher
1683–1714
reform. Pfarrer
zu Duisburg

Anna Katharina
Garschagen
reformiert
∞ Delling
14. 4. 1705
Johann Heinrich
Hoffmann
reform. Pfarrer
zu Delling

Wilhelm Grahe
Taufgesinnter
1693–1774
Gelbgießer
zu Krefeld
∞ Krefeld 1722
Anna Margareta
Naß
Mennonitin

Abraham Eller
Ellerianer
1681–1752
Kaufmann zu Elberfeld
zuletzt zu Ronsdorf
∞ I. Elberfeld
22. 6. 1705
Gertrud Köhne
aus Radevormwald
∞ II. Elberfeld
4. 8. 1708
Anna Kath. von den
Westen
verw. Brügelmann
reformiert
1665–1755

Anna Luise Martius
reformiert
1713–1784
∞ Urdenbach
29. 6. 1732
Peter Wülfing
Ellerianer
1701–1776
Pfarrer zu Ronsdorf

104

ungläubige Kreise keiner Sekte und keiner innerkirchlichen Richtung bisher gelungen sei.

Zu einem dieser im Bannkreis Hohenaus in Elberfeld entstandenen Konventikel stieß auch die Bäckerstochter Anna vom Büchel, deren Großvater zwei Menschenalter zuvor vom Hofe Büchel bei Remscheid in Elberfeld eingewandert war. Sie gab schon im Jahre 1722 Zeichen besonderer seelischer Erregung von sich: sie sprach in Gesichten vom Anbruch der Endzeit und vom baldigen Siege Jesu Christi auf Erden und verriet dabei eine erstaunliche Kenntnis der Heiligen Schrift. Der reformierte Prediger Daniel Schleiermacher gehörte zu ihren eifrigen Zuhörern, sprach sie ja nur von dem, was alle Welt

Der Konfessionswechsel in der Verwandtschaft von Elias Eller

Gottfried Garschagen
lutherisch
Bürger in Lennep
∞ Anna Frowein
lutherisch
1624–1694

Anna Gertrud Garschagen
lutherisch
∞ Lennep luth.
4. 1. 1657
□ Elberfeld
ref. 6. 4. 1737
∞ Elberfeld 1679
Johannes Eller
reformiert
* 1626, † vor 1714
Bürger in Elberfeld

Eva Katharina Eller	Samuel Eller	Elias Eller	Johannes Eller
lutherisch	*lutherisch,*	1690–1750	1691–1765
1683–1719	*dann reformiert*	Gründer der Sekte	*reformiert,*
∞ Lüttringhausen	Kaufmann zu Ronsdorf	und der Stadt Ronsdorf	*zeitweise Ellerianer,*
luth. 11. 10. 1707	dann zu Solingen	∞ I. Elberfeld	Kaufmann zu Elberfeld
Franz Stoßberg	∞ Lüttringhausen	ref. 12. 11. 1712	∞ Köln (Schiffergmde.)
lutherisch	luth. 7. 4. 1718	Katharina Jansen	24. 11. 1722
	Margareta Luckhaus	verw. Bolckhaus	Sara Ida Schüll
	1695–1736	*Ellerianerin*	*reformiert*
	∞ II. Cronenberg	1680–1733	1697–1747
	ref. 1739	∞ II. Elberfeld	
	Anna Katharina Kohl	ref. 26. 1. 1734	
	reformiert	Anna vom Büchel	
	1703–1774	*Ellerianerin*	
		1698–1743	
		∞ III. Ronsdorf	
		15. 9. 1749	
		Anna Gertrud Lucas	
		verw. Bosselmann	
		Ellerianerin	
		1695–1769	

105

auch außerhalb der pietistischen Kreise bewegte. Denn Elberfeld war, wie Klugkist Hesse einmal an anderer Stelle bemerkte, heute wie ehedem ein merkwürdiger Seismograph in geistig-religiösen Dingen, eine vorzügliche Empfangs-, aber auch Sendestation.

III.

In den Kreis dieser Erweckten, in dem Anna vom Büchel ihre Gesichte hatte und in dem die von ihr genannten Bibelsprüche Grundlage von Ansprache und Erbauung bildeten, wurde ein Elberfelder Kaufmann namens Elias Eller mit seiner Frau Katharina Jansen verwitweten Bolkhaus hineingezogen. Er war auf einem der vier damals auf Ronsdorfer Boden gelegenen Bauernhöfe geboren, entstammte also dem lutherischen Kirchspiel Lüttringhausen. Er gehörte aber einer Elberfelder reformierten Familie an, aus der sein Neffe Johann Kaspar Eller im Jahre 1763 und sein Großneffe Johannes Eller im Jahre 1780 das Bürgermeisteramt der Stadt bekleideten. Er trug also trotz seiner Ronsdorfer Herkunft einen guten Elberfelder Namen, und noch heute halten die Eller-Stiftung und der Elisenturm auf der Hardt die Erinnerung an diese inzwischen im Mannesstamm ausgestorbene Familie wach. So erweist sich schon die erste Behauptung der Gegner Ellers, er sei aus den untersten Schichten der Bevölkerung aufgestiegen, als unwahr. Er erlernte als jüngerer Sohn des väterlichen Hofes – wie das damals in Wuppertal und seiner Umgebung üblich war – die Kunst des Bandwirkens, ging nach Elberfeld und wurde dort im Jahre 1700 oder etwas später Werkmeister bei dem Florettbandfabrikanten Peter Bolkhaus. Er heiratete dann im Jahre 1712 dessen Witwe, obgleich sie zehn Jahre älter war als er. Dieser Umstand verschlug damals nichts, denn Ehen mit zehnjährigem Altersunterschied waren im Mittelalter und in der Neuzeit – zumal in handwerklichen Kreisen, wo der Altgeselle oft die verwitwete Frau Meisterin heiratete – durchaus nicht selten. Jedenfalls war Katharina Jansen, die Tochter Adolf Jansens und der Katharina Brügelmann in Elberfeld, nicht zwanzig Jahre älter als ihr zweiter Ehemann, wie schon vor hundert Jahren der Wuppertaler Genealoge Robert Cleff in seinen Kollektaneen (heute als Photokopie in der Bibliothek des Bergischen Geschichtsvereins) berichtet hat. Die von den Gegnern Ellers aus sehr durchsichtigen Gründen verbreitete Behauptung, der Altersunterschied zwischen ihm und seiner Frau habe zwanzig Jahre betragen, ist erweislich falsch, auch wenn das Begräbnisbuch der Elberfelder Gemeinde Katharinas Alter ebenfalls um dreizehn Jahre zu hoch angibt.

Dieser Elias Eller, zweifellos ein Mann von ungewöhnlicher Tatkraft und großem seelischem Einfluß auf seine Umgebung, wurde sehr bald das Haupt des Konventikels. Sein Einfluß steigerte sich noch, als er fünf Monate nach dem Tode seiner ersten Frau im Jahre 1734 die Prophetin Anna vom Büchel heiratete. Natürlich fehlte es nicht an hämischer Nachrede, und Werner

Knevels, der Verfasser des berüchtigten Schmähwälzers, behauptete, Elias Eller habe schon vor dem Tode seiner ersten kinderlosen Frau in ehebrecherischen Beziehungen zu Anna vom Büchel gestanden, habe sich von der ersten Frau getrennt, die darauf dem Wahnsinn verfallen sei. Andere Belege als Knevels gibt es für diese Nachricht nicht, und auch sie ist niedriger zu hängen. Es ist eigenartig, daß das Begräbnisbuch der reformierten Gemeinde, das in allen Fällen bei Wahnsinn mit der Bemerkung „war leider schwachsinnig" anzugeben pflegt, ob eine derartige Krankheit vorliegt, beim Tode der Katharina Jansen am 11. August 1733 nur ganz schlicht vermerkt: „Catrina Jansen Elias Ellers Fraw 63." Niemals hätte sich der Kirchenbuchführer entgehen lassen, hier dem unerwünschten Mitbruder Elias Eller durch eine gehässige Bemerkung etwas am Zeuge zu flicken, wenn die von Knevels wiedergegebene üble Nachrede einen wahren Kern enthielte! Das beste Zeugnis für ein normales Ende, ja sogar für einen normalen Verlauf der ersten Ehe gibt wohl das Verhalten der beiden Stiefsöhne Ellers, der Brüder Johann und Jakob Bolkhaus, die bis zu Ellers Tod in bestem Einvernehmen mit ihrem Stiefvater und auch mit Anna vom Büchel gelebt und alles getan haben, um der von Eller gegründeten Sekte und ihrer Stadt Ronsdorf zum Aufschwung zu verhelfen. Das hätten sie sicher nicht getan, wenn die über ihre richtige Mutter böslich verbreiteten Gerüchte wahr gewesen und Elias Eller das geringste hätte vorgeworfen werden können. Im übrigen darf man darauf hinweisen, daß die nach Knevels mit „allen Reizen des Teufels" ausgestattete Anna vom Büchel am 26. Januar 1734, als sie Elias Eller heiratete, immerhin schon sechsunddreißig Lenze zählte, also schon aus der ersten Blüte heraus war. Auch die vom Kandidaten Knevels mit so viel Brimborium ausgeschmückte Behauptung, die Ellerianer hätten geglaubt, Anna vom Büchel würde einen neuen Messias gebären, das Kind sei aber leider ein Mädchen gewesen, erweist sich bei genauer Nachprüfung als häßliche Verleumdung. Das erste Kind der Anna vom Büchel, das sie nach anderthalbjähriger Ehe zur Welt brachte, war kein Mädchen, sondern ein Sohn namens Benjamin, bei dessen Taufe am 4. August 1735 Pfarrer Daniel Schleiermacher Pate stand! Daß dieser Sohn nach fünfviertel Jahren starb und die drei folgenden Kinder Mädchen waren, ist ein Schicksal, das viele Elternpaare vorher und nachher mit der Familie des Ronsdorfer Stadtgründers teilen.

Unter Ellers und der Prophetin Führung nahm die Zahl der Erweckten immer mehr zu. Prediger Schleiermacher hielt nach wie vor zum Ellerschen Ehepaar, und die Bewegung griff schon bald auf benachbarte reformierte Gemeinden, wie Solingen, Neviges, Langenberg, Düsseldorf, Ratingen u. a. über. Auch Pfarrer rechneten sich zum Ellerschen Kreise, so Peter Wülfing in Düsseldorf, der später nach Solingen berufen und von dort 1745 nach Ronsdorf gewählt wurde, so auch Hermann Adolf Jansen in Kaldenkirchen, später in Homberg, Wülfrath und Solingen, ein Vetter von Ellers erster Frau, und auch

Heinrich Rudenhaus in Düsseldorf, dann in Ratingen und zuletzt als Nachfolger Wülfings in Ronsdorf. Die Bewegung beschränkte sich also keineswegs auf das Gebiet der Elberfelder Classis (der heutigen Synode entsprechend), sondern griff auf Gemeinden der benachbarten Classis Solingen und Düsseldorf über. Ihre Grenzen sind schwer zu erkennen; jedenfalls kann man ohne Bedenken unterstellen, daß überall da, wo in jener Zeit Ronsdorfer Ellerianer als Taufpaten auftreten und zugelassen werden, die Taufeltern und der Pfarrer zionistischen Gedankengängen nahestanden. Doch ist der Ellerianismus nicht zu einer Volksbewegung geworden. Man gewinnt mehr den Eindruck, als ob einzelne Pfarrherren ihr zugefallen wären, die dann versucht hätten, in ihren Gemeinden Anhänger zu sammeln, aber keinen festen Fuß fassen konnten. Es wäre deshalb zur Beurteilung der Ellerschen Bewegung wertvoll, einmal aus den Synodalakten festzustellen, welche Stellung die einzelnen Pfarrer oder Synodalen auf den Synodal- und Generalsynodalversammlungen eingenommen haben. Vielleicht erklärt sich der überaus schleppende Gang der Verhandlungen in der synodalen Instanz damit, daß auch in den Pfarrerkreisen die Meinungen geteilt waren und hie und da doch jemand die Hand über den abtrünnig gewordenen Vetter hielt?

Eines steht jedenfalls fest: Von Mensch zu Mensch waren die Gegensätze gar nicht so groß, wie die Überlieferung glauben machen will. Wie hätte sonst der Solinger Klingenkaufmann Peter Mumm, der spätere bekannte Frankfurter Bankier, auf den Gedanken kommen können, sich mit einer Tochter des verhaßten Sektierers verloben zu wollen, wie es Viktor Bredt in seiner Familiengeschichte Siebel berichtet? Wie wäre es sonst möglich gewesen, daß der Gemarker Amtsschulmeister Johann Gottfried Conradi im Jahre 1744, als der Kampf zwischen der Synode und der Ronsdorfer Gemeinde im vollen Gang war, in erster Ehe Maria Gertrud Weinbeck aus Düsseldorf, deren Vater Konrektor der Düsseldorfer reformierten Lateinschule und seit 1741 in Ronsdorf war, heiraten und nach deren frühem Tode drei Jahre darauf Anna Christiane zur Ehren, die Tochter des prominenten Ronsdorfer Zioniten, heimführen konnte? Die Verwandten zur Ehren stehen bei seinen Kindern in Gemarke unbeanstandet als Mitglieder der reformierten Gemeinde Ronsdorf Pate. Soll man glauben, daß der Gemarker Pfarrer Johann Adam Bock, ein betonter Anhänger des calvinistischen Bekenntnisses und sicher im Sinne des landeskirchlichen Bekenntnisses nicht anzuzweifeln, diese Ronsdorfer als Paten zugelassen hätte, wenn die Gegensätze wirklich so tief gewesen, Ronsdorf wirklich so voller Greuel gesteckt hätte, wie es die offizielle Kirchengeschichte seit zwei Jahrhunderten hat glauben machen wollen? Oder konnte in der Mitte des 18. Jahrhunderts der Amtsschulmeister eine eigene vom Pfarrer unabhängige kirchenpolitische Linie vertreten?

Diese Fragen stellen heißt, sie verneinen. Für die anderen reformierten Gemeinden handelt es sich, sicher in den Anfangszeiten, um einen Streit innerhalb der Elberfelder Gemeinde, um einen Machtkampf zwischen den beiden Pfarrern Bernhard Meyer und Daniel Schleiermacher. Hier allerdings wurde es je länger desto mehr klar, daß die erweckten Kreise um das Ehepaar Eller und die sich zur Landeskirche, zur Synode und offiziellen Gemeinde haltenden Familien auf die Dauer nicht mehr nebeneinander leben konnten. Der Riß ließ sich nicht mehr überbrücken. Als schließlich auf Betreiben der Altgläubigen und der bergischen Synode die katholische Landesregierung eingriff und die Ellerschen Konventikel verbot, mußte es auch äußerlich zur Trennung kommen. Alles drängte zum Verlassen Elberfelds, zum Auszug aus Babel, wie die Ellerianer Elberfeld nannten, und zur Gründung eines neuen Zion, das Ellers Anhänger in Ronsdorf, der Heimat ihres Führers, zu finden hofften.

IV.

Im Jahre 1735 war es soweit! Mit Sack und Pack zogen die ersten hinauf auf die Höhe und hinab in den Ronsdorfer Kessel; Schleiermacher aber, der Zweite Prediger der reformierten Gemeinde Elberfeld, folgte nach einigen Jahren. Dieser offizielle Übertritt eines offiziell ordinierten reformierten Predigers ist das Besondere dieses Auszuges. Er zeigt aber auch deutlich, daß man in Ronsdorf zunächst keine Sektenbildung, sondern die Gründung einer neuen reformierten Gemeinde beabsichtigte, nachdem man in der Muttergemeinde nicht genügend Gehör gefunden hatte. Deshalb kann man die Geschichte der Gemeinde Ronsdorf auch nicht als für die Geschichte der evangelischen Kirche belanglos abtun, wie es die bekannte 1818 erschienene Recklinghausensche Kirchengeschichte tut. Rechtlich gesehen, war die Abwanderung nach Ronsdorf nichts anderes als der Abzug eines kleinen Teils der Elberfelder Gemeinde unter einem ihrer rechtmäßig ordinierten und gewählten Pfarrer, nichts weniger, aber auch nicht mehr. Dafür ist das Verhalten der katholischen Landesregierung der beste Beweis. Als neugegründete reformierte Gemeinde erhielt die Siedlung am 22. Oktober 1741 vom pfälzischen Kurfürsten Karl Philipp, Herzog von Jülich und Berg, das Recht der öffentlichen Religionsausübung. Am 21. November desselben Jahres begaben sich die Pfarrer Johann Hermann Ovenius (Cronenberg) als Inspektor, Johann Jakob vom Berg (Gruiten) als Assessor und Johannes Olpe (Sonnborn) als Scriba, d. h. das Moderamen (Vorstand) der Elberfelder Classis, nach Ronsdorf zur Gründung und Anerkennung der neuen reformierten Gemeinde. Anschließend wählte diese einstimmig den Elberfelder Pfarrer Daniel Schleiermacher zu ihrem neuen Seelenhirten. Inspektor Ovenius führte ihn am 24. Dezember 1741 ordnungsmäßig in sein neues Amt ein. Einer besonderen Aufnahme in die Classis hat es anscheinend nicht bedurft, da Schleiermacher ja schon als Elberfelder Pfarrer der Classis angehört hatte, zudem schon 1733 Präses der bergischen Synode gewesen war.

Wie friedlich sich der Auszug der Ellerianer vollzogen haben muß, zeigt wohl am eindrücklichsten die Tatsache, daß die bergische reformierte Synode, im April 1742 zu Düsseldorf abgehalten, den Ronsdorfern zur weiteren Festigung ihrer Gemeinde eine Kollekte in fremdem Land gestattet und 1744 sämtlichen Herren Brüdern ans Herz legt, die Ronsdorfer Kollekte in Jülich und Berg von den Kanzeln zu empfehlen. Und das geschah, obgleich man in den Synodalkreisen genau wußte, daß man in Ronsdorf willens war, die geschlossenen Konventikel und die Liebesmahle fortzusetzen, die von der Generalsynode schon 1737 mißbilligt worden waren.

Im gleichen Jahr 1744 aber hört man von den ersten Schwierigkeiten, die den Anhängern Ellers, zum mindesten den beteiligten Pfarrern, entstanden sind. Die zur Synode deputierten Ältesten der reformierten Gemeinden Ronsdorf, Solingen und Ratingen kündigten an, daß ihre Gemeinden ihren Beitrag zur Generalsynode so lange zurückhalten würden, bis ihnen die Generalsynode, von der ihre Prediger „in summo gradu angeschwärtzet" worden, hinreichende Genugtuung gegeben hätte. Im nächsten Jahre wiederholten sie ihre Drohung.

Trotz der allmählich einsetzenden Spannungen haben aber Ronsdorfer Deputierte bis zum Jahre 1749 regelmäßig an den Tagungen der Elberfelder Classis und denen der bergischen Synode teilgenommen, sind also als Abgeordnete einer reformierten Gemeinde behandelt worden. Daniel Schleiermacher war noch im Jahre 1748 von Ronsdorf aus Assessor der Elberfelder Classis.

Das Jahr 1745 brachte der Neugründung auch die offizielle Anerkennung der Landesregierung: Der Siedlung Ronsdorf wurden städtische Rechte verliehen, Elias Eller wurde ihr erster Bürgermeister – nun in geistlicher und weltlicher Hinsicht ihr oberster Herr. Nach noch nicht zehn Jahren seit dem Auszug aus Elberfeld trat die Ellersche Gründung ebenbürtig neben ihren Ausgangsort, der Bürger der Stadt Ronsdorf hatte in seiner Stadt genau die gleichen Rechte wie der Bürger in Elberfeld im Rahmen seiner Stadt. Sie wählten alljährlich Rat und Bürgermeister, hatten ein eigenes Stadtgericht, dessen Bezirk aus dem Amtsgerichtsbezirk des Amtes Bornefeld eximiert wurde, und unterstanden dem landesherrlichen Richter nicht mehr.

Die Gegner Ellers haben diesem vorgeworfen, das Geld habe hinter den Kulissen eine große Rolle gespielt. Abgesehen davon, daß diese Gegner selbst etwa dreißig Jahre vorher, als es sich für Elberfeld um die Erlangung eines eigenen Stadtgerichts handelte, in Düsseldorf auch mit dem Geld offiziell und privat nicht gespart hatten – man mag das in meiner Elberfelder Stadt- und Gerichtsverfassung nachlesen –, mutet es mehr als unwahrscheinlich an, wenn man glaubt oder behaupten will, Elias Eller und die Ronsdorfer hätten in Kleve oder gar in Berlin preußische Beamte durch Geld beeinflussen können. Schließlich war Preußens Lehrmeister König Friedrich Wilhelm I. eben erst vor fünf Jahren gestorben, und man weiß, wie empfindlich auch Friedrich d. Gr. gerade in diesem Punkte war.

Richtig ist an der von den Synoden immer wieder erhobenen Behauptung, Eller und seine Anhänger hätten das Ohr des großen Königs viel besser zu finden gewußt als ihre synodalen Gegner, wohl nur die Tatsache, daß Ellers Stiefsohn, der preußische Geheimrat Johann Bolkhaus, ein ganz besonders geschickter Diplomat gewesen sein muß. Wahrscheinlich aber hat das erstaunliche Eintreten Friedrichs d. Gr. für Ronsdorf einen anderen, viel realeren Grund. Man denkt doch wohl etwas zu gering von dem klügsten Herrscher seiner Zeit, der sich bekanntlich um die kleinsten Kleinigkeiten seines Landes persönlich kümmerte, wenn man mit den Synoden behaupten will, er sei stets nur einseitig, also schlecht unterrichtet gewesen; und es ist sozusagen grotesk, anzunehmen, als wären seine Räte in Kleve über die Verhältnisse im Herzogtum Berg schlecht unterrichtet gewesen. Nein, der König war sehr gut unterrichtet; denn er hörte durch seinen Geheimrat Bolkhaus und seine Räte in Kleve alles genau und nicht einseitig. Er wußte, was er wollte, und fand in dem Streit zwischen Ronsdorf und der Synode stets wieder einen willkommenen Anlaß, sich in die bergischen Dinge einzumischen. Sein Eingreifen war nicht kirchlich, sondern politisch bedingt; denn trotz des Verzichts auf das Herzogtum Berg war er, der preußische König, seit den Tagen der Religionsvergleiche immer noch der Schirmherr der Protestanten in Jülich-Berg. Je mehr sich aber dort die konfessionellen Verhältnisse normalisierten, je weniger dort die katholische Landesregierung den Protestanten Anlaß zu Klagen gab, um so mehr mußte der preußische König einen anderen Grund haben, wenn er über die Verhältnisse im Bergischen unterrichtet bleiben wollte. Den Vorwand gab ihm Ronsdorf, und es wäre ein Irrtum, anzunehmen, als ob sich der König im Streit zwischen Ronsdorf und der Synode etwa dogmatisch auf die Seite der Ronsdorfer gestellt hätte. Der innere Streit, der da ausgetragen wurde, interessierte ihn nur wenig, aber es paßte in seine politischen Pläne, wenn die Ronsdorfer ihn als ihren Schutzherrn ansahen, wenn ihr Bürgermeister Elias Eller sein Agent (d. h. Konsul) war. Auf der gleichen Linie liegt es, daß er Elias Eller zum Vorsteher sämtlicher protestantischen Gemeinden in den Herzogtümern Jülich und Berg machte, eine Ernennung bar jeden Inhalts, zu der ihm obendrein in den zum Kurfürstentum Pfalz gehörenden Ländern nicht die geringste Berechtigung zustand. Aber auch dieser belanglose Titel band Elias Eller und seine Ronsdorfer wieder an den fernen König in Berlin. Solange Elias Eller lebte, hat sich an diesen Verhältnissen nichts geändert. Am 16. Mai 1750 ist er im vollen Besitz seiner Macht und seiner Rechte gestorben. „Weyland seiner königlichen Majestät in Preußen hochbestallter Agent und Vorsteher derer sämtlichen protestantischen Gemeinden in den zwei Herzogtümern Gülich und Berg, wie auch von Ihro Churfürstlichen Durchlaucht gnädigst angeordneter Erster Bürgermeister hiesiger Stadt und der Erbslöher Honschaft und wohlverdienter Scheffe", heißt es in seiner Sterbeurkunde.

Noch diese Fassung seiner Sterbeurkunde läßt erkennen, daß es nicht nur kirchliche Gegensätze waren, die der Ellerschen Gründung zu Anfang das Leben schwer machten. Sicher haben die Ellerianer oder Zioniten, wie man sie auch nach ihrer heiligen Stadt nannte, der Umwelt manchen Anlaß gegeben, daß man sich mit ihnen in unliebsamer und gehässiger Weise beschäftigte. Sie taten geheimnisvoll, tagten in der Öffentlichkeit unzugänglichen Konventikeln und schlossen sich, hochmütig und stolz auf die ihnen eigene Rechtgläubigkeit, von anderen Christen – auch von den Lüttringhauser Lutheranern – ab. Sie waren keine Asketen, fasteten nicht, wie das ein richtiger Frommer doch tun mußte, sondern waren fröhlich mit den Fröhlichen und verachteten gutes Essen und Trinken nicht. Aber die Stadtwerdung Ronsdorfs, sein Ausscheiden aus dem Gerichtsverband, bedingte eine Schmälerung alter Lüttringhauser Rechte. Es kam zu jahrelangen Streitigkeiten mit dieser Gemeinde, und man kann sich gut vorstellen, daß die glücklichen Emporkömmlinge von Neid und Mißgunst der Nachbarn verfolgt wurden, daß aber auch Klatsch und Tratsch immer wieder günstigen Nährboden fanden. Jedenfalls wurde die Neugründung nicht nur von religiöser, sondern auch von kommunaler Seite, wenn ich einmal so sagen darf, heftig befehdet und angegriffen. Die Zuteilung der Erbslöher Honschaft aus dem Lüttringhauser Verband zur Stadt Ronsdorf hat schwere Kämpfe gekostet. Man kann darüber in der neuesten Geschichte Lüttringhausens aus der Feder von Erwin Stursberg Näheres lesen. Die ausdrückliche Erwähnung in seiner Sterbeurkunde, daß Elias Eller Bürgermeister der Stadt Ronsdorf und der Erbslöher Honschaft gewesen sei, gibt davon Zeugnis, wie wichtig gerade dieser Erfolg damals seinen Mitbürgern erschien.

V.

Die Schwierigkeiten der Ellerianer, wie sie sich nach dem Tode ihres Gründers seit dem Jahre 1750 entwickelten, kamen trotzdem nicht von außen, sondern von innen. Zwar hatte sich Daniel Schleiermacher, der Erste Prediger und Mitbegründer der Gemeinde, schon zu Lebzeiten Ellers in Unfrieden von den Ronsdorfern getrennt. Die eigentlichen Mißhelligkeiten entstanden aber erst unter seinem Nachfolger Peter Wülfing, den man 1745 in Ronsdorf zum Pfarrer wählte. Wülfing – zweifellos ein kluger, aber zu ehrgeiziger Mann – erfreute sich anfangs wie Elias Eller und dessen Stiefsöhne Bolkhaus der besonderen Gunst Friedrichs d. Gr. Schon ein Jahr nach seinem Ronsdorfer Dienstantritt ernannte ihn der König zum Königlich Preußischen Konsistorialrat mit Sitz und Stimme in der Generalsynode. Im nächsten Jahr, 1747, wurde ein Ältester der Ronsdorfer Gemeinde – also ein Laie – zum Assessor perpetuus der Generalsynode ernannt und gleichzeitig verfügt, daß ohne die Ronsdorfer Abgesandten keine Generalsynode mehr tagen dürfe. Da die Generalsynode durchweg auf klevischem, also preußischem Boden tagte,

Elias Hellensting MdH.

Unterschrift von Elias Eller als Kirchmeister unter einer undatierten Bittschrift der reformierten Kirchengemeinde Ronsdorf wegen des Baues ihrer Kirche an den Kurfürsten Karl Philipp von der Pfalz (vor 1742, August 23)

Staatsarchiv Düsseldorf, Jülich-Berg II Nr. 1039, S. 113 – Aufnahme Staatsarchiv Düsseldorf verfügte der König jetzt über zwei ihm ergebene Beobachter im geistlichen Gremium. Aber die Überheblichkeit und das anmaßende Benehmen des Predigers Wülfing entfremdete die Generalsynode ihren eigentlichen Aufgaben derart, daß sie auseinanderzufallen drohte. Der König sah ein, daß er den Bogen überspannt hatte.

Mit Genehmigung des Königs schied die Ronsdorfer Gemeinde 1751 aus der Synode aus. Erst jetzt, also nach vierundzwanzig Jahren, kam es zur wirklichen Separation, wenn man will, zur Sektenbildung. Aber die Ronsdorfer haben niemals aufgehört, sich als eine reformierte Gemeinde zu bezeichnen. Prediger Wülfing gab der nun auf sich selbst angewiesenen Gemeinde ein besonderes Gesangbuch, „Ronsdorfs Silberne Trompeten"; auch ist er der Verfasser eines eigenen Ronsdorfer Katechismus und eines gedruckten Glaubensbekenntnisses, „Ronsdorfs Göttliches ABC".

Nach dem Ausscheiden aus der Synode stand die Zionitengemeinde allein auf weiter Flur, die Ronsdorfer waren sich selbst überlassen. Es kam – wie immer nach dem Tode eines überragenden Mannes, hier des Gründers Elias Eller – bald zu häuslichen Machtkämpfen, in denen schließlich nicht die Töchter Ellers, sondern seine Stiefsöhne Bolkhaus die Oberhand behielten. Dem in der Schule Friedrichs d. Gr. aufgewachsenen Diplomaten Johann Bolkhaus gelang es, daß der Prediger Wülfing, der sich zum immerwährenden Stein des Anstoßes entwickelt hatte, im Jahre 1761 abgesetzt und Heinrich Rudenhaus, einer der alten Mitstreiter aus den ersten Tagen der Erwecktenbewegung, an seiner Statt berufen wurde. Aber die jahrelangen Streitigkeiten, in denen man sich gegenseitig mit viel Unrat beworfen hatte, hatten das Gemeindeleben aufs tiefste erschüttert; der alt gewordene Prediger Rudenhaus vermochte ihm kein neues Leben einzuhauchen. So hielten sich die alten Ellerianer dem Gemeindeleben fern, die jungen ließen ihre kirchlichen Handlungen – so die Kindtaufen – im benachbarten reformierten Cronenberg vornehmen. Es mehrten sich die Stimmen, die nach der Rückkehr in die Synode verlangten; denn die Ronsdorfer hatten ja nie aufgehört, sich als eine Gemeinde reformierten Bekenntnisses anzusehen, der Anschluß an eine benachbarte lutherische Gemeinde lag außerhalb des Bereichs der Möglichkeit. Die Wiedervereinigung mit der Synode und die Rückkehr in die allgemeine reformierte Kirche kam nach langen schwierigen Verhandlungen im Jahre 1767 zustande. Auch hier erwies sich die bergische Synode wie im ganzen Verlauf der Ronsdorfer Irrung als wenig geschickt und entgegenkommend. Es wurde ein von der Synode genehmigter Prediger in Johannes Herminghaus aus Radevormwald zum Pfarrer gewählt, das gemeindliche Leben der Ellerianer hatte aufgehört. In kleinen, öffentlich nicht hervortretenden Konventikeln kommen die alten Stammfamilien wohl auch heute noch zusammen, beteiligen sich aber am Gottesdienst und an dem Leben der jetzigen reformierten Gemeinde, so daß ihr Weiterbestehen wenig zu merken ist. Noch aus meiner Kinderzeit in

Ronsdorf aber erinnere ich mich, daß man gewisse Straßen der Stadt als ellerianische Stütz- oder Schwerpunkte bezeichnete. Auch blieb trotz des Aufhörens der Selbständigkeit der Einfluß des alten Geheimrats Bolkhaus bis zu seinem Tode (1783) bestehen, und seine Witwe, die alte Frau Geheimrat, war noch jahrzehntelang die beliebteste Taufpatin der ganzen Gemeinde.

VI.

Es ist nicht leicht, über die Ronsdorfer Bewegung abschließend zu urteilen. Niemand kann bezweifeln, daß Elias Eller ein überragender Mann gewesen ist, ein Organisator ganz großen Formats, ohne Zweifel der bedeutendste Wirtschaftspolitiker des Bergischen Landes im 18. Jahrhundert. Vergleicht man ihn mit Männern des damaligen Wuppertals, so wirkt er wie ein Riese unter Zwergen. Es gelang ihm nicht nur, in sieben Jahren eine Stadt aus dem Boden zu stampfen, sondern auch durch Verlegung der Bolkhausschen Florettbandfabrik eine blühende Bandindustrie in Ronsdorf ins Leben zu rufen, die den Wuppertaler Firmen unliebsame Konkurrenz machte. Man wird bei dem ganzen Hin und Her zwischen den Wuppertaler Kaufherren einerseits und den Ronsdorfer Kaufleuten andererseits manchmal den Eindruck nicht los, als ob neben dem religiösen Gegensatz im Hintergrund auch der wirtschaftliche eine gewisse Rolle gespielt hätte. Es gab vor dem ersten Weltkrieg ein geflügeltes Wort: Wenn die Engländer vom lieben Gott in Übersee sprechen, meinen sie Kattun, d. h. Baumwolle. Menschlichkeiten hat es auch damals gegeben, mochten sie auch noch so religiös verbrämt sein, und es gab mehr als einen Pfarrer im alten Elberfeld, der mit den Bleicherherren verschwägert war.

Die Frage nach der geistigen Umwelt, der eine Persönlichkeit wie Elias Eller entspringen, woher seine Anfälligkeit gegenüber schwärmerischen Vorstellungen erwachsen konnte, ist nur schwer zu beantworten, da keinerlei schriftliche Zeugnisse überliefert sind und in diesem Punkt selbst seine Gegner nichts zu sagen wissen. Eins scheint mir wichtig zu sein: die Tatsache, daß er einer konfessionellen Mischehe entstammt. Sein Vater Johannes Eller war in Elberfeld reformiert getauft worden, seine Mutter Anna Gertrud Garschagen kam aus dem lutherischen Lennep. Mischehen zwischen Angehörigen des lutherischen und reformierten Bekenntnisses waren um 1700 noch eine Seltenheit und wurden in beiden Konfessionen nicht gern gesehen, da es immer Schwierigkeiten bei der Erziehung der Kinder gab, auch wohl mancherlei Verhandlungen zwischen den Beteiligten notwendig waren, ehe die Frage entschieden war, in welcher Konfession der Nachwuchs erzogen werden sollte. Diese Frage scheint auch in der Ehe Eller-Garschagen irgendwie eine Rolle gespielt zu haben; denn es ist bemerkenswert, daß sich nur für drei der fünf Kinder aus dieser Ehe Taufurkunden im Kirchenbuch der reformierten Gemeinde Elberfeld finden. Die beiden anderen Kinder scheinen anderwärts getauft worden zu sein, allerdings auch nicht in Lüttringhausen oder Lennep, was naheliegend gewesen wäre. Nun kann man, wenn man der geistigen Herkunft Elias Ellers nachgehen will, meiner Meinung nach die väterlichen Vorfahren außer acht lassen, zumal wir über diese vielleicht von auswärts zugewanderte Familie nichts wissen. Man darf aber nicht übersehen, daß Eller nicht nur eine lutherische Mutter hatte, sondern in Ronsdorf, das damals nur aus vier Bauernhöfen bestand, innerhalb der lutherischen Gemeinde Lüttringhausen aufwuchs. Grund genug, um im späteren Leben die damals noch so betonten Gegensätze zwischen Luthertum und Calvinismus persönlich minder wichtig zu nehmen. Kennzeichnend für die Einstellung Elias Ellers und seiner Geschwister dürfte sein, daß zwei von ihnen lutherische Ehepartner aus der Gemeinde Lüttringhausen wählten, kennzeichnend für die Einstellung des Zionismus allgemein wohl die Tatsache, daß führende Ellerianer in der Elberfelder Frühzeit kirchliche Handlungen dann und wann nicht durch den ihnen nahestehenden reformierten Prediger Schleiermacher ausführen ließen, sondern durch den lutherischen Pfarrer Johann Albert Klein in Lüttringhausen. So Jakob Bolkhaus, der Stiefsohn Ellers, von dem es im reformierten Eberfelder Kirchenbuch am 23. November 1739 heißt: „Jakob Bolckhaus und Johanna Maria von Recklinghausen Eheleute haben durch Andreas Steinbach angeben lassen, daß sie von Pastor Klein ein Kindt tauffen lassen genannt Abraham, die Gevattern Abraham Eller, Abraham Hugo von Recklinghausen in Cöllen, Fraw Elisabeth Charlotte Schleyermacher und Frau Anna Gerdrut Bosselmann." Solche Erscheinungen können nur dahin verstanden werden, daß die neue chiliastische Bewegung trotz ihres nach außen hin betonten reformierten Gepräges dem strengen Konfessionalismus fernstand.

Aber die Verwandtschaft mit der geistig regsamen mütterlichen Familie Garschagen läßt uns noch mehr von Elias Ellers geistigen Voraussetzungen erkennen. Der älteste Bruder seiner Mutter, Johannes Garschagen, durch seine erste Ehe mit Angelika Paffrath von Lennep in das benachbarte Hückeswagen verzogen, dort Kaufmann und auch Ratsverwandter, also zweifellos zum reformierten Bekenntnis übergetreten, heiratete in zweiter Ehe Anna Katharina, Tochter des sehr angesehenen Hückeswagener Bürgermeisters und Schöffen Peter Steinkäuler. Beide Töchter des Johannes Garschagen verbanden sich mit reformierten Pfarrherren: die ältere – Eva Katharina – mit dem späteren Duisburger Pfarrer Konrad Gülcher aus Haan, der bei der Gründung und Konstituierung der reformierten Gemeinde Barmen-Gemarke eine wichtige Rolle spielte; die jüngere – Anna Katharina – heiratete 1705 Johann Heinrich Hoffmann aus (Duisburg-)Meiderich, damals Pfarrer der Hückeswagen benachbarten kleinen reformierten Diasporagemeinde Olpe in Delling. Deren Sohn Johann Eberhard Hoffmann (1708–1767) hatte im Jahre 1760 – wie Johann Kaspar Eller im Jahre 1763 und Johannes Eller 1780 – das Bürgermeisteramt der Stadt Elberfeld inne.

Dürfte schon das Vorhandensein zweier pfarrherrlicher, wenn auch älterer Vettern Veranlassung geboten haben, die Ellerschen Kinder für geistige und geistliche Fragen empfänglich zu machen, so gibt gerade die Verwandtschaft mit der Familie des Oheims in Hückeswagen einen Fingerzeig, auf welchem Wege chiliastisches, auch täuferisches Gedankengut das Ohr des jungen Elias Eller erreicht haben könnte, wenn auch in Ronsdorf niemals etwas von täuferischem Wesen festgestellt werden kann. Walther Risler hat vor kurzem Material über Täufer aus der Solinger Gegend veröffentlicht, das mich veranlaßte, einzelnen der bei Risler genannten Solinger nachzuspüren. Dabei ergab sich die überraschende Tatsache, daß einer von ihnen, der später in Krefeld wohnende und auch dort gestorbene Gelbgießer Wilhelm Grah (1693–1763) in den Garschagenschen Familienkreis gehörte. Seine Mutter war die obengenannte Anna Katharina Steinkäuler (1662–1707) aus Hückeswagen, die Witwe Garschagen. Sie hatte 1690 in zweiter Ehe den Witwer Dietrich Grahe zur Eich in Solingen geheiratet, der 1710 als Hörer eines Sektenpredigers genannt wird, so daß die Zugehörigkeit von beider Sohn zu den Taufgesinnten nicht wundern kann, aber auch gleiche Geistesrichtung bei den Eltern vermuten läßt. Anna Katharina unterhielt auch während ihrer zweiten Ehe, wie sich aus den Namen der Taufpaten der Graheschen Kinder ergibt, rege Beziehungen zu ihren Hückeswagener und Lüttringhauser Verwandten, obgleich letztere – wie die Hasenclever auf Herbringhausen – lutherischen Bekenntnisses waren.

Man wird die Tatsache, daß Elias Eller nicht nur reformierte Pfarrer, sondern auch Täufer zu seinen nahen Verwandten zählte, bei der Beurteilung seiner Persönlichkeit nicht übersehen dürfen, zumal Verwandtschaft im 18. Jahrhundert mehr bedeutete als heute. Zwar lag die Zeit, in der die bekannte Familie von der Leyen zum Verlassen der Radevormwalder Gegend gezwungen worden war, schon sechzig Jahre zurück. Trotzdem möchte ich glauben, daß sich täuferisches Gedankengut unter der Oberfläche hatte halten können. Bedenkt man dabei, daß auch der zweifellos separatistische und deshalb von der Synode seines Amtes enthobene Solinger Pfarrer Johannes Hummel der gleichen Zeit angehört, in der sich in Elberfeld die Ellersche Bewegung abzuspalten begann, so erkennt man, daß es sich auch bei Elias Eller nicht um eine Einzelerscheinung handelt, daß vielmehr auch er und seine Anhänger nur als ein Teil jener damals das ganze Bergische Land erfüllenden religiösen, mehr oder weniger pietistischen Strömungen zu verstehen sind. Daß seine Bewegung, seine Sekte, länger Bestand hatte als z. B. Hummels Anhängerkreis, ist allein der Geschicklichkeit Elias Ellers zuzuschreiben, dem es gelang, einen ordentlichen reformierten Pfarrer zu sich herüberzuziehen, so daß seine Gründung Ronsdorf nicht als Abspaltung, sondern als eine Gründung der reformierten Gemeinde Elberfeld betrachtet werden mußte, obgleich sie in Wirklichkeit rein sektiererisch war.

Man muß überaus vorsichtig sein, wenn man die religiösen Dinge gerecht beurteilen will. Klugkist Hesse – gewiß ein unvoreingenommener führender Kopf heutiger Zeit – kann sich nicht genug darin tun, immer wieder daran zu erinnern, daß es in vieler Hinsicht merkwürdige Jahre waren, in denen die Ellersche Bewegung entstand. Es habe sich zweifellos um eine Gemeinde im Aufbruch gehandelt, um gläubige Leute, denen die Sorge um ihr Seelenheil mehr am Herzen lag, als es bei Millionen von Menschen unserer Zeit der Fall wäre. Weder der Wülfingsche Katechismus noch die „Silbernen Trompeten", auch nicht das Wülfingsche Glaubensbekenntnis zeigten so starke Abwandlungen vom Glauben der Gesamtkirche, vom reformierten, damals wie heute das Alte Testament betonenden Glauben, wie man es nach den von den Synoden erhobenen und in den letzten beiden Jahrhunderten nachgeredeten Vorwürfen erwarten sollte. Klugkist Hesse konnte gerade im Kreise der engsten Anhänger Ellers, in privaten Aufzeichnungen der Familie Bolkhaus, echte Zeugnisse tief innerlicher Frömmigkeit feststellen, die ein einseitiges Verdammen der zionitischen Bewegung ausschließen müssen. Man darf auch darauf hinweisen, daß ein so frommer Mann wie Johann Heinrich Jung-Stilling (1740–1817) durch seine erste Ehe mit Christina Katharina Heyder – 1771 in Ronsdorf geschlossen – zum engsten Kreis der Ellerianer in Beziehung trat, denn die Mutter seiner Frau, Anna Verhoeff, war eine Schwägerin von Ellers jüngster Tochter Rahel.

VII.

Das letzte Wort ist noch nicht gesprochen. Man wird nicht abschließend urteilen können, bis die Berliner Akten, die Berichte der klevischen Räte und des Geheimrats Bolkhaus, die meines Wissens noch nicht durchgesehen sind, der Forschung dienstbar gemacht sind. Vielleicht gibt es auch bei den Nachkommen der alten Ellerianer, von denen noch zahlreiche in Ronsdorf und anderwärts leben, vergessene alte Akten und Briefe, aus denen wir Zugang zum inneren Leben der Ellerianergemeinde gewinnen könnten.
Eines allerdings darf man schon heute nicht mehr tun: Man darf nicht mehr die Ammen- und Greuelgeschichten des Kandidaten Johann Werner Knevels kritiklos weitergeben und ausschreiben. Der dickleibige Wälzer des Kandidaten Knevels – genannt das „Geheimnis der Bosheit der Ellerianischen Sekte" – ist leider auch die Quelle Max Goebels gewesen und hat auf diese Weise ein volles Jahrhundert hindurch das Urteil der kirchlichen und theologischen Stellen getrübt. Klugkist Hesse bemerkt mit scharfem Tadel, daß Knevels' Darstellung eher einem Roman gleiche als einer ernsthaften Darstellung. Der Kandidat Knevels – ich habe sein Opus bis zum letzten Krieg selbst besessen – ist wirklich eine trübe Quelle. Haß, abgrundtiefer Haß haben seine Feder geführt, als er der Ellerianerbewegung alles nur erdenklich Schlechte an-

dichtete: Zauberei, Hurerei, Völlerei, Fresserei und was der schönen Dinge mehr sind. Aber der Knüppel liegt beim Hund. Hätte sich die bergische Synode in den Anfangstagen Ronsdorfs ernsthaft um die Beilegung des Zwistes bemüht, sich auch mit der Person des ständigen Angebers Knevels etwas näher beschäftigt, so hätte sie erfahren müssen, daß sich Knevels im Jahre 1745 um die Predigerstelle in Ronsdorf beworben hatte, aber gegen Peter Wülfing durchgefallen war. Sein Opus ist die Quittung für diesen Mißerfolg – wahrlich ein häßliches Machwerk –, aber die Mit- und Nachwelt, im besonderen die offizielle Kirchengeschichtsschreibung, ist ihm kritiklos gefolgt.

Man kann zu Sekten stehen, wie man will. Aufrichtiges Ringen und Mühen um den rechten Glauben wird man ihnen in den meisten Fällen – zum mindesten in den Gründungstagen – kaum absprechen können. Genauso aber, wie wir heute weder den Gründer der Mormonen- noch der Baptistengemeinschaft deshalb mit persönlichem Schmutz bewerfen, weil sie die Gründer von Sekten geworden sind, kann auch Elias Eller verlangen, daß man zum mindesten sein privates Leben unangetastet läßt; denn da ist nichts zu vertuschen, sosehr auch Knevels gerade in diesem Punkt seinen Geifer verspritzt. Soweit man diese maßlosen Vorwürfe überhaupt nachprüfen kann, erweist sich alles als haltloses, unwahres Gerede. Ich habe schon oben darauf hingewiesen, daß die Behauptung, die erste Frau Ellers sei im Wahnsinn gestorben, nicht richtig sein kann, sonst würde das Elberfelder Kirchenbuch eine Andeutung enthalten; daß auch das Raunen von der Geburt eines neuen Messias jeder Grundlage entbehrt, denn das erste Kind aus der zweiten Ehe mit Anna vom Büchel war kein Mädchen – wie Knevels kundtut –, sondern ein Junge, der aber nur ein Alter von fünfviertel Jahren erreichte. Irgendwie stimmt also auch hier die Knevelssche Behauptung nicht, genauso wie die schon von Klugkist Hesse zurückgewiesene Erzählung, die Prophetin Anna vom Büchel sei unter besonders theatralischen Umständen gestorben. Klugkist Hesse weist darauf hin, daß nach den privaten, für kein menschliches fremdes Auge bestimmten Aufzeichnungen ihres Stiefsohnes Jakob Bolkhaus in Köln Anna vom Büchel eines schlichten, natürlichen Todes gestorben sei. Sogar die Meinung, Elias Eller und sein Anhang seien wegen ihrer Sektiererei mit einem Fluch belastet gewesen und seine Nachkommenschaft würde von der Erde verschwinden, hat sich als irrig erwiesen. In München starb am 6. Dezember 1945 im Alter von achtundsiebzig Jahren Dr. phil. Karl Wilhelm Verhoeff, Mitglied der Deutschen Akademie der Wissenschaften, ausgezeichnet mit der Leibniz- und Forel-Medaille, der erste Entomologe Deutschlands, aber auch gerader Abkömmling von Elias Ellers jüngster Tochter Rahel, die Johann Peter Verhoeff aus Düsseldorf geheiratet hatte; die weibliche Nachkommenschaft dieser Ehe dürfte ziemlich groß sein.

Man sieht, daß der Kandidat Knevels überall dort, wo man seine Angaben in den Einzelheiten nachprüfen kann, nicht nur unzuverlässig, sondern in blinder Rachsucht wahrheitswidrig schreibt. Jedenfalls geht es nicht an, sein Opus als Quelle gegen Elias Eller und seine Anhänger heranzuziehen, seine persönlichen Verleumdungen der Ellerianer verdienen nur niedriger gehängt zu werden. Man kann leise die Frage stellen, was wohl aus dem frommen Kreis Tersteegens geworden wäre, wenn nicht dreißig Jahre seit Eller ins Land gegangen wären und auch die offizielle Kirche inzwischen gelernt hätte, daß man auf mancherlei Wegen Gott verehren und christlich leben könne, ohne deshalb jede von der offiziellen Kirche geprägte Form für richtig zu halten?

Wie nüchtern, klar und gerecht man zu Ellers Zeiten über seine Gründung in Kreisen dachte, die weder von der Synode noch von Knevels beeinflußt waren, mag zum Schluß der Bericht zeigen, den der Klevische Kriegs- und Domänenrat Müntz an König Friedrich Wilhelm I. von Preußen im Jahre 1740 erstattete, als dieser noch an einen Erwerb des Herzogtums Berg dachte und sich über dessen Beschaffenheit, Wert und militärische Bedeutung unterrichten ließ. In diesem Bericht, der sich im Band 15 (1900) der Zeitschrift des Düsseldorfer Geschichtsvereins abgedruckt findet, heißt es unter Elberfeld: „In dieser Gemeinde hat sich ohnlangst eine Separation hervorgetan, welche sich Sionskinder nennen. Sie halten sich bei der reformirten (!) Kirche, lassen ihre Kinder daselbsten taufen und communiciren mit ihnen. Sie haben à la tête eine Kaufmannsfrau, welche sie Sionsmutter nennen. Dieselben fangen an, sich aus der Stadt zu retiriren und auf dem platten Lande Häuser zu bauen. Ihr Hauptfundament ist, sich hier die ewige Seeligkeit gewiß zu machen. Die evangelischen Prediger Schleyermacher zu Elberfeld, Wülffing zu Düsseldorf, Rodenhaus zu Düssel und Jansen zu Homberg gehören mit dazu. Die Sionsmutter giebt und schickt denen Predigern ordinär Text zu. Wann sie in der Woche zusammenkommen, so wird gebetet, gesungen und ein Stück aus Gottes Wort ausgelegt. Hernacher aber wird gegessen und getrunken, und darf keiner von der Wirthschaft etwas offenbaren. Und obschon man von dieser Gesellschaft bis hierzu nichts als lauter Lob und Ehre (!) sprechen kann, so ist dennoch so wenig die Generalsynode als die weltliche Obrigkeit damit zufrieden, und sollen in specie die Prediger dem Verlaut nach über einige Punkte examinirt werden. Diese Gesellschaft nimmt von Tag zu Tage zu, und man muß sich nach der Prediger Aussage über die Geschicklichkeit und Erfahrenheit der Sionsmutter in der heiligen Schrift verwundern."

Der Bericht ist im Jahre 1740 niedergeschrieben, also drei Jahre nach dem Auszug der ersten Ellerianer aus Elberfeld, aber vor der Gründung der Ronsdorfer reformierten Gemeinde; denn Prediger Schleyermacher wohnt noch in Elberfeld. Bis dahin hat man von den Anhängern Ellers oder besser der Prophetin Anna vom Büchel nichts denn Gutes gehört. Aber auch zu Müntz, der übrigens ebenfalls reformiert war, ist schon die Kunde von der Bibelfestigkeit der Zionsmutter gedrungen! Sollte diese überragende Stellung der Anna vom Büchel der tiefere Grund dafür sein, daß sich Johann Bernhard Meyer und seine Elberfelder Gemeinde mit den Erweckten nicht zusammenfinden konnten, die Synode von Anfang an mißtrauisch zur Seite stand? Denn für einen strenggläubigen Reformierten des 18. Jahrhunderts war die maßgebende Stellung einer Frau innerhalb einer Gemeinde ja mit das Unmöglichste, was geschehen konnte.

Überlassen wir aber die Entscheidung über die religiösen Fragen ruhig der Zukunft. Für uns ist Elias Eller einer der großen Männer des Bergischen Landes, von dem der spätere Oberhofprediger D. theol. Friedrich Strauß, von 1809 bis 1814 Vikar der 1789 gegründeten lutherischen Ronsdorfer Gemeinde und Schwager des preußischen Staatsministers August Freiherrn von der Heydt, rühmend sagt:

„Diese Stadt (Ronsdorf) ist das Werk eines Mannes, aber eines Mannes mit genialischer erfinderischer Kraft, kühnen Plänen und überraschender Phantasie, der unter dem Mantel der Religion eine Menge folgsamer und frommer Menschen beherrschte. Dieser Elias Eller verstand es, eine große Anzahl der reichsten und wohlhabendsten Familien so an sich zu ziehen, daß sie in Düsseldorf, Elberfeld und anderen Orten ihre Häuser verkauften, um sich in Ronsdorf anzubauen. Ja, er brachte es dahin, daß Friedrich der Große wegen seiner Ideen und Taten ihn als einen ausgezeichneten Beförderer der Landeskultur und des Wohles der Menschheit schätzte."

LITERATUR

Werner Knevels, Das Geheimnis der Bosheit der Ellerianischen Sekte (1751)
Johann Arnold von Recklinghausen, Reformationsgeschichte der Länder Jülich, Berg, Cleve, Meurs, Mark, Westfalen und der Städte Aachen, Cöln, Dortmund. Bd. 1 (1818)
Max Goebel, Geschichte des Christlichen Lebens in der rheinisch-westfälischen evangelischen Kirche. Bd. 3 (Aus dem Nachlaß herausgegeben von Theodor Link (1886) S. 508–598
Joseph Oppenhoff, Beiträge zur Geschichte der Stadt Ronsdorf, *in:* Zeitschrift des Berg. Geschichtsvereins 39 (1906) S. 103 ff.
Edmund Strutz, Die Ahnentafeln der Elberfelder Bürgermeister und Stadtrichter von 1707 bis 1807 (1936)
E. Erwin Stursberg, Alt Lüttringhausen (Beiträge zur Geschichte Remscheids, Heft 6) (1950)
Hermann Klugkist Hesse, Die Ronsdorfer Gemeindegründung und das Wort Gottes, *in:* Wochenzeitschrift „Der Weg" Jg. 1956 Nr. 26, 27, 28, 30
Walther Risler, Zur Geschichte des Täufertums in der Solinger Gegend, *in:* Zeitschrift des Berg. Geschichtsvereins 77 (1960), S. 133–142; dazu *Edmund Strutz,* Zur Einordnung der Brüder Grahe, ebd. S. 142–145

JOHANN JOSEPH COUVEN

ARCHITEKT DER REICHSSTADT AACHEN
(1701–1763)

Von Paul Schoenen

I.

Johann Joseph Couven ist der repräsentative Architekt des Rokoko in dem Lande zwischen Maas und Niederrhein. Er entstammt dieser Landschaft durch seine Geburt in der Reichsstadt Aachen, die der Vorort seiner baukünstlerischen Tätigkeit wurde. Sein Lebenswerk umfaßt fürstliche, kirchliche und bürgerliche Bauaufgaben zugleich. Seine Bauherren waren neben dem Rat und den Bürgern der Stadt Aachen der Fürstbischof von Lüttich, der Kurfürst von der Pfalz, die Äbtissinnen von Burtscheid und Münsterbilsen und rheinische Adelsfamilien. Er führte die Titel eines Architekten der Reichsstadt und des Fürstbischofs von Lüttich. Seine Schlösser reichen im Umfang und Aufwand an die monumentalen Bauten der Kölner und Trierer Kirchenfürsten nicht heran. Die Residenz in Bonn und die Schlösser Poppelsdorf, Brühl und Benrath gehören der rheinischen Baugeschichte nur bedingt an. An ihnen ist kein Rheinländer beteiligt, und ihr fürstlicher Aufwand ist kunstreicheren Nachbarlandschaften entlehnt. Die Höfe der Kurfürsten von Köln und von der Pfalz reichten mit ihren kunstpolitischen Beziehungen über das Gebiet des Niederrheins weit hinaus in die Länder ihrer fürstlichen Verwandtschaft hinein, nach Bayern, Franken und Westfalen. Wenn Couven aus benachbarten Kunstkreisen Anregungen aufnahm, so holte er diese in die rheinische Geschichte herein und glich sie den Anforderungen und Überlieferungen seiner Heimatlandschaft an, die im 18. Jahrhundert mit den süddeutschen Ländern nicht wetteifern konnte. Wir müssen die rheinischen Maßstäbe anlegen, wenn wir Couven einordnen und werten wollen. Daß seine Kunst die glanzvolle Höhe des Jahrhunderts nicht erreichte, war zunächst in dem Umfang der Aufgaben und in dem beschränkten Aufwand der Mittel begründet. Es ist müßig zu fragen, was größere Aufträge an künstlerischen Kräften in ihm hätten wecken können. Seine Begabung und Schulung ist den ihm gestellten Aufgaben in hohem Maße gerecht geworden. Das widrige Schicksal, das zahlreiche seiner besten Entwürfe überhaupt nicht oder nur in verstümmelter Form zur Ausführung kommen ließ und das unter den erstellten Bauten so gnadenlos aufräumte, hat seinen Ruhm stark geschmälert.

Wenn Couven technische Zeichnungen gelegentlich als „Ingenieur-Architekt" unterschreibt, so bekundete er damit seine theoretische Bildung, welche er in seinem Buch über die Säulenordnung später noch einmal bekräftigen wollte. Künstlerischen Rang und gesellschaftliche Stellung beanspruchte schon der Titel eines Architekten der Reichsstadt, den er als erster in Aachen führte. In der voraufgegangenen Generation hatte sich Mefferdatis noch schlicht Maurermeister und später Baumeister der Stadt Aachen genannt und damit seine handwerksmeisterliche Stellung bezeichnet. Als Ingenieur-Architekt steht Couven dem Typus nach neben seinen großen Zeitgenossen Maximilian von Welsch, Balthasar Neumann und Conrad Schlaun. Er vertritt damit als erster in Aachen den theoretisch geschulten Architekten, der seit der italienischen Renaissance die führende Stellung behauptete. Im 18. Jahrhundert waren im Fürstendienst hoher Offiziersrang oder Adel die Auszeichnung für verdiente Architekten.

II.

Couvens Bautätigkeit fällt in die Zeit zwischen 1730 und 1760, in die Jahrzehnte also, welche die Höhe des deutschen Rokoko umfassen. Durch sein Geburtsjahr (1701) steht er am Ende der Generation, der die großen Architekten des deutschen Rokoko angehören. Er war sechzehn Jahre jünger als Balthasar Neumann und gleichaltrig mit dessen Schüler Johann Jakob Küchel, der Vierzehnheiligen vollendete. Dominikus Zimmermann, der Erbauer der Wies, war achtzehn Jahre älter als Couven. Die gleiche Zeitspanne trennt ihn von den Bayern Effner und Cosmas Damian Asam. Der Wallone Cuvilliés, der das Rokoko nach Bayern brachte, wurde 1695 geboren, im gleichen Jahr wie der Westfale Conrad Schlaun, der Schloß Brühl erbaute und der Couvens Lebensweg in Aachen kreuzte. Laurentius Mefferdatis, der Aachener Baumeister, dessen Erbe Couven in der lokalen Bauüberlieferung wurde, war vierundzwanzig Jahre älter als er.

Die archivalischen Daten aus Couvens Leben sind durch die Arbeiten von Fürth, Pick und Macco ermittelt worden; sie bildeten die Grundlage für die erste Darstellung von Couvens Lebenswerk durch Joseph Buchkremer, die im Jahre 1895 erschien. Auf Grund der von ihm entdeckten und bestimmten Zeichnungen konnte Buchkremer Couvens Bauten beschreibend einordnen; seine Arbeit hat bis heute ihren grundlegenden Wert für die Forschung behalten. Spätere Untersuchungen konnten Buchkremers Ergebnisse einschränken oder ausweiten, ohne daß sich das Bild von Couvens Bautätigkeit dadurch wesentlich verändert hätte. Das später aufgefundene Manuskript über die Säulenordnung gab Einblick in Couvens bautheoretisches Denken, und die Entdeckung des Entwurfs für das Schloß zu Schleiden (Abb.), das sein größter Profanbau geworden wäre, erweiterte unsere Vorstellung von seiner fürstlichen Baukunst.

Johann Joseph Couven wurde am 10. November 1701 in Aachen geboren. Die Familie entstammte dem niederen Landadel im Herzogtum Limburg; das Familiengut, die „Couf", liegt in der Gemeinde Clermont bei Hervé in der heutigen Provinz Lüttich. Das Wappen der Couven wird durch das schwarze Zackenkreuz aufgeteilt; im ersten Feld erscheint die Pilgermuschel. Er selbst hat den Adelstitel nicht geführt; selbst in ausführlichen Unterschriften, die seine Titel enthalten, fehlt das Adelsprädikat. Nur auf der Titelseite seiner Handschrift über die Säulenordnung zeichnet er „Io: Ioseph: v: Couven". Seine Vorfahren, die seit dem Ende des 16. Jahrhunderts in Aachen ansässig waren, scheinen zum mindesten schon um die Mitte des 17. Jahrhunderts in der Bürgerschaft eine geachtete Stellung eingenommen zu haben; denn im Jahre 1659 intervenierte der Kaiser beim Rat der Stadt um eine Abgabenerleichterung für einen Jakob Couven. Da der Name in Aachen sonst nicht vorkommt, haben wir Grund zu der Annahme, daß es sich um einen Vorfahren des Architekten handelte. Der Vater Johann Jakob Couven war erster Sekretär der Reichsstadt und Notar. Ein Hinweis darauf, daß er Architekt gewesen sei, entbehrt der Wahrscheinlichkeit. Abgesehen davon, daß sich eine Bautätigkeit nicht hat nachweisen lassen, wäre die Stellung als Ratssekretär und Notar mit der eines Werkmeister-Architekten, der er beim damaligen Stand des Aachener Bauwesens nur hätte sein können, unvereinbar gewesen. Über die Schulbildung des Sohnes sind wir nicht unterrichtet; es ist anzunehmen, daß er in Aachen das Jesuitengymnasium besuchte, die einzige Bildungsanstalt seiner Vaterstadt. Sein deutscher Sprachstil ist von der üblichen langatmigen Umständlichkeit in der Satzbildung, aber klar in der sachlichen Aussage. Er steht darin in keiner Weise hinter den großen Architekten seines Jahrhunderts zurück. Die in seinen Bauverträgen zeitgemäßen lateinischen Wendungen lassen in der korrekten Deklination auf ein Studium dieser Sprache schließen. Im Französischen beherrschte er nicht nur die Fachsprache; es sind Vertragstexte und Erläuterungen in einwandfreiem Französisch von seiner Hand erhalten, und auf vielen Zeichnungen führt er seine Titel in der französischen Form. Wahrscheinlich aber war ihm das Französische auch im Umgang geläufig; für die Führung hochgestellter Gäste in Aachen, mit der er gelegentlich betraut wurde, waren geschichtliche Allgemeinbildung und Gewandtheit ebenso notwendige Voraussetzungen wie die Beherrschung der französischen Sprache.

Seine künstlerische Schulung ist noch nicht in allen Teilen zu verfolgen. Seine frühen Studien und die Ausweitung seines Bildungs- und Formenbereichs durch Reisen konnten archivalisch nicht belegt werden, so daß wir weitgehend auf Vermutungen angewiesen sind, die auf dem stilkritischen Vergleich beruhen. Der Mangel an Tagebuchaufzeichnungen, Briefen und Skizzenbüchern erschwert die Arbeit der Forschung an entscheidenden Stellen, besonders für die Zeit seiner Lehrjahre. Das Manuskript über die Säulenordnung setzt das Studium der allgemein verbreiteten theoretischen Werke voraus, er kannte

Vitruv, Scamozzi, Vignola, Serlio, Palladio, Indau und Sturm. Über den landläufigen Formenapparat der Renaissancearchitektur hinaus sind unmittelbare Einwirkungen auf seine Stilentwicklung aus diesen Werken nicht nachzuweisen. Von den französischen Akademikern des frühen 18. Jahrhunderts, die allenthalben in Deutschland Einfluß gewannen, war ihm Jacques François Blondel bekannt, aus dessen zweibändigem Werk „De la distribution des maisons de plaisance" (1737/38) sich Kopien unter seinen Zeichnungen fanden. Die Hinwendung zu französischen Vorbildern ist seit dem Beginn der vierziger Jahre deutlich. Auch eine Anzahl von Zeichnungen historischer Bauwerke ist offensichtlich aus Vorlagewerken kopiert, worauf die lateinische Legende schließen läßt; es handelt sich um die Grundrisse römischer Katakomben, der Grabeskirche zu Jerusalem, der Geburtskirche zu Bethlehem und des Mausoleums der Mutter Gottes. Daneben finden sich noch Grundrisse und Aufrisse römischer Kirchen (S. Maria del Monte Carmelo, Il Gesù, S. Andrea della Valle); andere Kirchen sind von ihm nur in Schnitten aufgetragen worden. Diese Blätter geben keinen Anlaß, eine Romreise anzunehmen, zumal kein Blatt den Charakter einer unmittelbaren Skizze trägt.
Einige Randbemerkungen und Notizen zu technischen Anlagen unter Couvens Zeichnungen beziehen sich auf die physikalischen Lehrbücher von Réaumur und Polinière; sie lassen seine Beschäftigung mit den Werken dieser Autoren erkennen. Ein Stadtplan, den er mit dreiundzwanzig Jahren ausführte, setzt Kenntnisse und Erfahrungen in der Kartographie und Vermessungskunde voraus, die durch seine Planung und Leitung von Straßenbauarbeiten bestätigt werden. Seine Entwürfe für industrielle Anlagen (Gradierwerke und Grube Teut bei Kohlscheid) beruhen auf technischen Studien. Diese Arbeiten gehören zu den Blättern, die er als Ingenieur-Architekt signierte.
Zu einem anschaulichen Bild von seiner Persönlichkeit fehlen lebensvolle Einzelzüge; aber es ist fraglich, ob Anekdotisches zum Verständnis seines Werkes Wesentliches hätte beitragen können. Couven gehört zu den schöpferischen Menschen, die in ihr Lebenswerk ganz aufgehen, wobei das private Leben von geringem Interesse bleibt. Was uns zum Verständnis seiner Formensprache fehlt, ist Klarheit über die äußeren Beziehungen, die das Wesen seiner künstlerischen Arbeit berühren.

III.

Der erste Nachweis einer selbständigen Arbeit fällt in das Jahr 1724; es ist der Auftrag des Aachener Rates, einen Plan der Stadt für den polnischen Marschall Flemming zu zeichnen (s. oben); das Honorar war mit 12 Louisdor vereinbart worden. Die ältesten unter den erhaltenen Architekturzeichnungen sind die Entwürfe für die Rathausfassade, die 1727 datiert sind. Im Jahre 1731 erhielt er für die Ausführung dieser Arbeiten die Summe von 2400 Gulden Aix.

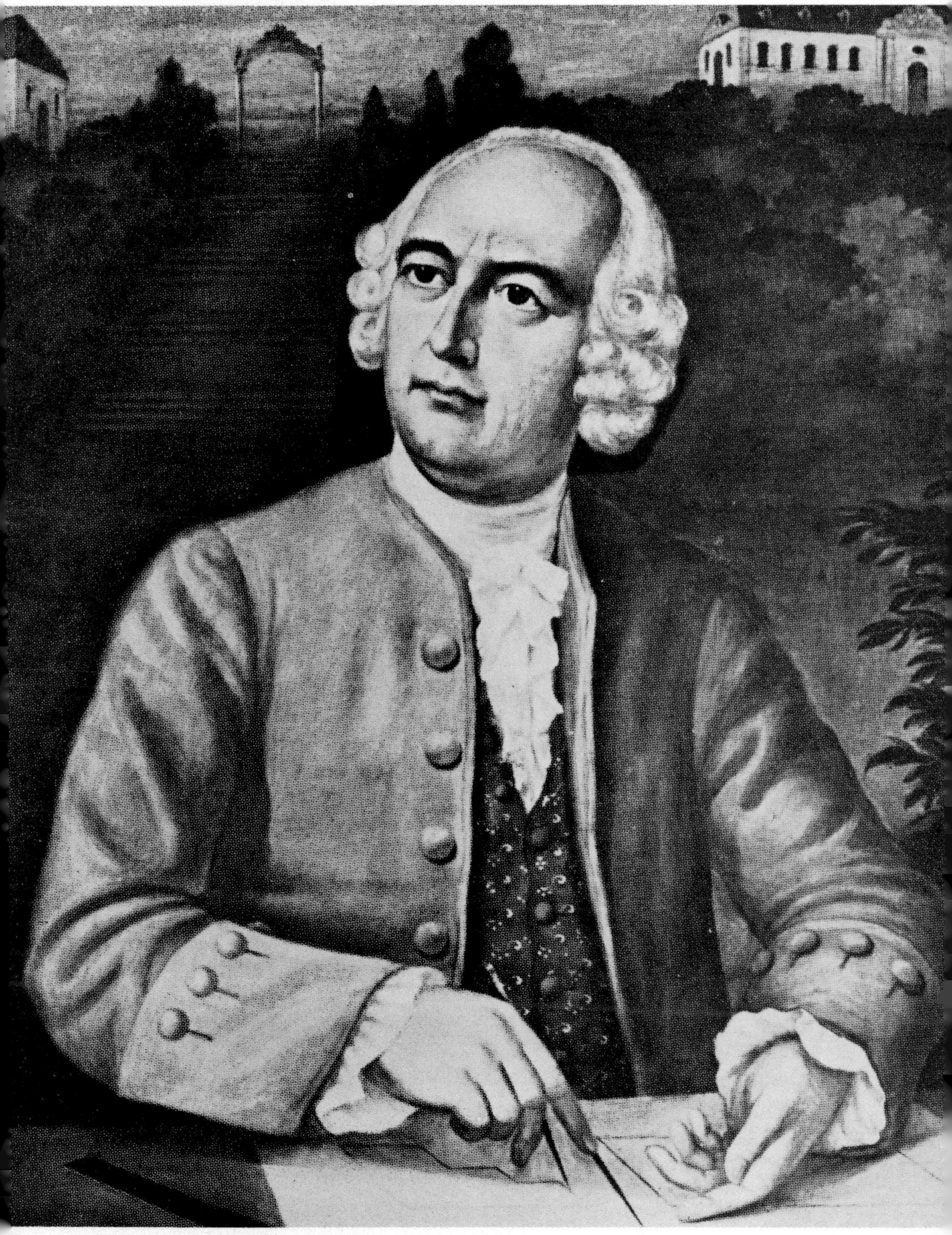

Johann Joseph Couven
Kopie von Jos. Mataré nach einem Gemälde im Besitz
des Grafen von Quadt zu Wickrath in Isny (Allgäu), Aachen, Couven-Museum
Aufnahme Landesbildstelle Rheinland, Düsseldorf

Einige Entwürfe hierzu sind noch 1732 datiert. Der Plan für ein Zuchthaus im Auftrag der Stadt trägt die Jahreszahl 1734. Nach Vertrag und Entwurf sind zwischen 1735 und 1737 zwei Brunnen von ihm errichtet worden. Mit Entwürfen für das Wespienhaus war er schon 1734 beschäftigt. Seit 1735 befaßte er sich mit den Plänen für die Abteikirche St. Johann in Burtscheid (Abb.). Im Jahre 1739 erhielt er den Titel eines Stadtarchitekten mit einem Jahresgehalt von 60 Reichstalern; seit 1743 unterzeichnet er auch als Secretarius der Reichsstadt. Zahlreiche Verwaltungsakte tragen seine Unterschrift. Auf die einzelnen Arbeiten, die Couven in den dreißiger Jahren beschäftigten, soll bei der Darstellung seines Lebenswerkes eingegangen werden. Es geht hier zunächst um die Frage, was die Zeit bis gegen Ende des vierten Lebensjahrzehnts für seine Entwicklung und künstlerische Bildung bedeutet.

Bis zu seinem dreiundzwanzigsten Lebensjahr haben wir keine Hinweise auf eine bestimmte Tätigkeit; wir müssen annehmen, daß diese Zeit durch Schule und Berufsstudium ausgefüllt wird. Die Vermögensverhältnisse des Vaters ermöglichten ihm die theoretische Fachausbildung, von der seine Zeichnungen und das Manuskript über die Säulenordnung Zeugnis geben. Eine Lehre als Bauhandwerker, die in der vorangegangenen Generation noch der gerade Weg zum Entwurf gewesen wäre, paßt nicht in das Bild seiner sozialen Stellung und seiner künstlerischen Entwicklung. Im allgemeinen sind wir im 18. Jahrhundert über das praktische Verhältnis zwischen Planung und Ausführung am Bau noch unzulänglich unterrichtet. Über die Ausfertigung von besonderen Zeichnungen für die ausführenden Handwerker haben wir einen archivalischen Beleg. Ob der bautechnische Mißerfolg bei der Errichtung der Ungarischen Kapelle am Dom zu Aachen, dem einzigen Projekt, bei dem er auch als Unternehmer tätig war, auf mangelnde Kenntnis des Bauhandwerks zurückzuführen ist, mag dahingestellt bleiben (s. unten). Bei den Arbeiten am Rathaus, dessen gotische Fassade im Zeitgeschmack erneuert und mit Plattform und Freitreppe ausgestattet werden sollte, stand der sechsundzwanzigjährige Couven dem Lütticher Meister Gilles Doyen zur Seite, der im Jahre 1703 in die Maurerzunft seiner Vaterstadt aufgenommen worden war. Die erhaltenen Entwürfe von Couvens Hand und die erwähnte hohe Vergütung, die er für seine Arbeit erhielt, stellen seinen Anteil an der Planung in den Vordergrund, wenngleich nach den Ratsprotokollen G. Doyen, der auch einen Entwurf geliefert hatte, allein den Auftrag erhielt. Anregungen künstlerischer Art hat Couven von G. Doyen wohl kaum erhalten.

Couvens Entwürfe für das Rathaus bekunden die Beherrschung der dekorativen Architektur des Spätbarocks und eine große Sicherheit bei der Umdeutung der gotischen Fassade in den zeitgemäßen Formenkanon. Die Sauberkeit und Gewandtheit der Zeichnung setzt eine langjährige Übung voraus, die er wohl in Aachen nicht hatte erwerben können. Auch Lüttich bot damals noch keine zeitgemäßen Vorbilder; den Anschluß an die Profanbaukunst des Spätbarocks fand die Stadt erst in der dreißiger Jahren mit dem Bau der neuen Residenz. Neben französischen Vorlagewerken scheinen ihm Kenntnisse aus der unmittelbaren Anschauung zur Verfügung gestanden zu haben. Couvens Entwürfe für Portale und Türen aus den Jahren 1730 und 1731 knüpfen an die lokalen Formen an, die in Aachen schon von Mefferdatis seit dem Beginn des Jahrhunderts gehandhabt worden waren. Es ist nicht auszumachen, ob die Lücke zwischen diesen Entwürfen und den ersten Zeichnungen für das Wespienhaus und St. Johann aus dem Zufall der Überlieferung zu erklären ist oder ob wir für die Zwischenzeit Reisen vermuten dürfen. Die Zeit zwischen 1724 und 1727, aus der weder eine Bautätigkeit noch Zeichnungen überliefert sind, hätte hinreichende Gelegenheit zu einer Studienreise geboten. Eine Begegnung mit dem westfälischen Architekten Conrad Schlaun, der auf seinen Studienreisen das Frankenland, Österreich, Italien und Paris kennengelernt und damals schon den Rohbau des Schlosses Brühl vollendet hatte, liegt für die Zeit um 1730 im Bereich großer Wahrscheinlichkeit. C. Schlaun baute damals im benachbarten niederländischen Limburg für den Freiherrn von Plettenberg die Pfarrkirche zu Eys und die Kapuzinerkirche zu Wittem; auch an dem Umbau des Schlosses Neubourg bei Gulpen ist seine Beteiligung wahrscheinlich. Es ist anzunehmen, daß er damals auch nach Aachen kam. Schlauns Bauunternehmer in Wittem und Eys war der aus Tirol stammende Baumeister Klausener aus Burtscheid, der gleiche, der einige Jahre später die Abteikirche St. Johann nach Couvens Entwurf baute. In einer Mappe von Zeichnungen Couvens, die Buchkremer im Besitz der Familie Klausener fand, liegen auch Schlauns Entwürfe für Eys und Wittem, allerdings ohne Signatur. So lag es nahe, daß Buchkremer die beiden Entwürfe für Arbeiten Couvens hielt. Inzwischen aber ist Schlauns Autorschaft für beide Kirchen gesichert; im Westfälischen Landesmuseum finden sich die Originalentwürfe mit Schlauns Namenszeichnung. Die Blätter in der Sammlung Klausener könnten Kopien von Couvens Hand sein. Der Turm der Abteikirche in Burtscheid, der 1741 vollendet war, entspricht im Aufbau dem Turm in Eys; den gleichen westfälischen Turmtyp finden wir an Schlauns Pfarrkirche zu Rheder i. W. Seine Ziegelbautechnik, die er aus der Überlieferung seiner Heimat entwickelt hatte, entsprach im wesentlichen den Aachener Baugewohnheiten. Die bautechnischen Übereinstimmungen veranlaßten Klapheck, eine Beziehung zwischen Couven und Schlaun anzunehmen, ohne jedoch auf Formentlehnungen und Auftragsbeziehungen einzugehen. Bei der weiten Verbreitung des Ziegelbaus mit Werksteingliederung in ganz Nordwestdeutschland und den Niederlanden gibt dieser Hinweis jedoch kaum eine Grundlage für einen stilgerechten Vergleich. C. Schlaun war 1740 noch einmal in Aachen, wo er mit seinem Bauherrn, dem Kurfürsten Clemens August, zusammentraf; für eine persönliche Begegnung mit Couven fehlen auch diesmal die Quellenbelege. Jedenfalls wäre der ältere, weitgereiste und im Dienste des Kurfürsten von Köln hoch angesehene Westfale in seiner

Beziehung zu Couven der Anregende und Gebende gewesen; ein Einfluß in der umgekehrten Richtung, den Hartmann annimmt, hat wenig Wahrscheinlichkeit für sich. Wenn auf verwandte Einzelformen hingewiesen werden kann – vor allem Couvens Altäre stehen Schlauns Entwürfen nahe –, so könnten beide ihre Vorbilder unmittelbar aus der gleichen Schule entnommen haben, falls wir eine Reise Couvens ins Maingebiet annehmen. Auch an dem spannungsreichen Kuppelbau der Burtscheider Abteikirche könnte man Schlauns Mitarbeit vermuten, zumal es unter Couvens Werken kein zweites Beispiel von dieser barocken Spannkraft mehr gibt. Wenn in der Raumdisposition dieser Kirche die Anlehnung an die Neumünsterkirche zu Würzburg offensichtlich erscheint und am Wespienhaus Bauformen aus dem fränkischen Barock nachgewiesen werden können, so bleibt die Frage, ob Couven diese Anlehnungen allein Schlauns Vermittlung verdankt oder ob er selbst die Originale dieses Kunstkreises gesehen hat. Die Antwort braucht sich nicht auf eine Alternative festzulegen; beide Annahmen können nebeneinander bestehen, zumal sich in Couvens frühen Profanentwürfen Formen aus dem süddeutschen Barock finden, die Schlaun nicht übernommen hat und die aus französischen Vorlagewerken nicht erklärt werden können. Es handelt sich hierbei um sehr markante Ausbildungen des dekorativen Fassadenkörpers, die aus Borrominis Architektur stammen und deren Überlieferung nach Deutschland über die Österreicher Fischer von Erlach und Lukas von Hildebrandt ins Fränkische hinein zu verfolgen ist. Aus Stichvorlagen waren solche plastischen Details kaum zu übernehmen; sie bezeugen eine unmittelbare Anschauung.

IV.

Daß Couven schon zu Beginn seiner praktischen Tätigkeit mit den großen Bauunternehmungen seiner Vaterstadt betraut wurde, dürfte der Vermittlung durch seinen Vater zuzuschreiben sein. Der Anfang seiner selbständigen Arbeit steht in der Baugeschichte der Reichsstadt an einer glücklichen Wende. Zu Beginn des 18. Jahrhunderts hatte Aachen sich erholt von den Folgen des Stadtbrandes, der am 2. Mai 1656 den größten Teil der Bürgerhäuser zerstört und die Kirchen und das Rathaus schwer beschädigt hatte. Das Bad erlebte einen raschen Aufstieg und machte Aachen zum Treffpunkt einer anspruchsvollen Adelsgesellschaft, die durch die Kur hochfürstlicher Badegäste ihren besonderen Glanz erhielt. Die Wahl Aachens als Tagungsort für den Friedensschluß von 1748 war in diesem Aufstieg der Stadt begründet. Wenn auch die Metallindustrie im Schutt der Brandkatastrophe untergegangen war, so nahm dafür die bodenständige Tuchindustrie einen um so rascheren Aufstieg; zur Vermehrung des bürgerlichen Wohlstands hat sie mehr beigetragen als das Bad. Beim Übergang von der Stadtwirtschaft zur räumlich ausgreifenden Territorialwirtschaft wurde die kleinmeisterliche Produktion nach der alten

Zunftordnung durch das Unternehmertum der Verleger überspielt, so daß der Absatz sich steigern konnte und Aachen auf den großen Märkten konkurrenzfähig wurde. Die Verleger nahmen die einzelnen Kleinbetriebe in ihren Dienst, indem sie die Wolle lieferten und den Absatz gewährleisteten. Die Kaufleute, wie die Verleger sich nannten, suchten den Badegästen aus dem europäischen Hochadel ihren aufblühenden Wohlstand in den neuen bürgerlich-patrizischen Stadtpalästen sichtbar zu machen. Couven fand hier einen wesentlichen Teil seiner Aufgaben. Der Rat der Stadt blieb mit seinen Aufträgen hinter den Bürgern nicht zurück, und auch die Kirchen folgten mit ihren Ausstattungen den Anforderungen der Zeit. Die erfolgreiche Erfüllung dieser Aufgaben machte Couvens Namen über seine Vaterstadt hinaus bekannt, und der niederrheinische Adel, die Klöster, der Fürstbischof von Lüttich und der Pfälzer Kurfürst in Düsseldorf riefen ihn in ihren Dienst.

Eine Bautätigkeit während der dreißiger Jahre in Lüttich, wie sie von der belgischen Forschung angenommen wird, läßt sich nicht nachweisen. Das Haus Willems (heute Musée d'Ansembourg), für das Couvens Autorschaft in Anspruch genommen wird und das gleichzeitig mit dem Wespienhaus entstand, ist in Grundform und Architektur von diesem so verschieden und so klar nach französischen Vorbildern ausgerichtet, daß es dem Couven der dreißiger Jahre nicht zugesprochen werden kann. Der Grundriß des Treppenhauses, der sich unter Couvens Zeichnungen fand, kann diese Feststellung nicht widerlegen. Seine wichtigsten Bauten, deren Planung in die dreißiger Jahre fällt, sind das Wespienhaus und die Abteikirche zu Burtscheid. Als bürgerlicher Stadtpalast ist das Wespienhaus im künstlerischen Aufwand der Ausstattung in Aachen nicht mehr erreicht worden, und die Abteikirche, deren Bau sich über fast zwei Jahrzehnte hinzog, ist Couvens bedeutendster Sakralbau geblieben. Beide Bauwerke gehören einer Stilstufe an, welche durch die fränkischen Vorbilder bestimmt wurde.

Auch in der bautechnischen und stilgeschichtlichen Betrachtung fand Couven den Weg zu einer freien Entfaltung seiner künstlerischen Begabung geebnet. Der Wiederaufbau der Stadt nach dem großen Brand hatte zunächst keine Gelegenheit zu einer ernsten Auseinandersetzung mit den Formproblemen der Zeit gefunden. Der Profanbau blieb in der handwerksmeisterlichen Überlieferung befangen, die seit dem Ende des 16. Jahrhunderts im Maastal einen charaktervollen Materialstil aus Blausteingliederung mit Ziegelfüllung entwickelt hatte. Von den künstlerischen Forderungen der Renaissance war diese Bautätigkeit nur in nebensächlichen Zierstücken berührt worden. In der konstruktiven Anwendung von Blausteinquadern an den Ecken und an den Gewänden der Fenster ist gutes Bauhandwerk zu erkennen, und das Haus Curtius in Lüttich, das umfangreichste und reifste Bauwerk dieser von der belgischen Forschung als „Renaissance mosane" bezeichneten Bauweise, hat die Monumentalität gefunden, die jedem folgerichtigen Konstruktionsstil

ELEVATION DU CHÂTEAU DE SCHLEYDEN
DU CÔTÉ DE L'ENTRÉE.

ELEVATION DU CÔTÉ DE DERRIERE.

Johann Joseph Couven, Entwurf für das Schloß in Schleiden

eigen ist. Das Abteitor in Burtscheid ist das Aachener Gegenbeispiel hierzu. In der weiteren Entwicklung straffte sich das tektonische Werksteingerüst und führte zu einem Steinfachwerk mit Ziegelfüllung. Beispiele hierfür finden sich in der zweiten Hälfte des 17. Jahrhunderts in Aachen, das baugeschichtlich damals noch vom Maastal abhängig blieb. Die Fenster behielten noch zum Teil bis über die Schwelle des 18. Jahrhunderts hinaus ihre Steinkreuze. Kurz vor dem Ende des 17. Jahrhunderts aber machte sich eine Hinwendung zu einer Fassadenarchitektur bemerkbar, welche den eigentlichen Beginn der Renaissance in Aachen anzeigte. Die gerahmten Fenster verloren die Steinkreuze und erhielten stellenweise eine Giebelbekrönung; man nannte sie italienische Fenster und deutete damit auf ihre Herkunft aus der italienischen Renaissance. Auch das Mauerwerk verlor seine konstruktive Durchsichtigkeit; es wurde zur neutralen Fläche, die mit Putz überzogen werden konnte. Die dekorativen Architekturglieder der Renaissance erschienen kurz nach der Jahrhundertwende als Kolossalpilaster an Aachener Bürgerhäusern. Der holländische Klassizismus hatte die unmittelbaren Anregungen zu dieser Architektur gegeben. Es ist das Verdienst des Aachener Stadtbaumeisters Laurenz Mefferdatis, diese Entwicklung in Aachen eingeleitet zu haben. Am Doppelbau des Karlsbades ist die Bauüberlieferung des 17. Jahrhunderts überwunden und die klassizierende Fassadenarchitektur entwickelt, die der allgemeinen Stilrichtung am Ende des 17. Jahrhunderts entsprach. Couven fand also in seiner Vaterstadt schon die zeitgemäße Architekturfassade vor. Was Mefferdatis an künstlerischer Begabung, Bildung und schöpferischer Selbständigkeit gefehlt hatte, das brachte Couven in die aufstrebende Baukunst Aachens.

Die Entwirrung der vielfältigen Beziehungen, die zum Verständnis von Couvens geschichtlicher Stellung führen soll, kann den künstlerischen Wert seines Werkes noch nicht ermitteln. Wo Kunstwerke Gegenstand geschichtlicher Betrachtung und Ordnung sind, bleibt ein Teil des Urteils der unmittelbaren Werterfahrung vorbehalten; sie allein kann den Rang eines Künstlers bestimmen. Geschichtliche Voraussetzungen sind bei mittelmäßigen Begabungen manchmal deutlicher auszuweisen als bei Künstlern von eigenwilliger Genialität. Sicherlich gehört Couven nicht zu den letzteren, und wir würden das Bild seiner geschichtlichen Persönlichkeit fälschen, wenn wir ihn dazu zählen wollten. Sein Werk ordnet sich den Voraussetzungen und Einflüssen, die in der Kunst zwischen Maas und Niederrhein wirksam wurden, der lokalen Überlieferung und der Stilgeschichte des 18. Jahrhunderts in einem solchen Maße ein, daß die Entwicklung seiner Architektur die Baugeschichte dieser Landschaft im wesentlichen darstellt.

V.

Wir sind von den nicht zahlreichen biographischen Daten, denen seine Heirat mit Maria Dorothea Gertrudis Mesters aus Maastricht und der Sterbetag seines

Vaters im Jahre 1740 noch hinzuzufügen wären, ausgegangen und haben seinen Bildungsgang bis zur Mitte der dreißiger Jahre verfolgt; unbelegte Vermutungen mußten dabei manche Lücke in den Quellen verdecken. Auch für die Folgezeit sind wir im wesentlichen auf die gleichen Grundlagen angewiesen. Die ausführliche Abfassung von Bauverträgen läßt gelegentlich Zusammenhänge erkennen. Auch die Urteile der Zeitgenossen sind dürftig. Das redselige Tagebuch des Bürgermeisterdieners Janssen, das ihn mehrfach erwähnt, ist in einem parteiischen Tone kritisch, ohne dabei etwas Wesentliches zu sagen. Das erhaltene Rechnungsbuch, das Couven in den Jahren 1740–1757 führte, gibt kaum Auskunft, die hier interessieren könnte. Daß beim Aachener Kongreß im Jahre 1748 der englische Gesandte als Pensionär in seinem Hause wohnte, kann kaum als Beweis für den Wohlstand der Lebenshaltung angesehen werden. Nach den sehr detaillierten täglichen Ausgaben zu urteilen, hat die Führung des Haushalts das bürgerliche Durchschnittsmaß kaum überschritten.

Für das Studium seiner künstlerischen Entwicklung bleiben neben den ausgeführten Bauwerken die Zeichnungen auch für die Folgezeit die zuverlässigste Grundlage. Vieles davon, zum Teil die bedeutendsten Entwürfe, wurde nicht ausgeführt, und es entspricht dem verhängnisreichen Schicksal seines Lebenswerks, daß von den ausgeführten Bauten ein großer Teil der Zerstörung anheimfiel.

Zu Beginn der vierziger Jahre ist, wie wir sahen, der Einfluß französischer Architekturwerke nachweisbar. Gleichzeitig verloren die deutschen Vorbilder an Bedeutung für ihn. Das Relief der Fassaden flachte ab. Wir können darin französischen Einfluß sehen, zugleich aber auch einen Rückgriff auf die Bauüberlieferung des Landes zwischen Maas und Rhein, welche die reine Flächenfassade über die Schwelle des Jahrhunderts geführt hatte. Die Fenstergiebel, welche die frühen Fassaden charakterisiert hatten, verschwinden oder bleiben nur als Verstärkung der Mittelachse wirksam. Das flach gerahmte Stichbogenfenster wird zum Normaltyp am Aachener Bürgerhaus wie auch an seinen Schlössern, in deren Mitteltrakten nach französischem Muster das Rundbogenfenster vorherrscht. Pilasterarchitektur verwendet er später nur noch an Schloßbauten, wo sie als Hoheitszeichen der fürstlichen Bauherren zu verstehen sind. Diese Stilentwicklung verläuft nicht in gerader Richtung; es finden sich Rückerinnerungen an die älteren Formen neben den neuen, wobei manche seiner späteren Bauten Charakter und Reiz dem Zusammenspiel unterschiedlicher Elemente verdanken. Der 1737 signierte Entwurf für das Wohnhaus des Fabrikanten Mantels steht dem Wespienhaus noch nahe; in der Ausführung wäre es sein schönstes Bürgerhaus geworden. Das Haus Vercken in Eupen ist unter den erhaltenen Bürgerhäusern das reifste. Neben diesen repräsentativen Profanbauten stehen kleinere Bürgerhäuser, mit denen er den Typ des Aachener Dreifensterhauses festlegte. Umbauten älterer Häuser zeigen oft einen reizvollen Kompromiß. In den Gartenhäusern folgt er französischen Vorlagen.

Für den Rat der Stadt erbaute er im Jahre 1748 das Gerichtsgebäude, "Die Acht", auf dem Katschhof; der Entwurf läßt die Hinwendung zu einer klassizierenden Strenge, die der Auftrag nahelegte, deutlich erkennen. Daneben entstand in den folgenden drei Jahren das Komödienhaus, welches das Studium der technischen und künstlerischen Voraussetzungen des Theaterbaus erforderte. Die Anerkennung, die Couven durch seine Bautätigkeit bis zum Beginn der vierziger Jahre gefunden hatte, wurde durch die Aufträge für Schloßbauten bestätigt, die ihn seit 1744 beschäftigten. Hierbei folgte er im wesentlichen französischen Vorlagen, wenngleich Erinnerungen an den süddeutschen Spätbarock spürbar blieben. Die Pläne für das Schloß in Schleiden sind 1744 datiert; sie sind sein umfangreichster Entwurf dieser Gattung geblieben, und es bedeutet für die rheinische Baugeschichte einen Verlust, daß dieses Projekt über den Entwurf nicht hinauskam. Im Jahre 1748 erhielt Couven vom Kurfürsten von der Pfalz den Auftrag für das Schloß Jägerhof in Düsseldorf; der Bau zog sich bis 1763 hin. Es folgen die Schlösser für den Grafen Goltstein zu Breill bei Geilenkirchen aus dem Jahre 1754 und für das Schloß des Grafen von Quadt zu Wickrath. Für das Jagdschloß des Fürstbischofs von Lüttich in Maaseick sind Entwürfe aus dem Jahre 1752 erhalten. Das Schloß wurde 1798 von den französischen Revolutionstruppen zerstört. Der fürstliche Baumeister führte nach diesem Auftrag den Titel "architecte du Prince-évêque". Während er in Düsseldorf den Wettbewerb mit Nicolas de Pigage, dem in der fürstlichen Bauweise erfahreneren Lothringer, zu bestehen hatte, wurde er in Lüttich den einheimischen Architekten vorgezogen. Über seine persönlichen Beziehungen zum Fürstbischof sind wir nicht unterrichtet.

Für das Damenstift Münsterbilsen bei Hasselt errichtete er in den Jahren 1757 bis 1759 ein neues Abteigebäude, von dem nur der entstellte Mitteltrakt erhalten blieb. Ohne das Abteigebäude fehlte eine der wesentlichen Aufgaben seines Jahrhunderts in Couvens Lebenswerk. Einige Entwürfe dieser Art konnten nicht mit bestimmten Aufträgen in Zusammenhang gebracht werden.

Von den geplanten Erweiterungsbauten für das Damenstift St. Gerlach bei Valkenburg wurde im Jahre 1759 nur das Ökonomiegebäude ausgeführt, eine Aufgabe, die an die große Scheune auf Gut Kalkofen erinnert, das Couven in den fünfziger Jahren durch ein Herrenhaus erweitert hatte.

Außer der Abteikirche St. Johann hat Couven nur mehr eine größere Kirche gebaut; es ist die Pfarrkirche St. Michael in Burtscheid, deren Planung nach dem Datum der Entwürfe 1748 begann. Die dreischiffige Basilika mit flacher Vierungskuppel wurde 1751 vollendet. In Nispert bei Eupen baute Couven für den Fabrikanten Goertz eine Kapelle, die in der Dekoration der Orgelempore die Jahreszahl 1748 zeigt. (Die Fassade könnte auf eine Anregung von C. Schlaun zurückgehen, der durch seine zweite Frau mit dem Eupener

Fabrikanten Rehrmann verschwägert war.) Der Neubau der Ungarischen Kapelle am Dom zu Aachen, mit dem der Generalfeldmarschall Battyani Couven im Jahre 1747 beauftragte, stand unter einem unglücklichen Stern. Ein ausführlicher Vertrag, der alle Einzelheiten des Rohbaus und der Ausstattung festlegte, kam 1748 zustande; Couven unterzeichnete hier ausdrücklich als Architekt und Unternehmer. Die Bauarbeiten begannen 1750, nahmen dann einen schleppenden Verlauf, und nach dreijähriger Bauzeit zeigten sich Schäden in den Fundamenten, die den baulichen Bestand der Kapelle gefährdeten, so daß der Rohbau niedergelegt werden mußte. Im einzelnen sind wir über die Gründe für diesen Mißerfolg nicht unterrichtet. Der feingliedrige, gotisierende Entwurf, der in den Maßverhältnissen Couvens besonderer Begabung so sehr entsprach, kam nicht zur Ausführung; die Kapelle wurde 1756 von Moretti nach eigenem Plan erbaut.

In seinem letzten Lebensjahrzehnt stand ihm sein Sohn Jakob (geb. 1735) als Architekt zur Seite. Die erste Erwähnung seiner Mitarbeit findet sich schon 1750, als sein Vater die neue Landstraße nach Lüttich vor dem Jakobstor baute. Im Jahre 1760 wurde Jakob Couven als Ratssekretär angestellt; seine Bautätigkeit, die über den Louis-XVI.-Stil zum Klassizismus hinüberleitete, reichte noch in das erste Jahrzehnt des 19. Jahrhunderts hinein. Er starb im Jahre 1812. J. J. Couven wurde durch die Mitarbeit seines Sohnes in den letzten Lebensjahren entlastet, so daß er die Muße für die Abfassung seines Manuskripts über die Säulenordnung fand, das er 1758 vollendete.

Couvens Lebenswerk wäre nur unvollständig umschrieben, wenn wir die Ausstattungen der Kirchen und Bürgerhäuser unerwähnt ließen. Die Eigenart dieser dekorativen Arbeiten, denen die Möbel hinzuzurechnen sind, hat das Aachener Rokoko zu einem stilgeschichtlichen Begriff werden lassen. Ausstattung und Zier des Innenraums waren im 18. Jahrhundert Bestandteile der Baukunst; sie gehörten zum Entwurf und wurden vom Architekten mit der Raumform konzipiert. Die organische Durchdringung von Raumform und Ausstattung ist Wesensmerkmal des Rokoko. Couven hat in der Ausstattung der Theresienkirche einen sakralen Rokokoraum geschaffen, in dem Altäre, Kommunionbank, Kanzel und Täfelung in der Aachener Ausprägung des Rokoko eine dekorative Ganzheit bilden. Im Zusammenhang mit seiner Biographie sind diese Arbeiten wichtige Zeugnisse für die Charakterisierung des Rokokoarchitekten. Die Altäre in der Nikolauskirche zu Eupen können als eine Bestätigung für die Anregungen betrachtet werden, die Couven aus dem fränkischen Spätbarock übernommen hatte. Für die barocke Kraft der raumkörperlichen Komposition und die beherrschende Größe der Motive fand er in Würzburg Beispiele; seinem künstlerischen Temperament lag diese Instrumentierung ferner als die feinteilige Zierlichkeit kleinerer Maßstäbe. Bei dem Eupener Hauptaltar ist der kraftvolle süddeutsche Barock spürbar. Ob nicht, trotz der archivalisch gesicherten Autorschaft Couvens, ein Konzept

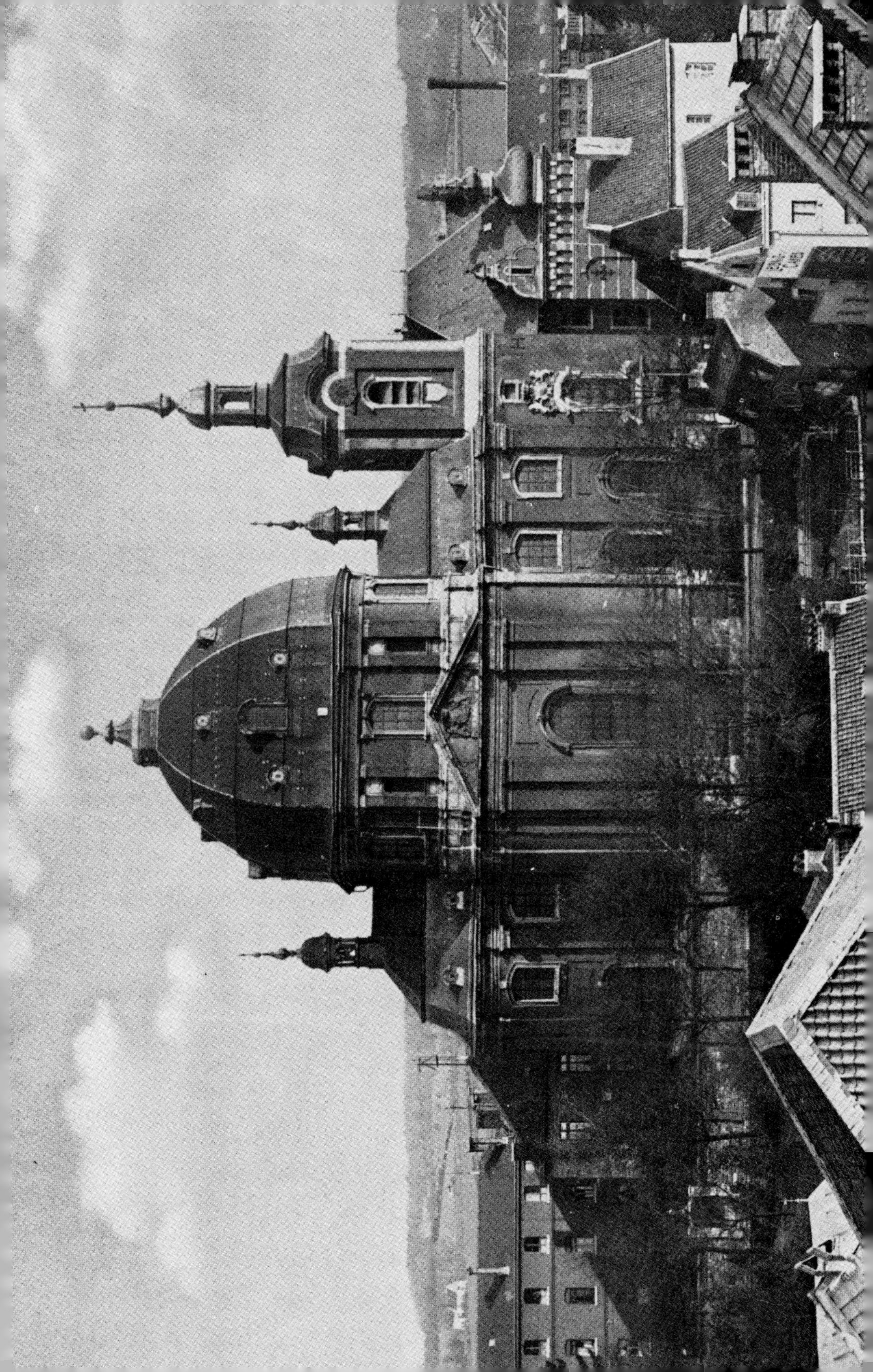

Johann Joseph Couven, Abteikirche St. Johann in Aachen-Burtscheid

Schlauns dem Entwurf zugrunde liegt? Auch die Ausstattung der Pfarrkirche St. Peter zu Aachen (Tabernakel, Kommunionbank, Beichtstühle) und der Abteikirche zu Kornelimünster (Tabernakel, Kommunionbank, Orgel) wurden von Couven entworfen. Im Schnitzornament ging er von den zierlichen Motiven des späten Louis XIV. und der Régence aus, die Lütticher Schnitzer schon bei der Ausstattung des Rathauses in Aachen eingeführt hatten; neben den technisch reiferen Täfelungen und Türen im Hause Ansembourg zu Lüttich ist der Schnitt der Aachener Arbeiten zunächst noch befangen. Couvens Entwürfe für die dekorativen Arbeiten des Wespienhauses sind aus französischen Vorlagen unschwer abzuleiten. An den Schnitzereien der Täfelungen im Moseszimmer zeigte sich schon eine selbständigere Handhabe der Vorlagen. Seit der Mitte der vierziger Jahre tritt die Rocaille als das beherrschende Motiv seiner Ornamentik auf; sie erfährt unter seinem Einfluß eine sehr charakteristische Ausformung, die in der Sicherheit sparsamer Akzentsetzung und der temperamentvolleren Bewegung deutschen Vorbildern nähersteht als den gleichzeitigen Lütticher Arbeiten. Auch die Eigenart Aachener Möbel kann auf seine unmittelbaren Anregungen zurückgeführt werden, wenngleich Vorlagen von seiner Hand nicht erhalten sind. Charakteristische Formmotive im Aufbau und Ornament unterscheiden das Möbel des Aachener Rokoko von dem der Nachbarlandschaften, dem die urbane Eleganz Couvens fehlt.

VI.

Aus Couvens letzten Lebensjahren sind größere Projekte nicht mehr überliefert. Die wichtigen Aufgaben waren erfüllt; Aachen hatte in den Jahrzehnten, die Couvens Lebenswerk ausfüllen, das Gesicht erhalten, das die historische Altstadt prägt. Dem Bilde dieser Stadt hatte Couven die Züge seines Jahrhunderts gegeben, obgleich ihm keine städtebaulichen Aufgaben in größeren Zusammenhängen gestellt worden waren. Nur der Katschhof hatte durch ihn an der Nord- und Westseite geschlossene Platzwände im Stil des Jahrhunderts erhalten, und über Burtscheid steht die barocke Stadtkrone seiner beiden Kirchen. In seinem Lebenswerk hatte die glanzvollste Epoche der Aachener Stadtgeschichte ihr Denkmal gefunden. Der Glanz des alten Reiches war erloschen; es war die aufstrebende Bürgerstadt, der Couven gedient hat. Als Couven am 12. September 1763 starb, neigte sich das Ansehen der Reichsstadt schon dem Niedergang zu. Sein Buch über die Säulenordnung war Vermächtnis und Abschied eines Architekten und einer Epoche; es steht am Ende einer normativen Bautheorie, die mit dem Ausklang des Barocks ihren geschichtlichen Sinn verlor. Nach Couvens Tod ist in Deutschland kein großes Bauwerk des Barocks mehr entstanden; seine Generation hatte im deutschen Rokoko das glanzvolle Finale der abendländischen Sakral- und Standeskunst durchgespielt.

Couven ist an allen typischen Bauaufgaben seines Jahrhunderts beteiligt; er baute Schlösser, Adelssitze, patrizische Stadtpaläste und Gebäude für die Repräsentation der Reichsstadt. Daneben Abteien, Klöster, Kirchen und Kapellen und die kleinen Bauakzente, welche für die Gliederung des Straßenbildes, der Plätze und Gärten im Jahrhundert des Rokoko so kennzeichnend sind: Gartenhäuser mit Rampen und Treppen, Tore und Brunnen. Es ist die ganze Hierarchie der Bauwerke, durch die der Spätbarock das Bild der Zeit überliefert hat, seiner Kunst, seiner Herrschaft, seines Glaubens, der Wirtschaft und der Gesellschaft.

LITERATUR

Joseph Buchkremer, Die Architekten Johann Joseph und Jakob Couven, in: Zeitschrift des Aachener Geschichtsvereins Bd. 17 (1895); hier auch die Hinweise auf die wichtigsten Archivstudien von Pick, Roehn und Macco

Heinrich Neu, Unbekannte Pläne des Architekten Johann Joseph Couven für einen Neubau des Schlosses Schleiden, in: Rhein. Vierteljahrsblätter 22 (1957) 260–265

Richard Klapheck, Die Baukunst am Niederrhein. Bd. II (1915/16)

Theodor Rensing, Johann Conrad Schlaun (o. J.)

H. Hartmann, Johann Conrad Schlaun (1910)

Ed. Ph. Arnold, Das Altaachener Wohnhaus (1930)

Hans Vogts, Das Bürgerhaus der Rheinprovinz (1928)

P. J. Schoenen, Aachener Rokoko (1935)

J. J. COUVENS WICHTIGSTE BAUWERKE UND ENTWÜRFE

1. Kirchen und Kapellen

Abteikirche St. Johann in Aachen-Burtscheid
Pfarrkirche St. Michael in Aachen-Burtscheid
Ungarische Kapelle am Dom zu Aachen
Kapelle zu Nispert bei Eupen

2. Schlösser

Schloß Schleiden (Entwurf)
Schloß Jägerhof in Düsseldorf
Schloß Maaseick im belg. Limburg (1798 zerstört)
Schloß des Grafen Quadt bei Wickrath (nur teilweise erhalten)
Schloß Breill bei Geilenkirchen
Eine Reihe von Schloßentwürfen, z. T. größeren Umfangs, konnte nicht mit bestimmten Aufträgen in Verbindung gebracht werden.

3. Abteien und Klöster

Abteigebäude des Damenstifts Münsterbilsen in der belg. Provinz Limburg
Abteigebäude Sinnich bei Aubel in der belg. Provinz Lüttich

Kloster des adligen Damenstifts St. Gerlach bei Valkenburg im niederl. Limburg (Entwurf; ausgeführt nur die Ökonomie)
Kloster in Maaseick (Entwurf)

4. *Bürgerhäuser*

Haus Wespien, Aachen, Kleinmarschierstraße 45 (zerstört)
Haus Mantels, Annuntiatenbach (Entwurf)
Hotel „Zur Kaiserlichen Krone", Aachen, Alexanderstraße (abgebrochen)
Haus Peterstraße 26 und Haus Cassalette, Peterstraße 44/46 (beide zerstört)
Haus Beissel, Pontdrisch 16 (zerstört)
Haus Vercken, Eupen, Markt
Haus „Zum Blinden Esel", Franzstraße 8 u. Franzstraße 24 (beide zerstört)
Haus Großkölnstraße 49 (zerstört)
Haus Pontstraße 36 (zerstört)
Haus Jakobstraße 16 und 35 (Umbau)
Haus Monheim, Hühnermarkt 17 (heute Couven-Museum), posthumer Bau
Zahlreiche kleinere Bürgerhäuser und Umbauten zeigen die für Couven typischen Formen, ohne daß sich seine Autorschaft im einzelnen nachweisen läßt.

5. *Bauten für die Reichsstadt*

Umbau des Rathauses mit barocker Freitreppe (durch neugotische Fassade ersetzt)
Gerichtsgebäude „Die Acht" am Katschhof (abgebrochen)
Komödienhaus am Katschhof (abgebrochen)

6. *Gartenhäuser*

Pavillon aus dem Garten des Hauses Mantels (s. oben), heute auf dem Lousberg
Pavillon vom Hause Nuellens (heute im Burtscheider Kurgarten)
Zahlreiche Entwürfe zu Gartenhäusern unter französischem Einfluß

7. *Kircheneinrichtungen*

Pfarrkirche St. Nikolaus zu Eupen (Altäre)
Pfarrkirche St. Peter zu Aachen (Tabernakel, Kommunionbank, Beichtstuhl)
Pfarrkirche St. Michael zu Aachen-Burtscheid (Hochaltar)
Abteikirche zu Kornelimünster (Tabernakel, Kommunionbank, Orgel)
Pfarrkirche zu Kirchrath im niederl. Limburg (Hochaltar)
Luth. Kirche zu Vaals im niederl. Limburg (Altar, Kanzel und Gestühl)
Kapelle zu Nispert bei Eupen (Altar)
Pfarrkirche zu Alt-Valkenburg im niederl. Limburg (Hochaltar)

8. *Ausstattung profaner Innenräume*

Wespienhaus (s. oben): großer Saal, Moseszimmer (heute im Germ. Museum zu Nürnberg), Treppenhaus. Die Ausstattung wurde ausgebrochen und versteigert.
Ausstattung aus dem Pavillon auf dem Lousberg (s. oben), teilweise im Couven-Museum (s. oben), das auch die reichste Sammlung von anderen Ausstattungsstücken (Täfelungen, Türen, Kaminen) und Möbeln der Couven-Zeit beherbergt.

JOHANN GOTTFRIED BRÜGELMANN

(1750–1802)

Von Marie-Luise Baum

Wie mag es kommen, daß ein so bedeutender Mann, wie es Johann Gottfried Brügelmann war, der eine epochemachende Erfindung, nämlich die mechanische Spinnmaschine, auf den Kontinent verpflanzte, fast vergessen ist? Wie ist es möglich, daß die Neue Deutsche Biographie, von einer Historischen Kommission herausgegeben, in vierzehn knappen, oberflächlichen Zeilen ein historisch durchaus anfechtbares Bild dieses Mannes abdruckt?

Unsere Aufgabe soll es sein, sein Leben unter Berücksichtigung des gesamten Quellenmaterials darzustellen, wie es im Staatsarchiv Düsseldorf und in dem reichen Firmen- und Familienarchiv von F. W. Brügelmann Söhne in Köln zu finden ist.

I.

Die Brügelmanns – schon 1466 in der Beyenburger Amtsrechnung (d. h. der Steuerliste für die Barmer Familien) als „Hofbesitzer vor dem Brögel" genannt – gehören seit dem frühen 18. Jahrhundert zu den besten Elberfelder Familien. Ein Johann Wilhelm, geboren am 13. Mai 1659, dessen Eltern noch in Barmen gestorben waren, wird 1703 als „Leinenhändler" in Elberfeld genannt. Sein Sohn Engelbert, Kaufmann in Elberfeld, wird nur vierundvierzig Jahre alt, und seine Witwe Maria Magdalena, geborene Jacobi, heiratet in zweiter Ehe den Kaufmann Gottfried Eck. Als nun ihrem Sohn Johann Wilhelm Brügelmann, der 1747 Anna Gertrud Kühnen aus Radevormwald geheiratet hatte, am 6. Juli 1750 in seinem Hause auf dem Hofkamp der erste Stammhalter geboren wird, gibt der Stiefgroßvater Eck als Pate dem Knaben den Namen Gottfried, der bis dahin in der Brügelmannschen Ahnentafel nicht vorkommt. Aber schon 1754 starb die junge Anna Gertrud Brügelmann, geborene Kühnen, nur dreiunddreißig Jahre alt, wenige Tage nachdem sie einem vierten Kind das Leben geschenkt hatte; der Knabe, der in der Taufe die Namen Johann Carl erhalten hatte, folgte seiner Mutter schon ein halbes Jahr später nach. Leider wissen wir über Anna Gertrud Kühnen und ihre Familie so gut wie gar nichts, weil die Radevormwalder Kirchenbücher nur unvollständig vorhanden sind. Und das ist bedauerlich, hat man doch schon lange erkannt,

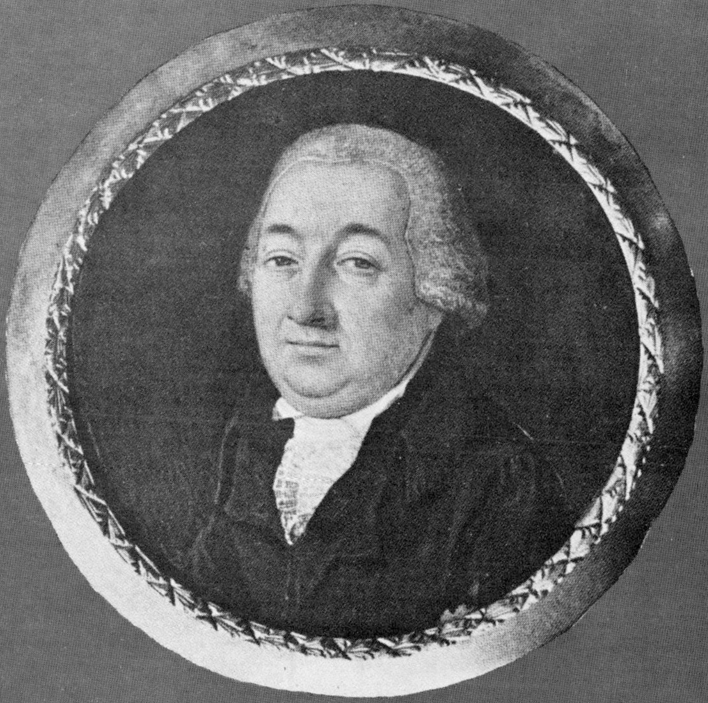

Johann Gottfried Brügelmann
Miniatur im Archiv der Familie Brügelmann, Köln – Aufnahme Kops

welch große Bedeutung den „Müttergeschlechtern" zukommt. Bei der Geburt von Anna Gertrud Kühnen am 21. April 1721 finden wir die Eintragung, daß ihr Vater Heinrich Wilhelm Kühnen gerade auf der Frankfurter Messe ist und deshalb das Kind „weder Pathen noch Goden" gehabt habe. Da habe die Mutter die Stelle der Paten vertreten und dem Töchterchen die Namen gegeben. Als Anna Gertrud heiratete, wurde sie in der Kopulationsurkunde genannt „Jungfer Anna Gertrud Kühnen, Weyl. H. Heinrich Wilhelm Kühnen gewesenen Kauf- und Handelsmanns in Rath vorm Wald nachgelassene Eheliche Tochter". Ihr Vater war also tot, von der Mutter erfahren wir nichts. Als das erste Kind in der Brügelmannschen Ehe, die Tochter Maria Catharina, am 27. August 1748 getauft wird, erscheinen als Paten „Herr Kühnen zu Rade vor dem Walde und Catharina, Abraham Ellers Frau zu Ronßdorff". Dieser Herr Kühnen kann ein Bruder, vielleicht aber auch ein Onkel der jungen Frau Brügelmann gewesen sein; in den Kirchenbüchern war er nicht zu finden. Und wer ist „Catharina, Abraham Ellers Frau zu Ronßdorff"? Sie ist die dreiundachtzigjährige Urgroßmutter des Täuflings, Anna Katharina von den Westen, die in erster Ehe mit dem Leinenhändler Johann Wilhelm Brügelmann verheiratet war und nach seinem Tod den sechzehn Jahre jüngeren Abraham Eller in Ronsdorf ehelichte. Dieser Abraham Eller war ein Bruder des Begründers von Ronsdorf, Elias Eller, dessen Charakterbild so lange in der Geschichte schwankte, heute aber durch die grundsätzlichen Ausführungen von Edmund Strutz völlig klargestellt ist.[1] Abraham und Catharina Eller gehörten zu den Zioniten, beide waren im Jahre 1731 „versiegelt", d. h., in die Gemeinschaft der Ellerianer aufgenommen worden.[2]

Nach dem frühen Tod seiner jungen Frau blieb Johann Wilhelm Brügelmann als Witwer mit drei kleinen Kindern – sechs-, vier- und zweijährig – zurück. Mag auch die Großmutter Eck sich des verwaisten Hauses auf dem Hofkamp angenommen haben, so mußte Johann Wilhelm sich doch nach einer zweiten Frau umsehen, schon damit seine Kinder sich bald wieder mütterlicher Pflege und Fürsorge erfreuen konnten. Und er fand nicht nur eine Mutter für seine Kleinen, sondern auch eine liebevolle Lebensgefährtin, als er am 30. Juli 1755 Maria Kersten heiratete, die Tochter des aus Hessen stammenden Konrad Kersten und der Anna Christina Teschemacher und Schwester von Abraham Kersten, des Begründers des Bankhauses Kersten (späteren von der Heydt, Kersten & Söhne). Zu den drei Kindern erster Ehe gesellten sich bald noch zwei Geschwister: Johanna Engelina und Carl Friedrich. Und wie gut war es, daß die fünf Brügelmannschen Kinder nun wieder von einer Mutterhand geleitet wurden, denn dunkle Wolken zogen herauf, der Siebenjährige Krieg brachte auch für die Wupperstädte Unruhe und Aufregung.

[1] Siehe Beitrag 6 in diesem Buch.
[2] *J. V. Bredt,* Geschichte der Familie Siebel (1937) S. 244.

Johann Wilhelm Brügelmann * Barmen, ~ Elberfeld 13. 5. 1659 † Elberfeld nach 22. 3. 1703 Leinenhändler zu Elberfeld ∞ Elberfeld 1693 Anna Katharina von den Westen ~ Ed 28. 10. 1665, ☐ Ed 2. 1. 1755 (∞ II. Ed 4. 8. 1708 Abraham Eller, * .. 9. 1681 ☐ Ronsdorf 18. 7. 1752, Kaufmann)	Johannes Jacobi * Hohenhausen in Lippe ..., † Urdenbach vor 19. 7. 1718, Kaufmann zu Urdenbach (∞ I. Urdenbach vor 1680 Anna Christina Cappel) ∞ II. Urdenbach 21.12.1694 Anna Margareta Teschemacher ~ Ed 25. 3. 1657, † Urdenbach ... (∞ I. Ed 5. 11. 1682 Peter Lohe, ~ Ed 2. 2. 1642, † Hilden 1694, seit 1664 ref. Pfarrer zu Hilden)			Verwandt ist wahrscheinlich eine später in Neuenrade in Westfalen ansässige Familie Köhne (Kühne)		
Engelbert Brügelmann * Ed .. 5. 1694 ☐ Ed 24. 4. 1738 Kaufmann zu Ed	Maria Magdalena Jacobi * Urdenbach 3. 9. 1697 † Ed 10. ☐ 13. 10. 1781 (∞ II. Ed 9. 5. 1742 Gottfried Eck ~ Solingen 22. 3. 1708 † Ed 12. ☐ 15. 7. 1771)	Heinrich Wilhelm Kühnen Kaufmann zu Radevormwald	N. N.
∞ Ed 19. 7. 1718			
Johann Wilhelm Brügelmann ~ Ed 14. 12. 1721 † Ed 31. 12. 1784, ☐ Ed 3. 1. 1785 Kaufmann, 1762 Bürgermeister (∞ II. Ed 30. 7. 1755 Maria Kersten) ~ Ed 2. 3. 1723, † Ed 3. ☐ 6. 2. 1799		Anna Gertrud Kühnen * Radevormwald 21. luth. 25. 4. 1721 ☐ Elberfeld 28. 11. 1754	
∞ I. Radevormwald .. 9. 1747			

Johann Gottfried Brügelmann
* Ed 6. 7. 1750, † Ratingen 27. 12. 1802
Kgl. Bayer. Kommerzienrat, Kaufmann und Fabrikant
Gründer der mechanischen Baumwollspinnerei Cromford
∞ Ed 7. 11. 1774 Anna Christina Bredt verw. Ochsen
* Barmen 16. 7. 1745, † Cromford 16. ☐ Ratingen 19. 5. 1802
Tochter von Johann Jakob Bredt, Kaufmann zu Barmen,
und der Wilhelmina Platzmann aus Langenberg

Aus den Jugendjahren Johann Gottfrieds wissen wir leider nichts. Wir können nur versuchen, uns eine Vorstellung vom damaligen Elberfeld zu machen, um uns mit einiger Phantasie auszumalen, wie ein kluger und aufgeweckter Knabe die Zeiten zwischen Krieg und Frieden erlebt haben mag. Elberfeld muß um die Mitte des 18. Jahrhunderts ein freundliches Städtchen mit etwa 8000 Einwohnern gewesen sein. Damals war die Wupper noch ein klarer Fluß, an dessen Ufern die grünen Bleichen lagen, auf ihnen ausgebreitet die Garne, die Reichtum und Wohlstand brachten. Noch stand das Morianstor, durch das wohl der Schulweg Johann Gottfried täglich führte, wird er doch die lateinische Schule am Reformierten Kirchplatz besucht haben. Ganz nahe beim Morianstor stand das prächtige Haus von Johann Jakob Wülfing, in dem Fürsten und Prinzen zu Gast waren. An der Wupper lagen große Gärten, herrliche Spielplätze, in denen sich auch die Brügelmannschen Kinder getummelt haben mögen. Als die Franzosen als Verbündete des Landesvaters Karl Theodor in die Wupperstädte einzogen, wird das für den sechsjährigen Johann Gottfried ein großartiges Erlebnis gewesen sein. Aber nicht nur für ihn, denn die Erwachsenen gebärdeten sich, wie Merkens in seiner Chronik berichtet, als ob sie ihre besten Freunde empfingen. Die Franzosen wurden mit „Wein, Bier und Brandewein" traktiert, „man ließ sie aus langen weißen Tonpfeifen Tabak rauchen, als ob eine Hochzeit gehalten würde". Aber schon bald sah es anders aus, die Begeisterung verschwand, und der Krieg zeigte sein wahres, grausames Gesicht: Truppendurchzüge, Einquartierungen und Requisitionen waren an der Tagesordnung. Doch damit nicht genug: der Vater Johann Wilhelm Brügelmann und der Stiefgroßvater Gottfried Eck gehörten verschiedene Male zu den Geiseln, die von den Preußen gefangengesetzt oder sogar verschleppt wurden. – Noch während des Krieges, im Jahre 1762, wurde der Vater Johann Wilhelm Brügelmann zum Bürgermeister der Stadt berufen, nachdem er schon zu verschiedenen Malen Ratsverwandter gewesen war.

II.

Johann Gottfried mag wohl siebzehn Jahre alt gewesen sein, als er im väterlichen Geschäft die in Elberfeld übliche Handlung in Leinengarn und Webwaren erlernte. 1770 ging er nach Basel und erhielt hier einen Einblick in die Lage der Baumwollindustrie, die in der Schweiz und im nahen Elsaß immer schon auf einer hohen Stufe gestanden hatte. Hatte sich doch hier schon seit dem 17. Jahrhundert eine bedeutende Weberei von Feingeweben entwickelt, die man Nanquins oder Nanquinettes nannte. Diese Stoffe spielen später im Fabrikationsprogramm Johann Gottfrieds eine bedeutende Rolle. – In dieser Epoche seines Lebens wird er von der Erfindung des Engländers Arkwright gehört haben, der in Cromford in der Provinz Derbyshire eine Spinnmaschine hergestellt hatte. Wir fortschrittgewohnten Menschen des 20. Jahrhunderts

können uns kaum eine Vorstellung davon machen, was diese Erfindung bedeutete. Die Spinnmaschine, nicht mehr wie das Spinnrad von Menschenhand und Menschenfuß bewegt, wurde mit Wasserkraft angetrieben; sie bestand aus drei Teilen: dem Wolf, der das Auflockern der Baumwolle besorgte, der Kratze, die die Fasern auszog und ordnete, und schließlich der eigentlichen Maschine, die gleichzeitig wenigstens sechzehn Fäden spinnen konnte. Da Arkwright als erster Wasserkraft benutzte, nannte er den so gesponnenen Faden „Watertwist", und so heißen auch heute noch die nach diesem System gedrehten Garne.
Als Johann Gottfried mit dieser Kenntnis aus der Schweiz ins Wuppertal zurückkehrte, sah er, wie auch im Bergischen Land eine schwierige Lage entstanden war, da schon seit langem der Bedarf der Weber mit der Handspindel nicht mehr gedeckt werden konnte. Kein Wunder darum, daß der Gedanke an die Spinnmaschine den jungen Gottfried nicht mehr zur Ruhe kommen ließ. Er mußte – koste es, was es wolle – diese Maschine kennenlernen und, wenn möglich, nachahmen. Sah er doch hier die einzige Möglichkeit, die Spinntechnik so zu verbessern, daß der ständig wachsende Garnbedarf gedeckt werden konnte. Das einheimische Garn mußte konkurrenzfähig gemacht werden, das war die wichtigste Aufgabe. Aber wie zu diesem Ziel gelangen?
Nun, zunächst nahmen häusliche Dinge ihn gefangen. Im Dezember 1774 verheiratete er sich mit Anna Christina Bredt, die in erster Ehe mit Peter Ochsen vermählt gewesen war. Dieser Peter Ochsen war in Elberfeld Fabrikant gewesen und schon im Alter von neunundzwanzig Jahren gestorben. Er war mit der reichen Familie Rübel versippt, die sich in den Dörnen ein stattliches Haus von Eberhard Haarmann hatte bauen lassen. Auch mit den Honsbergs, dem Pächter der staatlichen Mühlen in Wuppertal, war er verwandt gewesen. Nun heiratete die junge Witwe also Johann Gottfried Brügelmann. Ihr Vater war der vermögende Johann Jakob Bredt, der ebenfalls ein von Eberhard Haarmann erbautes Haus in den Dörnen besaß. Er wird dem Schwiegersohn in geschäftlicher Beziehung von Nutzen gewesen sein, denn schon 1777 hat Johann Gottfried Brügelmann ein eigenes blühendes Geschäft in Baumwollartikeln, Kattunen und Siamosen. Das zeigt eine auf uns gekommene Bilanz dieses Jahres, die ein Vermögen von 47 000 Reichstalern angibt.
So schien alles aufs beste zu gedeihen, sein Geschäft blühte, zwei Söhne wuchsen heran: Jacob Wilhelm (geboren 1776) und Johann Gottfried (geboren 1777), bei den Mitbürgern war er beliebt und geschätzt, ihr Vertrauen hatte ihn schon in jungen Jahren in den Rat der Stadt berufen. Da brach 1781 der bekannte Weberstreit aus, der große Unruhe ins ganze Tal brachte und Johann Gottfrieds Schicksale in besonderer Weise berührte. Die Weberzunft bestand in Elberfeld seit 1738; hatte sie anfänglich etwa dreihundert Mitglieder gehabt, so gehörten ihr im Jahre 1781 elfhundert Meister an. Dadurch waren die Löhne natürlich geringer geworden, und die Überlegenheit der Fabrikanten machte sich unliebsam spürbar, denn sie hatten eine Vereinbarung getroffen, daß die

Löhne überall gleich hoch sein sollten; es zahlte also kein Fabrikant mehr als der andere. Die Stimmung in beiden Lagern war gereizt, und als von seiten der Fabrikanten einzelne Stücke beanstandet wurden, kam es zu offenem Aufruhr. Der Sprecher der Kaufmannschaft war Johann Gottfried Brügelmann, der durch seine temperamentvolle Art, den Aufständischen entgegenzutreten, den ganz besonderen Zorn der Leineweber auf sich lud. Der Stadtrat mußte schließlich sogar Militär zur Hilfe herbeirufen, das bald die Ordnung wiederherstellte. Im Jahre 1783 wurden die Weberzunft aufgehoben und die Rädelsführer bestraft. – Johann Gottfried wandte im gleichen Jahr seiner Vaterstadt den Rücken, aber nicht nur, wie so oft gesagt wird, weil sie ihm nach diesen unangenehmen Zwischenfällen verleidet gewesen sei, sondern mehr noch, weil er von den Bindungen der Garnnahrung frei werden wollte. Auch hing er immer noch seinem Lieblingsgedanken nach, eine Fabrik nach englischem Vorbild zu errichten.

III.

Ob er nun wirklich, wie es die Familientradition will, zu dieser Zeit selbst in England gewesen ist, dort in Arkwrights Fabrik unerkannt gearbeitet und wichtige Teile einer Spinnmaschine nach Deutschland gebracht hat, das wird sich wohl nie aufklären lassen. Zuzutrauen wäre es dem mutigen und energischen Mann schon, diese Legende würde durchaus zu seinem Charakterbild passen. Immerhin darf man nicht außer acht lassen, daß die Engländer die Todesstrafe über den verhängten, der das Geheimnis der Spinnmaschine verriet. Wir kennen das Gesuch – und drucken es noch einmal aus den Akten des Staatsarchivs hier ab –, das Brügelmann im Jahre 1783 an seinen Landesvater, den Kurfürsten Karl Theodor, richtete, aus dem man die jahrelangen Bemühungen um die Spinnmaschine ablesen kann. Er habe sich, so schreibt er, immer schon gefragt, „warum unsere sogenannten Siamosen den englischen und Rouener Fabrikaten an Güte, Reinheit und Egalität nicht beikommen und warum bei unserer vorteilhaften Lage keine anderen Fabriken entstanden seien". Nun habe er, gleich nachdem er von der Erfindung der englischen Spinnmaschine gehört habe, sich bemüht, „eine solche Mühle oder wenigstens deren Modell zu bekommen". Als er nun erfuhr, daß im Siegerland ein Mann sei, der eine „solche Spinnmühle zu verfertigen und einzurichten imstande wäre", habe er diesen Mann in sein Elberfelder Haus geholt, wo er ein ganzes Jahr mit Versuchen zubrachte, die aber zu keinem Erfolg führten.[3] „Ich ent-

---
[3] *Wilh. Güthling,* Die Vielfalt der Siegerländer Wirtschaftsgeschichte, in: Siegerland 37 (1960), handelt u.a. von dem Antrag des Unternehmens Adolf Albert Dresler Söhne in Siegen vom Jahre 1803 um „Erteilung eines Privilegiums auf Baumwolle-Maschinen-Spinnerei". Die Antragsteller haben bei der Stadt Siegen in einem besonderen Gebäude eine *englische Spinnmaschine* angelegt. Dann heißt es weiter: „Die erste Veranlassung zu dieser Anlage gab ein inländischer Mechanikus namens Adam Winke von Helberhausen im Amte Hilchenbach, ein Uhrmacher von Profession und ein wahres Genie in seiner Art. Als nämlich der Kaufmann Broegelmann zu Düsseldorf vor etwa zwanzig Jahren mit Hilfe eines englischen

schloß mich", schreibt er weiter, „an meinen in England bestehenden guten Freund zu wenden." Und dieser hat, trotz der angedrohten schweren Strafen, geholfen, nicht nur einmal, als er im Jahre 1781 eine „Kratzmaschine" nach Deutschland schickte, sondern auch ein Jahr später, als er selbst in Begleitung eines geschickten Meisters auf den Kontinent reiste. In der Tat sind in den Geschäftsbüchern englische Mitarbeiter genannt: so im Kassenbuch von 1786 ein Engländer namens James Goodier mit 30 Talern Vorschuß und ein William Walker als „Salaireempfänger". Mit welch großen finanziellen Opfern dieses ganze Unternehmen zustande kam, das kann man nur vage nachrechnen. Jedenfalls hat man Johann Gottfried nicht mit Unrecht „einen Vorläufer neuzeitlichen Wirtschaftsdenkens" genannt, der sein Kapital investierte und jedes Risiko zu tragen bereit war.

Endlich im Jahre 1783 ist es soweit! Das Modell einer Maschine ist fertiggestellt, und „dieses ist so gut ausgefallen", schreibt er seinem Herzog, „daß solche meiner Erwartung völliges Genüge leistet. Dieses alles würde noch nicht hinreichend sein, wenn ich nicht solches ins Große, wie in England durch ein Wasserrad könne treiben lassen, solchen Ends habe ich mir einen Ort bei Höchstdero Bergischen Mithauptstadt Ratingen ausersehen." Tatsächlich hatte Brügelmann schon vor längerer Zeit Grund und Boden am Angerbach gekauft, den ihm der Graf Ambrosius Franziskus von Spee auf Erbvertrag überlassen hatte. Hier fand sich eine stillgelegte Mühle, die er durch die Wasserkraft des Angerbachs neu beleben wollte. Nach den Plänen des kurfürstlichen Hofbaumeisters Flügel entstanden dann hier zwei größere Gebäude, daneben „das innere Werk, welches 1600 Spindeln auf einmal in Bewegung setzt". Er bittet nun den Herzog, ihm ein ausschließliches Privilegium für seine Spinnerei auf vierzig Jahre zu erteilen. Privilegien dieser Art waren schon früher bewilligt worden, so z. B. an Christoph Andreae in Mülheim/Rhein, an Preyers & Petersen in Kaiserswerth und an von der Leyen in Krefeld. Ein Beweis dafür, welch lebhaften Anteil Karl Theodor an den kommerziellen Bestrebungen seiner jülich-bergischen Länder nahm, auch wenn er sie nur aus der Ferne „regierte"! Und obwohl die Garnnahrungsgenossen in Wuppertal gegen dieses Gesuch protestierten, wurde es vom Herzog doch genehmigt, zwar nicht für die erbetenen vierzig Jahre, sondern nur für zwölf, wobei die von Brügelmann für die Entwicklung seiner Spinnerei bisher aufgebrachten Summen als eine besondere Leistung anerkannt wurden. Ein zweites Gesuch um „Steuerfreiheit" wurde allerdings von München abgelehnt, dafür erhielt Johann Gottfried den Titel „Kommerzienrat". England war das Vorbild

Künstlers die erste Maschine dieser Art in Deutschland anfertigen ließ und besagter Winke ... zu den dabei erforderlichen Arbeiten gebraucht wurde, so kam dieser schon auf die Idee, eine ähnliche Maschine ... zu erbauen." Der in Johann Gottfrieds Gesuch an den Herzog von Jülich-Berg genannte „Siegerländer" heißt also Adam Winke, und ihm ist es geglückt, die Geheimnisse um die englische Spinnmaschine bei Brügelmann so zu erforschen, daß ihm der Bau eines kleinen Modells gelang. – Wenn auch zwischen den Anfängen in Cromford und in Siegen fast zwanzig Jahre liegen, so sieht man doch, wie schwer es war, Fabrikationsverfahren geheimzuhalten.

gewesen, das ihn zu all diesen Bemühungen angespornt hatte, so nannte er seine Fabrik nach englischem Vorbild „Cromford", und noch heute heißt ein Teil der Stadt Ratingen so. Im Frühjahr 1784 begann die Fabrikation, und trotz der unruhigen Zeitläufte und anderer Hindernisse und Sorgen – z. B. Verrat von Fabrikgeheimnissen, Abwanderung von mit den Maschinen vertrauten Arbeitern – blühte das Brügelmannsche Unternehmen. Denn wieder einmal hatte der Landesvater geholfen. Er erließ am 27. August 1784 ein Edikt, das jeden mit 1000 Dukaten Geldstrafe oder lebenslänglicher Zuchthausstrafe in Kaiserswerth belegte, der irgendeinen der Brügelmannschen Arbeiter zur Abwanderung verleite.

Johann Gottfried Brügelmann war aber nicht nur ein erfinderischer Kopf und ein Kaufmann von Format, er besaß auch ungewöhnliche organisatorische Fähigkeiten. Als die Spinnmaschinen zu seiner Zufriedenheit arbeiteten, stellte er einige Handwebstühle daneben und bald darauf noch sieben Wirkstühle, auf denen Strümpfe, Handschuhe und Mützen fabriziert wurden.

IV.

Aber auch der erfolgreichste Mensch bleibt nicht von Leid verschont. Im gleichen Jahr, als er mit solch großem Glück seine Fabrikation begonnen hatte, verlor er Vater und Bruder. Der Vater Johann Wilhelm Brügelmann wurde am 3. Januar 1785 begraben, und am 21. März 1785 starb – noch nicht dreiunddreißig Jahre alt – Johann Wilhelm der Jüngere. Dieser Johann Wilhelm ist eine tragische Gestalt. Offenbar hat er ganz im Schatten seines erfolgreichen Bruders gestanden und mit seinen eigenen Geschäften keine glückliche Hand gehabt. Sein Vater hatte für ihn eine Bürgschaft von 8000 Talern übernehmen müssen, für die nun die Familie einstehen mußte. Im Familienarchiv Brügelmann gibt es einen Vertrag, aus dem hervorgeht, wie sich die Stiefmutter, Brüder und Schwäger um die Hinterbliebenen bemühten, um der Witwe Anna Maria Brügelmann, geborenen Teschemacher, und ihrem kleinen erst siebenjährigen Sohn einen ausreichenden Lebensunterhalt zu sichern. Johann Gottfried Brügelmann und sein Schwager Johann Gerhard Teschemacher, der Mann von Maria Catharina Brügelmann, wurden die Vormünder des kleinen Friedrich Wilhelm; sie bestritten die Kosten seiner Erziehung und Ausbildung, und Johann Gottfried nahm ihn später in die Cromforder Fabrik auf. Friedrich Wilhelm ist der Ahnherr der Kölner Brügelmanns.

V.

Johann Gottfried, der in diesen Jahren auf der Höhe seiner Schaffenskraft stand und erfolgreich in allen seinen Unternehmungen war, begann 1787 in Cromford mit dem Bau eines Wohnhauses, für das 20 000 Taler aufgewendet wurden. Es war ein dreistöckiges Haus im bergischen Barockstil, nach der Familientradition von Karl Theodors genialem Baumeister Nicolaus Pigage geschaffen. Dieses Haus ist heute noch – trotz zweier Weltkriege und zweimaliger Besetzung durch die Franzosen – in gutem Zustand erhalten. Vor dem Haus legte der berühmte Düsseldorfer Gartenarchitekt Maximilian Friedrich Weyhe einen prächtigen Park im englischen Stil an. Die beiden Söhne Jacob Wilhelm und Johann Gottfried waren jetzt elf- und zehnjährig, sie werden hier in Cromford eine glückliche Kindheit verbracht haben. Das bewegte Leben und Treiben auf dem Fabrikgelände, vielerlei Besucher aus allen Gegenden, die die neumodische Spinnmaschine besichtigen wollten, alles das wird für die heranwachsenden Knaben Anregung genug gebracht haben. Zwei Jahre waren gerade vergangen, da hatte sogar der Landesvater Karl Theodor die Fabrik Brügelmann besucht, ein Ereignis, das sich sicherlich tief in die Erinnerung der beiden Knaben eingrub. Eine zeitgenössische Meldung sagt von diesem Besuch: „nahmen allda" (nämlich in Ratingen) „die Herrn Commerzienrath Brögelmann aufgerichteten Maschinen Fabriquen in Höchsten Augenschein, bezeugten darüber ihre Zufriedenheit, und versicherten denselben Höchster Gnade und Protection..."[4] Wenn man bedenkt, daß Karl Theodor in seiner langen Regierungszeit nur zweimal im Bergischen Lande war, so wird man darin das aufrichtige Interesse erkennen, das der Herzog an seinem Schützling nahm. In den ersten Jahren waren die in Cromford gesponnenen Garne nach Elberfeld zum Färben gebracht worden, hatten doch die privilegierten Färbermeister des Wuppertals auch in der Türkischrot-Färberei langjährige Erfahrung. Aber in den neunziger Jahren beschloß Johann Gottfried, eine eigene Färberei zu bauen. Er kaufte ein Grundstück in Pempelfort von der Familie Jacobi und eröffnete unter der Firma Brügelmann & Bredt eine Türkischrot-Färberei. Das mit seinem Bruder Carl gemeinsam betriebene Geschäft „J. G. und C. Brügelmann" in Elberfeld auf dem Hofkamp arbeitete mit gutem Erfolg. Trotzdem trennten sich die Brüder im Jahre 1798, und Johann Gottfried brachte dadurch sein Elberfelder Kapital in Höhe von 150 000 Reichstalern nach Cromford, gerade in dem Augenblick, als die immer spürbarer werdende Abschnürung des linken Rheinufers neue Unternehmungen forderte. Zunächst machte Johann Gottfried einen Versuch, wieder einmal wie im Jahre 1784 durch die Kraft seiner Persönlichkeit einen Erfolg zu erzielen. Er schrieb an den französischen Kommissar in Mainz und erbat zollfreie Einführung seiner Waren auf das linke Rheinufer. Höflich antwortete der „Citoyen Rudler" am „24. Thermidor an 6 de la République française", also am 11. August 1798. Er erinnere sich sehr gut, Johann Gottfried in Frankfurt kennengelernt zu haben, auch seine Erzeugnisse und die Spinnerei („votre belle filature de cotton") habe er in bester Erinnerung. Aber seinen Wunsch um Zollfreiheit kann er nicht erfüllen, es sei denn, er könne sich ent-

[4] *F. J. Gemmert,* Die Entwicklung der ältesten kontinentalen Spinnerei (1927) S. 13.

schließen, mit seinem ganzen Betrieb aufs andere Rheinufer zu kommen. In dem Fall verspricht er ihm nicht nur ein Gebäude, sondern auch genügend Arbeiter. In kurzer Zeit würde sein Betrieb besser florieren als jemals. Er begrüßt ihn mit der Unterschrift „salut et fraternité".[5] Als Johann Gottfried einsah, daß der Versuch, mit Rudlers Hilfe seine Waren zollfrei aufs linke Rheinufer zu bringen, endgültig gescheitert war – er hatte noch seinen Sohn persönlich nach Mainz geschickt! –, mußte er sich nach einem linksrheinischen Partner umsehen, den er dann auch in Johannes Lenßen in Rheydt fand. Sie begründeten gemeinsam eine Spinnerei unter der Firma „Brügelmann & Lenßen". Der Vertrag zwischen den beiden Partnern ist noch vorhanden und beweist, daß es sich um eine sehr großzügige Gründung handelte: jeder der Teilhaber hat ein Anfangskapital von 25 000 Reichstalern zu zahlen, Brügelmann liefert außerdem Maschinen, Ersatzteile und eine Anzahl Arbeiter. Die Dauer des Vertrages wurde auf zwölf Jahre festgesetzt, er wurde aber, nachdem Johann Gottfried im Jahre 1802 gestorben war, wieder aufgelöst.[6] Auch in München begründete der unternehmende Cromforder eine Spinnerei und Rotfärberei. Doch stand diese Gründung unter keinem glücklichen Stern. Der Betrieb wurde schon bald wieder geschlossen, die immer stärker werdenden kriegerischen Verwicklungen zwischen Frankreich und Deutschland werden der Grund gewesen sein. Da aber der bayerische Staat Arbeiter und Maschinen übernahm, war der Ausfall für Brügelmann nur unerheblich. Ein weiterer Versuch, auf dem linken Rheinufer Fuß zu fassen, erfolgte 1801. Johann Gottfried erwarb in Köln die Gebäude eines aufgehobenen Klosters „Klein Nazareth" und bezahlte dafür einen Kaufpreis von 857,3 Reichstalern. Hier sind uns sogar die Namen von Angestellten überliefert, denen Fabrikation und Geschäftsführung anvertraut waren: Goldenberg und der Prokurist Matthias Schlechter. Nach Buchungen bei der Firma J. H. Stein in Köln wurden dem Vertreter Franz Goldenberg von Februar 1801 bis August 1802 regelmäßig für Lohn und Kosten Beträge aus Cromforder Guthaben in Höhe von insgesamt 10 460 Reichstalern gezahlt.

Aber auch den gewandtesten und klügsten Geschäftsleuten gelang es nicht immer, die Waren über den Rhein aufs linke Ufer zu schaffen. So findet sich in den Cromforder Geschäftsbüchern eine Belastung der Firma Stein „für im Rhein verlorenes Baumwollgarn im Werte von 29 923,8 Reichstalern", und am 27. April 1801 heißt es sogar „Belastung für durch Defraudation beschädigte

[5] Originalbrief im Besitz der Firma F. W. Brügelmann.
[6] In den Rheinischen Vierteljahrsblättern 25 (1960) 100 ff. berichtet *Max Barkhausen* über „Die sieben bedeutendsten Fabrikanten des Roerdepartements" im Jahre 1810. – In dieser Liste, die der Präfekt des Roerdepartements an den Minister des Innern am 13. Oktober 1810 schickte, finden wir neben Schleicher, Scheibler, von der Leyen u. a. auch Johann Lenssen, Leinenfabrikant in Rheydt. Er beschäftigt 400 Arbeiter, hat eine Jahresproduktion im Wert von 350 000 Fr und verfügt über ein Vermögen von einer Million Franken. Man sieht, Lenssens Betrieb hat nach dem Tod von Johann Gottfried Brügelmann einen erheblichen Aufschwung genommen.

Garnsendung 8,78 Reichstaler". Aber das Risiko lag doch beim Auftraggeber, so mußte man sich in Cromford schließlich dazu verstehen, diese Buchungen rückgängig zu machen. So mehrten sich die Schwierigkeiten, und letzten Endes waren alle Bemühungen unfruchtbar. Es war eine schlimme Zeit für die Geschäftsleute – Johann Gottfried Brügelmann war aber von jeher ein kluger Hausvater gewesen und hatte versucht, sein großes Vermögen so wertbeständig wie möglich anzulegen; so vermochte er es auch über die Krisenzeit hinüberzuretten. Im Jahre 1793 wird sein Vermögen auf 54000 Reichstaler beziffert, 1802 waren es 380000 Reichstaler, mit dem Wert von Haus und Maschinen rund 420000 Reichstaler, ohne den Landbesitz. Er hatte bedeutende Summen in Gütern und Waldungen angelegt, wobei er besonders benachbarte Rittergüter bevorzugte, die damals steuerfrei waren. So hatte er z. B. das Gut Bökkum für 20000 Reichstaler, das Gut Diependahl für 10000 Reichstaler gekauft.

Wie vielseitig seine Interessen waren, beweisen auch seine Bemühungen um die Landwirtschaft; besonders die Frage der Verbesserung der Kulturen und Forsten beschäftigte ihn. Ebenso wichtig war ihm ein anderes Problem: Für die beste Lösung der Frage der Auflösung oder Teilung des Gemeindebesitzes und der Gemarken setzte er eine Prämie von 25 Dukaten aus. Wie sehr er sich in die Nöte und Fragen der Landwirtschaft hineingearbeitet hatte, zeigt ein Brief vom 13. April 1799 an Johann Georg Sieburg, einen Geschäftsfreund in Berlin.[7] Dieser Freund hatte ihm vier Pfund Runkelrübensamen zugeschickt. Johann Gottfried bedankt sich dafür und schildert mit klugen und sachverständigen Worten, wie man aus der Runkelrübe Zucker gewinnen wird, um gegen die Zuckerpreise aus Westindien bestehen zu können. Außerdem würde die ausgekochte Rübe ein gutes Viehfutter darstellen. „Ich freue mich schon im Geist zum voraus auf den glücklichen Erfolg", diese Worte spiegeln den ungebrochenen Mut und Unternehmungsgeist Johann Gottfrieds wider. Wieder will er – wie am Anfang seiner Laufbahn – beim Kurfürsten um ein „Privilegium wegen des Raffinierens auf zwölf Jahre nachsuchen". Sein Schwager, der Bergrat Rose, „ein geschickter Chymicus" würde ihm mit allen Kräften beistehen. „Und", fährt er fort, „nicht gewohnt, mich durch Schwierigkeiten abschrecken zu lassen, hoffe ich auch alle etwaigen Hindernisse aus dem Weg zu räumen!" Ein bezeichnender Satz, der diesen unternehmenden und selbstbewußten Geist, der sich im Leben gegen alle Schwierigkeiten behauptet hat, widerspiegelt.

VI.

Freilich, gegen Krankheit ist auch der tapferste und unermüdlichste Mensch nicht gefeit! Seit 1798 schon zwangen rheumatische Schmerzen den erst Achtundvierzigjährigen, seinen Söhnen einen Teil der Geschäfte zu über-

---
[7] *Gemmert,* a.a.O., S. 150.

lassen. In dieser Zeit verlegte er auch seinen Wohnsitz nach Düsseldorf, um sich einem Gebiet intensiver widmen zu können, das ihm besonders am Herzen lag: der Rheinschiffahrt und der Errichtung eines Hafens in Düsseldorf. In dem ehrenden Nachruf, den der Westfälische Anzeiger am 15. Februar 1803 veröffentlichte – Johann Gottfried Brügelmann starb am 27. Dezember 1802 –, lesen wir, daß er Mitglied des Düsseldorfer Handlungsvorstandes war, einer Gesellschaft von Kaufleuten, zu der sich die bedeutendsten Männer des Handels und der Kaufmannschaft zusammengefunden hatten. Auch wird in diesem Nachruf besonders hervorgehoben, daß er „die zur Gründung einer regelmäßigen Rheinschiffahrt nötigen ansehnlichen Vorschüsse" geleistet habe. „Er reiste selbst nach Amsterdam und half dort mit den Kommissarien der Rheinschiffahrt den ewig merkwürdigen Vertrag einer gemeinschaftlichen Rangfahrt zwischen der Amsterdamer und Düsseldorfer Kaufmannschaft zu schließen."
Daß Johann Gottfried sich schon früh für schöngeistige Dinge interessiert hatte, das beweist seine Zugehörigkeit zur Ersten Elberfelder Lesegesellschaft, der er seit der Gründung angehörte. Nicht nur seine Witwe Anna Christina Brügelmann, geborene Bredt, und seine beiden Söhne standen trauernd an seiner Bahre, als der Tod ihn allzu früh hinweggeholt hatte, eine schmerzliche Lücke empfanden auch die vielen, die er mit seinen geistigen Gaben gestützt oder denen er durch wohltätige Stiftungen geholfen hatte. Dem Sterbebuch der Reformierten Gemeinde Ratingen entnehmen wir folgenden Nachruf:
„Dezbr. am 27ten 1802 Herr Johann Gottfried Brügelmann, würklicher Kommerzienrath Sr. Khurfürstl. Durchl. von Pfaltz-Bayern, alt 52 Jahre 6 Monate und 3 Tage. Starb an der Krankheit, die die Ärzte Authrax nennen. Seine Ärzte waren: Herr Hofrath Löwen und H. Med. Rath Zanders von Düsseldorf.
NB. War der Stifter der für unser Vaterland so wichtigen, und vorhin in Deutschland unbekannten Baumwollspinnerey ohne Menschenhände, durch Maschinen, die Er im J. 1785 auf der sogenannten Hauser-Oel-Mühle nach dem Muster einer kurz vorher in Engelland zu Northamshire entstandenen, mit großen Kosten angelegt, und mit unermüdeter Anstrengung vervollkommnet hatte. Bisher hat er daselbst drey Fabrikgebäude, nebst seinem schönen Wohnhause und vielen andren Gebäuden errichtet, und den Platz Cromford genannt. Vor seinem seligen Tode hat er außer vielen anderen wohltätigen Verfügungen Rth. 1000 zur Vermehrung des Prediger-Gehaltes, und auch Rth. 1000 zur Vermehrung der Gehälter unserer vier Schullehrer vermacht, die seine Familie ausgezahlt hat.
Er hinterließ eine Gattinn und zween Söhne, die die Geschäfte ihres seeligen Vaters mit Geschicklichkeit und Fleiß fortsetzen.
Sein Andenken bleibt unvergeßlich und ein Segen. Ornare patriam et amplificare gaudio studebat et operam dabat."
Wahrlich, ein würdiger und ehrender Nachruf, mit Herzenswärme und ehrlicher Zuneigung geschrieben, aus dem man die hohe Wertschätzung ablesen

kann, der sich Johann Gottfried Brügelmann bei seinen Zeitgenossen erfreute. Von seinen Söhnen überlebte ihn der gleichnamige Johann Gottfried nur um sechs Jahre. Der ältere, Johann Wilhelm, starb 1826, nachdem er die Fabrik durch die schweren Krisenzeiten der Kontinentalsperre und des permanenten Krieges hindurchgesteuert hatte. Erst dem Enkel des Gründers, Moritz Brügelmann (1803–1879), gelang es, die Cromforder Fabrik zu neuer Blüte zu führen. Noch heute besteht die Spinnerei unter der alten Firma, wenn auch Nachkommen des Gründers nicht mehr beteiligt sind.

Schon eine Generation später war Johann Gottfried Brügelmann, dem wohl ein Ehrenplatz in der Wirtschaftsgeschichte zusteht, so gut wie vergessen. Die Maschine, für deren Herstellung er seine besten Kräfte eingesetzt hatte, war etwas Alltägliches und Selbstverständliches geworden. In der Zeitung „Deutscher Beobachter" vom Januar 1818 ist ein Brief von Jakob Aders aus Elberfeld an Professor Benzenberg abgedruckt, in dem er von Zuständen des Jahres 1810 schreibt: „Dagegen vermehrten und vergrößerten sich überall in Deutschland die Spinnereien mittels Maschinen ungeheuer und wuchsen wie Pilze aus der Erde." Das war also acht Jahre nach Johann Gottfrieds Tod!

Wenn man rückblickend die Geschichte der „Spinnmaschine" betrachtet, so zeigt sich, daß das 18. Jahrhundert, das ja im allgemeinen eine Epoche der großen Erfindungen war, im besonderen für die Textilindustrie die größten Fortschritte brachte, als es gelang, das Spinnproblem zu lösen, indem man der Fabrikation sowohl maschinelle Gestaltung als auch Antrieb durch die Naturkraft gab. Die Männer, die die Spinnmaschine erfanden, waren Engländer. Als Vorläufer sind bekannt: John Kay (1733), Wyatt (1738) und Louis Paul (1740). Auf ihren Schultern standen dann die Erfinder James Hargreaves (1754), Richard Arkwright (1768) und Samuel Crompton (1774). Auf den Lösungen dieser Männer baute Johann Gottfried Brügelmann seine Spinnmaschine 1784 auf. Als letzter in dieser Reihe ist der Engländer Samuel Slater zu nennen, der 1793 in Amerika die erste Spinnerei in Pawtucket (Rhode Island) baute – für Amerika ein Ereignis von überragender Bedeutung, weil bis dahin die amerikanische Baumwolle in England gesponnen wurde und das gesponnene Garn wieder zurücktransportiert werden mußte. So haben spätere Zeiten Samuel Slater den Ehrennamen „Father of American Manufactories" gegeben.

Johann Gottfried Brügelmann ist auch in seiner Vaterstadt vergessen, die bergische Literatur nimmt kaum Notiz von ihm. Erst seit einigen Jahren ist man bemüht, an ihn und seine außerordentliche Tat zu erinnern. So hat ihm Walter Dietz in seinem Werk „Die Wuppertaler Garnnahrung" einen besonderen Abschnitt gewidmet.[8] In England kennt jeder den Namen „Arkwright", in Amerika ist der Name Samuel Slater durch „The old Slater-Mill-Museum" in Pawtucket unsterblich. In Deutschland aber wird man sogar bei Textilfachleuten vergebens nach Johann Gottfried Brügelmann fragen. Er gehört

[8] *Walter Dietz,* Die Wuppertaler Garnnahrung (1957) S. 155 ff.

zu den großen Söhnen Wuppertals, er gehört aber auch zu den Großen in der deutschen Wirtschaftsgeschichte.

*Gesuch Johann Gottfried Brügelmanns
auf Erteilung eines Privilegs für eine Baumwollspinnerei, 24. November 1783
(Staatsarchiv Düsseldorf, Akten Jülich–Berg 1859)*

Ew. Churfürstl. Durchlaucht erlauben gnädigst, Höchstdemselben unthänigst Vorzutragen, daß gleich bei Uebernahme der Fabrique meines Vatters jene Ursachen mit unermüdlichem Fleiß ich nachgeforscht habe, warum unsere sogenannte Siamoisen denen Englischen Und Rouener Fabriquen an Güte, Schönheit und Egalität nicht beykommen und warum bey unserer Vorteilhaften Lage keine anderen Baumwollen-Fabriquen entstanden seien? Durch Länge der Zeit und durch Beträchtliche Kosten aufwand erfuhre ich endlich, daß in Engelland die Baumwolle durch Handmaschinen und Wassermühlen gesponnen würde, durch welche der Faden ein solch Vollkommene Gleichheit und Kraft erhielte, daß das Garn fein oder grob zur Kette mithin zu allerhand neuen oder hier frembden Fabriquen gebrauchet werden könne. Dahingegen ist jenes, welches in den benachbarten Märkischen und hiesigen Gegenden gesponnen wird, gantz unrein, roh und loß. Diesetwegen wird solches ins gemein zum Einschlag gebraucht und daher entstehet die ungleichheit der Ware. In Engelland sind die baumwollene Fabriquen seit Einführung der Spinnmühlen in den größten flor gekommen. Ich gab mir daher Mühe, eine solche Mühle oder wenigstens derselben Model zu bekommen, allein alle Versuche und Belohnungen wollten nichts verhelfen und ich konnte niemand ausfindig machen, welcher mir eine gleiche Mühle überschickte, indem das Parlament die ausführungen derselben sowol alß auch deren Arbeiter unter der schwersten Strafe verbotten hatte. Ich besprach mich auch daher mit verschiedenen Mechanicis und erfuhr, daß im Siegerland ein gewisser Künstler seye, der eine solche Spinnmühle zu verfertigen und einzurichten imstande wäre.

Ich reisete demnach bereits vor sechs Jahren selbst dahin und brachte denselben mit Lebensgefahr nach Elberfeld. Ein ganzes Jahr blieb derselbe in meinem Hause, unangesehen aller angewendeten schweren Nöte und Zeitverlust konnte ich aber mit ihm nichts ausrichten. Dieser kostbare Vorgang brächte mich nicht ab, ich entschloß mich daher, an meinen in Engelland bestehenden guten Freund zu wenden und durch neuen Kostenaufwand und große Gefahr wurde mir endlich vor zwey Jahren eine Kratz Maschine verschafft, welche die Baumwolle reiniget und säuberet. Von dieser konnte ich aber keinen Gebrauch machen, in dem solche mit der Spinn- und übrigen dazu erforderlichen Maschinen verbunden werden müßte. Diesertwegen zeigten sich abermals neue und fast unüberwindliche Schwierigkeiten. Jedoch im Vorigen Jahr erhielt ich endlich das Modell, allein, kein Mensch wäre imstande, mit solchem etwas anzufangen noch einzurichten. Dieses bewog mich abermahls an meinen Freund nach Engelland zu schreiben, daß weder die Kratz Maschine noch das Modell der Spinnmühle, an welche ich bereits 3000 Rthlr. verwendet, mir von einigem Nützen sein könnten, wenn solche nicht durch einen geschulten Mechanicus zum Gebrauch eingerichtet würden. Große Versprech- und Belohnungen holten endlich einen ganz geschickten Meister nach vieler mühe und umständen zur Anheroreise. Derselbe ist auch würklich in Begleitung meines Freundes bei mir eingetroffen – allein beim ersten Anblick der Mühlen erklärte derselbe, daß auch diese nicht die rechten wären, er versicherte mir aber, daß er selbige nach der neuesten Erfindung viel einfacher und ganz Vollkommen einrichten würde. Um nun dessen überzeugt zu werden, ließ ich mir von ihm in Zeit von einigen Wochen eine kleine zum Model dienende Hand Maschine machen und diese ist so gut ausgefallen, daß solche meiner Erwartung völliges Genügen geleistet. Dieses alles würde noch nicht hinreichend seyn, wann ich nicht solches ins große wie in Engelland durch ein Wasserrad könne treiben lassen, solchen Ends habe ich mir einen Ort bei Höchstdero Bergischen Mithauptstadt Ratingen ausersehen, daselbst auch nach beikommendem Zeugnis dortigen Magistrats diesen Sommer bereits zwei große Gebäude errichten lassen und mit welchen ich künftiges Frühjahr fortzufahren gedenke. Von welchem zu mehrerem Beweis den Plan denen Gebäuden nebst dem inneren Werk welches sechzehnhundert Spindeln auf einmal in Bewegung setzet, und welches von Höchstdero Hofbaumeister Flügel Verfertiget worden, unterthänigst anfüge.

Durch schwerste Kosten, durch unermüdlichen Fleiß und durch Treue meines Freundes bin ich endlich zu meinem Endzweck gekommen, welcher Freund nicht aus Noth sein preußisches Vatterland verlassen, sondern da er während seinem langen Aufenthalt die in Engelland herrschenden Freiheits Grundsätze eingesogen, so hat er in Höchstdero durch Freiheit und unbeschränkten Handel vorzügliches Jülich- und Bergische Land dem seinigen vorgezogen und alle in den preußischen Staaten ihm gebottenen Vorteile ausgeschlagen.

Nie ist eine nützlichere Anlage für das ganze Land, besonders aber für Ratingen Vorgenommen worden, indem die Hauptvorteile, welche aus solcher Spinn Mühle entstehen, die Folgen sovieler neuer Zweigen der Handlung und Fabriquen sind, welche bis dahin nur den Engelländer eigen und mangels des unentbehrlichen Grundstockes ihnen überlassen und die Waren aufs Teuerste bezahlet werden müssen.

Ew. Kurfürstliche Durchlaucht ist gnädigst bekannt, daß der König Von Preußen alle nur zu Verlangende privilegien und sogar bis auf 25 und noch mehr Prozent sich erstreckende Baugelder oder das nötige Bauholz und andere Materialien umsonst hergeben lasse, daß diese prämien ganz bestimmt und durch offene Zeitungen Verkündet und daß daher viele Fabricanten in preußische Staaten gelocket werden. Solcher und mehrerer Vorteile würde ich mich ebenfalls zu erfreuen haben, wenn ich nur meine neu einzurichtende Fabrique und Spinn Maschine auf die ans Bergische anstoßende märkische Grenzen und besonders zu Duisburg angeleget hätte. Allein, Liebe zu meinem Vatterland und unter Höchstdero Regierung als ein Beglückter Untertan zu leben hielten mich zurück. Da nun zu dieser Unternehmung, welche mir schon bei 4000 Rthlr. zu allerhand Proben gekostet noch eine Anlage von 20000 Rthlr. für die Gebäude und dem inneren Werke gefordert werden, ehe ich den geringsten Nutzen ziehen könne; dadurch diese Anlage Höchstdero Stadt Ratingen und das ganze Amt die größte Vorteile ziehet, indem eine Menge armer Einwohner und kleiner Kinder von sechs bis zehn Jahren, welche nur gar zu häufig dem Müßiggang und Betteln nachgehen, ihren täglichen Unterhalt verdienen und dadurch Von Jugend an zur Arbeit und Fleiß angehalten werden, da diese Mühlen, von welchen man den größten Nutzen in Engelland nicht allein, sondern auch in Frank- und Oesterreich eingesehen und derer Beförderer Vorzüge ausschließende Privilegien nach der Anlage erteilet, den Grund zu neuen Fabriquen von baumwollenen Mützen, Strümpfen, Manchester, Barchent, Kattun, Zitzenmacherey und Musselin legen und diese gantz frischen Zweige von Fabriquen in unserem Lande hervorbringen, welche Höchstdero Aerarium bereichern und vielen tausend Menschen eine neue quelle zum Unterhalt eröffnen – Gründe, welche da in der reinen Wahrheit beruhen, so bitte Ew. Churfürstl. Durchlaucht unterthänigst, Höchstdieselbe geruhen gütigst, wegen gemeld. Kratz-, Hand- und Wasser Maschinen mir ein ausschließliches privilegium in Höchstdero Herzogtümer Jülich und Berg auf 40 Jahre mildest zu erteilen. Diese höchste Gnad verhoffe ich umso mehr unterthänigst zu Verdienen, als gemeldte Maschine einzig in ihrer art mit dem größten Risiko verknüpfet eine viel größere und kostbare anlage erfordern als andere Fabriquen, welche Von Ew. Churfürstl. Durchlaucht mit den größten Vorzügen und ausschließlichen Privilegien und Höchsten Schutz begnadiget worden. Von welchen das der sogenannten Garnnahrung oder Kaufmannschaft in Elberfeld und Barmen erteilte ausschließliche Privilegium, sodann jene der Frankenthaler Fabrique mildest verliehene Gerechtsamen die deutlichsten Beweise Vorlegen. Des guten Erhörs mich unterthänigst getröstend ersterbe in tiefster Erniedrigung

Ew. Churfürstlichen Durchlaucht unterthänigster

Johann Gottfried Brugelman

Elberfeld 24. 9br. 1783

JOHANNES MÜLLER

(1801-1858)

Von Johannes Steudel

I.

In den ersten Jahrzehnten des vorigen Jahrhunderts befand sich die deutsche Medizin unter dem Einfluß Schellings; zwei Generationen später bekannte sie sich zu Darwin und Haeckel und einer materialistischen Philosophie. Zwischen Schelling und Haeckel, zwischen naturphilosophisch-idealistischem Gedankenflug und einer von Medizinern wie Jakob Moleschott und Ludwig Büchner propagierten mechanistisch-materialistischen Nüchternheit steht der Physiologe Johannes Müller, keinem von beiden zugehörig und doch die geistige Kraft, die beide verbindet. Schelling sah Natur und Geist als identisch an; er glaubte, die Gesetze des Bewußtseins als Naturgesetze in der Außenwelt wiederzufinden. Deshalb konnte er es wagen, die Natur in kühner Konstruktion aus dem Denken zu deuten und zu bilden. In der zweiten Hälfte des 19. Jahrhunderts galt als Aufgabe des Naturforschers, das Sinnlich-Erfahrbare mit den Sinnen zu erfassen und ein realistisches Bild der Welt aus empirisch gewonnenen Fakten aufzubauen. Auf diesem Wege hoffte man zu einer zwar weniger großartigen, aber der Wahrheit näheren Lehre vom organischen Leben zu kommen. Das Wirken Johannes Müllers ist der Auftakt zu dieser neuen Epoche der biologischen Forschung, die der experimentell-naturwissenschaftlichen Methode in der Medizin zum Siege verholfen hat.

Johannes Müller hat den Geist unablässigen Fragens, Beobachtens und Erfahrens einer großen Schule vererbt, durch die er bis in unsere Tage wirkt. Fast alle, die nach der Mitte des 19. Jahrhunderts in den Wissenschaften vom Leben Ansehen und Ruf hatten, nannten sich seine Schüler oder bekannten sich zu der mit seinem Namen verbundenen Richtung. Ihre Äußerungen lassen die Geltung erkennen, die er in seinem Fachgebiet besaß; seine Persönlichkeit hat die Besten des Jahrhunderts geprägt. Einer seiner glänzendsten Schüler war Hermann Helmholtz, der durch seine physiologischen und physikalischen Leistungen zu Weltruhm gelangt ist. Er hat in Johannes Müller einen „Mann ersten Ranges" gesehen; ihm habe er den „Enthusiasmus zur Arbeit in der wahren Richtung" zu danken; daß er ihm begegnet sei, habe „seinen geistigen Maßstab für das Leben verändert". Der kritische, allen großen Worten abholde Rudolf Virchow hat ebenfalls von der geistigen Größe Johannes

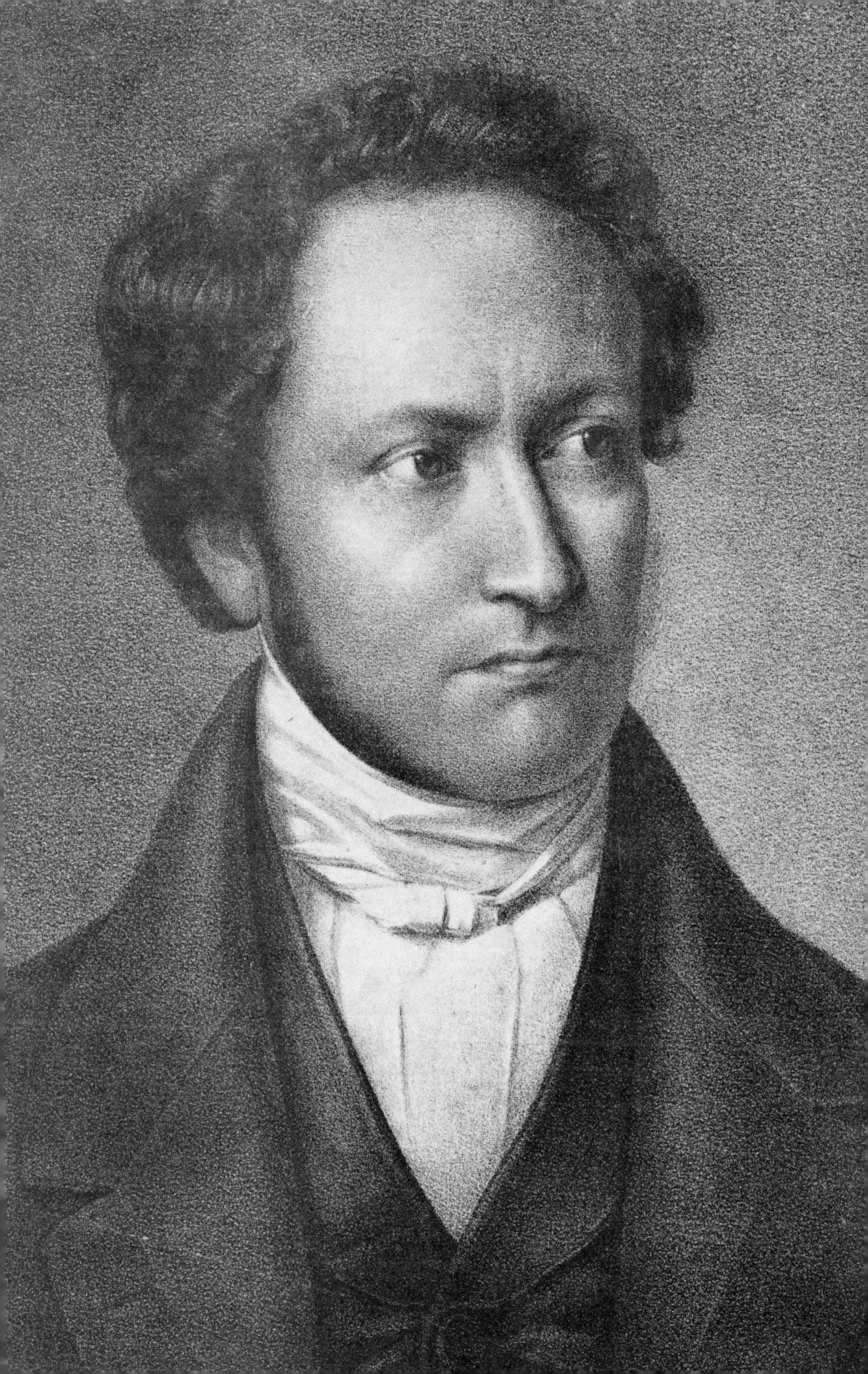

Johannes Müller
Lithographie von Werner nach einer Zeichnung von Rinck

Müllers entscheidenden Einfluß erfahren; er hat sich nicht gescheut, einzelne Situationen dieser Begegnung „hinreißend" zu nennen. Zeitlebens blickte er in Ehrfurcht zu ihm als seinem Lehrmeister auf, obwohl er seit 1856 neben ihm der Berliner Medizinischen Fakultät angehörte und eines der Müllerschen Forschungsgebiete, die pathologische Anatomie, als selbständiges Fach weiterführte. Du Bois-Reymond sah in Johannes Müller, dessen Nachfolger er in Berlin für das Gebiet der Physiologie wurde, „eine unerreichbar hoch gestiegene, schon im Leben mit einem mythischen Hauch umgebene Persönlichkeit"; er habe auf seine Schüler mit einem dämonischen Zauber gewirkt; schon sein Beispiel habe sie begeistert, wenn er unter Verzicht auf jeden Lebensgenuß und jede Bequemlichkeit mit ans Düstere grenzendem Ernst und alles besiegender Leidenschaft seine hohen Ziele verfolgt habe. Der Jenaer Zoologe Ernst Haeckel, einer seiner letzten Schüler, hat ihn als den „göttlichen Meister" verehrt, der seine wissenschaftliche Entwicklung bestimmt habe; Johannes Müllers rastloses Suchen sei ihm Leitstern seines eigenen Wirkens geworden.

Forscher weltbekannten Namens haben sich mit Stolz seine Schüler genannt, darunter der Physiologe Brücke in Wien, die Anatomen Henle in Göttingen und Bischoff in München und viele andere. Äußerungen von Zeitgenossen, die nicht aus seiner Schule stammen, klingen nicht anders: Der bekannte Leipziger Kliniker Wunderlich, derselbe, der die regelmäßige Temperaturmessung am Krankenbett eingeführt hat, erklärte, die Medizin könne niemals genug schätzen, was sie dem Werk Johannes Müllers verdanke. Es habe „dem Mechanischen im Organismus überall sein Recht gegeben und den Sinn für mechanische Auffassung in Deutschland geschaffen".

Dieses Bild, das Schüler und Zeitgenossen Johannes Müllers von ihm entworfen haben, macht den eigentümlichen Zauber seiner Persönlichkeit deutlich, wird aber seiner wissenschaftlichen Stellung nicht völlig gerecht. Gewiß hat er die Forschung des 19. Jahrhunderts aus der Periode wirrer naturphilosophischer Spekulationen herausgeführt und die Physiologie auf Tatsachen, auf Befunde zu gründen versucht; man darf aber nicht daraus schließen, er habe sich selbst einer „mechanischen Auffassung" befleißigt. Johannes Müller hat bis zu seinem Tode das Leben als außerhalb naturwissenschaftlicher Kausalität stehend angesehen und hat an der von ihm geforderten engen Verbindung von Erfahrungswissenschaft und Philosophie festgehalten, obwohl diese These nicht in das Programm seiner Zeit paßte. Es ergibt sich daraus ein merkwürdiger Widerspruch zwischen dem, was sein Jahrhundert aus ihm gemacht hat, und dem, was er war. Die Leistung, für die ihn seine Zeit gefeiert hat, war nicht das, was er im Grunde von sich forderte. Wie konnte dieser Zwiespalt zustande kommen? Haben seine wissenschaftlichen Nachfahren sein Bild absichtlich verändert? Forscher vom Range eines Helmholtz, eines Virchow hatten nicht nötig, ihn zum Kronzeugen für ihre positivistische Denkgesinnung zurechtzubiegen. Hat er selbst diese Verwirrung verschuldet? Sein Verhalten hat zweifellos begünstigt, daß die mechanistische Biologie des 19. Jahrhunderts ihn ganz für sich beanspruchen konnte. Je älter er wurde, desto mehr wurde eine tiefe Verschlossenheit, die nicht in sich hineinblicken ließ, das Kennzeichen seines Wesens. Auch seinen engsten Mitarbeitern gegenüber sprach er nicht mehr über den Sinn der Arbeit, die er mit nie erlahmender Energie verfolgte. So konnte der Eindruck zustande kommen, er stehe nicht mehr zu dem großen Ziel, das er am Anfang seiner akademischen Laufbahn seiner Forschung gesetzt hatte.

II.

Johannes Müller wurde am 14. Juli 1801 im französisch besetzten Koblenz als Sohn eines Schuhmachers geboren. Sein Vater war ein angesehener Handwerksmeister, der Großvater Winzer an der Mosel. Von diesem hatte er die äußere Erscheinung, das schwarze Haar, das tiefdunkle Auge und den gelblichen Hautton. Er hat selbst vermutet, daß er sein Aussehen römischem Legionärsblut in seiner Familie verdanke.

An der höheren Schule, die er seit 1810 besuchte, lehrten Joseph Görres und, was für ihn ungleich wichtiger wurde, Johannes Schulze, der später, als Dezernent im preußischen Kultusministerium, ihn stetig gefördert hat. Hohe Begabung, zielbewußte, ausdauernde Arbeitsweise und eigenwillige Kraft zeichneten den Schüler aus, dazu eine nie ruhende Wißbegier, die sich von den antiken Autoren bis zu den naturwissenschaftlichen Schriften Goethes alles Erreichbare aneignete. Der auffälligste Zug seines Charakters war schon damals ein starker Ehrgeiz, der ihn zwang, sich an der ihm zukommenden Stelle auch zu behaupten. „Hannes der Große" hieß er bei seinen Mitschülern.

Nach der Schule hat Johannes Müller ein Jahr in Koblenz bei den Pionieren als Freiwilliger gedient. Man könnte über diese Zeit hinweggehen, wenn sich nicht schon hier seine geniale, einfallsreiche Beobachtungsgabe angekündigt hätte. Die Stunden des Wachestehens benutzte er zu biologischen Studien. Er beobachtete Spinnen, konnte aber ihre Technik der Fortbewegung nicht durchschauen – sie waren zu schnell! Ein guter Einfall half: Er ließ die Tiere in Schachteln wochenlang hungern, bis die Bewegungen ihrer acht Beine so langsam wurden, daß er sie mit den Augen erfassen konnte. Diese Beobachtungen sind das Thema seiner ersten Veröffentlichung und wurden der Kern seiner medizinischen Doktorarbeit; beide handeln in naturphilosophischer Stilmanier von den Bewegungsgesetzen der Tiere.

Im September 1819 legte Johannes Müller die Reifeprüfung ab und kam zum Wintersemester 1819/20 an die ein Jahr vorher gegründete Universität Bonn. Bonn war eine ganz moderne Universität; das Ministerium hatte die Lehrer zum großen Teil nach ihrer Stellung zu Schellings Naturphilosophie ausgewählt. Mit Ausnahme des Internisten Harless standen auch die Professoren der Medizinischen Fakultät im Banne Schellingschen Gedankenflugs oder huldigten dem romantischen Glauben an magnetische Kuren und übernatürliche Heilmittel. Die Medizinische Klinik leitete Christian Friedrich Nasse, der allen neuen Ideen aufgeschlossen war. Von ihm dürften bestimmende Einflüsse auf den jungen Koblenzer ausgegangen sein. Der Chirurg Philipp Franz von Walther war mit Schelling befreundet und nahm im Jahre 1830 einen Ruf nach München vor allen Dingen deshalb an, weil er dort wieder mit ihm zusammen sein konnte. Die Pharmakologie vertrat Ernst Bischoff; sein Lehrbuch unterschied die Heilmittel höchst willkürlich nach ihrer Wirkung auf Irritabilität, plastische Kräfte und Sensibilität. Joseph Ennemoser trug als gläubiger Anhänger Mesmers Lehre vom tierischen Magnetismus vor und Hieronymus Windischmann, der gleichzeitig Philosophieprofessor in der Philosophischen Fakultät war, seine Anschauungen über die Rolle, die den Gnadenmitteln der Kirche in der Therapie zukommt. In diese naturphilosophisch-romantische Atmosphäre tauchte der junge Johannes Müller ein; bald spielte er selbst meisterhaft auf der Klaviatur naturphilosophischer Terminologie, des Positiven und Negativen, der elektrischen, magnetischen und chemischen Polaritäten.

Bereits im vierten Semester wagte sich der junge Medizinstudent an eine von der Fakultät gestellte Preisaufgabe über die Atmung des Fötus. Er versuchte die Frage durch Tierexperimente zu klären. Zunächst verwandte er eine Reihe trächtiger Katzen. Die Lösung fand er jedoch erst, als er ein Mutterschaf opferte. Hier sah er in der Nabelschnur das arteriell zufließende, hellrote Blut dunkelvenös aus dem Fötus zurückkommen. Dieses Problem ist eines der wenigen, zu deren Lösung sich Müller der Vivisektion am Warmblüter bediente. Er hat später diese grobe, messerfreudige Art des Experimentierens mit heftigen Worten getadelt.

Im zweiten Studienjahr starb der Vater. Johannes Müller mußte seitdem Geschwister und Freunde, Heimatstadt und Staat um Unterstützung angehen. Bei seinem Aufstieg kam ihm zugute, daß Philipp Jakob Rehfues, der Kurator der Bonner Universität, an dem begabten Jüngling Gefallen gefunden hatte und für ihn in Berlin beantragte, was er nur motivieren konnte. Stipendien, Reisegeld und Druckkostenzuschüsse, später Urlaubsbeihilfe, Erlaß eines Vorschusses, ein neues Mikroskop und schließlich Gehaltsaufbesserung. Trotzdem hat Müller noch bis in die Zeit seiner Berühmtheit Geldsorgen gehabt, da er für wissenschaftliche Zwecke, für Drucklegungen, Bücher und Instrumente sein Geld unbedenklich ausgab.

III.

Nach der Promotion ermöglichten dem jungen Doktor seine Gönner für anderthalb Jahre die Fortsetzung des Studiums in Berlin. Hier geriet er unter den Einfluß des nüchtern-klaren Anatomen Rudolphi, der der angesehenste

Vertreter seines Faches in Deutschland war. Rudolphi hat bereits histologisch gearbeitet und auch wertvolle Beiträge zur zoologischen Systematik geliefert. Ihm verdankt er es, daß er den Gefahren naturphilosophischer Spekulation entging und seine Arbeiten nicht mehr mit modischen Wort- und Gedankenspielen verbrämte. Im Jahre 1824 habilitierte er sich in Bonn für Physiologie und vergleichende Anatomie. Die vieldiskutierte programmatische Antrittsvorlesung hatte als Thema: „Von dem Bedürfnis der Physiologie nach einer philosophischen Naturbetrachtung." Darin kennzeichnete er mit aller Schärfe den Standpunkt, von dem aus er Wissenschaft vom Leben treiben wollte. Der Physiologe müsse die sorgfältigste empirische Ausbildung und zugleich das „philosophische Element im höheren Sinne" besitzen. Deshalb stellte er sich gegen alle Forschungsrichtungen, die eine dieser beiden Komponenten vermissen ließen.

Die Naturbetrachtung früher Kulturen nannte Johannes Müller in dieser programmatischen Äußerung mythische Physiologie; er dachte dabei an die kosmologische Periode der griechischen Philosophie und die physiologischen Mythen in Platons Timaios. Diese strebe nach den ewigen Ideen, versäume jedoch, aus der unmittelbaren Anschauung der Ideen in die exakte empirische Untersuchung der Lebenserscheinungen niederzusteigen.

Neben dieses große Bild stellte er die falsche Naturphilosophie, das Verfahren seiner eigenen Zeit, Lebenserscheinungen zu erfassen. Mit Heftigkeit wandte er sich gegen die spekulative Deutung biologischer Vorgänge ohne „genaue, sichere, ruhige Erfahrung". Diese Betrachtungsweise glaube sich im Dünkel einer höheren Erkenntnis der mühsamen Betrachtung des einzelnen überhoben. Die Folge seien eine trübe Vermischung der Gedanken, ein nutzloses Spiel mit der Analogie und alles vermögende Konstruktionen von Achsen, Polaritäten und anderen Gegensatzpaaren. Es ist die Betrachtungsweise, deren Versuchung er selbst gerade entgangen war. Wer in der Naturforschung von der Naturphilosophie wegstrebte, durfte sich künftighin auf ihn als Wegbereiter berufen.

Fehlt es den beiden gekennzeichneten Weisen, die Natur zu sehen, an der rechten Erfahrung, so vermißt Johannes Müller in der Richtung, die er „verständige Physiologie" nennt, den wahren philosophischen Standpunkt. Diese unbefriedigende, er sagt sogar niedere Betrachtungsweise glaube, auf dem Wege der Erfahrung zur Erkenntnis des Lebendigen gelangen zu können. Durch die Häufung empirischer Tatsachen gelange man aber niemals an den unwandelbaren Grund des Lebens. Was aus der Erfahrung gewonnen ist, kann auch aus der Erfahrung widerlegt werden. Johannes Müllers Wissensdrang will nicht an der Grenze des Erfahrbaren haltmachen. In jugendlicher Leidenschaft möchte er das Ganze des Lebens begreifen; er wendet sich deshalb unbefriedigt von einer Naturlehre ab, die sich nur in den Schranken der Empirie bewegt. Er hat keinerlei Verständnis für den Skeptizismus des großen französischen Phy-

siologen Magendie, der sich mit einer physikalisch-chemischen Erklärung der Lebensvorgänge begnügte. Im Gegenteil, er greift ihn und seine Schule wegen ihrer Experimentierfreudigkeit an. In der „Vergleichenden Physiologie des Gesichtssinnes" hält er wenig später seiner Zeit vor, sie fange an, „das Experiment als das Wort Gottes in der Physiologie zu betrachten".
Die rechte Physiologie, zu der sich Johannes Müller bekennt, steht in enger Verbindung mit der Philosophie, nicht deshalb, weil sie empirische Tatsachen nach den Kategorien des Verstandes, nach Ursache und Wirkung, Zweck und Mittel zu ordnen habe; ihre Verbindung ist viel tiefer. Die von der Naturforschung gewonnenen empirischen Fakten soll das philosophische Denken aufnehmen, um sie zu verarbeiten und zu begreifen. Die Erfahrungen der Physiologie sollen durch die Philosophie zu Ideen werden. Johannes Müller sagt deshalb: „Der Physiologe erfährt die Natur, damit er sie denke."
Was er damit meint, wird verständlich, wenn man Goethes naturwissenschaftlichen Erkenntnisweg betrachtet. „Anschauen, Betrachten, Nachdenken führen an die Geheimnisse der Natur", heißt es bei diesem. Jedes Anschauen geht ihm in ein Denken über; das Denken wird ein Anschauen. Es ist die Goethesche Verbindung von Erfahrung und Denken, die Johannes Müller anstrebt. Nur mit Einschränkungen lassen beide auch das Experiment gelten; sie betonen, erst die Wiederholung des Versuchs unter unzähligen Modifikationen führe zu verläßlichen Resultaten. Wiederholtem Anschauen und Versuchen werde es gelingen, das Wesentliche in den Erscheinungen zu verdichten und herauszulösen, zu Vorstellungen zu gelangen, von denen sich zahlreiche andere Erscheinungen ableiten lassen, und schließlich die allem zugrunde liegenden Ideen oder, wie Goethe sagt, die Urphänomene zu erkennen.
Die rechte Physiologie erfordert somit „exakte empirische Ausbildung" in allen Untersuchungsmethoden der belebten Natur sowie gründliche chemische und physikalische Kenntnissse. Anhäufung von Beobachtungen und Erfahrungen mache jedoch noch keinen Naturforscher. Erst ein Organ höherer Art gibt nach Johannes Müller Anspruch auf diese Bezeichnung. Es gewährt die Beherrschung der erarbeiteten Tatsachen und führt aus der schlichten Anschauung der Natur auf unmittelbare Weise zur Kenntnis der Ideen, der Urphänomene. Die Antrittsvorlesung nennt dieses Organ intuitiven Erfassens den „Sinn des Naturforschers" und meint damit das, was Goethe für sich unter „Anschauender Urteilskraft" verstand. Goethes Farbenlehre und Caspar Friedrich Wolffs klassische „Theorie der Zeugung" gelten dem jungen Privatdozenten als Beweise für das Vorhandensein dieses dem echten Naturforscher eigentümlichen Sinnes. Johannes Müller hat sich nie wieder so eingehend über Ziel und Methode seiner Arbeit ausgesprochen wie in der Antrittsvorlesung. Er hat wohl noch einige gleichsinnige Äußerungen gemacht, aber später keine theoretischen Erwägungen mehr veröffentlicht.

Der junge Privatdozent stürzte sich mit freudigem Eifer in die Lehrtätigkeit; er hat eine Enzyklopädie der Medizin gelesen, spezielle und vergleichende Physiologie, vergleichende Anatomie, später auch Entwicklungsgeschichte und pathologische Anatomie und lateinische Disputierübungen abgehalten. Das ist, wenn man bedenkt, daß er alle Präparate selbst anfertigen mußte, eine imponierende Arbeitsleistung. Bereits im Jahre 1826 erhielt er, fünfundzwanzig Jahre alt, den Titel eines außerordentlichen Professors, 1830, nur vier Jahre später, wurde er Ordinarius. Das sind lediglich die äußeren Zeichen für eine erstaunliche wissenschaftliche Entwicklung, die den jungen Forscher in kürzester Frist zu einem der führenden Biologen Deutschlands machte.

Schon im Jahre 1826, zwei Jahre nach der Habilitation, lenkte ein aus neun nicht ganz homogenen Teilen bestehendes, umfangreiches Werk Johannes Müllers die Aufmerksamkeit der gelehrten Welt auf ihn, seine „Vergleichende Physiologie des Gesichtssinnes". Das Buch bietet eine Fülle neuer Erkenntnisse über das Sehen des Menschen und der Tiere, darunter glänzende Untersuchungen über die zusammengesetzten Augen der Insekten und Krebse und geradezu hellsichtige Analysen des menschlichen Blicks und seiner Ausdruckswerte, die durch ihre verblüffende Beobachtungsgabe in Erstaunen setzen. Vor allem aber bringt es die bedeutendste Leistung des jungen Physiologen, die Helmholtz der Entdeckung des Gravitationsgesetzes gleichstellte, die Erkenntnis, daß jedes Sinnessystem auf Reize verschiedener Art nur in der ihm eigentümlichen Weise, oder, wie Johannes Müller sagt, mit der ihm spezifischen Energie antwortet, das Auge z. B. immer mit einer Lichtempfindung, das Ohr mit einer Tonempfindung. Dieses „Gesetz der spezifischen Sinnesenergien" macht deutlich, daß wir nicht die Vorgänge der Außenwelt wahrnehmen, sondern nur die dadurch veranlaßten Veränderungen in unseren Sinnessystemen. Im Umgang mit der Außenwelt empfinden wir beständig uns selbst. Diese Feststellungen haben sich in ihren Folgerungen bis in die Erkenntnistheorie ausgewirkt.

Noch im gleichen Jahr erschien Johannes Müllers Schrift „Über die phantastischen Gesichtserscheinungen". Das kleine Buch ist in der Deutung der behandelten Phänomene heute ebenso aktuell wie in der Zeit der Romantik. Es weist nach, daß das Sinnessystem des Auges ebenso, wie es auf äußere optische Reize anspricht, durch innere Reize erregt werden kann, unter anderem durch Reize, die aus der Vorstellung oder aus der Phantasie stammen. Müller selbst besaß die Gabe, wenn er sich bei geschlossenen Augen dem Dunkel des Sehfeldes überließ, leuchtende Bilder von Menschen und Dingen auftauchen, sich bewegen und wieder verschwinden zu sehen. Mit solchen Selbstbeobachtungen und Selbstversuchen, aber auch mit Berichten aus alten und neuen Schriftstellern – darunter Goethe, der auch diese Fähigkeit hatte – belegt er, daß optische Wahrnehmungen ohne adäquaten äußeren Reiz entstehen können. Werden sie von unkritischen Personen gleichwohl nach außen verlegt, so kommt das zustande, was je nach Situation als religiöse oder magische Vision, als Geister- und Gespenstersehen angesprochen wird. Diese sinnesphysiologische Erklärung der phantastischen Gesichtserscheinungen gilt noch heute. Auch der schaffende Künstler und der Naturforscher bedienen sich nach Müller dieses Phänomens. Dem Naturforscher bringe die Phantasie, „nach denselben Gesetzen wie die Natur wirkend, das gleiche in anderen geselligen Verhältnissen ausbildend, diese lebendige Metamorphose der Organismen zur sinnlichen Anschauung". Die Phantasie, die nach denselben Gesetzen wie die Natur wirkt, das ist noch im Geiste Schellings formuliert.

Beide Schriften des Jahres 1826, die „Vergleichende Physiologie des Gesichtssinnes" und die „Phantastischen Gesichtserscheinungen", sind in der Nachfolge Goethescher Naturforschung entstanden. Sie gehen wie die Farbenlehre von den subjektiven Erlebnissen aus und schließen sich in der Diktion, ja bis in die Terminologie und die äußere Anordnung ihrem großen Vorbild an.

IV.

Wir wissen nicht viel von dem Menschen Johannes Müller. Er war der Meinung, bei einem Naturforscher sei nur das Werk wichtig. Um so wertvoller ist, daß seine Briefe an Gattin und Kinder erhalten sind. Im April 1827 heiratete er Maria Anna Zeiller, die ihn schon in seiner Koblenzer Zeit durch ihren Gesang bezaubert hatte. Die Briefe, die er von seinen wissenschaftlichen Reisen nach Hause schrieb, zeigen ihn als heiteren, von einem warmen Gefühl für Familie und Heimat erfüllten Menschen.

Im Sommer nach seiner Heirat befiel Johannes Müller eine schwere Krankheit. Er war unfähig zur Arbeit und gab sogar seine Vorlesungen auf. Berichte gingen an das Berliner Ministerium; es beurlaubte ihn und gewährte eine Unterstützung für eine Erholungsreise. Seine Biographen pflegen die Erkrankung mit den übermäßigen Anstrengungen der letzten Jahre zu begründen; wahrscheinlicher ist, daß diese und spätere Zeiten schwermütiger Verstimmung wie die erstaunlichen Perioden konzentriertester Arbeitsleistung auf eine manisch-depressive (zykloide) Anlage zurückzuführen sind.

In den folgenden Jahren wurde Johannes Müller durch seine Forschungen die bekannteste Gestalt der Bonner Medizinischen Fakultät. In kaum vorstellbarer Produktivität wandte er sich zahlreichen Gebieten der Physiologie, Entwicklungsgeschichte und vergleichenden Anatomie zu, meist mit mehreren Problemen gleichzeitig beschäftigt. Er untersuchte den Übergang der Erregung vom zentripetal leitenden auf den zentrifugal leitenden Nerven und baute damit die überaus wichtige Lehre vom Reflex weiter aus. Das von Bell und Magendie aufgestellte Gesetz, nach dem die vorderen Wurzeln der Rückenmarknerven motorisch, die hinteren sensibel sind, hat er durch einfache Versuche am Frosch gesichert. Durch ihn ist der Frosch zum Versuchstier der

Physiologie geworden. Er hat das Nervensystem niederer Tierarten, den Feinbau der Drüsen und den Vorgang der Sekretion erforscht, die Erzeugung der Stimme im menschlichen und tierischen Kehlkopf durch Experimente geklärt und die Entwicklungsgeschichte der Genitalien verfolgt; er entdeckte dabei an jungen Embryonen den heute nach ihm genannten „Müllerschen Gang", der die inneren weiblichen Geschlechtsorgane bildet. Zusammensetzung des Blutes und der Lymphe, Blutgerinnung, Herkunft des Fibrins, die Lymphherzen des Frosches, Zustandekommen des Netzhautbildes, Schallfortpflanzung in der Paukenhöhle, alles das sind Fragen, zu deren Lösung er Entscheidendes beigetragen hat.

In der 1830 erschienenen „Bildungsgeschichte der Genitalien" bekennt sich Johannes Müller noch einmal zu seinem Forschungsweg. Das Verfahren, das er befolgt, nennt er jetzt philosophische Methode: Schärfe der Sinne, Schärfe der Kritik und Schärfe des Gedankens sind darin vereint. Unermüdlich zu sein im Beobachten und Erfahren, das ist der Anspruch, den er an sich stellt. Beim Experimentieren sollen vor allem Kritik und Logik am Werke sein, nicht nur Hand und Auge; jeder physiologische Versuch muß wiederholbar sein und sich in der Wiederholung bestätigen. Schließlich fordert er, daß man die so gewonnenen Erfahrungen nicht nur zusammenstoppele, sondern das Wesentliche vom Zufälligen scheide, daß man zum Begriff des Ganzen vordringe und im Begreifen aus dem Ganzen in die Teile strebe. Sein Schüler Du Bois-Reymond hat unumwunden zugegeben, daß er sich bei dieser Formulierung nichts Rechtes zu denken wisse. Für Johannes Müller sind das jedoch keine leeren Worte. Aus dem Ganzen in die Teile strebend: so entwickele die Natur die organischen Wesen, und nur so könne der Forscher zum Verständnis ihrer Geheimnisse gelangen.

V.

Die allgemeine Anerkennung, deren der junge Gelehrte sich in der wissenschaftlichen Welt erfreute, kam in einem Ruf an die Universität Freiburg zum Ausdruck, der 1832 an ihn gelangte. Er lehnte ihn ab, obwohl er sich finanziell beträchtlich verbessert hätte – mit einem Brief, der weniger für den Freiburger Rektor als für den preußischen Kultusminister von Altenstein bestimmt gewesen zu sein scheint[1]. Er betont in diesem Schreiben, der Umfang seiner kostspieligen Untersuchungen, aber auch seine anwachsende Familie mache eine Aufbesserung seiner Bezüge wünschenswert. Aus Dankbarkeit für die ihm von Preußen gewährten Vergünstigungen könne er sich jedoch nicht entschließen, an einen anderen Ort zu gehen. „Eine aufrichtige Anhänglichkeit an den preußischen Staat hat mir meine Handlungsweise in der jetzigen Angelegenheit bestimmt vorgeschrieben, so daß ich es für angemeßner halte, dem mir gewordenen ehrenvollen Antrage in dankbarster Anerkennung des-

[1] Ich verdanke die Kenntnis der Akten Herrn Dr. Stürzbecher in Berlin.

selben auszuweichen als zuvor das Preußische Ministerium um Gewährung größerer Vortheile zu ersuchen." Wohl nicht zu Unrecht hat man vermutet, Johannes Müller habe den Ruf nicht nur aus Anhänglichkeit an Preußen abgelehnt; er wußte, daß Rudolphi, der Berliner Anatom, auf den Tod krank war, und rechnete damit, sein Nachfolger zu werden. Er hat tatsächlich mit dem preußischen Kultusminister nicht verhandelt, sondern ihm nur über den Kurator mitgeteilt, er habe den Freiburger Ruf abgelehnt: „Indem ich hierdurch bei meiner noch geringen Besoldung einen namhaften und nach dem verhältnismäßigen Werthe des Geldes sehr bedeutenden Vortheil des Augenblicks von mir weise, freue ich mich, eine Gelegenheit gewonnen zu haben, dem hohen Ministerio für so manche mir erwiesene Wohltath gleichsam meine Dankbarkeit zu bezeugen. Vorzüglich aber freue ich mich, durch diesen Schritt meine rückhaltlose Anhänglichkeit an das mir mit allen Bewohnern der Rheinprovinzen gewordene theure Vaterland, den Preußischen Staat, und meine unbegrenzte tiefe Verehrung für sein Oberhaupt, des Königs Majestät, dessen Diener ich zu seyn die Ehre habe, sowie für das Königliche Haus an den Tag zu legen."

Johannes Müller konnte nach dieser Beteuerung seiner Loyalität gegenüber Preußen getrost darauf verzichten, mit dem Minister wegen einer Gehaltserhöhung zu verhandeln; Rehfues hat Altenstein überaus geschickt seine Verpflichtung, den erfolgreichen Naturforscher zu fördern, bewußt gemacht und tatsächlich eine beträchtliche Gehaltsaufbesserung für ihn erreicht.

Ende 1832 starb der Anatom Rudolphi, unter dessen Einfluß Johannes Müller während seiner Berliner Studienzeit gestanden hatte. Da die Berliner Fakultät wegen der Nachfolge zunächst bei Tiedemann in Heidelberg anfragte, entschloß sich Johannes Müller zu einem ungewöhnlichen Schritt. In einem glänzend stilisierten Brief wagte er es, dem Minister sich selbst zur Berufung vorzuschlagen. Er schilderte die großen Aufgaben, die der Inhaber des Berliner anatomischen Lehrstuhls zu leisten habe: Er müsse die menschliche, die vergleichende und die pathologische Anatomie überblicken und gleichzeitig in der Physiologie, der Grundlage der gesamten Medizin, durch eigene Arbeiten hervorgetreten sein; mikroskopische Untersuchungen, physiologische Versuchstechnik und entwicklungsgeschichtliche Fragestellung müßten ihm geläufig sein. Er müsse ferner verstehen, talentvolle junge Menschen an sich zu ziehen und zu fördern. Alles das sei von einem Nachfolger Rudolphis zu verlangen, wenn Berlin im internationalen wissenschaftlichen Wettstreit den Rang einnehmen wolle, der ihm zukomme. Mit diesem großartigen Programm gewann Johannes Müller den Minister. Im April 1833 erhielt er das Berufungsschreiben. Altenstein versicherte ihm darin, er werde „seine Verhältnisse so ordnen, daß er seine Kräfte zum Besten der Wissenschaft und der Studierenden entwickeln könne, ohne mit zu vielen mechanischen und untergeordneten Geschäften überladen zu werden". Ostern 1833 trat Johannes Müller die Berliner Professur der Anatomie und Physiologie an. Er bekleidete sie bis zu seinem Tode, fünfundzwanzig Jahre rastlosen Schaffens.

Wie schon aus dem an Tiedemann ergangenen Ruf hervorgeht, ist die Berliner Universität nicht einstimmig für Johannes Müller gewesen. Wollte man die in der Physiologie heraufkommende experimentelle Forschungsmethode pflegen, so war der mehr der Beobachtung als dem Experiment zuneigende Bonner Anatom nicht der richtige Mann. Das geht auch aus einem Separatvotum hervor, mit dem der Mineraloge Weiß, zu diesem Zeitpunkt Rektor der Universität, die Aufmerksamkeit des Ministeriums auf einige andere Forscher lenkte, darunter Namen, die auch heute noch Klang haben, wie Meckel in Halle, Purkinje in Breslau und Karl Ernst von Baer in Königsberg. Zu Johannes Müller bemerkte er ausdrücklich, es sei nicht das zur Zeit so gepriesene physiologische Experimentieren, das seinen Ruf begründet habe.

Auch in seinem neuen Amt hat Johannes Müller, seine Kräfte maßlos beanspruchend, das Reich des Belebten in vielen Richtungen durchforscht und begeisterte Schüler in sein Arbeitstempo gezwungen. Der alte Ehrgeiz saß ihm noch immer im Nacken; er wollte nicht nur der erste in Deutschland sein; die ganze Welt sollte nach Berlin blicken, wie sie bisher auf den großen Pariser Anatomen Cuvier gesehen hatte. Mit leidenschaftlichem Ernst gab er sich der Arbeit hin; er wurde unnahbar, im Dienst seiner Forschung hart und sogar rücksichtslos. Nur noch in Andeutungen äußerte er sich zu den Wegen und dem Ziel seines Forschens, um schließlich ganz zu verstummen. In diesen letzten Fragen scheint ihn im Laufe der Zeit eine tiefe Resignation ergriffen zu haben: mit jugendlicher Zuversicht war er einst ausgezogen, die Urphänomene des Lebens zu erkennen; jetzt mußte er erfahren, daß der Weg dorthin länger war, als der Jüngling gedacht hatte.

VI.

Die ersten Berliner Jahre waren hauptsächlich der Physiologie gewidmet. Von 1833 bis 1840 erschien das „Handbuch der Physiologie des Menschen"; es hatte einen Welterfolg. Für Deutschland begründete es die fruchtbare Wechselwirkung zwischen Physiologie und Klinik. Neben einer kritischen Sichtung des Überlieferten brachte es eine Fülle neuer, aus eigener Forschungsarbeit stammender Erkenntnisse. Wollte man sie im einzelnen aufzählen, so müßte man zahlreiche Gebiete der Physiologie betrachten, ja sogar die Grenzen zur Psychologie überschreiten, da Johannes Müller die Seele nur als eine besondere Form des Lebens ansah und das Seelenleben als physiologischen Vorgang in seine Darstellung einbezog. Das meiste von dem, was das Werk enthält, ist der Medizin heute selbstverständlicher Besitz und unentbehrliche Grundlage biologischer Arbeit.

Was von der Forscherpersönlichkeit Johannes Müllers schon gesagt wurde, gilt auch für das Handbuch der Physiologie: es hat der physiologischen Arbeit stärkste Impulse gegeben und ist einer der Ausgangspunkte für die mechanistische Auffassung der Lebensvorgänge geworden, die sich in der zweiten Hälfte des 19. Jahrhunderts allgemein durchsetzte. Es läßt offen, „ob nicht auch die Anlage zu geistigen Wirkungen in aller Materie vorhanden ist". Gleichwohl ist es seiner Grundtendenz nach vitalistisch: Ursache und oberster Ordner aller Lebenserscheinungen ist für Johannes Müller die Lebenskraft, die mit den Kräften der Physik und der Chemie keinerlei Gemeinsamkeit hat. Auf sie führt er den eigentümlichen Charakter des physiologischen Versuchs zurück, der ihn von jedem anderen unterscheide: Im chemischen Experiment gehen Reagens und fraglicher Stoff in das Resultat ein; beim physiologischen Versuch ist jedoch der gesetzte Reiz in der Antwort der lebendigen Natur keineswegs als wesentlicher Teil enthalten; das Resultat ist lediglich durch die Lebensenergien des Organismus bedingt. Wie man einen Muskel auch reize, er werde immer mit Kontraktion reagieren. Der Reiz gehe nicht in das Resultat ein; er könne ein von ihm grundsätzlich Verschiedenes nur anregen.

Aus dieser Auffassung wird verständlich, daß Johannes Müller der Gültigkeit des physiologischen Versuchs sehr kritisch gegenüberstand. „Der Versuch künstlich, ungeduldig, emsig, abspringend, leidenschaftlich, unzuverlässig", hieß es in seiner Antrittsvorlesung; sein Leben lang bediente er sich in seiner Forschung deshalb lieber der vergleichenden anatomischen Arbeitsweise. Zweifellos ist er dadurch der Bedeutung Magendies nicht gerecht geworden; wenn der Franzose auch in vielem ein roher Experimentator war, so muß er doch für das 19. Jahrhundert als der Schöpfer der experimentell-physiologischen Technik gelten.

Im Handbuch der Physiologie hat Johannes Müller noch einmal von der Methodik seines Forschens gesprochen. Daß er älter geworden ist, kommt in der betont realistischen Haltung des Werkes zum Ausdruck. Er weiß, daß die empirisch verfahrende Physiologie die letzten Fragen über das Leben nicht löst; aber auch die Philosophie gelange nicht zu Resultaten, die man in einer Erfahrungswissenschaft verwenden könne. Die wichtigsten Wahrheiten in den Naturwissenschaften würden weder allein durch Zergliederung der Begriffe der Philosophie noch allein durch bloßes Erfahren gefunden, sondern durch eine denkende Erfahrung. Denkende Erfahrung unterscheide das Wesentliche vom Zufälligen und finde dadurch Grundsätze, aus denen viele Erfahrungen abgeleitet werden könnten. Er schließt: „Das ist mehr als bloßes Erfahren und, wenn man will, eine philosophische Erfahrung." Diese Formulierungen stehen noch deutlich in der Nachfolge Goethes, dessen „gegenständliches Denken" ganz in der Nähe der „philosophischen Erfahrung" Müllers liegt.

In Berlin gewann Johannes Müller, veranlaßt durch die große Berliner anatomische Sammlung, neues Interesse für die pathologische Anatomie. Mit dem konsequenten Gebrauch des Mikroskops im Studium pathologischer Gebilde, den wir ihm verdanken, hat er ein diagnostisches Verfahren ermöglicht, das heute aus der ärztlichen Arbeit nicht mehr wegzudenken ist. Nachdem sein Assistent Schwann die Zelle als letztes Formelement des tierischen Körpers dargetan hatte, bemühte er sich, von der Zelle aus in den Bau der krankhaften Geschwülste einzudringen; er erkannte, daß sich das entartete Geschwulstgewebe mit weniger differenzierten embryonalen Vorstufen vergleichen lasse. Im Jahre 1838 begann sein Werk „Über den feineren Bau und die Formen der krankhaften Geschwülste" zu erscheinen, das die pathologische Histologie als selbständige Arbeitsrichtung begründete. Er hat es nicht abgeschlossen. Sein großer Schüler Virchow hat das Gebiet später nach allen Richtungen durchdrungen.

Nach 1840 hat sich Johannes Müller immer mehr vergleichend-anatomischen und zoologischen Forschungen zugewandt; sie machten ihn auch in diesem Bereich zum angesehensten Gelehrten seiner Zeit. Sammeln und Ordnen war jetzt fast ausschließlich die Arbeitsmethode, deren er sich bediente. An der sich chemischen und physikalischen Verfahren zuwendenden Physiologie hat er nicht weiter mitgearbeitet. Er hat in ebenso mühsamen wie scharfsinnigen Untersuchungen ein natürliches System der Fische und Vögel aufgestellt und sich jahrelang mit den niedrigsten Klassen der Fische, mit dem Bau der Rundmäuler und Knorpelfische, befaßt. Von da wurde er zum Studium des eine Vorform des Wirbeltiers bildenden, etwa fünf Zentimeter langen Lanzettfischchens geführt. Zusammen mit dem Stockholmer Naturforscher Anders Retzius, mit dem ihn seit der Berliner Naturforscherversammlung von 1828 enge Freundschaft verband, hat er auf den Bohuslän-Felseninseln dieses primitive Chordatier untersucht und beschrieben, Forschungen, die für die Erkenntnis des Wirbeltierbauplans überaus bedeutsam geworden sind; denn seine segmentale Organisation mit den Vorstufen der Wirbelsäule (Chorda dorsalis) steht am Anfang der Entwicklung, die bis zum Menschen führt.

Während sich Johannes Müller für seine zoologischen Forschungen zunächst mit dem Material begnügte, das die ihm erreichbaren Sammlungen boten und das er zugesandt erhielt, ging er von 1845 an selbst ans Meer, um besonders die Welt seiner mikroskopisch kleinen Bewohner an Ort und Stelle zu untersuchen. Zahlreiche Reisen haben ihn seitdem in den Semesterferien an die Küsten der Nord- und Ostsee, des Adriatischen und Ligurischen Meeres geführt und ihm überraschende wissenschaftliche Erkenntnisse geschenkt. Er hat den an das Phantastische grenzenden Zusammenhang zwischen den zweistrahligen Larven der Stachelhäuter, die mikroskopisch kleine, durchsichtige Planktontierchen sind, und den massigen fünfstrahligen geschlechtsreifen Tieren desselben Stammes entdeckt. Aus der bilateralsymmetrischen, von ihm Pluteus paradoxus genannten Larve konnte er den radiärsymmetrischen Seeigel ableiten. In jahrelangen mühevollen Arbeiten hat er das Reich der Stachelhäuter, die Seesterne, Seeigel und Seewalzen beschrieben und durch Beobachten und Vergleichen ihre komplizierte Metamorphose erforscht. Er hat dieses Gebiet mit der Fülle seiner Formen der Forschung neu erschlossen und es zugleich bis in seine letzten Geheimnisse geistig durchdrungen. Kennzeichnend für ihn ist dabei, daß er nicht versucht hat, mit Hilfe des Experiments Licht in die Entwicklungsgeschichte der Stachelhäuter zu bringen. Für diese Arbeiten, die die schöpferische Phantasie der Natur in wunderbarer Weise enthüllten, ist Müller wie für keine anderen gefeiert worden. Er erhielt die Copley-Medaille der Royal Society in London und den Prix Cuvier der Pariser Akademie. Der Wunderwelt der einzelligen Meeresbewohner, den Radiolarien und Foraminiferen galten seine letzten Untersuchungen.

VII.

Das äußere Schicksal Johannes Müllers während der fünfundzwanzig Berliner Jahre ist schnell berichtet. Zeitmarken sind Entwurf und Ausführung seiner Werke und Reisen, die ihm das Material für diese Arbeiten lieferten. Bereits 1834 wurde er Mitglied der Preußischen Akademie der Wissenschaften. 1841 und 1853 erhielt er Rufe an die Universität München, die er beide ablehnte. Im Jahre 1840 hatte er eine Phase schwermütiger Verstimmung, die der gleichen Wurzel wie die Krankheitsperiode von 1827 entsprang. Da er sich in dieser Zeit von der Physiologie abwandte, suchten seine Biographen die Ursache der Depression in der Erkenntnis, daß es nicht länger möglich sei, Anatomie, Physiologie, vergleichende Anatomie und pathologische Anatomie gleichzeitig zu beherrschen.
Das Unglück wollte es, daß Johannes Müller im Jahre 1848 Rektor war. Er hatte ein ihm selbstverständliches Treueverhältnis zur preußischen Regierung, beharrte seiner Natur nach bei überlieferten Lebensformen und fand zu den Gedanken der von neuen Idealen erfüllten akademischen Jugend keinen Weg. Kraft seines Amtes versuchte er, ihre Erregung zu zügeln und ihren Schwung einzudämmen. Er befürchtete, die Universität mit den unersetzbaren Schätzen seiner anatomischen Sammlung könnte in Flammen aufgehen. Gleichzeitig hat ihn eine neue Depression befallen. Der breitschultrige kräftige Mann drohte zusammenzubrechen, als sein Rektoratsjahr zu Ende ging. Er gab seine Wohnung auf und reiste über Koblenz und Bonn nach Ostende. Er hat das darauffolgende Semester nicht gelesen.
Im September 1855 wurde an der norwegischen Küste der Dampfer, auf dem sich Johannes Müller befand, von einem anderen Schiff gerammt und sank. Die Hälfte der an Bord befindlichen Menschen ertrank, darunter einer seiner Mitarbeiter. Er selbst wurde durch den Strudel des versinkenden Schiffes in die Tiefe gerissen, kämpfte sich aber empor und hielt sich an Schiffstrümmern über Wasser, bis ein Boot ihn aufnahm.

Ende 1857 klagte Johannes Müller über Schlaflosigkeit, die er mit Opium bekämpfte. In entlegenen Straßen Berlins sah man ihn umherirren, von innerer Angst getrieben, obwohl das Schicksal ihm alle Erfolge und Ehrungen gebracht hatte, die sich der Ehrgeiz eines Gelehrten wünschen kann. Kurz vor Beginn des Sommersemesters, am Morgen des 28. April 1858, fand ihn die Gattin tot in seinem Bett. Da er die Öffnung seiner Leiche untersagt hatte, blieb die Todesursache unbekannt. Die Zeitgenossen dachten an Selbstmord, der sich in das Krankheitsbild der Depression fügen würde. Ernst Haeckel, sein letzter Schüler, hat nicht daran gezweifelt, daß er seinem Leiden mit Morphium ein Ende gesetzt hat.

Johannes Müllers Wirkung war mit seinem Tode nicht zu Ende. Seine Forderung, unermüdlich zu sein im Beobachten und Erfahren, klang den Männern, die seine Schüler gewesen waren, ihr Leben lang in den Ohren. Er war einer der großen Beweger des 19. Jahrhunderts, auch dann noch, als Darwins Lehre Biologie und Medizin beherrschte und Begriffe wie Lebenskraft und Urphänomen aus den Köpfen der Ärzte ausgetrieben waren. Dabei verschob sich das Bild, das man sich von ihm machte. Für seine Jugend war man noch bereit zuzugeben, daß er in der Natur nach Urtypen und ewigen Ideen gesucht habe; aber dann kam ja die schwere Krankheitskrise des Jahres 1827, das Damaskus-Erlebnis, wie Du Bois-Reymond glaubte. In ihm sei – so dachte man es sich – sein subjektiv-philosophisches Verfahren in der Erforschung der Lebenserscheinungen zusammengebrochen und durch ein objektiv-naturwissenschaftliches ersetzt worden. Es ist jedoch unmöglich, die Perioden schwermütiger Verstimmung in seinem Leben als Ausdruck von Wandlungen in seiner Denkgesinnung anzusehen. Sie haben keine Beziehungen zu seinen wissenschaftlichen Erlebnissen oder Erfahrungen; sie sind ein Erbteil seiner Natur.

Johannes Müller ist durch alle Krisen hindurch sich selbst treu geblieben. Er beharrte bei der Überzeugung, daß den Lebensvorgängen eine Kraft zugrunde liege, die mit physikalischen und chemischen Kräften nicht identisch sei und nach dem Gesetz vernünftiger Zweckmäßigkeit wirke. Deshalb konnte er behaupten, die Physiologie habe es stets mit dem organischen Ganzen zu tun; die darin wirkende Kraft sei schon im Keime vorhanden und erzeuge epigenetisch die zum Ganzen notwendigen Organe. Die komplizierte Metamorphose der Stachelhäuter mußte ihm als großartiger Beweis dieser entelechialen Kräfte erscheinen und hat ihn deshalb viele Jahre festgehalten. Seine Gedanken stehen modernen entwicklungsphysiologischen Anschauungen nahe, wie sie Driesch oder von Uexküll ausgebildet haben. In der „denkenden Erfahrung" sah er das vornehmste Werkzeug des Naturforschers, nicht im Experiment. Mehr als hundert Jahre nach seinem Tod berufen sich mit Recht auf ihn alle, die nach einem Sinn der natürlichen Prozesse, nach einem Sinn der Lebensfunktionen fragen, zugleich aber auch die, denen treue, unermüdliche Beobachtung das Kennzeichen des Naturforschers ist.

LITERATUR

H. Bautzmann, Johannes Müller und unsere Lehre von der organischen Gliederung und Entwicklung, in: Anatomischer Anzeiger 94 (1943).

F. v. Bezold, Geschichte der Rheinischen Friedrich-Wilhelms-Universität von der Gründung bis zum Jahre 1870 (1920).

R. Bochalli, Johannes Müller, in: Medizinische Monatsschrift 12 (1958).

E. du Bois-Reymond, Gedächtnisrede auf Johannes Müller, in: Reden. Bd. 1 (^{2}1912).

U. Ebbecke, Johannes Müller, der große rheinische Physiologe. Mit einem Neudruck von Johannes Müllers Schrift „Über die phantastischen Gesichtserscheinungen" (1951).

W. Haberling, Johannes Müller. Das Leben des rheinischen Naturforschers (1924).

H. v. Helmholtz, Vorträge und Reden (^{4}1896).

C. Hirsch, Die Forscherpersönlichkeit des Biologen Johannes Müller, in: Sudhoffs Archiv für Geschichte der Medizin und der Naturwissenschaften 26 (1933).

G. Koller, Das Leben des Biologen Johannes Müller 1801–1858 (1958).

M. Müller, Über die philosophischen Anschauungen des Naturforschers Johannes Müller, in: Sudhoffs Archiv für Geschichte der Medizin und der Naturwissenschaften 18 (1926).

K. E. Rothschuh, Johannes Müller und Karl Ludwig. Ihre Bedeutung für die Entwicklung der modernen Physiologie, in: Deutsche Medizinische Wochenschrift 78 (1953).

J. Steudel, Wissenschaftslehre und Forschungsmethode Johannes Müllers, in: Deutsche Medizinische Wochenzeitschrift 77 (1952).

J. u. Th. v. Uexküll, Der Sinn des Lebens. Gedanken über die Aufgaben der Biologie mitgeteilt in einer Interpretation der zu Bonn 1824 gehaltenen Vorlesung des Johannes Müller „Von dem Bedürfnis der Physiologie nach einer philosophischen Naturbetrachtung" (1947).

R. Virchow, Johannes Müller. Gedächtnisrede (1858).

GOTTFRIED KINKEL

(1815–1882)

Von Edith Ennen

I.

„Kinkel war ein auffallend schöner Mann, von regelmäßigen Gesichtszügen und von herkulischem Körperbau, über sechs Fuß groß, strotzend von Kraft. Unter seiner von schwarzem Haupthaar beschatteten breiten Stirn leuchtete ein Paar dunkler Augen hervor, deren Feuer selbst durch die Brille, die er damals durch seine Kurzsichtigkeit zu tragen gezwungen war, nicht gedämpft wurde. Mund und Kinn waren von einem schwarzen Vollbart umrahmt. Kinkel besaß eine wunderbare Stimme, zugleich stark und weich, hoch und tief, gewaltig und rührend in ihren Tönen, schmeichelnd wie die Flöte und schmetternd wie die Posaune, als umfaßte sie alle Register der Orgel. In späteren Jahren hat man ihm vorgeworfen, daß in dem Gebrauch, den er von dieser Stimme machte, eine gewisse affektierte Effekthascherei zu bemerken sei. Das mag so gewesen sein, nachdem seine Kräfte angefangen hatten abzunehmen. Aber zu der Zeit seiner vollsten Jugendblüte, als ich ihn zuerst hörte, war es gewiß nicht so. Da klang diese Stimme wie eine Naturkraft, die von selbst aus ungesehenen Quellen entsprang und ohne Anstrengung und Absicht ihre Wirkung hervorbrachte. Ihm zuzuhören war ein musikalischer Genuß und ein intellektueller zugleich. Eine durchaus ungesuchte, natürliche und daher ausdrucksvolle und graziöse Gestikulation begleitete die Rede, die in gehaltvollen, wohlgeordneten und häufig poetisch angehauchten Sätzen dahinfloß und auch trockenen Gegenständen einen anziehenden Reiz verlieh. Es war nicht schwer, sich mit Kinkel einzuleben. Er besaß in hohem Maße die heitere Ungebundenheit des Rheinländers. Er liebte es, den Professor beiseite zu legen und im Familien- und Freundeskreis sich in zwangloser Fröhlichkeit gehenzulassen. Er leerte sein Glas Wein, lachte über einen guten oder auch gar einen schlechten Spaß herzlich und laut, zog aus allen Lebensverhältnissen so viel Freude, wie daraus zu ziehen war, und grämte sich möglichst wenig, wenn sich ihm das Schicksal unfreundlich erwies. So fühlte man sich bald vertraut und heimisch in seiner Gesellschaft. Gegner hatte er freilich auch. Diese rechneten es ihm als Charakterfehler an, daß er ‚eitel' sei. Aber wer ist das nicht – jeder in seiner Weise? ... Nichts hätte anmutender sein können als Kinkels Familienleben."

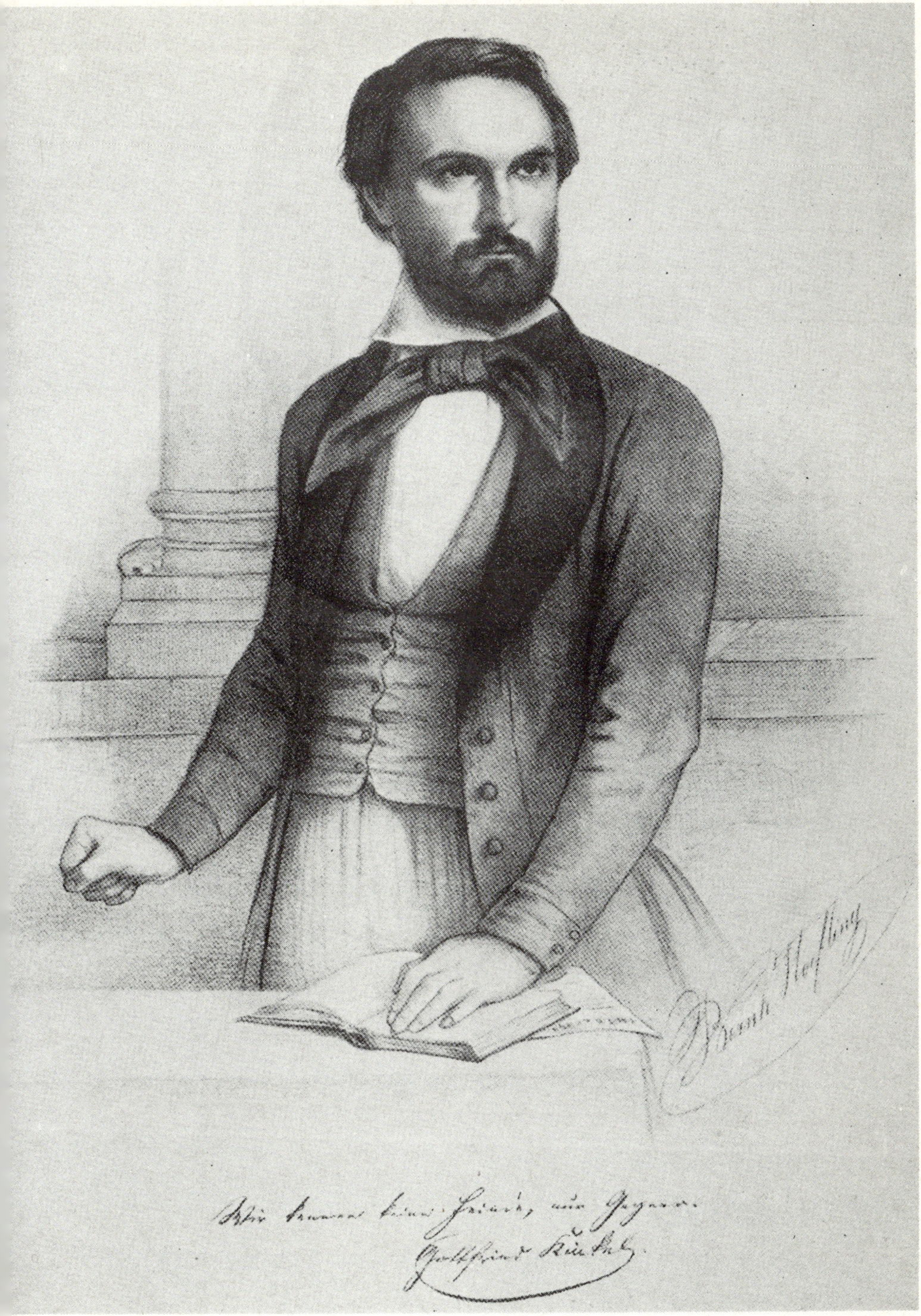
Wir kennen keine Feinde, nur Gegner.
Gottfried Kinkel

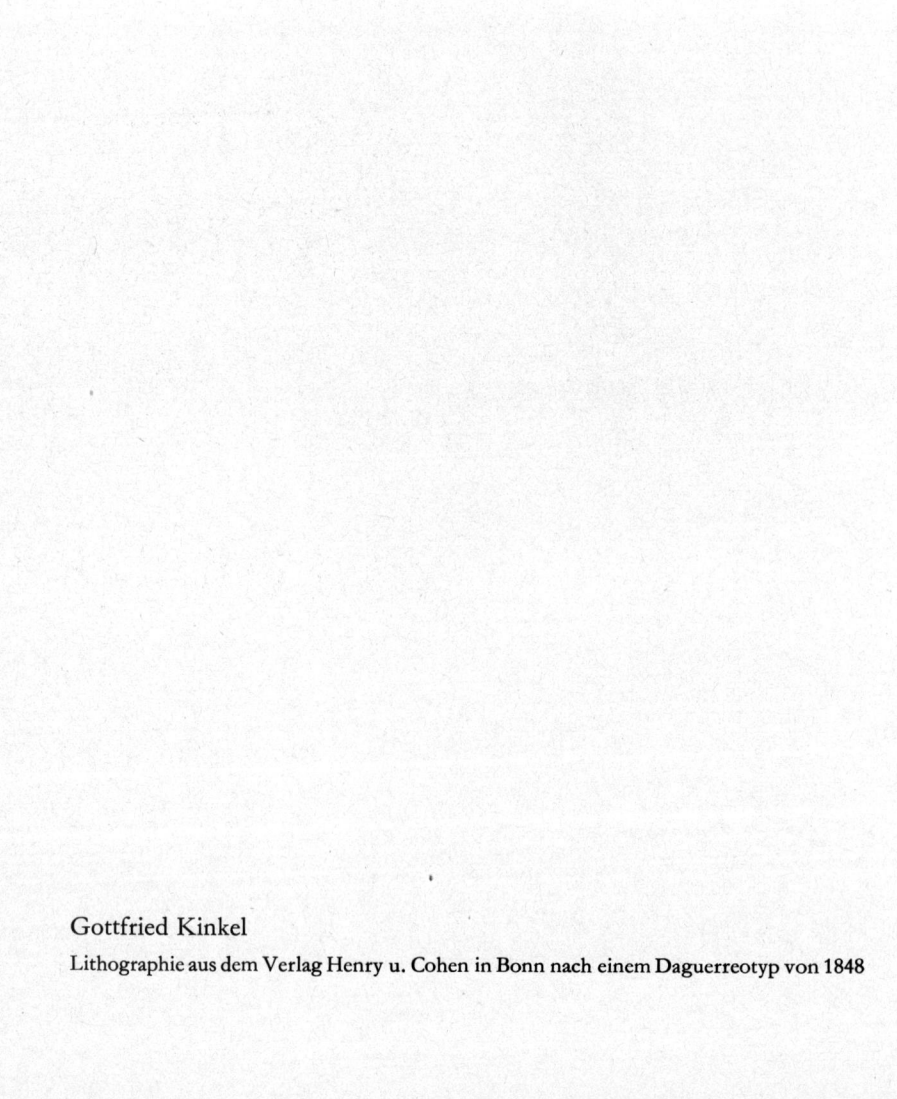

Gottfried Kinkel
Lithographie aus dem Verlag Henry u. Cohen in Bonn nach einem Daguerreotyp von 1848

So urteilt Karl Schurz, der einstige Schüler und jugendliche Freund, später der Befreier Kinkels, in seinen Lebenserinnerungen aus der Sicht des gereiften, menschenkundigen Mannes. Seine warmherzige Schilderung bezieht sich auf die glanzvollste Zeit in Kinkels Leben, auf den jungen Gelehrten und Dichter im Höhepunkt seiner literarischen Erfolge und in der Geborgenheit des schwer errungenen häuslichen Glücks.

„Aus dem obigen haben Sie gesehen, wie Kinkel bald vortritt, bald sich zurückzieht, bald sich auf ein Unternehmen einläßt, bald es desavouiert, je nachdem er glaubt, daß eben der Volkswind bläst. In einem Aufsatz ... bewunderte er vor allem einen Monsterspiegel, der im Chrystallpalast ausgestellt ist. Da haben Sie den Mann: der Spiegel ist sein Daseinselement. Er ist vor allem und wesentlich Schauspieler. Als der Martyrer par excellence der deutschen Revolution hat er hier in London die honneurs für die übrigen Schlachtopfer empfangen. Während er aber offiziell sich von der liberal ästhetischen Bourgeoisie zahlen und fetieren läßt, treibt er hinter dem Rücken derselben verbotenen Umgang mit der durch Willich repräsentierten äußersten Fraction der vereinbarungslustigen Emigranten, indem er so den Genuß der bürgerlichen Gegenwart mit dem Anrecht auf die revolutionäre Zukunft gleich sicher zu stellen meint. Während er hier in Verhältnissen lebt, die, verglichen mit seiner früheren Lage in Bonn, glänzend zu nennen sind, schreibt er gleichzeitig nach St. Louis, daß er wohne und lebe, wie es dem Vertreter der Armut gebühre. So erfüllt er zugleich die nötige Etiquette gegen die Bourgeoisie und macht zugleich die gebührende Reverenz vor dem Proletariat. Indeß als ein Mann, bei dem die Einbildungskraft den Verstand weit überwiegt, hat er nicht umhin gekonnt, einigen Unarten und Anmaßungen des Parvenu zu verfallen, was ihm manchen gespreizten Biedermann der Emigration abwendig macht. In diesem Augenblick soll er eine Rundreise durch England beabsichtigen, um in verschiedenen Städten vor den deutschen Kaufleuten Vorlesungen zu halten, Huldigungen entgegenzunehmen und das Privilegium der doppelten Ernten, das sonst nur den südlichen Klimaten eigen ist, nach dem nördlichen England zu verpflanzen. Kinkel irrt sich selbst, wenn er sich für ehrgeizig hält. Er ist der Mann der eitlen Gelüste, und das Schicksal könnte diesem sonst harmlosen Schönredner keinen schlimmeren Streich spielen, als wenn es ihn an das Ziel seiner Wünsche und in eine ernsthafte Position brächte. Er würde unwiderruflich und vollständig Fiasco machen."

Das ist das Urteil des politischen Gegners, Karl Marx, über den Revolutionär Kinkel, der – dem preußischen Zuchthaus entronnen – in der Londoner Emigration lebt. Der im August 1851 verfaßte Bericht von Karl Marx wurde 1956 nach einer Abschrift aus den Beständen des sogenannten Informationsbüros im Haus-, Hof- und Staatsarchiv Wien veröffentlicht.

Im März 1883 schrieb der Schweizer Dichter C. F. Meyer im „Magazin für deutsche Literatur des In- und Auslandes" einen Nachruf auf G. Kinkel, in dem es heißt:
„Seine reifsten Jahre verlebte er in unserer Mitte, von allen Gebildeten und, wenigstens in seiner letzten Zeit, als ein schneeweißer Bart den Ausdruck seines schönen Kopfes vollendete, auch vom Volke gekannt, welches den stattlichen Mann in öffentlichen Versammlungen hatte auftreten sehen und seine warme Behandlung populärer Fragen nebst seiner mächtigen Gebärde bewunderte.
In der Gemeinde, wo er sich ein Haus gekauft hatte, war er ein sehr beliebter und hochgeachteter Mann. Sein schönes Familienleben, seine Arbeitsamkeit, seine Lust an geselliger Unterhaltung (Tages Arbeit! Abends Gäste! Saure Wochen! Frohe Feste!), seine Beredsamkeit, seine Geistesgegenwart, die überall das rasche schlagende Wort fand, seine Gemeinnützigkeit, die es nicht verschmähte, in der Aufsichtsbehörde einer Elementarschule zu sitzen, das waren gerade die Eigenschaften, die in den Augen des Schweizers den richtigen Mann und Bürger machen ... Eine sich nie verleugnende Humanität war der Grundzug seines Wesens. Selbst mit seiner Zeit war der Überbeschäftigte freigebig... Kinkels Umgang war liebenswürdig, geistreich, versöhnlich und von gewinnender Fröhlichkeit. Er war eine gastliche Natur, die Widerspruch und Scherz – wenige Noli-me-tangere ausgenommen – ganz wohl ertrug ... Das pathetische Reden war mit Kinkel verwachsen. Es war seine Natur selbst, durch Kanzel und Katheder ausgebildet. Diese Gebärde verließ ihn im unbedeutenden Zwiegespräch und, wie mir gesagt wurde, selbst auf dem Sterbebette nicht: sie war ihm ein geistiges und körperliches Bedürfnis."

Berücksichtigt man die aus dem Haß geborenen Verzerrungen in der Schilderung von Marx, streicht man etwas ab von der Bewunderung des Freundes Schurz und liest man den Nachruf C. F. Meyers – wohl die objektivste dieser drei Äußerungen – genau, dann ergeben sich ziemlich übereinstimmende Bilder der Persönlichkeit Kinkels in drei verschiedenen Lebensphasen.
Es ging zweifellos eine magnetische Anziehungskraft von Kinkel aus, bedingt durch seine farbenreiche mannigfaltige Begabung, seine differenzierte sensible Innerlichkeit, die Mischung von Ethos und Pathos, die Verbindung des Liebenswürdigen mit dem unerschrocken Kämpferischen, der heiteren Ungezwungenheit mit der großen Gebärde in seiner Natur, die Paarung aufrichtiger und bescheidener Selbsteinschätzung mit einem Stilwillen, der auch die eigene Person zu seinem Objekt machen möchte, die rheinische Lebenslust und die hinreißende Rednergabe. Dazu kam sein bewegtes Schicksal, die Geschichte seiner großen Liebe und die Gloriole politischen Märtyrertums.
Die letzte Erfüllung in Werk und Leben blieb ihm dennoch versagt. Er stieß nirgends bis zur absolut überzeugenden klassischen Leistung durch. Schon gar nicht als Dichter, so gefällig und leicht ihm die Verse gelangen, so frisch

und klar seine Prosa fließt. Sein bekanntestes Werk „Otto der Schütz" war wohl ein großer Publikumserfolg – es erlebte bis 1905 dreiundachtzig Auflagen – aber die anmutige Verserzählung entbehrt doch des tieferen Gehalts und der unvergeßbaren Klänge. Als Gelehrter war er weniger Forscher als – und darin greifen wir seine eigentliche Begabung – feinsinniger Essayist, einfühlsamer Kulturhistoriker, dem das Verdienst gebührt, als einer der ersten an einer Universität über Kunstgeschichte und neuere Literaturgeschichte gelesen zu haben. Seiner Vorlesungs- und umfangreichen Vortragstätigkeit kam seine rhetorische Begabung zugute. Als „praeceptor Germaniae" hat er sich in späteren Lebensjahren wegen seiner ausgedehnten Vortragsreisen selbst bezeichnet. Seine Wirksamkeit als Kunstgelehrter ist allerdings nicht leicht zu messen und vielleicht auch deshalb unterschätzt worden, weil sie umfangreicher war als ihr literarischer Niederschlag und sehr stark auch in der Mitarbeit an Zeitungen bestand. Zum Politiker endlich brachte er neben seiner mitreißenden rednerischen Begabung ein echtes soziales Empfinden und eine natürliche „Leutseligkeit" mit, aber es fehlte ihm vollkommen die nüchterne Einsicht in das politisch Mögliche und die persönliche Härte und überlegene Beherrschung der Situation, ohne die sich politische Ziele nicht durchsetzen lassen. Er war ein ausgezeichneter Journalist und ein tüchtiger Abgeordneter mit einem eigenständigen politischen Programm. Jede staatsmännische Begabung ging ihm ab. Das Schicksal führte ihn durch Höhen und Tiefen – es schenkte ihm die große, alle Hindernisse überwindende Leidenschaft zu einer ihm im Geistigen ebenbürtigen, als Gesamtpersönlichkeit überlegenen Frau, es schenkte ihm die männliche Bewährung im Kampf um sein politisches Ideal, für das er sein Leben einsetzte –, aber weder gewährte es ihm den Triumph des Sieges noch die volle Tragik des Opfertodes. Sein zuerst so bewegtes, in trotziger Auseinandersetzung mit der Umwelt eigenwillig aufgebautes Leben endete bürgerlich schlicht und unauffällig.
Die bürgerliche Ehrbarkeit des Biedermeier ist der verläßliche Untergrund im Wesen des Mannes, der eine poetische und romantische Natur im schlichtbürgerlichen Wortverstand war, dem das Dämonische und die Zerrissenheit der frühen Romantiker so fremd blieb wie der unbestechliche Wirklichkeitssinn der Epik des späteren 19. Jahrhunderts, den wir bei seiner Frau Johanna schon spüren. Kein Genie, aber reiche Talente – kein Heros, aber ein erfülltes Menschsein –, kein Ringen mit dem Engel, aber tapfere Auseinandersetzung einer nicht sehr tiefen, bei aller Glätte aber ehrlichen Natur.

II.

Gottfried Kinkel wurde am 11. August 1815 als Sohn des reformierten Pfarrers von Oberkassel (bei Bonn) geboren. Sein bei seiner Geburt schon betagter Vater entstammte dem nassauischen Städtchen Herborn, die jüngere Mutter, an der er sehr hing, war aus Wuppertal.

Johann Heinrich Kinkel Herborn 2. 10. 1680, † Herborn 29. 1. 1748 Schuhmachermeister und Bürger zu Herborn ∞ I. Herborn 17. 9. 1707 Anna Elisabeth Abel Herborn 14. 11. 1685 † Herborn 4. 4. 1726	Johann Konrad Weyel * Bellersheim…, † …. Hofwagner und Bürger zu Herborn ∞ Herborn 9. 9. 1712 Maria Katharina Rünckeler Herborn 23. 9. 1680 † …	Johann Melchior Beckmann Elberfeld 2. 9. 1700, ✝ Barmen 29. 4. 1789 Bleicher in der Leimbach zu Barmen ∞ Elberfeld 13. 8. 1724 Anna Elisabeth Eickholt Elberfeld 8. 5. 1701 † Elberfeld 8. □ 11. 6. 1782	Daniel Werth Elberfeld 15. 1. 1709, † Barmen 15. 11. 1780 Kaufmann zu Elberfeld ∞ II. Susanna Margareta Fuchs * Worms 8. 3. 1721 † Elberfeld 16. □ 20. 3. 1777
Georg Ludwig Wilhelm Kinkel * Herborn 19. 11. 1715 † Herborn 29. 6. 1797 Schuhmachermeister und Bürger zu Herborn	Katharina Margareta Weiel * Herborn 19. 10. 1715 † Herborn 16. 5. 1784	Johann Beckmann Elberfeld 3. 11. 1736 † Barmen 20., □ Elberfeld 23. 5. 1805 Kaufmann in der Leimbach zu Barmen	Hedwig Sibylla Maria Werth Elberfeld 27. 8. 1751 † Oberkassel 24. 2. 1826
∞ Herborn 26. 6. 1744		∞ Elberfeld ref. 21. 11. 1770	
Johann Gottfried Kinkel * Herborn 28. 12. 1757 † Bonn 27. 2. 1837 1789 Regens der Elberfelder Lateinschule 1801–1832 ref. Pfarrer zu Oberkassel		*Sibylla* Maria Beckmann Elberfeld 5. 2. 1782 † Bonn 12. 11. 1835	
∞ II. Barmen (KB Gemarke) 10. 9. 1806			

Gottfried Kinkel
* Oberkassel bei Bonn 11. 8. 1815, † Zürich-Unterstraß 13. 11. 1882

So ist es nicht verwunderlich, daß Kinkel – der sich selbst ganz als Rheinländer empfand – neben rheinischen Zügen in seinem Temperament und seiner Lebensfreude das dem Rheinländer fremde Pathos besaß und den rheinischen Wirklichkeitssinn vermissen ließ. Kinkel wurde im Sinn des Kalvinismus und Pietismus, der strengen Orthodoxie erzogen, die Atmosphäre des Elternhauses war puritanisch und herb.

Er hatte zwei Geschwister, Schwester und Bruder; zweifellos war er der bei weitem Begabteste im Geschwisterkreis. Im Jahre 1831 bestand er, sechzehnjährig, am Bonner Gymnasium ein glänzendes Abitur und bezog anschließend die Bonner Universität, um – dem Geist des Elternhauses folgend – Theologie zu studieren. Die Bonner Studien wurden unterbrochen durch ein Studienjahr in Berlin: das Wintersemester 1834 und das Sommersemester 1835. Diese Berliner Zeit hat eine starke Auflockerung seines Wesens mit sich gebracht. Seine Studentenbude hatte er im Hause des Regisseurs Weiß gefunden, der ihm die Welt des Theaters erschloß. Mit dessen fast gleichaltrigem Sohn Ferdinand Weiß, einem jungen Maler, verband ihn bald eine schwärmerische Jugendfreundschaft. Die von mir veröffentlichten Jugendbriefe Kinkels an Ferdinand Weiß, der später die Düsseldorfer Akademie bezog, gewähren uns einen genauen Einblick in die Stimmungen und Interessen seiner Jugendzeit. Sie berichten von den ersten größeren Reisen, die den Gesichtskreis des jungen Mannes erweiterten und ihm nachhaltige künstlerische Erlebnisse vermittelten: von einer im Juni 1835 von Berlin aus unternommenen Fahrt nach Rügen, von der August/September 1835 zum Teil als Fußwanderung durchgeführten Heimreise vom Berliner Semester über Meißen und Dresden und von der Reise nach Südfrankreich und Italien im Winter 1837/38. Die auf die Berliner Zeit folgenden Jahre brachten in Kinkels Leben einschneidende Ereignisse: den Tod der Mutter am 12. November 1835, um die Kinkel heftig und lange trauerte, den Tod des Vaters nach langem Siechtum am 27. Februar 1837. So wurde Kinkel – erst im Anfang des dritten Lebensjahrzehnts stehend – zu wirtschaftlich selbständiger Lebensführung gezwungen. Im Januar 1836 legte er am Konsistorium in Koblenz die erste theologische Prüfung ab, bestand am 7. April 1837 das Lizentiatenexamen vor der Theologischen Fakultät in Bonn und unterzog sich am 30. September 1838 dem zweiten theologischen Examen in Koblenz. Im Sommer 1837 begann seine Dozententätigkeit in der Theologischen Fakultät der Bonner Universität. Der raschen äußeren Laufbahn entspricht aber keine innere Sicherheit. Es ist eine Zeit des Tastens und Suchens, des inneren Unbefriedigtseins. Kinkel hält noch am Glauben des Elternhauses fest, aber zur Theologie hatte er kein tieferes Verhältnis. Seine theologischen Studien empfand er als lästige Abhaltung von der Beschäftigung mit Kunst und Poesie. Ihr galt seine ganze Liebe. Seine Briefe an Ferdinand Weiß enthalten geradezu kleine Abhandlungen über literarische Neuerscheinungen, über Kunstausstellungen u. dgl. Er dichtete auch selbst und dachte schon an eine Veröffentlichung seiner Gedichte; Freund Weiß hielt ihn vernünftigerweise davon zurück. Einiges aus jener Zeit fand unter dem Titel „Ein Strauß aus dem Jugendgarten" Aufnahme in der zweiten Sammlung seiner Gedichte, die 1868 bei Cotta erschien. Das meiste überragt nicht die dichterische Produktion junger Leute. Diese Jahre waren mehr Jahre der Freundschaft als Jahre der Liebe; es fehlten zwar nicht ganz die liebenden, auch schon bräutlichen Beziehungen zu Frauen, aber in keinem Fall ist Kinkel sich seines Gefühls sicher, die Liebeserfahrungen bleiben an der Oberfläche. In den Tiefen der Persönlichkeit wurzelt die Freundschaft mit Weiß, die eingebettet war in eine ganze Kette freundschaftlicher Verhältnisse. Der persönlich bedeutendste dieser Freunde war Emanuel Geibel, der 1835/36 in Bonn studierte.

Nach seinem ersten Dozentensemester befand sich Kinkel in einer körperlich-seelischen Krise, die er durch eine Reise in den Süden zu überwinden hoffte. Über die Westschweiz und Südfrankreich kam er, meist wandernd, nach Italien. Den vielen deutschen Italienerlebnissen und Reisebeschreibungen dürfen wir auch den langen Brief zuzählen, den er in den Weihnachtstagen 1837 seinem Freund Ferdinand schrieb: „Es ist nicht die Kunst, es sind nicht die Naturerscheinungen und noch minder die Menschen, die uns hier beglücken; es ist die Luft selber, leicht, warm, nebelfrei, die, ich glaube fast, rein körperlich einwirkt, also daß gerade hier in Florenz, wo keine goldenen Hesperidenäpfel, keine immergrünen Bäume (wie in Nizzas sonnigem Paradies) es Dir ankündigt, daß du dem nordischen Nebel und Frost entflohen bist, jeden Morgen beim Ausgehen ein erhöhtes Lebensgefühl mich heraushebt in ein Gebiet geistiger Kraft und Freiheit, in eine jauchzende, jubelnde Lust des Daseins; wo Leib und Seele, Gedanke und Gefühl in einer Harmonie zusammenfließen, vergleichbar jenem Aufschwung der ersten lichten Genien aus Schröders Flasche. Und so geht man denn, nachdem man vom Blumenmädchen seinen duftigen Veilchenstrauß erhalten, da unten am Arno hin, am Ponte vecchio vorüber nach der großen Galerie oder über die Brücke zum Palast Pitti. So ganz aus dem vollen Born der Kunst hab' ich noch nie getrunken, darum berauscht es anfangs, bis man durch Anstrengung und treues Studium des Stoffes Herr wird. Es geht hier zuviel Neues dem Blick vorüber, und kommst du über die Alpen und hättest du alles dort gesehen, du wärest noch verwirrt. Das kommt zuerst daher, daß jenseits manche hohe große Meister (ich nenne nur Allori, Ghirlandajo, Baroccio und Albertinelli, auch im Erzguß Ghiberti) wohl nur dem Namen nach bekannt sind, von den andern aber nur solche Bilder, die einzig eine Ahnung und ein Morgenrot sind der Sonne, welche hier im Mittagspunkt steht. Da ist nun zuerst der demütige Mönch Fra Bartolomeo zu nennen, von ihm habt ihr in Berlin ein tüchtig Bild, aber was Fra Bartolomeo gewesen ist für die Kunst und wie er hat den Raphael das Zeichnen lernen können, das sieht man doch nun hier bei seiner Grablegung und seinem Markus." – Kinkel ist über Rom bis hinunter nach Neapel gekommen; auf der Höhe von Civitavecchia dichtete er seinen „Abschied von Italien".

Er war am 1. April 1838 wieder in Bonn. Er fühlte sich hier sehr unglücklich. Während er in Neapel bereits unter Mandel- und Pfirsichblüten spazierengehen konnte, mußte er hier unter häßlichem Schneegestöber in seine verlassene

Wohnung einziehen. Er sah sich vor die Notwendigkeit eines Umzugs gestellt, Geldangelegenheiten verursachten Ärger, und seine Verlobte wünschte das Verhältnis zu lösen. Zwar glättete sich alles bald: Er bezog eine Dienstwohnung im Ostflügel des Poppelsdorfer Schlosses, es ergab sich ein anregender Verkehr mit dem Dichtergelehrten Simrock und mit Freiligrath. Er verlobte sich aufs neue, und zwar mit Sophie Bögehold, der Schwester seines Freundes und Schwagers. Viel Freude machte ihm die gelegentliche praktische seelsorgerische Tätigkeit u. a. an der von Jacobi geleiteten Siegburger Irrenanstalt. Sein eigentliches Ziel hatte er noch nicht gefunden.

III.

Da aber traf er im Frühjahr 1839 im Hause des Konsistorialrates Augusti die Frau, die alle Tiefen seines Wesens aufrühren, alle schöpferischen Kräfte in ihm entbinden sollte: Johanna war am 8. Juni 1810 – sie war also fünf Jahre älter als er – als Tochter des Gymnasiallehrers Mockel in Bonn geboren. Ihre früh hervortretende musikalische Begabung fand erfolgreiche Förderung durch den alten Kapellmeister Franz Ries, Beethovens ersten Lehrer. Schon 1827 hatte sie ein musikalisches Kränzchen ins Leben gerufen. 1832 heiratete sie den Kölner Buch- und Musikalienhändler Mathieux. Es kam aber bald zwischen den Eheleuten zu einer so starken Entfremdung, daß Johanna sich dauernd von ihrem Gatten trennte. Von 1836 bis 1839 bildete sie sich in Berlin zu einer hervorragenden Pianistin aus. Ihre eigenwüchsige kompositorische, musikpädagogische und schriftstellerische Begabung hat noch keine umfassende Würdigung gefunden. Ihre selbständige, starke Persönlichkeit übte eine elementare Anziehungskraft auf den viel weicheren und weniger originalen Kinkel aus, als er sich in dem musikalischen Zirkel einstellte, den Johanna in der elterlichen Wohnung versammelte, nachdem sie aus Berlin zurückgekehrt war. Eine enge, sich gegenseitig anfeuernde Zusammenarbeit entstand zwischen den beiden. Der Peter-und-Pauls-Tag 1840, der 29. Juni, wurde der Gründungstag des „Maikäferbundes" und seines Organs, der „Maikäferzeitung", so genannt nach einer spontanen Eingebung Johannas, die bei den Gründungsverhandlungen auf einen grünen Bogen Papier die Umrisse eines Maikäfers gezeichnet hatte und den Namen „Maikäfer" für die „Zeitschrift für Nichtphilister" vorschlug. Man beschloß, sich jeden Dienstagabend zu versammeln, während der Woche Dichtungen und literarische Beiträge in die in Umlauf gesetzten grünen, mit dem Bilde des Maikäfers gezeichneten Blätter einzutragen, ohne dabei die Arbeiten der anderen Mitglieder zu lesen und sich dann dem Spruch der versammelten Gemeinde zu unterwerfen. Der eigentliche Leiter des Dichtervereins war Kinkel, Johanna aber immerhin die „Direktrix". Jedes Mitglied führte einen besonderen Maikäfernamen: so hieß Kinkel „Wolterwurm", Alexander Kaufmann, aus einer alten Bonner Familie stammend, später fürstlich Löwensteinscher Archivrat zu Wertheim am Main und Verfasser der Monographie über „Cäsarius von Heisterbach", „Rosenkäfer", der Theologe Willibald Beyschlag „Balder", Johanna „Nachtigall". Zum Maikäferbund gehörten Jacob Burckhardt, der diese Bonner Zeit eine der schönsten seines Lebens genannt hat, Karl Fresenius, bedeutender Chemiker und Naturforscher in seiner späteren Wiesbadener Zeit, der Bremer Adolf Thorstrick, später Gymnasialprofessor in seiner Vaterstadt und Aristotelesforscher, der Dozent der Archäologie Laurentius Lersch, Karl Simrock, der sich anfangs etwas zurückgehalten hatte, Andreas Simons, noch Gymnasiast und Pflegesohn der Mockelschen Familie, Verfasser einer Arbeit über die Kirche in Schwarzrheindorf, Karl Schlönbach aus Mülheim u. a. Wolfgang Müller von Königswinter, Christian Joseph Matzerath und Ferdinand Freiligrath standen dem Bund nahe. Jährlich wurde am Peter- und Pauls-Tag das Stiftungsfest mit besonderem Gepränge begangen. Strodtmann, der Kinkelbiograph und -jünger, und Beyschlag haben uns Stiftungsfeste geschildert, Strodtmann das erste am 29. Juni 1841, auf dem Kinkels „Otto der Schütz", den ersten Preis errang. „Die Zuhörer fühlten", sagt Strodtmann zur Erklärung des „nicht enden wollenden Beifallssturmes", der nach der Vorlesung ausbrach, „daß seit dem Mittelalter die deutsche Literatur nicht eine erzählende Dichtung besäße, die sich an Lieblichkeit und Frische mit diesem Epos messen dürfe, das Gottfried im Rausch seiner neuen Liebe in der kurzen Frist dreier Monate vollendet hatte." Dieses Urteil dürften wir wohl kaum unterschreiben, wenn auch manche Partien der Dichtung „Die Rheinfahrt":

> „In klarer Frühlingsabendpracht,
> Wenn schon der Sterne Heer erwacht,
> Wenn kühl der Mond im Ost sich hebt,
> Die Flur mit blauem Duft umwebt"

oder „Der Meisterschuß":

> „O fröhlich Leben an dem Rhein,
> Gespeist von Kraft, getränkt von Wein,
> Wie grüßest du in Sommerlust
> Unsterblich jung des Dichters Brust" –

heute noch eine genußreiche Lektüre sind und treffliche Prägungen – „Früh aus den Wolken sprang der Tag" – immer wieder erfreuen.
Bonn, das von der älteren Rheinromantik etwas stiefmütterlich behandelt worden war, hatte im Maikäferbund einen Dichterkreis gewonnen, der den Gipfel des Bonner literarischen Lebens bis heute darstellt und für den die Bonner Landschaft im Mittelpunkt stand. Da dichtet Kinkel (1842) über die „Sieben Berge":

> „Du da, mein wackerer Drachenfels,
> Mit der brüchigen Mauerkrone,
> Du bist des Königs riesiges Bild
> Auf stolzem Felsenthrone.
>
> Du ruhst in stiller Majestät
> Am Strom die mächtigen Glieder,
> Dein nebelblaues Wälderkleid
> Rauscht wie ein Mantel nieder."

Er fängt die Stimmung eines dunstig-heißen rheinischen Sommermorgens ein:

> „Nur wo dort der Rhein die blauen
> Fluten rollt durchs falbe Feld,
> Weiche Wolken niedertauen
> Wie ein dichtes Schattenzelt.
> Über Strom und Felsenreihn
> Ruht der Nebel mild behütend,
> Daß die Sonne leiser brütend
> Reift und schwellt den jungen Wein."

Das Verhältnis Kinkels zu Johanna war zunächst rein freundschaftlich. „Noch immer dachte ich an Liebe nicht", sagt er in seiner Selbstbiographie. „Auf ein höheres Glück als jene Geistesgemeinschaft, die uns schon damals verband, hatten wir stillschweigend resigniert: Ein protestantischer Theolog und eine geschiedene Katholikin konnten an Ehe nicht denken. Aber mitten im Genuß dieser Gemeinschaft tauchte leise, leise ein unsäglicher Schmerz auf... Und nun trat... ruhig und majestätisch das Schicksal selbst heran und brach mit Einem Drucke allen Widerstand, den wir so pflichttreu unserer Leidenschaft entgegensetzten." Kinkel meint damit jenes Ereignis, das er in dem Gedicht „Eine Lebensstunde" festgehalten hat. Am 4. September 1840 hatte er mit Johanna und Simons einen Ausflug zum Petersberg unternommen. Auf der Rückfahrt wurde der Kahn, den sie zur Überfahrt über den Rhein bestiegen hatten, von dem Dampfer „Marianne" gerammt und kenterte. In der Todesnot umfaßte Johanna Kinkel:

> „Doch mich durchfloß in deinem Arme
> Des vollsten Lebens heiß Gefühl;
> Denn deine Brust, die wilde, warme,
> Schlug mir im kalten Flutgewühl.
> Nun rasch gewandt, ein starker Schwimmer,
> taucht' ich aus Wellengischt hervor,
> Und zum kristallnen Sternenschimmer
> Hub dich mein nerv'ger Arm empor.

> Du warst gerettet, mir gerettet
> Für eine frische Lebensbahn;
> An meine Brust lagst du gebettet,
> Und weinend blicktest du mich an.
> Und wie vom Stromgott losgebunden
> Mich deiner Locken Schwall umfloß,
> Empfand ich willig mich umwunden
> Von deiner Liebe fessellos.
>
> Nun hat der Tod ein Band geschmiedet,
> Das uns kein Leben mehr entreißt;
> Es ruhet fromm und still befriedet,
> Nun Herz an Herz und Geist an Geist.
> Uns sprang aus der Vernichtungshülle
> Mit sonn'gem Aug' ein jung Geschick –
> Zu eines ganzen Lebens Fülle
> Dehnt sich der kurze Augenblick."

Es kostete allerdings einen aufreibenden, harten Kampf, bis die bürgerlichen Folgerungen gezogen werden konnten. Kinkel trennte sich von Sophie Bögehold, die ihn zeitlebens nicht vergaß und unvermählt blieb. Daß all dies in einer kleinen Stadt, wie Bonn es damals war, unliebsames Aufsehen erregte, kann man sich vorstellen. Es kam hinzu, daß Kinkel sich innerlich vom christlichen Dogma weit entfernt, der Theologie und dem kirchlich-religiösen Leben zunehmend entfremdet hatte. 1842 erschien zwar ein theologisches Werk von ihm – sein einziges –, eine Sammlung von Predigten, die er in den Jahren 1839 bis 1841 in Bonn, Mülheim am Rhein und in Köln, wo er 1840/41 als Hilfsprediger wirkte, gehalten hatte, aber die fast gleichzeitige Dichtung zeigt unverhohlen, daß eine reine Diesseits- und Weltfrömmigkeit, ein pantheistisches Lebensgefühl an die Stelle der kirchlichen Lehrmeinung getreten war; ganz unverkennbar im „Abendmahl der Schöpfung":

> „Bald wird vom Strahl der Sommersonnen
> Dies Korn zum Brot bereitet sein;
> Sich selber opfernd in die Tonnen,
> Gießt bald die Traub' ihr Blut als Wein.
>
> In Ahnung bin ich schon begnadet.
> Mein Gottestempel wird die Flur;
> Zu ihrem Abendmahle ladet
> Mit Brot und Wein mich die Natur."

Folgen der Verlobung mit Johanna waren die Entziehung der Hilfspredigerstelle in Köln und die Entlassung aus dem Thormannschen Institut, einer höheren Töchterschule in Bonn, wo Kinkel Religionsunterricht gegeben hatte. Weihnachten 1842 trat Johanna zum Protestantismus über. Mai 1843 heirateten beide, wobei Emanuel Geibel und Jacob Burckhardt als Brautführer fungierten.
1843 erschien bei Cotta ein schmaler Band: Gedichte von Gottfried Kinkel. Neben vielem Unbedeutendem enthält er einige wenige Gedichte, die es verdienen, nicht vergessen zu werden: das von Johanna vertonte „Geistlich Abendlied" mit dem Refrain „Wirf ab, Herz, was dich kränket und was dir bange macht", die vielleicht noch gelungenere „Abendstille":

> „Nun hat am klaren Frühlingstage
> Das Leben reich sich ausgeblüht,
> Gleich einer ausgeklungnen Sage
> Im West das Abendrot verglüht..."

Manches Gedicht beginnt frisch und anmutend, um dann in unerträglichen Längen zu versanden, wie das im Volksliedton gedichtete „Rosenpaar" mit dem hübschen Beginn:

> „Es war im Frühlingsprangen
> Beim frischen Morgenhauch,
> Da waren aufgegangen,
> Zwei Rosen an einem Strauch.
>
> Die kaum noch Knospen gestern,
> Heut wogten sie in Duft,
> Und küßten sich als Schwestern
> Im Spiel der Morgenluft..."

Der zweite Teil des Gedichtbandes enthält „Otto der Schütz" mit dem Schlußwort:

> „Es sang ein Mann des Rheins dies Lied,
> Dem Minne Lust und Leid beschied.
> Ihm war das Lied ein Leidvertreib:
> Er minnet selbst ein hohes Weib;
> Des eignen Herzens süße Sorgen
> Hat er im schmucken Reim verborgen.
> Die Hehre, die dies Lied nicht nennt,
> Er weiß, daß sie den Klang erkennt,
> Den voll und klar aus Mannesbrust

> Heraufrief ihrer Küsse Lust.
> So spiegle denn in Ottos Glück
> Die eigne Zukunft sich zurück,
> Und lehr uns diese Mär fortan:
> Sein Schicksal schafft sich selbst der Mann."

1849 kamen die „Erzählungen" von Gottfried und Johanna Kinkel heraus, die 1883 in dritter Auflage erscheinen konnten. Gottfrieds „Margret" und „Der Hauskrieg" gehören zum bleibenden Bestand der Epik des 19. Jahrhunderts; „Die Heimatlosen" – in Rastatt 1849 geschrieben – sind als dichterische Verarbeitung des Revolutionserlebnisses bemerkenswert. Johannas Beiträge übertreffen die ihres Mannes in der Schärfe der Beobachtung und im Lokalkolorit. 1845 erschien bei Habicht in Bonn Kinkels „Ahrführer", nicht in den historischen Teilen, wohl aber in den zeitgenössischen Schilderungen heute noch wertvoll. Kinkel übernahm auch als Herausgeber das „Rheinische Jahrbuch" und brachte den Jahrgang 1847 heraus.

IV.

Die Ehe mit Johanna, die so befruchtend auf sein dichterisches Schaffen wirkte, hatte Kinkels Lebensschiff in eine ganz andere Bahn gelenkt. 1844 legte er sein Amt als Religionslehrer am Gymnasium nieder. Sein Bruch mit der Kirche war nun offenkundig und führte zu Entgleisungen wie dem „Männerlied" (1846):

> „Laß die alten Weiber sich
> Um den Himmel schelten.
> Aber freie Männer wir
> Lassen das nicht gelten.
> Gegen dich, o Vaterland,
> Sind uns nichts als eitler Tand
> Alle Sternenwelten."

In der Theologischen Fakultät war seines Bleibens nicht mehr; er konnte sich aber, da das Berliner Ministerium darauf bedacht war, diese glänzende Begabung nicht zu verlieren, umhabilitieren und wurde 1846 zum außerordentlichen Professor für Kunst- und Literaturgeschichte ernannt, nachdem er 1845 die erste Lieferung seiner „Geschichte der bildenden Künste bei den christlichen Völkern" vorgelegt hatte. Zweifellos hatte Kinkel mit dieser Professur seine eigentliche Lebensaufgabe gefunden. Sein feines Einfühlungsvermögen, seine Begeisterungsfähigkeit machten ihn zum vortrefflichen Interpreten und Lehrer in diesen Fächern, die damals die Wissenschaft gerade erst anzubauen begann, wenn er auch keine tiefgründige Forschernatur war.

So hatte sich alles zum Guten gewendet. „Auch unser Poetenverein trat in ein erhöhtes Leben", sagt Kinkel und gibt eine farbige Schilderung der Stiftungsfeste, die jetzt im Poppelsdorfer Schloß stattfanden, wo die ganze Wohnung mit Efeugewinden geschmückt wurde, die Teilnehmer am abendlichen Bankett Rosenkränze trugen – es war, wie Bezold sagt, ein Schönheitskultus, dem hier gehuldigt wurde: „Auf ein unmittelbares Erreichen höchster Schaffensziele war es an diesem heiteren Musenhof gar nicht abgesehen, vielmehr auf ein Ausschöpfen flüchtiger und doch unvergeßlicher Stunden der Gemeinsamkeit, wie sie nur aus dem freien Zusammentönen jugendlicher Seelen entspringen können." Das Stiftungsfest 1844 inspirierte Kinkel zu der Verserzählung „Der Grobschmied von Antwerpen"; sie behandelt die Künstlerschicksale des Malers Quintin Messys, den Kinkel auch in der Aufsatzreihe „Das erste Auftreten des Sozialismus in der Malerei" charakterisierte. Wenige Tage nach dem Stiftungsfest wurde dem glücklichen Paar der erste Sohn – Gottfried – geboren, dem rasch hintereinander noch drei Kinder folgen sollten. Dem Dichterbund waren noch drei glückliche Jahre beschieden, bis er sich 1847 selbst auflöste. Die Maikäferzeitung umfaßt sieben Jahrgänge, die nunmehr alle in der Universitätsbibliothek Bonn beruhen.

Im Herbst des Jahres 1847 begann Kinkel in Köln Vorträge über moderne Bildnerei und Malerei zu halten, die er einmal als „den glänzendsten Höhepunkt seiner Lehrkraft" bezeichnete. Seine Selbstbiographie schließt mit folgendem Bericht: „In den Schluß dieser Vorträge klangen schon feierlich die fernen Wetterschläge von Paris herüber. Noch sind, so schloß ich weissagend den ganzen Zyklus, noch sind die Donner der Pariser Revolution nicht verhallt. Eine neue Zeit bricht an: sie ist auch bei uns längst vorbereitet. Will Europa die Republik? Ich glaube es nicht, denn es fürchtet den Despotismus zu sehr, um es mit einer Staatsform zu wagen, die in ihn umschlagen könnte. Will es den Kommunismus? Ich sehe bis jetzt weder die Brücke noch den Sprung, die uns zu ihm hinübertragen könnten. Aber das will Europa: Eine Staatsform, in welcher der Wille des Volkes zur Geltung kommt und zum lebenbeherrschenden Gesetze wird, ohne gehindert zu sein von der Tyrannei oder dem Eigensinn eines Einzigen, den nur der Zufall der Geburt auf die höchste Stelle gerückt hat. Diesem Zuge kann auch die Kunst sich nicht entziehen: Mit Hofschmeichelei und Paradebildern ist es für ewig zu Ende...
Aber die großen Taten des Volksgeistes sowohl als die tiefsten Offenbarungen des Volksgemüts, die gewaltigen, weltbewegenden Geschichtsmomente neben dem herzrührenden Bilde vom Stilleben eines tätigen Bürgertums, das sind hinfort die Aufgaben echter Kunst.
Es war Donnerstag, den 26. Februar, als ich abends 7 Uhr diese Worte sprach: Eine leise Bewegung, die wie ein elektrisches Knistern durch die große Versammlung lief, trug mir den Beifall der Hörer entgegen. Zur selben Stunde, in demselben Augenblicke stürzte zu Paris der Thron."

V.

Eine eminent politische Natur war Kinkel nicht. In seinen Jugendbriefen spielt die Politik kaum eine Rolle. Aber seit den vierziger Jahren trifft man gelegentlich auf Vorklänge, die den künftigen Volkstribunen ahnen lassen. Sein Zusammenstoß mit der Theologischen Fakultät und der öffentlichen Meinung seiner nächsten Umgebung, der Verkehr mit Freiligrath, der Einfluß Johannas – die sich natürlich auflehnen mußte gegen die Sklaverei, der damals jede den Durchschnitt überragende Frau unterlag –, das alles trieb ihn in die Opposition gegen die bestehenden Verhältnisse. Und dann riß ihn im März 1848 die gewaltige Bewegung ganz mit sich fort. Am 18. März, als die allgemeine Begeisterung in Bonn noch nicht von der Kunde der blutigen Berliner Vorgänge getrübt war, marschierte er gemeinsam mit Arndt und Dahlmann zum Bonner Rathaus; er trug die schwarzrotgoldne Fahne mit dem eingestickten Bonner Wappen, die heute im Arndt-Haus hängt. Von der Rathaustreppe aus hielt er eine seiner flammenden Reden, die aller Herzen gefangennahmen. Er sprach von dem freudigen Tage, der das freie Wort gebe und die „Gewißheit, daß Ihr von heut an freie Männer sein werdet". Fortan bestehe die Pflicht, „im Bunde mit den rechtmäßigen Gewalten" die errungenen Freiheiten „mit starker Faust und wachsam zu schirmen" und „das was wir heut als Versprechen besitzen, zur Tat und zur Wahrheit zu führen." ... „Und so lasse ich dich flattern, du deutsches Banner! Du sollst alle Stämme unsres Blutes sammeln unter dir! Du sollst rauschen über allen Meeren! Du sollst ein Zeichen der Liebe sein, das alle Gedrückten, die noch unter uns sind, durch Recht und Bildung den Weg führt, daß jeder Teil gewinne an dem Bürgerglück, welches heute über uns aufglänzt."
Der einträchtige Genuß des jungen Bürgerglücks sollte aber nicht lange dauern; bald schieden sich die Geister. Wohl gelang es noch einmal in der Zentralbürgerversammlung, deren Vizepräsident Kinkel wurde, die verschiedenen Strömungen zusammenzuführen. Aber bald ging Kinkel selbst vom gemäßigten konstitutionellen Lager zu den Demokraten über, die eine Sicherung der Revolutionserrungenschaften auf breitester demokratischer Grundlage erstrebten. Konstitutionelle und Demokraten bildeten in Bonn die sich mählich versteifenden Fronten. Mit seinem Wahlprogramm „Ansichten einiger hiesiger Volksfreunde über die volkstümliche Umgestaltung der staatlichen Verhältnisse in Deutschland und Preußen" stellte sich Kinkel auf den Boden der unbedingten Volkssouveränität, wenn er damals auch für Preußen noch an der konstitutionellen Monarchie festhielt. Nachdrücklich trat er für die Gemeindefreiheit ein: „Die Bevormundung der Gemeinden wird aufgehoben. Die Gemeinde verwaltet ihre Angelegenheiten und ihr Vermögen selbst und wählt auch selbst ihre Gemeindebeamten." Auffallend ist der starke soziale Einschlag: er forderte die Errichtung einer Sozialversicherung, eines Arbeitsministeriums u.a.m., wie überhaupt viele in die Zukunft weisende und nach Jahrzehnten

Wirklichkeit gewordene Ideen in dem gedankenreichen Programm stecken. Charakteristisch ist der nationale und unitarische Zug seiner Vorstellungen und Wünsche über die Neuordnung Deutschlands; er versteigt sich dabei zu der utopischen Forderung, „das vereinigte Deutschland durch friedliche Verständigung in Kreise, ohne Rücksicht auf die Grenzen der Einzelstaaten, abzuteilen". Gagerns Wort „Vergessen Sie nicht, daß es in Deutschland Fürsten gibt" gilt auch für ihn. Ein Mandat für die Paulskirche oder die Berliner Nationalversammlung erhielt er nicht. Er gründete jetzt in Bonn den „demokratischen Verein" und trat im August als Redakteur an die Spitze der „Bonner Zeitung", die er neben seiner Aufklärungsarbeit im „Handwerkerbildungsverein" im demokratisch-republikanischen Sinn leitete und zu einem beachtlichen Presseorgan der deutschen Revolution machte. Er fungierte als Vizepräsident auf dem Kölner Demokratenkongreß. In der Bonner Zeitung setzte er sich mit dem in Köln agierenden Marx auseinander. „Wir möchten um eine klare Belehrung bitten, wo dann die Klasse der Bourgeoisie anfängt und wo das Proletariat aufhört. Offengestanden, wir sehen die Grenzlinie nicht so scharf gezeichnet ... Ist der Handwerker Bourgeois oder Proletarier? Die Partei, welche uns ewig diesen Kontrast ins Auge stellt, sollte, statt die Zwietracht aufzustacheln, lieber auf die Vermittlung hindeuten, die so nahe liegt ... Der Klassenkampf ist ein Modewort, hinter dem sich gar viel geistige Begriffsarmut verstecken läßt." Kinkel hatte nicht das Bild einer industriellen Großstadt, sondern das einer kleinen Mittelstadt vor Augen, in der die Handwerker seit jeher der zahlenmäßig größte Stand waren. Er wollte aus diesen, von der industriellen Revolution bedrängten Kleinbürgern echte Staatsbürger machen, die vollen Anteil an den Bildungsgütern der Nation besitzen. Den in Deutschland seit dem Humanismus spürbaren Gegensatz der Gebildeten zum Werktätigen wollte er beseitigen: „Ich glaube", schrieb seine Frau Johanna, „wir sind in Bonn die einzigen, die mit Gewerb- und Handwerktreibenden als mit ebenbürtigen Leuten verkehren, keinen Unterschied in der Anrede und im Gruß auf der Straße machen. Dies versteht sich natürlich von selbst, aber so stark ist der Unsinn hier, daß man so etwas bemerkt ... Kinkel wurde von der Professorenclique förmlich exiliert." Kinkel leitete den im Juni 1848 in Bonn tagenden Handwerkerkongreß Rheinlands und Westfalens; den Mitgliedern des volkswirtschaftlichen Ausschusses der Frankfurter Nationalversammlung widmete er die bedeutsame Broschüre „Handwerk, errette dich!"; „Spartakus" nannte er die Beilage zur Bonner Zeitung, die „Wochenzeitung für soziale Fragen", seit dem 1. Januar 1849. Er erstrebte eine soziale Republik, aber nicht mit Marxschem Rigorismus, sondern auf dem Wege von Reformen, die das ganze Volk – nicht nur das Proletariat – erfassen sollten. Der Arbeit erkannte er einen hohen sittlichen Wert zu: „Die Arbeit der Völker ist die Grundlage ihrer Freiheit, ihres Reichtums, ihrer Macht."

Der neue Wahlkampf, der nach der Oktroyierung der preußischen Verfassung Anfang 1849 erforderlich und in Bonn, das im Herbst die Steuerverweigerungsaktion erlebt hatte, mit Schärfe durchgefochten wurde, brachte Kinkel ein Mandat für die preußische Zweite Kammer ein, wo er zur Linken gehörte. In Bonn führte derweilen Karl Schurz die Parteigeschäfte und die Zeitungsredaktion. Die Bonner Zeitung war mittlerweile nach einem Wechsel des Druckers und Verlegers in „Neue Bonner Zeitung" umgetauft worden. Sie trat offen für die soziale Demokratie ein. Im Mai gerieten die Dinge in Bonn wieder in ein stürmisches Fahrwasser, das den wiederum anwesenden Kinkel mitriß. Es kam zu dem kläglich mißglückten, von Kinkel mitgemachten, aber innerlich nicht gebilligten Zug nach dem Siegburger Zeughaus. Nach der Auflösung der Berliner Kammer stellten sich Kinkel und Schurz der provisorischen Regierung in der Rheinpfalz zur Verfügung. Johanna redigierte in ihrer Abwesenheit die Neue Bonner Zeitung. Kinkel kämpfte dann – in der Überzeugung, „für eine sinkende Sache kann ein Mann, der ihr treu ist, nur noch eins tun, er kann mit seiner Person, mit Leib und Leben für sie einstehn" – im badischen Aufstand in der Freischärlerkompanie Besançon mit, bis er an der Murg verwundet und gefangengenommen wurde. Johanna wagte in furchtbarer Sorge um ihn die Fahrt nach Rastatt und fand auch zu ihm durch. Da Kinkel als preußischer Untertan mit der Waffe gegen Preußen gekämpft hatte, drohte ihm die Erschießung. Er hat selbst damit gerechnet.

> „Trommler, schlagt an und führt mich zum Platz,
> Der rasch vom Leben mich scheidet –
> Ich fürchte die pfeifende Kugel nicht,
> Die mein Gebein mir zerschneidet."

So beginnt sein im August 1849 entstandenes Gedicht „Vor den achtzehn Gewehrmäulern".
Von allen Seiten verwandte man sich für den unglücklichen Dichter. Elfhundert Bürger Bonns unterzeichneten eine an den Prinzen von Preußen gerichtete Bittschrift zu seinen Gunsten. Arndt schrieb an den Kommandierenden General der Rastatter Belagerungstruppen von der Gröben. Es wurde kein Todesurteil gefällt. Kinkel wurde zu lebenslänglicher Festungsstrafe verurteilt, die er in einem Zuchthaus verbüßen sollte. In seiner Rede vor dem Kriegsgericht, die im Jahre 1912 noch einmal von Gustav Stresemann veröffentlicht wurde, hat er sich zu dem großen Ziel der Einheit Deutschlands bekannt und sein soziales Wollen betont. Er mußte sich dann in Köln vor den Geschworenen wegen des Siegburger Zeughaussturmes verantworten, wo er seine Frau wiedersah und freigesprochen wurde. Er war aus dem Zuchthaus in Naugard vorgeführt worden. Von dort wurde er nach Spandau übergeführt. Seine Lage war sehr schwer. Johanna schreibt einem Freund: „Die wenigsten Menschen kennen die Lebensart eines Zuchthauses. Ein gebildeter Mann k a n n dort nicht am

Leben erhalten werden. Dazu kommt noch, daß die Direktoren Kinkel willkürlich schwerer einschränken als die anderen Zöglinge, weil sie stets Befreiungsversuche fürchten. In Spandau hat er über zwei Monate nicht an die freie Luft gedurft. Er muß per Tag dreizehn Stunden spulen. Er kann nicht mehr so viel Nahrung herunterbringen, als zu seiner Ernährung nötig ist ... Nur einmal im Monat wird ihm noch Schreibmaterial gestattet, um an mich zu schreiben. Er ist ganz geknickt ... Wenn nicht bald eine Änderung eintritt, so ist er hin. Ich bitte, vergessen Sie den Lebendigbegrabenen nicht."
Seine Freunde haben ihn nicht vergessen. Karl Schurz hatte zu den Belagerten in Rastatt gehört und war auf abenteuerlichste Weise aus der schon von den Preußen eroberten Festung entflohen und nach Frankreich entkommen. Mit falschem Paß kehrte er, sein Leben aufs Spiel setzend, zurück, um mit Johannas Unterstützung den Freund aus dem Zuchthaus zu befreien. Er bestach einen Wärter, der nachts Kinkels Zelle aufschloß und ihm half, sich mit einem Seil vom Söller unter dem Dachstuhl herunterzulassen. Unten konnte ihn Schurz in Empfang nehmen; er ließ einen leeren Wagen zur Irreführung der Verfolger nach Hamburg fahren und fuhr selbst mit Kinkel der mecklenburgischen Grenze zu. Er war entsetzt über das veränderte Aussehen des Freundes: „Das kurzgeschorene Haar war grau gesprenkelt, die Gesichtsfarbe fahl, die Haut pergamentartig, die Wangen mager und schlaff, die Nase spitz und die Züge scharf eingefurcht." An einem sonnigen Wintermorgen kamen die Freunde von Warnemünde her mit einem Segelschiff in Edinburgh an.

VI.

Nun war Kinkel in Sicherheit, aber auch im Exil. 1851 konnte Johanna mit den Kindern zu ihm übersiedeln. Nur mit rastlosem Fleiß konnten sie sich hier eine neue Existenz aufbauen. In die Schwere ihres Londoner Lebens geben Johannas Briefe an Kathinka Zitz, die Leppla 1958 in den „Bonner Geschichtsblättern" veröffentlichte, und Johannas Briefe an Fanny Lewald einen erschütternden Einblick. Sie widerlegen auch die Andeutungen von Marx, als habe Kinkel es sich in der Emigration auf Kosten öffentlicher Unterstützungen gut gehen lassen. Noch 1854 schreibt Johanna: „Kinkel und ich spüren nach zehnjähriger Ehe keinen Wandel unsers Gefühls füreinander, und die Freude an den Kindern ist noch eine Erhöhung des Zaubers. Die Schattenseite unseres Lebens ist das Übermaß von Arbeit, das die Notwendigkeit uns auferlegt. Die Minuten der Rast, des Frohaneinanderwerdens sind uns kärglich zugemessen, und wir mögen krank oder gesund sein – wir müssen an die Arbeit. Ein paar versäumte Stunden stellen die Existenz in Frage ... Durch Kinkels Flucht und unsere Übersiedlung wurden uns mehr Verpflichtungen gegen Freunde auferlegt, als wir Mittel hatten abzutragen. Darum ist unsere Arbeitskraft auf viele Jahre voraus anderen mitverpfändet. Kinkel ist seit fünf

Wochen Patient, und die Genesung geht um so langsamer, als er immer vom Krankenbette hinaus mit wunder Kehle stundenlang Unterricht und Vorlesungen halten geht, wieder sich niederlegen muß, wieder hinaus bis Mitternacht, und so fort. Mit mir geht's nicht besser, da ich zu den Musikstunden noch die Verwaltung der großen Haushaltung habe. Ich denke oft an die Naivität der englischen Proletarier, welche in zehn Arbeitsstunden eine solche Grausamkeit sehen. Wie würden die erst revoltieren, wenn sie so arbeiten sollten wie unsereins."
Immer wieder klagt Johanna über diese Überfülle von Arbeit. 1856 schreibt sie: „Ich bin unterdes ganz zum Invaliden geworden." Am 15. November 1858 geschah das Furchtbare, daß Johanna in einem Herzanfall, um frische Luft zu schöpfen, sich zu weit über die niedrige Brüstung eines Schlafzimmerfensters beugte, auf den Hof stürzte und dabei augenblicklich den Tod fand.
Kinkel hat sechzehn Jahre in der Fron der aufreibenden Londoner Unterrichtstätigkeit ausgeharrt. Er wirkte als Lehrer am Hyde-Park-College, später auch am Bedford-College. 1863 erhielt er das Amt eines Examinators an der Londoner Universität, 1865 für Woolwich und andere Staatsschulen, 1861 beauftragte ihn das königliche Department für Wissenschaft und Kunst mit Vorträgen zur älteren und neueren Kunstgeschichte im South-Kensington-Museum und Kristallpalast. 1864 gründete er mit D. Leitner den Londoner „Verein für Wissenschaft und Kunst". Die einzige größere Dichtung jener arbeitsreichen Jahre war das Trauerspiel „Nimrod", das wie seine anderen dramatischen Versuche zu seinen schwachen Schöpfungen gehört.
Schon vor 1860 erwog er eine Übersiedlung in die Schweiz. Am 12. Juli 1860 schrieb er dem in der Schweiz lebenden ungarischen Revolutionsgeneral Klapka, daß er sich auf indirekte Anfrage des eidgenössischen Schulrats um die vakante Professur für Kunstgeschichte am Polytechnikum in Zürich beworben habe. „Ich weiß nicht, ob die Sache in jeder Hinsicht wünschenswert ist. Jetzt, wo ich durch die Ferien etwas mehr Ruhe habe, finde ich es beneidenswert, in England zu leben und den Reading room des Museums zur Disposition zu haben. Wenn der Winter kommt, und mit ihm wieder zweiunddreißig Unterrichtsstunden die Woche, dann werde ich freilich wieder nach klarer Luft und Universitätsbequemlichkeit mich sehnen. Und eine Reise nach England auf Einen Monat, in den Sommerferien, gewährt mir alles, was gerade in England mich fesselt. ... Alles in Allem erwägend, scheint mir die Schweiz dennoch, für meine Verhältnisse vorzuziehen, und wenn Sie Neigung und Gelegenheit haben, Ihren Einfluß in Zürich (oder Bern? ...) für mich zu verwenden, so würde ich Ihnen aufrichtig verbunden sein." Erst 1866 kam es tatsächlich zu seiner Berufung als Professor für Kunst- und Literaturgeschichte an das Polytechnikum nach Zürich. Bis zu seinem Tode hat er in Zürich gelebt und gewirkt. Außer seiner Lehrtätigkeit am Polytechnikum lehrte er an der Höheren Töchterschule Kunstgeschichte, gründete und leitete ein Kupferstichkabinett. Dazu kam in den Ferien eine ausgedehnte Vortragstätigkeit, die ihn nach der

Amnestierung auch wieder nach Deutschland führte. Bis Hannover, Celle, Memel, Posen, Prag ist er auf diesen Vortragstouren gekommen; mit Recht hat man in ihnen eine Vorwegnahme des Volkshochschulwesens gesehen. Im Kolleg hatte er ein paar hundert Zuhörer von Rio bis Rumänien und Kroatien, selbst einen Osmanen, gelegentlich Armenier. 1868 erwarb er in der Gemeinde Unterstraß ein Haus, „Zur Limmatterrasse" genannt, von wo aus sich eine wundervolle Aussicht auf die Hochalpen und die Stadt bot. Er übernahm hier auch das Amt eines Schulpflegers, wirkte für die Handwerkerschule und die Gemeindebibliothek. Seine zweite Frau, Minna Werner, die er noch während der Londoner Zeit geheiratet hatte, schenkte ihm neues häusliches Glück. Während der Zürcher Zeit erschien ein größeres kunstgeschichtliches Werk „Mosaik zur Kunstgeschichte"; zwei Beiträge des Buches waren noch in Bonn „in glücklicher Maikäferzeit" entstanden bzw. konzipiert. Thematisch interessant und heute noch anregend ist der zweite Aufsatz über aus Kunstwerken entstandene Sagen. Die einzige bedeutende dichterische Leistung der Zürcher Periode, zugleich eine seiner schönsten poetischen Arbeiten, verdankt einem persönlichen Erlebnis ihre Entstehung. Sie beginnt:

> „In meiner Seele ruht ein tiefes Leid –
> Mir starb mein jüngstes Kind; die Freudigkeit
> Des Alters sank mit ihm ins dunkle Grab,
> Nur mühsam setz' ich weiter meinen Stab.
> Der Mut, die Hoffnung senken ihre Schwingen,
> Nicht glaub' ich mehr an siegendes Gelingen,
> Und alle Preise, die das Leben beut,
> Wie nichtig heut.
>
> O Dichterherz, sei nicht in Gram verstockt,
> Da rings die Welt in Lieblichkeit dich lockt!
> Hoch vom Altan schau ich des Schweizerlands
> Tiefgrüne Sommerpracht im Abendglanz.
> Von Rebenhügeln, weit ins Land gestreckt,
> Weht her der Duft, vom frühen Tau geweckt;
> Die blauen Ströme rauschen ohne Ruh
> Im sanft geschwungnen Tal dem Rheine zu;
> Aus Nebel glänzen auf die Alpenhöhn
> Im goldenen Föhn."

In Zürich knüpften sich viele bereichernde menschliche Beziehungen. Auch zu C. F. Meyer, dem so ganz anders gearteten Dichter, kam Kinkel in ein freundschaftliches Verhältnis. Gottfried Kinkel starb am 12. November 1882 nach kurzer Krankheit an den Folgen eines Schlaganfalls. Die Stadt Zürich ehrte ihn durch die Errichtung eines Ehrengrabes auf dem Zentralfriedhof, das ein Denkmal des Bildhauers Baptist Hörbst schmückt. Sein Geburtsort Oberkassel setzte ihm 1906 ein Denkmal, das am Peter-und-Pauls-Tag, dem Tag der Stiftungsfeste des Maikäferbundes, enthüllt wurde; der Düsseldorfer Bildhauer Gustav Rutz hat das Denkmal mit der Bronzebüste Kinkels geschaffen. Wesentlicher als steinerne Denkmäler ist das selbstgesetzte Monument des Dichters. Was lebt heute noch von Kinkels Dichtung? In der schönen Anthologie deutscher Dichtung, die Ludwig Reiners kürzlich unter dem Titel „Der ewige Brunnen" herausgab, haben noch drei Gedichte von ihm Aufnahme gefunden: das balladenhafte pathetische „Scipio", die vielleicht zu sehr im Persönlichen steckengebliebene dichterische Gestaltung einer besonderen Lebenserfahrung „Segen der Krankheit" und das „Geistliche Abendlied". Schwerer aufzeigbar, aber insgesamt gewichtiger sind die mannigfachen Impulse, die von einer solchen Persönlichkeit wie Kinkel ausstrahlten und weiterwirkten, einer Persönlichkeit, die faszinierender war als ihr Werk.

LITERATUR

Die wichtigste Literatur über Kinkel ist zusammengestellt bei *V. Valentin,* Geschichte der deutschen Revolution von 1848/49, I (1930), S. 631; *J. Körner,* Bibliographisches Handbuch des Deutschen Schrifttums (³1949), S. 404, 461; *W. Kosch,* Deutsches Literaturlexikon (1953), S. 1272ff.; Allgem. Deutsche Biographie 55, S. 527ff. *J. Joesten,* Gottfried Kinkel. Sein Leben, Streben und Dichten für das deutsche Volk (1904), S. 19ff.; *ders.,* Kulturbilder aus dem Rheinland (1902), S. 74f; vgl. auch die Angaben bei *M. Bollert,* Gottfried Kinkels Kämpfe um Beruf und Weltanschauung bis zur Revolution (Studien zur rhein. Geschichte 10, 1933), S. 3ff.; *R. Sander,* Gottfried Kinkels Selbstbiographie 1838–1848 (1931), Anm.; *M. Braubach,* Die Universität Bonn und die deutsche Revolution von 1848/49 (1948) S. 29, Anm. 52; *E. Ennen,* Unveröffentlichte Jugendbriefe Gottfried Kinkels 1835–1838. Nebst einem Anhang späterer Briefe von G. u. J. Kinkel und eines Briefes von E. M. Arndt über Kinkel, in: Bonner Geschichtsblätter 9 (1955) S. 37–121. *R. Leppla,* Johanna und Gottfried Kinkels Briefe an Kathinka Zitz. 1849–1861, ebd. 12 (1958), S. 7–82. *F. v. Bezold* gibt in seiner Geschichte der Rheinischen Friedrich-Wilhelms-Universität (1920) passim eine vorzügliche Charakteristik Kinkels. Die eingangs zitierten Äußerungen von Karl Marx sind gedruckt in: *R. Neck,* Dokumente über die Londoner Emigration von Karl Marx, in: Mitt. des Österr. Staatsarchivs 9 (1956); Herr Dr. Henseler machte mich liebenswürdigerweise auf diese Publikation aufmerksam. Vgl. über Kinkels Verhältnis zu Marx auch: *J. Droz,* La presse socialiste en Rhénanie pendant la Révolution de 1848, in: Ann. des Hist. Vereins für den Niederrhein 155/156 (1954), S. 194ff. Das Zitat C. F. Meyers ist entnommen: *E. Bebler,* Conrad Ferdinand Meyer und Gottfried Kinkel. Ihre persönlichen Beziehungen auf Grund ihres Briefwechsels (1949). Einige Angaben wurden noch unveröffentlichten Teilen der Sammlung Kinkel im Stadtarchiv Bonn entnommen. Die Ahnentafel steuerte liebenswürdigerweise Herr Dr. Edmund Strutz bei.

FRANZ BÜCHELER

(1837–1908)

Von Hans Herter

I.

Franz Bücheler[1] erblickte am 3. Juni 1837 zu Rheinberg am Niederrhein das Licht der Welt, als ältester Sohn des Königlichen Friedensrichters Anton Bücheler (1803–86) und seiner Gemahlin Dorothea geborenen Hebestreit (1811–89). Der Vater war aus Bonn gebürtig, Sohn des Gerichtsvollziehers Johann Bücheler, der seinerseits wieder von einem Franz Mauritz Baucheler (sic!), einem „Mann ohne Gewerb", abstammte; er wurde später nach Goch versetzt und hat auch den Titel Justizrat und in hohem Alter sogar die Würde eines Ehrendoktors der Bonner Juristenfakultät erhalten. Die Familie ist mit einem Homonymus verwandt, der zur Zeit Beethovens als junger Musikus in der kurfürstlichen Hofkapelle in Bonn tätig war. Franz Bücheler besuchte vom Juli 1841 bis Herbst 1848 zuerst die Elementarschule und dann die lateinische Schule des Kaplans Joseph Krumpe, gewiß keine Orte des Schreckens für ihn, denn schon, als er als Büblein sich einmal davongemacht hatte, war er in der Schule wiedergefunden worden. Im Herbst 1848 kam er auf das Gymnasium in Essen und ging nach einem Jahr auf das Gymnasium in Kleve über, wo er im Herbst 1852, nicht mehr als fünfzehn Jahre alt, das Abiturexamen bestand. Von den Lehrern, die er in der Vita seiner Dissertation[2] dankbar nennt, hat der Erste Oberlehrer in Essen, C. A. Cadenbach, ihm ein von persönlicher Sympathie erwärmtes Abgangszeugnis ausgestellt;[3] der Essener Direktor F. W. Wilberg hat ihm politische Extravaganzen in jener so erregten Zeit milde, aber nachdrücklich ausgeredet.

Zu den „humanitatis studia atque literarum antiquarum" wandte er sich nach Bonn, wo er zum Wintersemester 1852/53 immatrikuliert wurde. Unter seinen akademischen Lehrern zog ihn am stärksten Friedrich Ritschl[4] an, der damals seine sprachgeschichtlichen Forschungen im Lateinischen bereits durch

---
[1] In der Schreibung seines Namens war Bücheler nicht konstant: lateinische Aufsätze signierte er mit ue, deutsche meist mit ü.
[2] Kleine Schriften I 47 (s. u. Anm. 9).
[3] *M. Siebourg,* in: Neue Jahrb. f. d. klass. Alt. XXX (1912), 109.
[4] *O. Ribbeck,* Friedrich Wilhelm Ritschl, 2 Bde. (1879-1881). E. Bickel, Friedrich Ritschl und der Humanismus in Bonn (1946). Zur „Bonner Schule" auch *Ad. Dyroff* in: Berliner Hochschul-Nachrichten, Juli 1925, 37/41 und *H. Herter* in: Der Student I (1947), Heft 4/5, 19/21.

Rückgang auf die älteren Inschriften zu fundieren begonnen hatte und damit die Richtung seines Schülers bestimmte. In zweiter Linie nennt Bücheler in seiner Vita wie noch fünfzig Jahre später[5] den greisen Friedrich Gottlieb Welcker und dessen Nachfolger Otto Jahn und daneben den Gymnasialdirektor Ludwig Schopen, der zugleich, seit 1844 als Ordinarius, an der Universität dozierte. Der blutjunge Student zog alsbald die Aufmerksamkeit seiner Lehrer und auch seiner Kommilitonen auf sich, namentlich als Hospitant im Philologischen Seminar, wo er es den arrivierten Sodales oft durch gute Bemerkungen zuvortat. Nachdem er schon am 4. März 1854 zum erstenmal bei einer Doktordisputation opponiert hatte,[6] wurde er am 9. Mai desselben Jahres ordentliches Mitglied des Seminars und gehörte ihm vier Semester an; seit dem 11. Mai tat er auch in der Universitätsbibliothek als Amanuensis Dienste. Am 8. Juli hob er mit einigen Kommilitonen den „Philologischen Verein" aus der Taufe, dessen Statuten er am 11. März 1855 mitunterzeichnete; diese Vereinigung, inzwischen durch den Hinzutritt von Angehörigen anderer Fächer zum „Bonner Kreis" erweitert, verehrt ihn noch heute als ihren ἥρως κτίστης.[7] Von tiefer Vorbedeutung war es, daß er als Studiengenossen Hermann Usener traf und sich mit ihm samt fünf anderen zu jener Heptas zusammentat, die „mit fieberhafter Hast" eine kritische Ausgabe eben entdeckter Reste des historischen Handbuchs des Granius Licinianus besorgte.[8] Seine eigene Dissertation, die die orthographischen Neuerungen des Kaisers Claudius in größere Zusammenhänge stellte, ging aus einer von Ritschl gestellten Preisaufgabe hervor: die Arbeit, die für alles Kommende bezeichnend war, erhielt in der Stiftungsfeier der Universität 1855 den Preis, und die Promotion des Achtzehnjährigen folgte summa cum laude am 13. März 1856. Die vier ersten Kapitel wurden mit Vita und Themata als Dissertation gedruckt, das Ganze erschien bei R. L. Friderichs in Elberfeld, auf Wunsch des Verlegers von Ritschl mit einer Epistel begleitet, mit der er den „strenuus adulescens" Theodor Mommsen und Wilhelm Henzen als Mitarbeiter am Corpus der lateinischen Inschriften empfahl.[9]

II.

Vorerst verdiente sich Bücheler aber seine Sporen unter Schopens Ägide von Ostern 1856 bis Herbst 1857 am Bonner Gymnasium und entfaltete dort

---

[5] In seiner Rede beim gold. Doktorjubiläum (s. Anm. 28); vgl. Kl. Schr. II 240f. (Philologische Kritik, Rektoratsrede 1878, 6ff.). III 325f. (Neue Jahrb. f. d. klass. Alt. XV [1905] 738).
[6] Es handelte sich um die Promotion von Joh. Jac. Schmitz (De Dionysii Halicarnassei quibusdam locis emendandis).
[7] Album des Bonner Kreises 1854–1906 mit Büchelers Jugendbildnis (Lithographie von L. Cajetan 1855); jetzt wiederholt im Album 1854–1960.
[8] Kl. Schr. III 326 (Neue Jahrb. f. d. klass. Alt. XV [1905] 738f.).
[9] Kl. Schr. I 1ff. (De Ti. Claudio Caesare grammatico, Diss. Bonn 1856; vollständig unter demselben Titel Elberfeld 1856).

bereits sein pädagogisches Talent in den verschiedensten Klassen. Schon während dieser Zeit fungierte er auch in Joh. Vahlens Nachfolge als Mentor der Söhne des Kölner Bankiers Deichmann, die teils die Universität, teils das Gymnasium besuchten, eine Stellung, die keine starke Belastung bedeutete. Zu Ende des Jahres 1857 erklärte er sich bereit, die Redaktion des Thesaurus linguae Latinae zu übernehmen, mit der die Aussicht auf eine Professur in München verbunden sein sollte; K. Halm hatte ihn vorgeschlagen und Ritschl begeistert zugestimmt[10] – aber die Zeit für das große Unternehmen, das den lateinischen Wortschatz durch alle Jahrhunderte hindurch sammeln sollte, war noch nicht gekommen. Nun habilitierte sich Bücheler unter Jahns Dekanat, nachdem der Minister genehmigt hatte, daß mit ihm die damals vorgeschriebene Maximalzahl von achtzehn Privatdozenten in der Fakultät überschritten wurde. Seine Probevorlesung „Kritik und Exegese der Frontinschen Bücher über die römischen Wasserleitungen" verlief so glänzend, daß zu einem eingehenden Kolloquium keine Veranlassung gesehen wurde, und am 2. Juni 1858 folgte die öffentliche Antrittsvorlesung „De epistolis Ciceronis."

Aber schon am 21. Oktober 1858 wurde der einundzwanzigjährige Privatdozent auf Ritschls Empfehlung als Extraordinarius nach Freiburg i. B. berufen, wo er am 28. Februar 1862 zum Ordinarius aufstieg. In einem Brief vom 27. November 1858 berichtet er, daß er Archäologie, Mythologie, Altertümer und griechische Dichter zu behandeln habe, und fühlt sich von den Kollegen und auch von Geist und Kenntnisstand der Studenten enttäuscht. Anton Baumstark, sein nächster Amtsgenosse, strahlte allerdings wohl kein Fluidum auf ihn aus, aber wie seine Schüler ihn bewunderten, zeigt Heinrich Hansjakobs respektvolles Urteil;[11] seine Persönlichkeit wirkte sich vollends aus, nachdem er ein Seminar nach Ritschls Vorbild hatte einrichten können. Die Enge der Verhältnisse machte sich freilich auch in der Versorgung mit Büchern geltend, aber nichtsdestoweniger entwickelte er eine reiche wissenschaftliche Tätigkeit. In Freiburg war es auch, wo er am 29. Juli 1862 seinen Hausstand mit Manuela Schleiden (geb. 1. Juli 1840 in Mexiko, gest. 31. August 1914 in Bonn) gründete, der Tochter eines aus Schleswig-Holstein stammenden Bergwerksdirektors in Mexiko und seiner spanischem Beamtenadel entsprossenen Gattin Cyrila de los Quinteros.[12] Aus der glücklichen Ehe gingen zwei Söhne und vier Töchter hervor, von denen die beiden ältesten die Altphilologen Otto Hense und Oscar v. Basiner geheiratet haben.

Zum Sommersemester 1866 wurde Bücheler an Useners Stelle zum Ordinarius

[10] *H. Haffter,* in: Mus. Helv. XVI [1959] 302ff.
[11] *H. Hansjakob,* Aus meiner Studienzeit (Ausgew. Schr. Volksausg. II, 1910), 227f. 295f. 266, 279. Vgl. Sonnenburg 146.
[12] Ein Oheim Manuela Büchelers war der Historiker und Jurist Rudolph Schleiden, einstiger Ministerresident der drei Hansestädte in Washington.

in Greifswald ernannt.[13] Hier konnte er noch besser „arbeiten" und sich neben Franz Susemihl, mit dem er ein herzliches persönliches Verhältnis fand, in seiner Lehrtätigkeit mehr auf das latinistische Gebiet konzentrieren; er hat nunmehr im großen und ganzen dieselben Themata vorgenommen wie später in Bonn. Auch Usener war dort die latinistische Sparte zugefallen, obwohl er weniger dafür prädestiniert war, und so war es ja gekommen, daß er in Bonn Nachfolger des Latinisten Ritschl wurde.

Richten wir nun unseren Blick wieder nach der rheinischen Metropole, so hatte hier der unselige Konflikt zwischen Jahn und Ritschl[14] damit geendet, daß dieser im Herbst 1865 nach Leipzig ging und viele Studenten nach sich zog. Man redete und schrieb vom „Ende der Bonner Philologenschule", und es konnte fraglich erscheinen, ob der einunddreißigjährige Nachfolger einen ausreichenden Ersatz würde bieten können. So wurde Welckers Schüler, der Extraordinarius Friedrich Heimsoeth, den ein Teil der Fakultät an Ritschls Platz gewünscht hatte, gleichzeitig mit Usener zum Ordinarius und Mitdirektor des Seminars ernannt, und Jacob Bernays aus Breslau erhielt mit der Nachfolge seines Lehrers Ritschl als „Oberbibliothekar" (d. h. Bibliotheksdirektor) auch ein Extraordinariat. Blieb dieser bedeutende Kopf den Studenten von vornherein etwas ferner,[15] so wußte Heimsoeth, trotz aller Hyperkritik ein Kenner des Griechischen[16] und im übrigen auch ein ausübender Musiker, bei seiner ausgeprägten „Subjektivität" die Eigenkräfte seiner Schüler nicht genügend zu entfachen. Da überdies Jahn gerade jetzt zu kränkeln begann, legte sich die Hauptlast auf Useners Schultern, und tatsächlich vermochte er seine didaktische Gabe alsbald nach seinem Eintreffen in Bonn aufs glücklichste zu bewähren, obwohl sich in der Studentenschaft noch längerhin eine Antipathie von Anhängern Jahns gegen den Ritschlianer geltend machte. Aber er sollte bei guter Zeit noch in einer gleichgesinnten und gleichgestimmten Persönlichkeit seine Ergänzung finden, mit der er seine Wirkung in einer Weise vereinigen konnte, daß beider Anteil an ihrem unerhörten Lehrerfolg nicht mehr zu scheiden ist.

Als Jahn, der noch wie Welcker Philologie und Archäologie zusammen vertreten hatte, am 9. September 1869 starb, setzte sich Usener mit aller Energie für Bücheler ein, der übrigens von der Fakultät seinerzeit schon bei der Neubesetzung von Ritschls Professur an dritter Stelle vorgeschlagen worden war, und brachte ihn tatsächlich unico loco für die Nachfolge im philologischen Sektor auf die Liste, während für den archäologischen Sektor ein neuer Lehrstuhl beantragt und Adolf Michaelis nominiert wurde. Freilich wurden

---

[13] *J. Kroymann*, Festschrift zur 500-Jahr-Feier der Univ. Greifswald (1956) II 128f.
[14] *F. v. Bezold*, Geschichte der Rhein. Friedrich-Wilhelms-Univ. (1920), 503ff. *Bickel*, Friedr. Ritschl 32f., 4.
[15] Büchelers Urteil über Bernays: Kl. Schr. II 424f. (Rhein. Mus. XXXVI [1881] 479f.).
[16] So G. Vitellis Urteil, in: Studi Ital. XIII (1905) 436. Vgl. noch *H. H. Houben*, Die Rheingräfin (1935) 246ff. 270.

von einer gespaltenen Minderheit in der Fakultät zwei verschiedene Separatvota eingebracht; was alles dabei auch mitgespielt haben mag, aus dem Überblick über die Gesamtentwicklung der Philologie seit jener Zeit dürfen wir es heute nicht ganz unverständlich finden, daß man den Ritschlianismus argwöhnisch ansah, insofern er mit seiner vornehmlich sprachlichen Ausrichtung und seiner Bevorzugung des Lateins zu bedenklicher Eingleisigkeit bei den Studenten führen konnte. Aber wenn diese Kritiker Usener für einen puren Ritschlianer hielten, so hätten sie es eigentlich schon nach dem damaligen Stand seiner Veröffentlichungen besser wissen müssen, und die Genialität eines Bücheler hätte man sich auch dann nicht entgehen lassen dürfen, wenn sie noch so einseitig gewesen wäre. Der so hart Umstrittene selber hatte gerade die „Symbola philologorum Bonnensium in honorem Friderici Ritschelii collecta" (Lpz. 1864–1867) inauguriert – übrigens die älteste Festschrift klassischphilologischen Inhalts[17] – und mit einem Widmungsgedicht versehen, in dem er Plautus als Prologsprecher auftreten ließ, aber er hat sich mit vornehmem Urteil[18] jenseits des Streites seiner Lehrer gestellt und beide zu verehren nicht abgelassen. Zum guten Ende entschied sich die Regierung im Sinne des Votums der Majorität und berief Bücheler zum Sommersemester 1870, so daß Usener nunmehr den Schwerpunkt seiner Lehrtätigkeit auf das Griechische verlegen konnte; es ergab sich damit das Resultat, daß Ritschls Professur gräzistischen und Jahns und Welckers Professur latinistischen Charakter annahm.[19]

„Liebster Bücheler, ich freue mich unendlich auf unsere gemeinsame Tätigkeit; es hat lange, volle vier Jahre gedauert, aber endlich hat sich doch der schöne Traum vom Neujahr 1866 verwirklicht", schrieb Usener an den sehnlich Erwarteten. „Die Bonner haben endlich einmal wieder zwei Philologen, die sich *nicht* zanken", ließ sich Adolf Kießling vernehmen, sehr begreiflich nach der langen Periode unerquicklichen Kampfes, die freilich die einzige ihrer Art in Bonn gewesen war. Bücheler konnte sogar helfen, das Mißtrauen, das Usener noch ein Dezennium nachging, zu zerstreuen.[20] Vierunddreißig Jahre lang haben die beiden „Dioskuren" nebeneinandergestanden und trotz ehrenvoller Rufe ihren Bund nicht gelöst: sie „waren so viel Freund einander in dieser ganzen Zeit und so viel einander widerstrebend, als es nötig war, die agonale Leistung des Seminars bei Lehrer und Schüler aufs höchste zu steigern".[21] Der dritte Lehrstuhl, zugleich der Eloquenz gewidmet, wechselte derweil zweimal seinen

---

[17] D. *Rounds* und *St. Dow*, in: Harv. Library Bull. VIII (1954) 283 ff. Das Widmungsgedicht auch Kl. Schr. I 439 f.
[18] Kl. Schr. II 428 (Deutsche Lit.-Zeit. 1881, 1776).
[19] Nach dem Tode August Brinkmanns, des Nachfolgers Useners, wurde die Professur Ritschls in eine andere Fakultät verlegt, und so ging die Tradition auf Heimsoeths Lehrstuhl über, auf den Christian Jensen zum Sommersemester 1926 als Nachfolger Elters berufen wurde.
[20] Kl. Schr. III 327 (Neue Jahrb. f. d. klass. Alt. XV [1905] 740).
[21] *Bickel*, Geschichte 210.

Inhaber; beidemal wollte man Ulrich v. Wilamowitz für die Stelle gewinnen, aber er hätte sich mit Usener und Bücheler kaum zu einem Dreiklang verbinden können, obwohl das Urteil, das er endgültig über sie gefällt hat, von tiefer Ehrfurcht zeugt:[22] so folgte auf Heimsoeth 1881 der liebenswürdige und gelehrte Pindar-Forscher Eduard Lübbert, der aus der Breslauer, aber auch aus Ritschls Schule hervorgegangen war, und 1890 ein Schüler Useners und Büchelers selber, der vielseitige und geistvolle Anton Elter.

Wie Usener hat auch Bücheler noch mehrere ehrenvolle Berufungen an auswärtige Universitäten erhalten, so vor allem nach Leipzig auf Ritschls Lehrstuhl, aber auch schon 1872 nach Heidelberg und 1893 nach Straßburg. Die Ablehnung des Heidelberger Rufes und die gleichzeitige Ablehnung eines Rufes durch Usener feierte der Philologische Verein mit einer Festschrift „Commentationes in honorem F. Buecheleri H. Useneri editae a Societate philologa Bonnensi" (Bonn 1873). Bücheler nahm keinen Anstand, die Einsicht des Ministeriums zu rühmen, die ihm einen Wechsel ersparte. Überhaupt hatte er für die Realitäten des Lebens genügend Sinn und ist daher auch organisatorischen Aufgaben gerecht geworden,[23] sowenig er sich dazu drängte, mit seiner Person hervorzutreten. Schon bei seiner Berufung wurde ihm die Direktion des Museums rheinischer Altertümer übertragen, das nunmehr vom Akademischen Kunstmuseum getrennt wurde. Als Vorsitzender der Museumskommission der Rheinprovinz hat er energisch für den Bau der beiden Provinzialmuseen und für ihre weitere Entwicklung gesorgt.[24] Im Verein von Altertumsfreunden im Rheinlande war er seit 1864 auswärtiger Sekretär, später Vorstandsmitglied, von 1893 bis 1899 auch Vorsitzender und wurde schließlich 1906 zum Ehrenmitglied ernannt. Die vierunddreißigste Versammlung deutscher Philologen und Schulmänner in Trier vom Jahre 1879 leitete er als erster Präsident, bei der dreiundvierzigsten vom Jahre 1895 in Köln fungierte er als Zweiter Vorsitzender; bei dieser Gelegenheit hatte für einen Abend des inzwischen neben dem „Philologischen Verein" erblühten „Klassisch-Philologischen Vereins", einer Gründung Elters, Seyfried Schweppermann (alias Siegfried Sudhaus) sein köstliches „Buochelêren liet" gedichtet.[25] Im Frühjahr 1903 gehörte er der Abordnung an, die Deutschland auf dem Internationalen Historikerkongreß in Rom vertrat; er wurde zum Vorsitzenden der philologischen Sektion für den ersten Tag gewählt und sprach als solcher zur allgemeinen Überraschung lateinisch.[26] Zu seinen vielfachen publizistischen Verpflichtungen trat 1877 die Redaktion des „Rheinischen Museums für Philologie", das in Nachfolge des von Barthold Georg Niebuhr 1827

---

[22] *Wilamowitz*, Erinnerungen [1928] 85.
[23] Vgl. *Haffter*, a.a.O. 303, 4.
[24] Gedächtnisworte für den Trierer Museumsdirektor F. Hettner im J. 1904: Kl. Schr. III 306 ff.
[25] Hum. Gymnasium VII (1896) 80 ff.
[26] *Wilamowitz*, Erinnerungen 263.

begründeten „Rheinischen Museums für Jurisprudenz, Philologie, Geschichte und griechische Philosophie" 1842 durch Ritschl und Welcker erneuert worden war und noch heute erscheint; er stand in dieser Eigenschaft zunächst an der Seite Otto Ribbecks, dann Useners und schließlich August Brinkmanns. Das Rektorat führte er im akademischen Jahre 1878/79, das Dekanat im Jahre 1880/81. Der Titel eines Geheimen Regierungsrates wurde ihm suo anno verliehen.

Von allen Ehrungen die liebsten sind ihm die Jubiläen gewesen, deren er drei in größerem Rahmen feiern durfte. Am 5. März 1881 gratulierte man ihm zum silbernen Doktorjubiläum; sein Bonner Kreis führte Sophokles' „Oidipus auf Kolonos" in deutscher Sprache auf, und zum Festkommers war ein eigenes Liederheft gedruckt. Dann folgte die Feier seiner fünfundzwanzigjährigen Wirksamkeit in Bonn, die am 18. Mai 1895 mit einem Festkommers der Studierenden der Philosophischen Fakultät in der Kaiserhalle begangen wurde. Nach schweren Schicksalsschlägen, namentlich dem Verlust seiner Tochter Dora in Chamonix, die erst nach drei Jahren tot aufgefunden wurde,[27] war ihm im Jahre 1906 das goldene Doktorjubiläum beschieden, das am 28. April in besonders festlicher Form gefeiert wurde.[28] Etwa fünfhundertsiebzig Persönlichkeiten des In- und Auslandes, Schüler, Freunde und Verehrer, hatten eine ansehnliche Summe zusammengebracht. Die ungefähre Hälfte war für eine Bronzebüste des Jubilars von der Hand Walter Lobachs[29] aufgewandt worden, die im Kunstmuseum, am Orte des Festakts, enthüllt wurde und dort zusammen mit derjenigen Useners stand, bis beide nach Jahren verlegt und schließlich in die neuen Räume des Philologischen Seminars im Universitätshauptgebäude verbracht wurden. Die andere Hälfte des Geldes wurde nach dem Wunsche des Gefeierten zu einer nach ihm benannten Stiftung für Mitarbeiter des lateinischen und des – damals noch so fernen! – griechischen Thesaurus bestimmt. Ein Jahrbuch des Vereins von Altertumsfreunden und ein Heft des Archivs für lateinische Lexikographie wurden ihm gewidmet sowie die Ausgabe der Homer-Allegorien des Herakleitos vom Philologischen Verein, der ihm schon zur Feier des Jahres 1895 die Ausgabe der Lebensbeschreibung des Bischofs Porphyrios von Markos Diakonos dargebracht hatte.

Natürlich fehlte es schon längst auch nicht an Dekorationen; zuletzt wurde er im Juni 1906 einer der dreißig inländischen Ritter des Ordens Pour le mérite für Wissenschaften und Künste. Eine Reihe gelehrter Gesellschaften innerhalb und außerhalb der Grenzen zählte ihn zu ihren Mitgliedern; noch im De-

---

[27] Die jüngste Tochter Manuela war im frühen Kindesalter 1885 an nicht erkannter Diphtherie gestorben.
[28] F. Büchelers goldenes Doktorjubiläum (berichtigter Abdruck aus der Bonner Zeitung vom 29. April 1906).
[29] Abbildung in: Die Rheinische Friedrich-Wilhelms-Universität, ihre Rektoren und berühmten Professoren (1943) 149.

zember 1905 wurde er zum Ehrenmitglied der Universität Moskau vom Plenum gewählt. Mittlerweile hatte er aber doch, nachdem er lange Senior der Fakultät gewesen war, auf seiner Emeritierung bestanden, die am 18. Dezember 1905 zum Sommersemester 1906 ausgesprochen wurde. Nach des älteren Friedrich Leo Ablehnung übernahm zum Wintersemester sein und Useners Schüler Friedrich Marx die Nachfolge, der übrigens auch schon für Useners Lehrstuhl vorgeschlagen gewesen war.

Die wissenschaftliche Arbeit des Emeritus ging bei unverminderter geistiger Kraft weiter; auch die körperliche Gesundheit war ungebrochen, aber eine lange Frist war ihm nicht mehr beschieden. In der Frühe eines Sonntags, am 3. Mai 1908, traf ihn ein Herzschlag und nahm ihn ähnlich leicht hinweg wie einige Jahre zuvor Usener, genau einen Monat vor Vollendung seines einundsiebzigsten Lebensjahres, das auch sein Freund nicht ganz erfüllt hatte. Unter überaus großer Anteilnahme wurde er am 5. Mai auf dem Kessenicher Friedhof[30] zu Grabe getragen; bei der Trauerfeier sprachen der altkatholische Pfarrer Prof. D. Friedrich Mülhaupt und von seiten der Universität nach dem Rektor als Dekan sein Schüler August Brinkmann, Useners Nachfolger seit 1902.[31]

III.

Überblickt man Büchelers publizierte Leistung, so springt in die Augen, daß das sprachliche Moment in ihr dominiert. Er hat nicht nur das Lateinische, sondern auch das Griechische im strengen Sinne des Wortes beherrscht; beide kannte er in ihren verschiedenen Höhenlagen und in ihrer Anwendung auf alle möglichen Sachgebiete, so daß ihm keine noch so dunkle Ecke fremd blieb. Als Schüler Ritschls sah er die Sprache als ein geschichtliches Phänomen an und hielt daher Kontakt mit der Indogermanistik, die damals auch in den Einzelphilologien immer festeren Fuß faßte, blieb aber selber durchaus im griechisch-italischen Raum. Hatte sein Lehrer sich auf das ältere und älteste Latein konzentriert, so war er bestrebt, das Leben eines jeden Wortes von der frühest erreichbaren bis in die romanische Zeit hinein zu verfolgen, und mußte somit auf die Volkssprache ein besonderes Augenmerk richten. In seiner Bonner Ära erweiterte er seinen Bereich noch sehr wesentlich, indem er auch die italischen Dialekte beizog, die bislang noch wenig bearbeitet waren; den Ruhm ihrer Erschließung ließ er freilich Mommsen und wurde auch Aufrechts und Kirchhoffs, ja selbst Huschkes Leistung gerecht.[32] In seinem Lexicon Italicum (1881) faßte er den gemeinitalischen Wortschatz zusammen

---

[30] Sein und seiner Gattin Grabstein wiedergegeben im Rhein. Mus. C (1957).
[31] Die Ansprachen Mülhaupts und Brinkmanns sind in einem Sonderheft gedruckt, die letztere auch im Rhein. Mus. LXIII (1908) IIIff. In Bonn gibt es jetzt auch eine Franz-Bücheler-Straße zwischen Rheinweg und Germanenstraße.
[32] Kl. Schr. II 162f. (Jen. Lit.-Zeit. 1876, 394f.). 172f. (Comm. in honorem Th. Mommseni Berl. 1877, 227f.).

und rundete seine Arbeit schließlich mit der Erläuterung der umbrischen Sprachdenkmäler ab (Umbrica, 1883). Auch im Griechischen zog es ihn besonders zu den Dialektprodukten, sei es dem alten Stadtrecht von Gortyn, das er mit dem Juristen Ernst Zitelmann bearbeitete (1885), sei es den Kunstdichtungen der hellenistischen Zeit, zu schweigen von der homerischen Hymnik. Auch wenn man von diesen Leistungen im Nachbarfach absieht, muß man sagen, daß er über Ritschl hinausgekommen ist, insofern er der erste war, der die lateinische Sprache in ihrer ganzen Weite und Breite überschaute.

So war er der rechte Mann für den Thesaurus linguae Latinae, der um die Jahrhundertwende endlich zu erscheinen begann: schon 1893 wurde er in die dirigierende Kommission kooptiert, die aus den Vertretern der fünf das Unternehmen tragenden Akademien bestand, und leitete seit 1900 die Geschäftsführung; welches Maß an Arbeit er den einzelnen Faszikeln gewidmet hat, war äußerlich gar nicht kenntlich zu machen. Vor allem aber legte er seine Meisterhand an die Texte der Autoren selber, und zwar in zahlreichen Arbeiten, die das lateinische Gebiet nach allen Richtungen durchstreiften und auf dem griechischen die Poesie von der homerischen Hymnik an und die spätere Prosa erfaßten. Erfahrener Kenner der Überlieferungsgeschichte und Paläographie, ließ er sich auch in seinen Editionen vom formalen Interesse leiten, insofern er Schriftsteller wählte, die ihn durch ihre Sprachgestalt oder ihre Spezialterminologie oder ihren Erhaltungszustand reizten. Schon im Kreise der Bonner Heptas war ihm die Textgestaltung des Granius Licinianus zur Hauptsache zugefallen (1858); der Habilitation diente die Edition des von Frontinus herrührenden Handbuchs der Wasserleitungen im kaiserlichen Rom (1858). Weiter folgte das Pervigilium Veneris, ein zierliches Gedicht in ebenso zierlichem Format (1859), und dann erschien die große Ausgabe des Romans des Petronius (1862), begleitet von einer Handausgabe, die in den späteren Auflagen weitere Erzeugnisse ähnlicher Art hinzunahm (1862, ²1871, ³1882, ⁴1904), vor allem Senecas bitter-geistvolle Verspottung des Kaisers Claudius, die Bücheler bereits in der Festschrift für Ritschl ediert und kommentiert hatte. Auch die Hinterlassenschaft von Ciceros Bruder Quintus hat er herausgegeben (1869) und vor allem zu zwei Malen die Erneuerung von Jahns Ausgabe des Persius und Juvenal auf sich genommen (1886, 1893); er war auch Helfer und Berater mehrerer Gelehrter bei deren Editionen,[33] so Otto Henses bei der Bearbeitung von Senecas Briefen, die er durch ein der Trierer Philologenversammlung überreichtes Probestück vorbereitet und fundiert hatte (1879). Auf griechischem Gebiet hat er neben dem homerischen Demeter-Hymnos zwei Werke ediert, die durch Papyri wiedergewonnen waren und daher schwere Probleme der Lesung und Ergänzung stellten, die Gedichte des Alexandriners Herondas (1892) und Philodems Verzeichnis der akademischen Philosophen (1869).

[33] Sonnenburg 150.

Der Erforscher der Sprache konnte aber auch an den Inschriften nicht vorbeigehen; auf sie war er bereits durch Ritschl hingewiesen, aber er erweiterte auch hier den Raum, indem er folgerichtig die epigraphischen Denkmäler aus allen Epochen heranzog. Auch griechische Inschriften hat er gelegentlich bearbeitet; G. Kaibels Sammlung „Epigrammata Graeca ex lapidibus conlecta" (1878) wird einer von ihm gestellten Preisaufgabe verdankt. An dem monumentalen „Corpus inscriptionum Latinarum", das Mommsen ins Werk gesetzt hatte, war auch er beteiligt und übernahm im besonderen die Oberleitung des ersten, die ältesten Inschriften umfassenden Bandes. In seine früheste Zeit geht der Plan einer neuen Anthologia Latina zurück, den er ursprünglich allein verwirklichen wollte;[34] die eine Hälfte, nämlich die handschriftlich erhaltenen Kleingedichte, hat er freilich Alexander Riese abgegeben und sich auf die „Carmina epigraphica" beschränkt, die nach mannigfachen Vorarbeiten und mehreren Speciminaals reife Frucht vierzigjähriger Arbeit in zwei Bänden 1895 und 1897 erschienen sind. Von vielen Seiten war er über Neufunde auf dem laufenden gehalten worden, aber kaum war der zweite Band erschienen, als er verspätet Nachricht von einer Entdeckung im benachbarten Köln erhielt und umgehend dorthin fuhr, um die Inschrift aufzunehmen.[35]

Man hat bedauert, daß Bücheler statt einer oder gar aller Komödien des Plautus lieber die meist nicht gerade wertvollen Steinepigramme vorgelegt hat, aber es wäre wohl zuviel verlangt gewesen, daß er sich der Verlockung immer neu zuströmender Texte hätte versagen sollen; indes war es auch methodisch vom Standpunkt der Sprachforschung aus begründet, die Inschriften vorwegzunehmen wegen der „besonderen Reinheit und Lauterkeit" ihres Materials.[36] Und gerade bei den Epigrammen war durch die metrische Bindung eine erhöhte Kontrollsicherheit gegeben; freilich glaubte er auch da nicht jeden Buchstaben wiederherstellen zu können, wohl aber in der großen Masse der typischen Produkte den Sinn. Die Kraft seiner Intuition war mit einer Selbstzucht gepaart, die ihm keine Spielereien und Phantastereien gestattete. Gewiß war auch er sich bewußt, Versuchungen in seiner Jugend erlegen zu sein,[37] aber seine mehr konservative Natur war doch durchgedrungen und hatte sich gegen den auch in Bonn sehr spürbaren Zug der Zeit gestellt, Texte, die er für heil halten mußte, durch Änderungen und Streichungen zu entstellen. Emendieren hieß für ihn oft genug das Überlieferte restituieren, das auch außerhalb der direkten handschriftlichen Tradition in Zitaten u. a. aufzufinden seiner Belesenheit gelang. So gab er dem Juvenal 8, 148 gleich aus drei verschiedenen Quellen eine charakteristische Pointe zurück: der Dichter hatte den adligen Sportsmann als „mulio consul" bezeichnet, d. h. einen Konsul, der wie ein

---

[34] Ein Briefpaar Büchelers und Ritschls an F. Dübner vom Jahre 1857, s. *S. Reiter,* in: Neue Jahrb. f. d. klass. Alt. XXI (1908) 570ff.
[35] Kl. Schr. III 243 f. (Rh. Mus. LII [1897] 302f.).
[36] Kl. Schr. II 246 (Philologische Kritik, Rektoratsrede 1878, 19).
[37] Kl. Schr. II 324 (Ind. schol. hib. Bonn. 1878/79, 16).

Eseltreiber auftritt (in den Handschriften war „mulio" in „multo" verderbt)[38] – die kritischen Apparate unserer Ausgaben pflegen die Urheber so glänzender Restitutionen leider nicht zu erwähnen. Wo es hingegen nötig erschien, konnte Bücheler seiner Divination ihren Lauf lassen und Konjektur und auch Athetese handhaben. Da galt es, aus verderbt oder unvollständig überlieferten Buchstabenfolgen das Richtige herauszuspüren: die Entstehung der Verderbnis mußte dabei klarwerden, und zwischen unabsichtlichen Verschreibungen und Verlesungen und absichtlichen Änderungen war zu scheiden; nicht zum wenigsten sollte der neue Text zu Geist und Stil des jeweiligen Autors passen, was nur ein ganz besonderes Feingefühl sicher erreichen konnte.

Für die Autorität, die ihm in der Fachwelt eingeräumt wurde und viele Ratsuchende, selbst Mommsen, zu ihm führte, ist es charakteristisch, daß Friedrich Leo sagen konnte: „Das allermeiste von dem, was er in die Öffentlichkeit gegeben hat, ist richtig. Darin steht er vielleicht allen Philologen aller Zeiten voran".[39] Ich glaube, wir mindern das Gewicht seiner Leistung nicht, wenn wir dieses Urteil heute noch um einige Prozent einschränken, und das nicht nur in Rücksicht der Fälle, in denen er selber bereits Irrtümer und Unvollkommenheiten großzügig notiert hat.[40] Niemand wußte besser als er, wie selten „coniecturae palmares" sind, und es ist erstaunlich, wie oft er sich vorbeugend reserviert hat; den Optimismus des terenzischen Wahlspruchs Ritschls „Nil tam difficile est quin quaerendo investigari possiet" teilte er wohl nicht mehr ganz. Aber auch wenn seine Konjekturen manchmal nicht akzeptiert oder durch bessere ersetzt worden sind oder sich gar als unnötig erwiesen haben, so bleibt ihm immer das Verdienst, auf Schwierigkeiten oder Besonderheiten den Finger gelegt zu haben. Büchelers Textkritik, mit der die Interpretation Hand in Hand ging, setzte Wissen und Technik, verbunden mit einem guten Gedächtnis, voraus, erhob sich aber weit über handwerkliches Niveau. Wenn er in der Beschreibung eines prächtigen Hauses, die sich in einem der dem Diogenes angedichteten Briefe findet (37), aus den überlieferten Buchstaben βαριας νοου ein Παρίας λίθου gemacht hat, so ist das eine schlechthin schlagende Verbesserung einer Majuskelverderbnis, aber wie schwer war zu finden, was nun ganz selbstverständlich scheint![41] Wie ihn Ritschl schon 1855 wegen der Ausnutzung der damals noch schwer zugänglichen Glossare für den Plautustext belobigt hatte,[42] so brachte er später z. B. die Glosse „alapari" im Truc. 928 an;[43] es ist Temperamentssache, ob man

---

[38] Kl. Schr. III 114 ff. (Rh. Mus. XLI [1886] 634 ff.).
[39] *Leo*, GGN a.a.O. 99.
[40] Man sehe sein späteres Urteil über seine Frontin-Ausgabe Kl. Schr. II 242 (Philol. Kritik 10). Eine durch einen Neufund widerlegte Ergänzung, s. *J. u. L. Robert,* in: Revue des études grecques LXXI (1958) 355.
[41] Die Verbesserung ist ohne Kenntnis Büchelers erneuert von *A. G. Tsopanakis,* Ἑλληνικά XIII (Thessaloniki 1954) 174 ff.
[42] Kleine Philologische Schriften II (1868) 478, 482.
[43] Schoells Ausgabe 1881, S. XLIV.

diese Verbesserung mutig in den Text aufnimmt oder lieber das Kreuz als Zeichen der Resignation zum überlieferten Wortlaut setzt, jedenfalls ist der Stelle mit Büchelers Emendation glänzend aufgeholfen („nil alapari satiust" für „nihilpphiari satiust" oder „nihili phiari satiust"). Büchelers Divination hat man geradezu als schöpferisch bezeichnet:[44] in der Tat heißt Textkritik in höchster Potenz Neuschaffen des Geschaffenen, nur daß sie sich nicht so frei bewegen kann wie die Urschöpfung, weil sie an das durch die Überlieferung Gegebene gebunden bleibt.

Bücheler war der Meister solcher Kritik in seiner Zeit und geradezu einzig in der Ausdehnung dieses seines Arbeitsfeldes; er ist um so mehr zu bewundern, als sein Scharfsinn sich gerade durch neue Texte und durch besonders schwere Verderbnisse in den alten herausgefordert fühlte wie etwa in den griechischen Dichterzitaten bei lateinischen Metrikern. Wie sehr es ihm um „philologische Kritik" ging, bekundete er damit, daß er seine aus dem vollen schöpfende Rektoratsrede über dieses Thema hielt.[45] Freilich mahnte er gerade hier, daß sie „nicht ohne Nüchternheit und Beschränkung" gedeihe, und als zwölfte und letzte These hatte er bei seiner Promotion den Satz verteidigt: „Criticam et hermeneuticam artes non esse nisi altiorum philologiae disciplinarum fundamenta censeo." Sollte er sich gerade mit seiner stärksten Neigung und Fähigkeit wirklich nur im Vorfelde der Wissenschaft gefühlt haben?

Zur Systematik hat es ihn jedenfalls nicht sonderlich getrieben. Sein berühmter „Grundriß der lateinischen Deklination" (1866) ist von J. Windekilde neu herausgegeben worden (1879), ohne daß er persönlich viel Anteil daran genommen hätte, und seine lateinische Grammatik ist über dem Ansturm immer neuer Materialien und Erkenntnisse überhaupt nicht zustande gekommen.[46] Vom Einzelproblem fühlte er sich angezogen, verlor darüber aber nicht das Allgemeine aus dem Auge; im Gegenteil, er gewann dem Kleinen und Kleinsten meist einen größeren Aspekt und ein neues Interesse ab: seine Erklärungen erleuchten oft weite Strecken wie ein Blitzlicht.[47] Er war der Mann der Miszelle und des Aufsatzes, aber nicht des schwergewichtigen Buches; dafür füllen seine „Kleinen Schriften" aber auch drei stattliche Bände,[48] und das will viel heißen bei der notorischen Kürze seiner Diktion, die nichts so scheut wie „Geschwätzigkeit".[49] Was er geschrieben hat, wirkt

---

[44] Wilamowitz in der Bücheler gewidmeten „Textgeschichte der griechischen Bukoliker" (1906) S. IX.
[45] Kl. Schr. II 239ff. (Philologische Kritik, Rektoratsrede, Bonn 1878).
[46] Angekündigt bei *C. Bursian,* Geschichte der classischen Philologie in Deutschland (1883) 997, 1.
[47] Vgl. *B. L. Gildersleeve,* Essays and Studies, Baltimore 1890, 507f. (Amer. Journ. Phil. XXIX 1908, 247). „Im kleinsten Punkte größte Kraft", vgl. *E. Rothacker,* Aus der Geschichte der Rhein. Friedrich-Wilhelms-Universität zu Bonn (Kriegsvorträge, Heft 34, 1941) 40f.
[48] I Leipz.-Berl. 1915. II 1927. III 1930.
[49] Kl. Schr. I 446 (Symb. Philol. Bonn. 39).

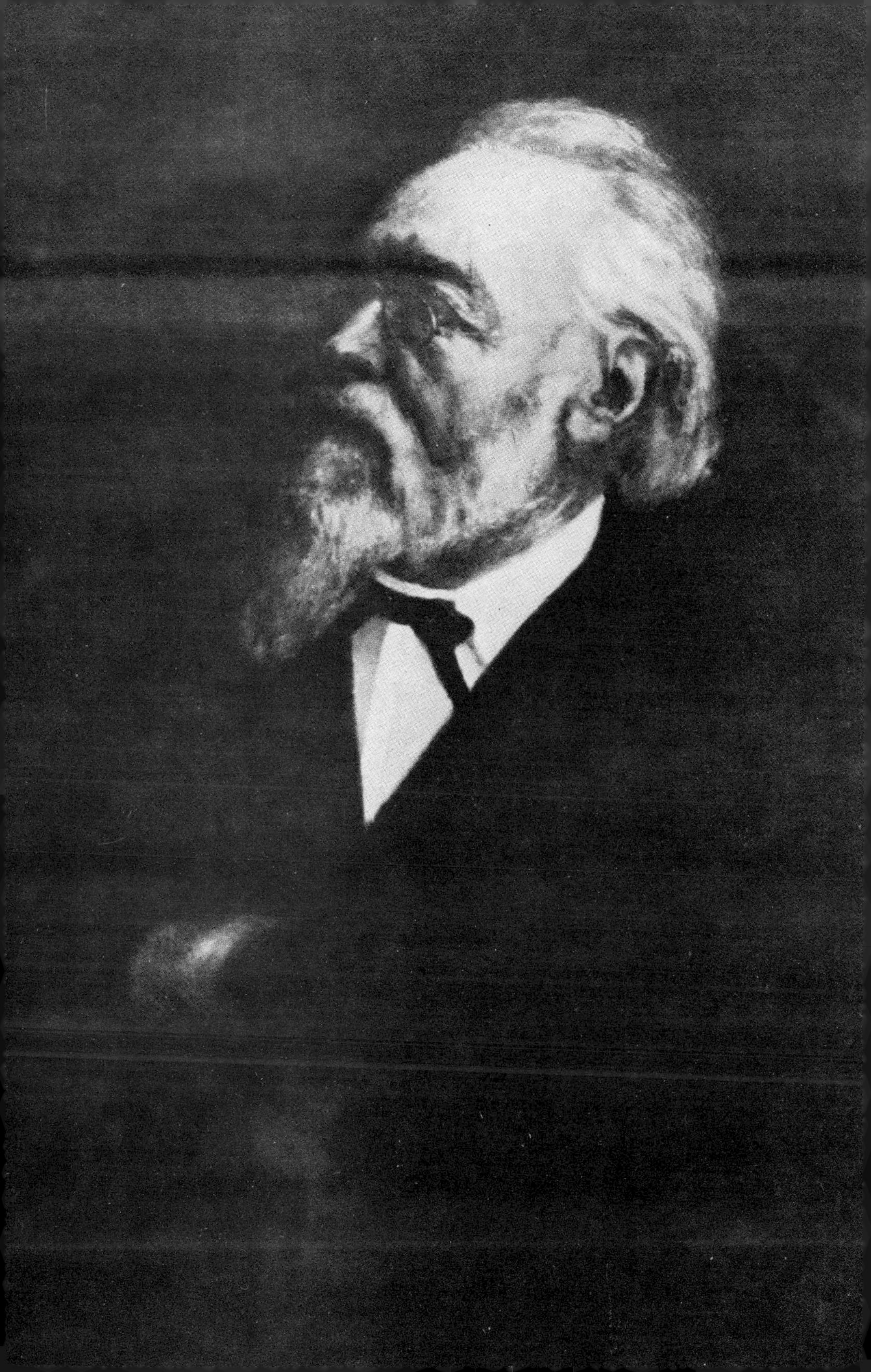

Franz Bücheler
Ölgemälde im Philologischen Seminar der Universität Bonn

so lebendig, als ob es im Augenblick formuliert wäre, aber es war doch ein Produkt des Willens und der Kunst, und es hatte seinen Grund, wenn scherzend behauptet wurde, er brauche zum Streichen soviel Zeit wie ein gewisser anderer, um ein neues Buch zu schreiben.[50] Immer sachnahe und anschaulich mit glücklichen Bildern, geistvoll und pointiert, treffsicher und niemals trivial, ist sein Stil unerhört gedankenreich und beziehungsvoll und manchmal auch von gewollt schwerer Fügung, so daß er, wenigstens wenn man die Sätze nicht viva voce vorgetragen hört, nicht immer leicht verständlich ist. Oft stecken in Nebenbemerkungen und Verweisen Lumina seiner Gelehrsamkeit, die nur dem Nacharbeitenden aufleuchten; es ist die Weise seiner kondensierten Anmerkungen zu den „Carmina epigraphica". Die Darlegung ist mehr feststellend als argumentierend und erschöpft sich nicht in längerer Polemik, wenn es auch nicht ohne kritische Bemerkungen abgeht. Des Richtigen sich bewußt, geht Bücheler zielsicher seinen Weg, gestrafft wie seine steilstehende Schrift. Ausdrücke des Meinens und Bedünkens sind nur Bekundungen der Bescheidung, aber nicht Eingeständnisse eines Subjektivismus, den er nicht duldet: er war ein Meister der Kombination, aber er erlaubte sie sich nur, wo sie kontrollierbar blieb.

Überall spüren wir in seinem Schrifttum eine Werkgerechtigkeit, die sich der Sache hingibt, ohne jederzeit ängstlich „Quid ad nos?" zu fragen. Wenn er in einem beiläufigen Festredentopos[51] die Anziehungskraft der Beschäftigung mit dem Altertum darin fand, daß sie menschliche Natur, Denkart und Fähigkeit in ihren Anfängen beobachten lehre, so ist das eine im unbedingten Fortschrittsglauben befangene, ganz historisch orientierte Bestimmung, in der sich sein eigenes Verhältnis zur Antike schwerlich erfüllt haben dürfte, galt es ihm doch an einer anderen Stelle, in der Geschichte der Vergangenheit einen Maßstab für seine Zeit und sich selbst zu finden;[52] ja, einmal hat er vom sittlichen und sogar wirtschaftlichen Wert der philologischen Studien gesprochen.[53] Es mag sein, daß die Interpretation inzwischen vertieft und verfeinert worden ist, aber daß Bücheler Schönheiten, von denen er nicht sprach, auch nicht empfunden hätte, das anzunehmen wäre eine Verkennung. Höchstes und Letztes rührte er wissenschaftlich erst recht nicht an, aber Marx' Bericht[54] zeigt, wie nahe ihm die Beschäftigung mit Pindar in seinen letzten Tagen gegangen ist. Ein eigentlich philosophischer Kopf war er nicht, aber er kannte von Philosophie doch mehr, als er zugab.[55] So selbstverständlich wie er sich in der Sprache der Antike bewegte, so spontan lebte er auch in ihrem Geiste, und niemand wäre weniger auf den Gedanken gekommen, die Wörter ohne die Sachen zu betrachten, als er. Das zeigt sich besonders in seiner

---

[50] *Usener*, a.a.O., Sp. 3; vgl. *Marx*, Chron. 12.
[51] Kl. Schr. III 236.
[52] Kl. Schr. I 423 (Neues Schweiz. Mus. III [1863], 14).
[53] Verhandl. der 34. Vers. deutscher Philol. u. Schulmänner in Trier 1879 (1880) 10.
[54] Neue Jahrb., a.a.O., 358.
[55] Kl. Schr. III 147 (Rh. Mus. XLIII [1888], 151); vgl. *Sonnenburg* 147.

Behandlung altitalischer Kultdokumente, wo er sich in beiderlei Hinsicht behutsam vortasten mußte. Am leichtesten bewegte er sich da, wo sein Realismus und sein Humor auf ihre Rechnung kamen, Eigenschaften, die Marx daran erinnerten, „daß die Wiege des feinsinnigen Philologen unweit der Grenze des Landes gestanden, das der Welt die Brouwer und Ostade, die Steen und Hals geschenkt hat".[56] Keine Prüderie hielt ihn von der Behandlung von Literaturwerken wie Petrons Roman ab, um deren Berechtigung er in Freiburg einmal einen Strauß auszufechten gehabt hat.[57] Nur gelegentlich hat er sich zu darstellenden Aufsätzen oder Vorträgen verstanden, um auch da gleich ins Konkrete und Einzelne zu gehen, so über Petron[58] und Properz[59], und auch seine Übersetzungskunst hat er dem großen Publikum nur in seltenen Proben zukommen lassen, obwohl er gute deutsche Übertragungen für sehr wichtig hielt, das Interesse der Allgemeinheit für die Antike wachzuhalten.[60]

IV.

Vielfach hat man Büchelers persönliche Wirkung noch höher eingeschätzt als seine Publikationen, sosehr auch in diesen die Weise seines Vortrags spürbar ist. Ja, es scheint fast, als ob er selber auf seine Lehrtätigkeit mehr Wert gelegt hätte als auf seine wissenschaftliche Produktion.[61] Bei Gelegenheit seines goldenen Doktorjubiläums sagte er: „Mein ganzes Streben ist allerdings gewesen, mein großer Ehrgeiz, ein akademischer Lehrer zu sein, wie sich's gehört, wohl bewußt, mit Stolz bewußt, daß der März die Blumen macht, für die wir dem Mai zu danken pflegen", und er steigerte sich zu dem Satz: „Ja, Besseres habe ich mündlich vorgetragen als schriftlich ausgegeben." Es war ein geradezu einmaliger Glücksfall, daß eine so wirkungsstarke Persönlichkeit, wie er es war, sich mit Usener fand, der gleichgerichtet und doch verschieden geartet genug war, daß durch ihren doppelseitigen Einfluß alle Kräfte der jungen Philologen ausgelöst wurden. Obwohl Berlin über bedeutende Forscher und selbst einen Theodor Mommsen, den „einzigen Gelehrten",[62] verfügte und auch andere Universitäten natürlich ihren Rang behaupteten, war Useners und Büchelers Lehrerfolg so durchschlagend, daß Bonn einen ansehnlichen Teil des besten Nachwuchses von nah und fern und sogar aus dem Ausland anlockte und so geradezu der Mittelpunkt der

---

[56] Chronik, a.a.O., 9f. Vgl. auch *Bickel,* Geistige Arbeit, a.a.O.
[57] Kl. Schr. I 438 (Neues Schweiz. Mus. III [1863], 435, 8).
[58] Sittenzüge der römischen Kaiserzeit: Kl. Schr. I 423 ff. (Neues Schweiz. Mus. III [1863] 14 ff.).
[59] Kl. Schr. II 481 ff. (Deutsche Revue VIII [1883], 3, 187 ff.).
[60] Verhandl., a.a.O. (Anm. 53) 10f.
[61] Zu seiner Lehrtätigkeit vgl. noch *Ed. Schwartz,* Gesammelte Schriften I (1938), 314f. II (1956), 1. O. Kern, Hermann Diels und Carl Robert (1927; Jahresber. über die Fortschr. der klass. Altertumswiss. Suppl. CCXV) 29 ff. *Th. Birt,* Wie ich lernte (Leipz. o. J.) 273 ff. *W. Szylkarski,* Adolf Dyroffs Jugendgeschichte (1946) 53 ff.
[62] Kl. Schr. III 202 (Rh. Mus. XLVI [1891] 237).

klassischen Philologie in Deutschland wurde, bis sich allmählich Wilamowitz' Anziehungskraft immer stärker geltend machte. Eine stattliche Reihe ausgezeichneter Gymnasiallehrer, teils mehr pädagogischer, teils mehr forscherlicher Natur, ist aus ihren Händen hervorgegangen, und zeitweise waren die deutschen Lehrstühle des Fachs zum guten Teil mit Bonnern besetzt. Ja, es waren nicht bloß Philologen im engeren Sinne, die Schüler Useners und Büchelers wurden, sondern auch Archäologen und Althistoriker sowie Vertreter entfernterer Disziplinen, wie Pädagogen und Ägyptologen; ja, selbst Künstler wie der Erzähler Ernst Muellenbach, der Dirigent Friedrich Reisch und der Prosaist Rudolf Borchardt haben zu ihren Füßen gesessen, während Luigi Pirandello leider sprachliche Schwierigkeiten hatte.[63] Es versteht sich, daß an diesem weitreichenden Lehrerfolg die Vertreter der Archäologie, Reinhard Kekule von Stradonitz und Georg Loeschcke, und der Alten Geschichte, Arnold Schaefer und Heinrich Nissen, und später auch der Sprachwissenschaftler Felix Solmsen ihren bedeutsamen Anteil hatten und auch die Inhaber des dritten philologischen Lehrstuhls und manche Privatdozenten das Ihrige dazu beisteuerten. Aber man darf sagen, daß schon die beiden selber die Altertumswissenschaft in ihrem großen Zusammenhang repräsentierten und ihren Schülern eine Weite der Interessen einpflanzten, die in deren Arbeiten leicht nachzuweisen wäre; es war wohl mehr als eine Äußerlichkeit, daß Bücheler wie Usener im Kunstmuseum lasen. Daß beide sich nicht eng auf das Griechische oder Lateinische spezialisierten, trug zu dem geschlossenen Bilde des Altertums, das sich hier entrollte, nicht zum wenigsten bei. Wenn Usener selber die „einzigartige Ausdehnung des Arbeitsfeldes" seines Freundes rühmte, so bestätigt sich das auch dadurch, daß Bücheler kommende Gelehrte sehr verschiedener Interessenrichtung angesprochen hat.

Dem nachgeborenen Chronisten fehlt leider der unmittelbare Eindruck der Persönlichkeit dieses gottbegnadeten Lehrers, der eine so ungemeine Wirkung auf seine Studenten ausgeübt hat, daß sich ihm keiner auch unter den weniger Begabten entziehen konnte. Schon in den Vorlesungen kam die sprudelnde Vitalität seines Wesens zur Geltung: sein Temperament lebte sich aus in der energischen Bewegung seines Hauptes und der sprechenden Gestikulation, in dem nuancenreichen Gesichtsausdruck und der Modulation seiner scharf akzentuierenden, sonoren Stimme und nicht zuletzt in dem Blitzen der Augen, deren Feuer auch eine frühe Kurzsichtigkeit nichts hatte anhaben können.[64] Wenn er antike Texte im Original oder in seiner Übersetzung

---

[63] L. *Biagioni*, in: Rhein. Vierteljahrsblätter XIV [1949] 208.
[64] Eine vortreffliche Photographie Büchelers findet sich im Rhein. Mus. LXIII [1908], Heft 3 und in dem Anm. 31 genannten Sonderheft, eine weitere bei A. *Gudeman,* Imagines philologorum (1911) 36 und eine dritte bei *Bickel,* in: Geistige Arbeit IV (1937) Nr. 11, S. 12. Eine ebenfalls sehr charakteristische Gipsbüste, signiert M. C., hat meine Frau vor Jahren in einer Bonner Antiquitätenhandlung entdeckt. Ein unsigniertes Gemälde im Bonner Philologischen Seminar ist neben S. 200 in diesem Band wiedergegeben.

wiedergab, hatte man geradezu den Genuß einer mimischen Leistung. Er muß dermaßen von der Sache erfüllt gewesen sein, daß alles, was er vorbrachte, im Augenblick neu geboren wurde, ja, der Kontakt mit den Hörern wirkte so auf ihn zurück, daß er auch wirklich spontaner Eingebung folgen konnte, zumal wenn er vorher in dem Werke, das er zu behandeln gedachte, gelesen hatte und so aus frischester Erinnerung schöpfen konnte: er selber sagte bei Gelegenheit seines goldenen Doktorjubiläums: „Wirksameres hat mir oft ein Blick vom Katheder auf befreundete Zuhörer eingegeben als alles Sinnen am Schreibpult." Die Nähe zum Objekt zeigte sich auch, wenn er seine epigraphischen Übungen an den Steinen selber abhielt, die anfangs noch im Keller des Universitätsgebäudes und später im Provinzialmuseum aufgestellt waren. Wenn ihn irgendeine Neuerscheinung angeregt hatte, brachte er in der nächsten Vorlesungsstunde, mochte sie einem noch so entfernten Thema bestimmt sein, notfalls mit einem Gewaltstreich die Sprache darauf, um alles, was er auf dem Herzen hatte, loszuwerden. Philologen, die er zitierte, versah er gern mit einem Epitheton ornans, aber sein Witz blieb immer in den Grenzen der Charis, und es mußte weit kommen, wenn er seine Herzensgüte in einem ganz scharfen Ton verleugnete.[65] Von seinem „göttlichen Humor", der natürlich auch außerhalb des Hörsaals sich regte,[66] geben auch seine Schriften noch einige Proben. Im ganzen aber hat das, was er im Kolleg vortrug, etwa in der Interpretation von Plautus' „Truculentus" oder Sophokles' „Oidipus auf Kolonos", nur verstreuten Niederschlag in seinen Werken gefunden, dafür aber um so mehr in seinen Hörern weitergewirkt; von seiner literaturgeschichtlichen Vorlesung steckt viel in einem Göschen-Bändchen seines Schülers Hermann Joachim[67].

Der Platz aber, wo die philologische Erziehung in eminenter Weise vor sich ging, war das Seminar, in das nur wenige Auserwählte, durch die Proseminarübungen vorbereitet, auf Grund einer Bewerbungsarbeit aufgenommen wurden.[68] Bücheler hat geradezu gesagt, daß er „hauptsächlich um des Seminars willen" von Usener berufen worden sei; in der Tat war Ritschl nicht umsonst gerade in diesem für die Lehre entscheidenden Bereiche das Vorbild seiner beiden Schüler.[69] Hier ruhte alles auf dem festen Fundament der Akribie der Formalphilologie, die beide Lehrer unerbittlich bei den Schülern durchsetzten, um sie aus den textkritisch hergestellten und sprachlich bis zum letzten verstandenen Worten der Autoren zu weiteren Erkenntnissen aufsteigen zu lassen. Manchen Beobachtern hat sich der Vergleich Büchelers mit Sokrates, wenn nicht schon im Äußeren, so jedenfalls in seiner geistigen

[65] Beispielsweise Kl. Schr. II 77f. (Rh. Mus. XXIX [1874] 362f.).
[66] *J. R. Haarhaus,* Ahnen und Enkel [1921] 201.
[67] *H. Joachim,* Geschichte der römischen Literatur (1896 u. ö.). Die Themata der Vorlesungen und Übungen s. *Sonnenburg* 148ff.
[68] Zur Organisation s. *Bickel,* Geschichte 198ff., mit einem Briefe Büchelers.
[69] Kl. Schr. III 325f. (Neue Jahrb. XV [1905], 738).

Hebammenkunst aufgedrängt, die den Schüler in „methodischer Dialektik" das Richtige selber finden ließ. Im Seminar wurde man von voreiligen Urteilen abgebracht und zum unbedingten Rückgang auf die Quellen angehalten; „so lehrte er das Sichere von dem Wahrscheinlichen, das Probable von dem Denkbaren und Unglaublichen sondern",[70] kurz, er weckte die Liebe zum Wahren und Echten.[71] Seine vorbehaltlose Hingabe an die Sache riß den Schüler mit sich fort, und es war ein unerhörter Genuß, Bücheler Latein – die Sprache des Seminars – reden zu hören, wo ihm die Worte ebenso spontan und seiner Eigenart gemäß zuflossen wie im Deutschen. Nicht zuletzt wirkte das Vorbild beider Lehrer in den Anforderungen, die sie an sich selber stellten; Bücheler war nach einer zweistündigen Sitzung oft völlig erschöpft. Mit peinlicher Sorgfalt wurden die eingereichten Arbeiten besprochen und ernst genommen, auch wenn der Professor weit über sie hinausführte. Wo guter Wille spürbar wurde, lohnte Entgegenkommen; Bücheler hatte Verständnis für Jugend, da er die eigene nicht vergessen hatte: er gab selber frühere Irrtümer preis und schob aufdringliches Lob von sich. Aber es konnte im Seminar auch zu einem Donnerwetter kommen, und gar auf deutsch. Ein Sodalis hatte einmal irgendeinen Text mit unnötigen Konjekturen ausgestattet und, nach der Absicht seiner Arbeit befragt, unbedacht erklärt, er habe die Überlieferung emendieren wollen, worauf Bücheler im Tone fassungsloser Entrüstung das ominöse Wort wiederholte: emendare?! – Weiteres war nicht mehr nötig. Und doch hat er manchem Gebeugten hinterher wieder freundlich zugeredet; sein Tadel wirkte immer sachlich und niemals persönlich und hat der Liebe, die ihm entgegengebracht wurde, keinen Eintrag getan. Die Schüler des engeren Kreises konnten ihm auch noch näherkommen, wenn sie an seiner Häuslichkeit teilnehmen durften, und sie standen auch dann in seinem Ausstrahlungsbereich, wenn sie sich im Philologischen oder Klassisch-Philologischen Verein gegenseitig förderten.
Bücheler hat wie Usener nicht im landläufigen Sinne „Schule gemacht", aber selbständige Persönlichkeiten herangebildet, die fähig waren, die ihnen bestimmten Wege zu gehen, echte Akademiker mit einem Worte. Mancher wird wie Eduard Norden seine Bonner Jahre als „die schönste, größte Zeit seines Lebens" empfunden haben, und mancher wird mit Friedrich Leo haben sagen können: „Die Frage, ob Sie es billigen würden, begleitete uns ungesprochen auf allen Wegen der Arbeit, in Beruf und Forschung."[72] Den Rückgang der humanistischen Studien im allgemeinen, wie er schon damals fühlbar wurde, hat Bücheler schmerzlich empfunden, aber er schöpfte Zuversicht aus der Geschichte, die auf- und absteigende Kurven des Humanismus zeigt,[73] und so

---

[70] *Bickel,* Geschichte 207.
[71] *Sonnenburg* 139, vgl. *Marx,* Neue Jahrb., a.a.O., 359.
[72] In seiner Ansprache beim goldenen Doktorjubiläum, S. 4.
[73] Verhandl., a.a.O. (Anm. 53), 10.

sagte er mit gedämpfter Resignation bei der Feier seines goldenen Doktorjubiläums: „Das sind Schatten, vielleicht von heute bis übermorgen." Er selbst jedenfalls hat seiner Zeit genug getan und doch Dauerndes geleistet.

LITERATUR

[H. Usener,] *F. B.* (Zur Feier seiner 25jährigen Wirksamkeit in Bonn), in: Neue Bonner Zeitung Jg. IV (1895) Nr. 98. – *L. Havet,* in: Rev. arch. Sér. IV tome XI (1908) 403f. – *F. Leo,* in: Nachr. Ges. Wiss. Gött., Geschäftl. Mitt. 1908, 95ff. – *F. Marx,* in: Neue Jahrb. f. d. klass. Alt. XXI (1908) 358ff.; Chronik d. Rhein. Friedrich-Wilhelms-Univ. zu Bonn XXXIV (N. F. XXIII) (1908) 7ff. – *F. Ramorino,* in: Atene e Roma XI (1908) 302f. – *J. E. Sandys,* in: Class. Rev. XXII (1908) 162. – *Fr. Vollmer,* in: Arch. f. lat. Lexikogr. XV (1908) 599ff. – *P. E. Sonnenburg,* in: Jahresber. über die Fortschr. d. klass. Altertumswiss. CLV (1911) 139ff. (mit Schriftenverzeichnis). – *Ed. Fraenkel,* in: Deutsche Lit.-Ztg. 1928, 955f. – *G. Jachmann,* in: Gnomon IV (1928) 597ff. XI (1935) 41ff. – *E. Bickel,* in: Geschichte der Rhein. Friedrich-Wilhelms-Univ. zu Bonn am Rhein II (1933) 197ff. (vgl. *F.B.,* Zur Feier des goldenen Doktorjubiläums, in: [Neue] Bonner Zeitung Jg. XV [1906] Nr. 100); Geistige Arbeit IV (1937) Nr. 11, S. 12. – Weiteres in den Anmerkungen. – Wertvolle Aufschlüsse verdanke ich den Mitteilungen Dr. Walther Büchelers in Frankfurt a. M., eines Enkels F. Büchelers; auch der Nachlaß, der im Bonner Stadtarchiv aufbewahrt wird, worauf mich Dr. Edith Ennen aufmerksam gemacht hat, und die Akten des Dekanats der Bonner Philosophischen Fakultät haben mancherlei ergeben, endlich auch die mir von Herrn Dr. Otto Wenig zugänglich gemachten Briefe, die samt einigem wissenschaftlichem Material in der Universitätsbibliothek zu Bonn (S 2101) aufbewahrt werden.

FERDINAND SAUERBRUCH

(1875-1951)

Von Leo Norpoth

Kaum ein Jahrzehnt nach dem Tode ein abgeklärtes Urteil über eine Persönlichkeit wie Ferdinand Sauerbruch abgeben zu wollen, ist ein großes Wagnis. Schon zu Lebzeiten forderte er zu einer Stellungnahme heraus. Man konnte nur für oder gegen ihn sein. Auch der objektiv wägende Medizinhistoriker befindet sich in einer schwierigen Situation, wenn er sein Werk würdigen und gerecht einreihen will. Geradezu hektisch eilt in den letzten Jahrzehnten die Medizin, insbesondere die Chirurgie, mit Riesenschritten voran. Es besteht die große Gefahr, bei diesem kurzen Abstand das Bild des großen Mannes aus der Vogelperspektive verzerrt zu zeichnen. Gewiß hat die zeitliche Nähe den Vorteil, fast dokumentarisch aus der Gegenwart schöpfen zu können, während einer späteren Generation davon die Erinnerung nicht mehr geblieben ist. Dieser Bericht kann daher auch wie mancher andere einer kräftigen subjektiven Färbung nicht entbehren. Er macht es sich trotzdem zur Aufgabe, manche falsche Berichterstattung, die sich schon fast legendär eingeschlichen hat, und Fehlurteile richtigzustellen. Dabei wird weiter versucht aufzuhellen, wie sich im Leben dieses großen Chirurgen, Naturforschers und Arztes strahlender Glanz mit Tragik verknüpfte.

I.

Sauerbruch war ein Sohn der Rheinlande. Wenn zu dem Schuß an Lebensfreude und der weltweiten Offenheit, die ein gütiges Geschick dem rheinfränkischen Menschen in die Wiege zu legen pflegt, ein gerütteltes Maß an Vitalität, eine unbändige Energie und ein hohes Arbeitsethos hinzukommen, wird eine gute Lebensprognose mit Recht gestellt werden können. Bei Sauerbruch paarten sich diese Eigenschaften mit einer hohen Intelligenz und einem ausgesprochenen Sinn für alles Technische bei manueller Geschicklichkeit. Aber waren Lebensfreude und Optimismus auch geeignet, den grauen Alltag zu verklären, so vermochten sie es nicht zu verhindern, sondern waren vielleicht sogar der tiefere Grund dafür, daß Sauerbruch in einer so bewegten Zeit, in der er zu leben hatte, auch irrte und stolperte.

Die rheinische Landschaft ist nicht arm an Söhnen, die auf dem Gebiete der Naturwissenschaften und der Medizin große Leistungen vollbracht haben. Angefangen mit Gerhard Mercator (1512–1594), dem Duisburger Geographen, Johannes Weyer (1515–1588), dem Arzt mit feinem Spürsinn für psychiatrische Probleme und dem unbeugsamen Bekämpfer des Hexenwesens, Rainer Solenander (1524–1601), einem der bedeutendsten Ärzte seiner Zeit, Wilhelm

Kaspar Wilhelm Suerbrock * Schwelm 8. 9. 1785, † Barmen 12. 4. 1862 Schreiner zu Barmen	∞	Anna Helene Eleonore Pollhaus * Breckerfeld 21. 1. 1792 † Barmen 29. 12. 1869	Johann Peter Arnold Homberg * Schwelm 21. 3. 1783, † Barmen 16. 5. 1855 Bleicher zu Barmen	∞ Barmen (KB Wuggerfeld) 31. 12. 1809	Anna Christina Dehnert ~ Hagen in Westf. 15. 3. 1787 † Barmen 18. 4. 1864	Johann Peter Hammerschmidt * Wermelskirchen 27. 9. 1786, † Elberfeld 17. 6. 1859 Kettenscherer zu Elberfeld	∞ Barmen (KB Gemarke) 1. 5. 1808	Anna Maria von Scheven ~ Elberfeld ref. 5. 5. 1776 † Barmen 29. 6. 1817	Heinrich *Wilhelm* Rahmann ~ Elberfeld luth. 20. 1. 1789, † Elberfeld 7. 1. 1826 Bäcker und Brauer zu Elberfeld	∞ Elberfeld 8. 4. 1812	*Helena* Christina Elisabetha Kuithan ~ Elberfeld luth. 2. 4. 1792 † Elberfeld 16. 7. 1821

Wilhelm Sauerbruch * Schwelm 7. 9. 1812 † Barmen 21. 10. 1859 Mühlenbauer und Schreinermeister	Anna Christina Friederika Homberg * Barmen 20. 7. 1810 † Barmen 12. 4. 1887	Johann *Friedrich* Hammerschmidt * Barmen 9. 7. 1810 † Elberfeld 12. 3. 1887 Schuhmachermeister zu Elberfeld	*Helena* Juliana Rahmann * Elberfeld 7. 11. 1816 † Elberfeld 26. 4. 1856

II. ∞ Barmen 7. 5. 1838   ∞ Elberfeld ref. 27. 4. 1841

Karl *Ferdinand* Sauerbruch * Barmen 15. 10. 1840 † Barmen 19. 11. 1877 kaufmännischer Angestellter, zuletzt selbständiger Schuhhändler	Helene Hammerschmidt * Elberfeld 8. 3. 1843 † München 6. 8. 1920

∞ Elberfeld 13. 10. 1869

Ernst *Ferdinand* Sauerbruch
* Barmen 3. 7. 1875, † Berlin 2. 7. 1951

Fabritius von Hilden (1560–1634), dem ersten großen deutschen Chirurgen, Johann-Gottlob Leidenfrost (1715–1794), dem bedeutenden Physiker und Arzt der Universität Duisburg, Johannes Müller (1801–1858) aus Koblenz, dem Begründer einer deutschen Physiologie, Theodor Schwann aus Neuß (1810 bis 1882), dem Inaugurator der tierischen Zellenlehre, bis zu Wilhelm-Konrad Röntgen aus Lennep (1845–1923), dem großen Physiker, ist es eine stattliche Zahl, die noch um manchen Namen vermehrt werden könnte. Mit diesem Hinweis soll dem Rheinland keineswegs eine Vorrangstellung zuerkannt werden; ganz abgesehen davon, daß die weitere Genealogie der Forscher zu untersuchen wäre, erschiene eine solche Betrachtungsweise eng und unsachlich. Sauerbruchs Schicksal allerdings wird aus seiner rheinländischen Herkunft besser verständlich.

Ernst-Ferdinand Sauerbruch wurde am 3. Juli 1875 in Barmen geboren. Sein Vater Karl-Ferdinand (geb. 15. Oktober 1840 in Barmen) war als kaufmännisch-technischer Leiter an einer Tuchweberei tätig. Er besaß einen ausgeprägten technischen Sinn, hatte Freude am Experiment und bemühte sich um Neukonstruktionen von Webstühlen. Bereits zwei Jahre nach der Geburt seines Sohnes starb er 1877 an galoppierender Schwindsucht, wie man damals sagte. Die Experimente hatten ihn um sein Vermögen gebracht. Mittellos fand die 34jährige Mutter Helene (geb. 8. März 1843) herzliche Aufnahme in ihrem Elternhause. Johann-Friedrich Hammerschmidt, ihr Vater (geb. 9. Juli 1810 in Barmen), hatte sich nach einem erfolgreichen Leben als Schuhmacher mit einer großen Werkstatt, die zeitweilig bis zu fünfzig Arbeiter beschäftigte, zur Ruhe gesetzt. Nun nahm er den Betrieb wieder auf, um nicht nur seiner Tochter Helene mit ihrem Sohn Ernst-Ferdinand, sondern auch seiner jüngsten Tochter mit ihrem Sohn Fritz einen Lebensunterhalt zu bieten. Des Großvaters Johann-Friedrich Hammerschmidt hat der Enkel während seines ganzen Lebens stets mit größter Dankbarkeit gedacht. Er machte es möglich, daß der junge Ernst-Ferdinand nach Besuch der Volksschule Ostern 1885 das Realgymnasium in Elberfeld beziehen konnte. Schwer setzte ihm der Tod seines Großvaters 1887 zu. Zählte er bisher zu den Besten der Klasse, so brachte er Weihnachten 1888 ein Zeugnis, in dem es hieß: „Wenn die bedeutenden Lücken bis Ostern nicht ausgefüllt sind, so wird voraussichtlich eine Versetzung nicht möglich sein." Doch er fing sich wieder, und 1895 bestand er das Abitur. Unklar war seine Berufswahl. Nach längerem Schwanken begab er sich im Sommersemester 1895 nach Marburg, studierte hier vor allem Physik, Chemie und Botanik; sein Berufsziel war, „Oberlehrer" zu werden. Doch bald stand sein Entschluß fest, sich der Medizin zu widmen. In Leipzig begeisterte ihn Wilhelm His sen (1831–1904), der dort seit 1872 den Lehrstuhl für Anatomie innehatte. Geistige Anregungen verdankte er ihm ebensosehr wie finanzielle Unterstützung. Kurze Zeit war er in Jena. Am 26. Februar 1901 bestand er in Leipzig das medizinische Staatsexamen. Wann und wo er das Physikum abgelegt hatte, habe ich nicht feststellen können.

Nach vollendetem Studium war er sehr kurze Zeit aus finanziellen Gründen als Landarzt in einem kleinen Ort Thüringens in der Erfurter Gegend tätig. Kaum mehr als eine Gastrolle gab er von April bis Anfang August 1901 am hessischen Diakonissen-Krankenhaus in Kassel bei Dr. Rockwitz, dem Leiter der chirurgischen Abteilung. Die allgemeinen Zustände in dem schlecht ausgestatteten und verwaltungsmäßig schlecht geleiteten Krankenhaus veranlaßten ihn, am 1. Oktober 1901 am Städtischen Krankenhaus in Erfurt auf der chirurgischen Abteilung unter der Leitung von Dr. Bock tätig zu sein. Hier bestätigte er, was ihm im Abgangszeugnis in Kassel bescheinigt war: „Vorzügliches wissenschaftliches Interesse ... unterstützt durch tüchtige klinische und anatomisch-physiologische Kenntnisse ..." Außer seiner Doktordissertation mit dem Titel „Ein Beitrag zum Stoffwechsel des Kalks und der Phosphorsäure bei infantiler Osteomalazie" (Leipzig, Referent Heinrich Curschmann [1846–1915]), erstand hier seine wissenschaftliche Erstlingsarbeit: „Experimentelles über Darmverletzungen nach Bauchkontusionen an der Hand eines Falles von Rektumruptur." Außerdem beeindruckte ihn in dieser Zeit sehr der Fall eines traumatisch entstandenen Pneumothorax. Die Gasverhältnisse im Brustraum sollten ihn sein Leben lang interessieren. Am 31. Dezember 1902 vertauschte er das Erfurter Krankenhaus mit dem Pathologisch-Anatomischen Institut des Krankenhauses in Berlin-Moabit, wo Robert Langerhans (1859–1904), der Bruder des Entdeckers des Inselapparates der Bauchspeicheldrüse, seine wissenschaftlichen Qualifikationen erkannte. Als er auf die Anregung seines Chefs die Arbeit dem Direktor der Chirurgischen Universitätsklinik in Breslau, Johannes von Mikulicz-Radecky (1850–1901), übersandte, wurde ihm eine Volontärarztstelle angeboten.

II.

Es war einer der entscheidenden Schritte im Leben Sauerbruchs. Jetzt hatte er Gelegenheit zu zeigen, ob es ihm gelänge, was sein Großvater ihm oft prophetisch gesagt hatte, daß alles aus ihm werden könne, wenn er nur wolle. Aber entgegen der Erwartung kümmerte sich der Klinikchef zunächst sehr wenig um ihn. Dafür fand er einen Freund in seinem Landsmann Hubert Bardenheuer, der selbst später eine große chirurgische Klinik in Köln-Deutz übernehmen sollte; er war der Sohn des bedeutenden Kölner Chirurgen Bernhard Bardenheuer, der dort lange Jahre am Bürger-Hospital wirkte. Wie es zu der entscheidenden Wendung kam, darüber gibt es verschiedene Meinungen. v. Mikulicz war an der Chirurgie der Speiseröhre auf das lebhafteste interessiert, weil er das Oesophaguskarzinom für besonders gutartig in seinem Verlauf hielt. Er schlug daher Sauerbruch vor, ein Verfahren zur Verhütung des postoperativen Pneumothorax auszuarbeiten, damit der Oesophagus ohne unmittelbare Lebensgefahr reseziert werden könne, eine Darstellung, die Sauer-

bruch mehrfach seinem Schüler Rudolf Nissen gegeben hat, dem ich diese Kenntnis verdanke. Ob es im einzelnen wirklich so war, wie es ein Berichterstatter der „Lübecker Nachrichten" in einem Nachruf vom 3. Juli 1951 behauptete: „Der berühmte Chirurg, der seinem selbstbewußten Assistenzarzt nicht besonders gewogen war, regte ihn ironisch dazu an, sich mit dem bis dahin unlösbaren Problem der Lungenchirurgie zu befassen. Lungenoperationen waren zu jener Zeit unmöglich", oder ob v. Mikulicz eines Tages unter Anerkennung seines Talents für das Experiment auf die Notwendigkeit einer Förderung der Thoraxchirurgie mit dem Satze hingewiesen hat, den Sauerbruch nie vergaß: „Hunderttausende von Menschen gehen an Lungentuberkulose zugrunde, nur weil man den Brustkorb nicht operieren kann" – das läßt sich nicht mehr exakt feststellen. Tatsache ist, daß seit diesem Augenblick Sauerbruch mit der Lungenchirurgie begann.
Zwar weiß die Chirurgie von einzelnen gelungenen Operationen auch vorher zu berichten. Meist hat es sich dann um glückliche Umstände gehandelt. U. a. hatte sein späterer Vorgänger in Zürich, Krönlein, 1884 eine Lungenresektion ausgeführt und dabei, wie man wohl sagen muß, Glück gehabt. Auch Untersuchungen der französischen Schule, vor allem Tuffier und Hallion, hatten 1895 bereits ergeben, daß nach Eröffnung der Brusthöhle die Lunge sich nicht zusammenzieht, wenn der Luftdruck in der Trachea und in den Bronchien entsprechend einer Wassersäule von zehn Zentimeter gesteigert wird. So hatten Quénu und Longuet versucht, die Lunge bei geöffnetem Thorax gebläht zu erhalten, indem sie entweder im Bronchialrohr den Druck erhöhten oder über der Lunge den Druck verminderten. Auch amerikanische Autoren, wie Northrup, Fell-O'Dwyer und Matas, waren um diese Zeit bemüht, den Pneumothorax durch künstliche Atmung zu bekämpfen. Der praktischen Chirurgie hatten diese Versuche keinen Nutzen gebracht.
Wie häufig in der Geschichte von Entdeckungen lag es, wie man zu sagen pflegt, in der Luft, am Thorax zu operieren. Es fehlte der kühne Chirurg, der es wagte, sozusagen den gordischen Knoten zu durchschlagen. Da mit der unbeugsamen Strenge eines Naturgesetzes in dem Augenblick, in dem Luft in den Brustraum gelangt, die Lungen zusammenfallen, weil im Brustfellraum ein negativer Druck herrscht, schreckte man vor allen Eingriffen am eröffneten Brustkorb zurück. Sauerbruchs Lehrer v. Mikulicz war ein ausgezeichneter Chirurg und hervorragender Wissenschaftler, der sich besonders um die operative Behandlung der Speiseröhre verdient gemacht hat. Er stammte aus einer großen Schule, war doch sein Lehrer kein Geringerer als Theodor Billroth (1829–1894), der Freund von Brahms und gefeierte Wiener Chirurg.
In der kurzen Vorgeschichte der Lungenchirurgie, die wir gaben, schälten sich bereits zwei Verfahren heraus. Sauerbruch selbst hat beide ins Auge gefaßt: entweder kann man durch Überdruck im Bronchialsystem die Lungen bei geöffnetem Brustkorb entfaltet lassen, oder man geht den umgekehrten Weg

des Unterdruckverfahrens. Die Entwicklung dieses Unterdruckverfahrens ist die große Leistung, die Sauerbruch damals in jungen Jahren in Breslau vollbrachte. Ihm hat er sich mit aller Energie gewidmet. Es kann hier nicht näher auseinandergesetzt werden, warum er nicht den ersten Weg wählte, der sich für die Folgezeit als der bessere herausstellte. Viele Nackenschläge erlebte Sauerbruch hierbei, und ohne seinen unverwüstlichen Optimismus wäre ihm sein Werk mißlungen. Zunächst wurden Hunde operiert, deren Brustkorb in einen eigens dafür konstruierten, luftdicht abschließenden Glaskasten gebracht war. Kopf und Hinterteil des Hundes wurden durch luftdicht abschließende Gummiringe fest verschlossen; ebenso wurden die Hände des Chirurgen durch solche Luftringe in den Glaskasten eingeführt. Durch ein Ventil wurde die Luft mit einer Luftpumpe abgesaugt, so daß ein Unterdruck erzeugt wurde.

Die erste Operation bei dem Hund Cäsar gelang sofort. Sauerbruch hatte den Brustkorb des Hundes eröffnet, er hatte die Atembewegungen in voller Bewegung sehr gut übersehen können. Der Hund hatte nach Verschluß der Brustkorbnaht außerhalb des Glaskastens wieder regelrecht atmen und umherlaufen können.

Aber auch hier folgte wie in einer echten klassischen Tragödie die Peripetie. In seiner Begeisterung über den ersten gelungenen Versuch lud Sauerbruch seinen Chef ein, sich eine solche Operation an einem Kaninchen anzusehen. Der Versuch mißlang kläglich. Offenbar war die Apparatur undicht gewesen. Zwischen dem skeptischen Chef und dem optimistischen Sauerbruch kam es zu einem ernsten Konflikt. Sauerbruch verließ sofort die Klinik. An einer Privatklinik in Breslau setzte er die Versuche unbekümmert fort. Sein alter Freund aus Wiesbaden, Ritter, der ihn auch bisher schon gefördert hatte, nahm sich seiner an.

Ohne diese finanzielle Unterstützung wären ihm die sehr kostspieligen Versuche nicht möglich gewesen. Den zweiten Band der Chirurgie der Brustorgane (Berlin 1925) widmete er daher seinem „väterlichen Freunde Karl Ritter in dankbarer Erinnerung". Durch Vermittlung eines Schwiegersohnes von v. Mikulicz, des späteren Professors für Chirurgie in Kiel, Willy Anschütz (1870–1954), kam Sauerbruch wieder an die Klinik zurück. Er konnte seinem Meister einen geglückten Versuch vorführen, der ihn veranlaßte, sofort auf dem nächsten Chirurgenkongreß am 6. April 1904 einen Vortrag zu halten über „Die physiologischen und physikalischen Grundlagen bei intrathoracalen Eingriffen in meiner pneumatischen Kammer". Als sich unter den Zuhörern in Berlin Skepsis und Beifall gleichmäßig mischten, beantwortete Sauerbruch in seinem unverwüstlichen Optimismus die Fragen mit den Worten: „Auf Grund unserer Erfahrungen bei Tieren sind wir der Überzeugung, daß auch der Mensch in einer solchen Kammer operiert werden kann!"

Aber das Verfahren hatte die Feuerprobe am Menschen noch zu bestehen.

Wiederum kam zunächst ein Rückschlag. Eine Patientin, die wegen eines Speiseröhrenkrebses operiert wurde, verstarb in der Kammer sofort. Dann aber gelang die Operation einer vierzigjährigen Patientin mit einem Tumor unter dem Brustbein. In Breslau operierte er in dieser Weise 16 Kranke, davon 2 mit Erkrankungen im Mittelfellraum, 8 an der Lunge, 1 am Herzen, 5 an der Speiseröhre.

III.

Dieser großen Leistung blieb die Ehrung nicht versagt. Am 8. Juni 1905 wurde Sauerbruch Privatdozent für Chirurgie der Universität Breslau auf Grund der Habilitationsschrift „Experimentelles zur Chirurgie des Brustteiles der Speiseröhre". Mitten in dieses Glück schlug wie ein Blitzschlag der Tod des erst fünfundfünfzigjährigen großen Meisters v. Mikulicz. In dem am 25. Juli 1905 unterzeichneten Zeugnis ist die Rede von „der aufsehenerregenden und epochemachenden Erfindung der pneumatischen Kammer" ... „einer Erfindung, die beweist, daß der Urheber in gleich hohem Maße über medizinischen Scharfsinn, über physiologische Kenntnisse und über chirurgisches Geschick verfügt und nicht minder über eine außerordentliche Energie, die zur Bekämpfung seiner sich entgegenstellenden Schwierigkeiten erforderlich war". Zwar beschäftigte sich Sauerbruch in seiner Breslauer Zeit auch mit dem Überdruckverfahren, hat es aber weniger ausgebaut. Den größten Teil seiner Arbeit verwandte er darauf, die pneumatische Kammer zu erweitern und zu vergrößern, so daß sie schließlich den Kranken, den Operateur und den Assistenten aufnehmen konnte. Technische Schwierigkeiten gab es immer wieder.

Bald fand er eine neue Wirkungsstätte an der Chirurgischen Universitätsklinik in Greifswald unter Paul Leopold Friedrich (1864–1916). Hier beschäftigte er sich auf Anregung seines Chefs mit einem interessanten biologischen Problem, den parabiotischen Tieren. Auf chirurgischem Wege wurden zwei Tierindividuen nach Art siamesischer Zwillinge vereinigt. Die parabiotischen Tiere ermöglichten sehr interessante Beobachtungen, z. B. auf innersekretorischem Gebiete. Nahm man einem dieser so vereinigten Tiere die Bauchspeicheldrüse heraus, so kam es nicht zur Entwicklung eines Diabetes mellitus, also einer Zuckerkrankheit, die man sonst bei Tieren beobachtet, wenn man die Bauchspeicheldrüse radikal entfernt. Eine Entschädigung für die Askese auf dem Gebiet der Thoraxchirurgie mag es für Sauerbruch gewesen sein, daß er in Greifswald im Hause des Pharmakologen Hugo Schulz (1853–1932) verkehren konnte, der ihn nicht nur mit der mittelalterlichen Medizin einer Hildegard von Bingen vertraut machte, sondern ihm auch sein einziges Kind, seine zwanzigjährige Tochter Adda, anvertraute. Der am 3. Januar 1908 in Greifswald geschlossenen Ehe entstammen fünf Kinder, von denen das älteste bald nach der Geburt an spinaler Kinderlähmung starb.

1907 ging Sauerbruch mit Friedrich an die Universität Marburg; im Dezember 1908 erhielt er den Titel eines Professors. Zwar hatte er in Marburg keine Gelegenheit, die Breslauer Entdeckung weiter auszuarbeiten, aber seine Publikationen über das Druckdifferenzverfahren hatten ihn in der ganzen Welt bekanntgemacht. Schon 1906 hatte er auf dem XV. Internationalen Medizinischen Kongreß in Lissabon Operationen in der pneumatischen Kammer vorgeführt und sich damit einem internationalen Publikum vorgestellt. Nun folgten Reisen durch die Vereinigten Staaten von Amerika, wo er ebenfalls Vorträge über die Druckdifferenzverfahren und die operativen Möglichkeiten hielt.
Als die Nachfolgerschaft Rudolf-Ulrich Krönleins (1847–1910), des Chirurgen der Universität Zürich, diskutiert wurde, waren daher die großen Lungenheilstätten von Davos und St. Moritz sehr daran interessiert, den großen Thoraxchirurgen in die Schweiz zu bekommen; Lucius Spengler (1858–1923) hatte sich besonders für ihn eingesetzt. Am 15. Oktober 1910 trat er die Stelle des leitenden Arztes der Chirurgischen Universitätsklinik und Poliklinik des Kanton-Spitals in Zürich an. Eine große Anzahl von Lungenkranken wurde in der Druckdifferenzkammer operiert. Sehr glücklich und erfolgreich war die Zusammenarbeit mit den Kollegen in den Sanatorien der Schweizer Lungenkurorte; sehr groß war auch die Zahl der prominenten Patienten des In- und Auslandes in dieser Zeit. Auf dem Internationalen Chirurgenkongreß im Sommer 1913 in London hielt er einen Vortrag mit dem Titel „Der gegenwärtige Stand der intrathoracalen Chirurgie".
In der französischen Schweiz wurden 1886 durch Cérenville (1843–1915), in Deutschland 1908 durch seinen Lehrer Friedrich und 1911 durch Max Wilms (1867–1918) operative Verfahren zur Behandlung der Lungentuberkulose entwickelt. Sie waren von Friedrich Brauer und Karl Garré in Deutschland wiederaufgenommen worden. Es handelte sich dabei um die ausgedehnte Fortnahme von Rippen bei Kranken, die an Lungentuberkulose litten. Hatte man sich bisher nur auf die kleine sogenannte Rippenresektion beschränkt, um die Lunge ruhigzustellen, so ging Sauerbruch jetzt dazu über, radikal die erste Rippe bis zur elften fortzunehmen. Durch dieses Verfahren ist es ihm gelungen, eine große Anzahl von Lungenkranken, die einer internen Behandlung nicht mehr zugänglich waren, zu bessern oder sogar zu heilen. Ihm kommt das große Verdienst zu, die Thoraxchirurgie in der Schweiz so entwickelt zu haben, daß nunmehr in den dortigen Heilstätten an Ort und Stelle die Chirurgie der Lungentuberkulose in ausgedehntem Umfange betrieben wurde. Er wurde dabei von einer Reihe hervorragender Mitarbeiter unterstützt, u. a. von Frey, Nissen, Jehn, Brunner, Felix.
Im ersten Weltkrieg war er während der Universitätsferien im Dienste des deutschen Armee-Sanitätswesens tätig. Auch hierbei bewies er seine Fähigkeit, neue Probleme in der Medizin zu sehen und einer Lösung zuzuführen. Die

vielen verstümmelnden Verletzungen der Gliedmaßen regten ihn an, neue Prothesen zu entwickeln. Er fand Unterstützung bei seinem Kollegen Stodola von der Technischen Hochschule in Zürich. Mit ihm gemeinsam entwickelte er die „willkürlich bewegliche Hand". Dabei knüpfte er an den Satz an, den er bei dem französischen Chirurgen Larrey, dem Leibarzt Napoleons I., gefunden hatte: „Die in einem Stumpf zurückgebliebenen Muskelkräfte müssen für die Bewegung einer künstlichen Hand auszunutzen sein." In praktisch unbefriedigender Weise hatten die italienischen Ärzte Vanghetti (1850–1903) und Ceci (1852–1920) das Problem angefaßt. Im Reservelazarett der Chirurgischen Universitätsklinik Greifswald gelang es ihm zum ersten Male, diesen Plan an verschiedenen Kranken erfolgreich durchzuführen. Er erreichte es bei dem damaligen Leiter des deutschen Sanitätswesens, dem Generalarzt Schjerning, daß er im Südschwarzwald, in Singen am Hohentwiel, ein eigenes Prothesenlazarett errichten konnte. Verschiedene Formen der Prothesenhand wurden zusammen mit Stodola ausgearbeitet: Greifhand, Breitgreifhand, Spitzhand, Feinhand u. a.

In einer Zusammenstellung aus dem Jahre 1929 waren von 539 Amputierten noch 92,4 Prozent berufsfähig, davon 55,4 Prozent als Leichtarbeiter, 42,5 Prozent als Schwerarbeiter; 66 Prozent der Prothesenträger gaben ihre Arbeitsfähigkeit selbst auf 100 Prozent an, 13,5 Prozent als auf mehr als die Hälfte eines gesunden Menschen.

Das Arbeitspensum in der Züricher Zeit, besonders während des Krieges 1914 bis 1918, war übermenschlich. Lehrstuhl, Krankenhaus, Privatklinik mit sehr prominenten Kranken (König Konstantin von Griechenland u. a.), das Lazarett in Singen, Tätigkeit als beratender Chirurg an der Front, als stellvertretender Direktor der Chirurgischen Universitätsklinik in Greifswald wegen seiner plastischen Operationen, gesellschaftliche Verpflichtungen im Interesse der deutschen Sache kamen allerdings dem Temperament, der ungeheuren Vitalität seiner großen Persönlichkeit entgegen.

In München war am 12. Januar 1918 Ottmar Ritter von Angerer (1850 bis 1918) gestorben, der seit 1890 den dortigen chirurgischen Lehrstuhl innehatte. Sauerbruch erhielt den Ruf als sein Nachfolger. Bereits im Wintersemester 1918/19 sollte er dort mit den Vorlesungen beginnen. Kurz vor Beendigung des Krieges erhielt er vom bayrischen König den Titel eines Geheimen Hofrates und eines Generalarztes in der bayrischen Armee. Fast alle seine Mitarbeiter fanden sich in München wieder: Stierlin, Brunner, Jehn, Nissen, Felix u.a.

Unruhe und Not der unmittelbaren Nachkriegszeit hinderten ihn nicht, die großen Erfahrungen seiner Klinik in der Thoraxchirurgie literarisch zusammenzustellen. Bereits 1911 war in Zürich die erste Auflage der Chirurgie der Brustorgane mit dem Titel „Technik der Thoraxchirurgie" erschienen. 1920, kurz nach der Übersiedlung nach München, war die Redaktion der zweiten

Auflage vollendet, in der es in der Einleitung heißt: „Das Buch enthält meine Erfahrungen in der intrathoracalen Chirurgie während eines Zeitraumes von fünfzehn Jahren (1903-1918), insbesondere aus der Amtszeit in Zürich (1910 bis 1918)." Zu diesem Werk, einem Standardbuch der Thoraxchirurgie, haben seine zahlreichen Mitarbeiter beigetragen, aber Sauerbruch hat den wesentlichen Teil, nämlich die Verbindung von Theorie und Klinik, selbst verfaßt. Dadurch wirkt das Werk ungemein persönlich und kündet fast auf jeder Seite von seinem eigentlichen Autor.

Wie in Zürich war er auch in München der gesuchte Chirurg für das In- und Ausland. Er war ein hochgeschätzter, begeisternder akademischer Lehrer, dessen Vorlesungen stets bis auf den letzten Platz besetzt waren, aber auch ein sehr gefürchteter Examinator. Der eigentlichen Lungenchirurgie hat er nichts Wesentliches mehr hinzugefügt in diesen Jahren. Charakteristisch für sein Denken und seine Blickrichtung auf die Wiederherstellung des kranken Menschen ist ein operatives Verfahren, das er in München entwickelte: die sogenannte Umkippplastik. Bei einem Kranken, dem der Oberschenkel wegen eines Tumors entfernt werden mußte, wagte er diesen Knochen herauszuoperieren; am Unterschenkel wurde der Fuß abgeschnitten und der Unterschenkel dann in das Haut- und Muskelbett, das im Oberschenkel zurückgeblieben war, hineingelegt. Die Operation gelang; an dem angenähten Unterschenkel wurde eine Prothese befestigt, und so konnte der Kranke wieder gehen. Immer wieder bewies Sauerbruch in dieser Zeit, daß er nicht nur ein ausgezeichneter chirurgischer Techniker war, sondern auch an die großen physiologischen Zusammenhänge dachte. Seine Grundkonzeption der Medizin war eine biologische.

So überprüfte er in München die sogenannte kochsalzfreie Kost nach Gerson. Als Sauerbruch von den Erfolgen des Bielefelder Arztes Max Gerson hörte, der die Hauttuberkulose mit kochsalzfreier Kost behandelte, beauftragte er seinen damaligen Assistenten Adolf Herrmannsdorfer, sie an seiner Klinik zu erproben. Eine eigene Lupusstation wurde in München eingerichtet, auf der die Erfahrungen damit gesammelt wurden. Bei sehr strenger Durchführung erwies sie sich als günstig. Die Erfahrungsberichte bestätigten die ersten guten Beobachtungen, doch hat diese Behandlungsmaßnahme die Feuerprobe nicht bestanden und wurde durch bessere Methoden ersetzt.

Sauerbruch war der Chirurg großen Formats geworden, der die gesamte damalige Chirurgie beherrschte wie kaum einer. 1927 wurde der chirurgische Lehrstuhl an der Charité in Berlin frei. Otto Hildebrand (1858-1927), eine ausgleichende und gütige Persönlichkeit, hatte bei präziser chirurgischer Diagnostik die plastische Chirurgie und die des Gehirns und Rückenmarks – letztere in Zusammenarbeit mit seinem Freunde Bonhöffer – besonders gepflegt. Es verwundert nicht, daß Sauerbruch den Ruf auf diesen Stuhl erhielt und ihn annahm. Das Leben der Reichshauptstadt brachte noch mehr Aufgaben; so

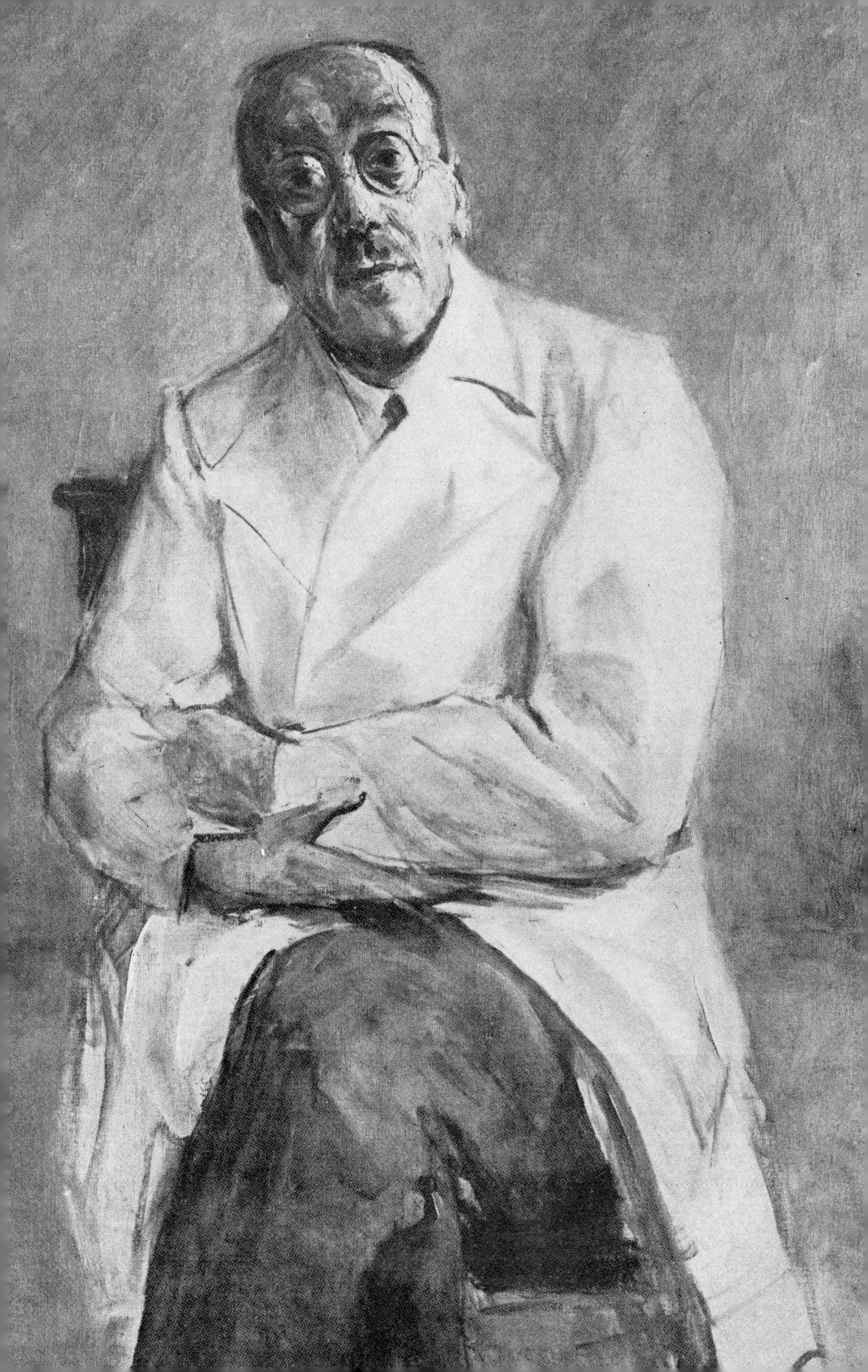

Ferdinand Sauerbruch
Ölgemälde von Max Liebermann in der Hamburger Kunsthalle – Aufnahme Kleinhempel

galt es, prominente Persönlichkeiten des öffentlichen Lebens zu behandeln, Reisen nach Ägypten oder Argentinien oder sonst zu unternehmen, um dort über die Thoraxchirurgie Vorträge zu halten, die Klinik zu erweitern, schriftstellerische Arbeiten zu Ende zu führen, wie z. B. das Buch „Die Chirurgie der Brustorgane". Man kann das Leben eines Chirurgen, auch des überragenden, nicht nur dadurch charakterisieren, daß man auf seine großen Leistungen auf schriftstellerischem Gebiet oder auf Entdeckungen hinweist, die Neuland brachten, sondern man wird sich immer erinnern müssen, daß er viele Operationen durchführte, die sonst niemand anzugehen wagte. Wollte man darüber berichten, so müßten die Operationsbücher durchgesehen werden; es wäre eine große statistische Arbeit zu leisten, die nicht Aufgabe dieses Beitrags sein kann. Auch in Berlin blieb Sauerbruch der biologischen Denkweise in der Chirurgie treu; sein Eintreten für August Bier, der in einem damals sehr heftig geführten Streit um die Homöopathie von Fachgelehrten sehr in die Enge gedrängt wurde, ist dafür sehr charakteristisch.

IV.

Was dann folgte, ist Symptom und Symbol der Zerrissenheit des deutschen Menschen um diese Jahre. Auch Sauerbruch hat darunter sehr gelitten. Er war nicht der Leibarzt Hindenburgs, hat ihn aber bis zur letzten Minute betreut. Er war zugegen, als Hitler den sterbenden Reichspräsidenten am 31. Juli 1934 kurz vor seinem Tode besuchte. Eine Biographie Sauerbruchs kann sein Verhältnis zum sogenannten „Dritten Reich" nicht übergehen. Es besteht kein Zweifel, daß er von den damaligen Machthabern beachtet und geehrt wurde. Bald nach dem Tode Hindenburgs wurde er zum Staatsrat ernannt, allerdings als Dank der damaligen Reichsregierung für die Behandlung Hindenburgs, für die er ein Honorar abgelehnt hatte. Sauerbruch hatte daran die Forderung geknüpft, daß er nicht in die Partei einzutreten brauche und immer seine akademische Freiheit behalte. Nachdem August Bier das Amt des Rektors der Deutschen Hochschule für Leibesübungen in Berlin niedergelegt hatte, wurde es ihm übertragen. Aus dieser schmachvollen Zeit ist mir eine Versammlung deutscher Hochschullehrer im Zirkus Krone in Leipzig noch in lebhafter Erinnerung, auf der Sauerbruch als einer der wenigen akademischen Lehrer es wagte, die Versammlung nicht mit dem erhobenen rechten Arm zu begrüßen. Dort führte er ungefähr folgendes aus: „Die Wissenschaft ist international. Es ist gleichgültig, ob ich einen chinesischen oder deutschen Blinddarm operiere. Die Krankheiten kennen keinerlei Rassenunterschiede in der Behandlung. Es ist zu hoffen, daß die neue Zeit, die nun angebrochen ist, dem deutschen Volke, der deutschen Wissenschaft die Ehre zukommen läßt, die sie verdienen." Er verabschiedete sich von der Versammlung mit „Auf Wiedersehen, meine Herren!"

Sauerbruch war einer der ersten Träger des sogenannten „Nationalpreises", der ihm am 7. September 1937 verliehen wurde. Auf eine Anfrage hatte er August Bier als den besten zeitgenössischen Chirurgen genannt, den er für diese Ehrung für würdig halte; Bier seinerseits hatte Sauerbruch namhaft gemacht. So kam es dazu, daß sowohl Sauerbruch als auch Bier den Nationalpreis erhielten. Während des zweiten Weltkriegs war Sauerbruch beratender Chirurg an verschiedenen Stellen der Fronten. Er erhielt am 20. April 1942 das Kriegsverdienstkreuz 1. Klasse mit Schwertern und wurde am 1. Juli 1942 zum Generalarzt befördert; im Oktober 1943 wurde ihm das Ritterkreuz zum Kriegsverdienstkreuz mit Schwertern verliehen. Diese und andere Ehrungen genügten, ihm bei dem Entnazifizierungsverfahren in Berlin nach Beendigung des Krieges Schwierigkeiten zu bereiten. Sauerbruch war eine zu sensible und zugleich vitale Persönlichkeit, als daß sich nicht die Ambivalenz der Einsichten und Gefühle in jener Zeit bei ihm ausgedrückt hätte. Gewiß hat er nicht immer so eindeutig und klar Abstand von den Anschauungen der Zeit genommen wie in jener Leipziger Rede. Oft geschah es zur Tarnung, um desto stärker anderes aussprechen zu können, so auf der 94. Versammlung deutscher Naturforscher und Ärzte (Dresden vom 20. bis 23. September 1936), auf der er eine vielbeachtete Ansprache hielt. „So wie die Wurzelkraft alles geistigen Lebens im Volke liegt, so ist auf der anderen Seite die Wissenschaft durch Organisation und Auftrag an den Staat gebunden." Weiter ist die Rede davon, daß vor wenigen Tagen der Naturwissenschaft vom „Führer" die Lösung großer Aufgaben gestellt wurde. Zum Schluß heißt es: „Es lebe Deutschland, es lebe unser Führer!" Liest man diese Ansprache sorgfältig durch, so erkennt man hinter den schon zur Phrase gewordenen allgemeinen Formulierungen die innere Abneigung und gegensätzliche Einstellung zum damaligen Regime. „Zunächst sei mit Genugtuung und Dankbarkeit festgestellt, daß die früheren Schärfen weichen und daß man überall wieder beginnt, die Eigenart wissenschaftlicher Arbeiten und ihre Ergebnisse zu verstehen, daß man begreift, daß auch die Wissenschaft zum deutschen Volke gehört und eine seiner größten Kraftquellen darstellt." Darin verbergen sich nicht nur innerliche Vorbehalte, sondern sie werden auch klar zum Ausdruck gebracht. Die Rede brachte Sauerbruch schwere Vorwürfe des damaligen sogenannten rassenpolitischen Amtes der Partei ein.

Zu engen Freunden Sauerbruchs gehörten prominente Juden, wie der berühmte Nobelpreisträger Richard Willstätter, der Münchener Ordinarius für Chemie, der bekannte Maler Max Liebermann, der ihn aus Dankbarkeit für die konservative Befreiung von einem eingeklemmten Leistenbruch porträtierte. Eines dieser Gemälde ist im Familienbesitz in Berlin, ein anderes in der Kunsthalle in Hamburg. Seinen damaligen Oberarzt Rudolf Nissen, den jetzigen Ordinarius für Chirurgie in Basel, suchte er vor den Zugriffen der Partei zu retten. Er war auch Mitglied der sogenannten Mittwochsgesellschaft in

Berlin, der etwa zwanzig Männer der geistigen Prominenz vom Berlin der damaligen Zeit angehörten, von denen nicht wenige am und nach dem 20. Juli 1944 dem Henker zum Opfer fielen, wie der Generaloberst Beck, der preußische Finanzminister Popitz, der Botschafter Ulrich von Hassell, der Nationalökonom Jessen. Sauerbruch war zwar nicht selber aktiv am 20. Juli 1944 beteiligt, aber er war eingeweiht. Den Grafen Stauffenberg, der in Afrika schwer verwundet war, hat er behandelt und beraten. Einer seiner Söhne, Peter, Generalstabsoffizier und aus demselben Regiment wie Stauffenberg hervorgegangen, wurde wegen seiner fortgeführten Korrespondenz mit seinem ehemaligen Kameraden verhaftet. Nach dem 20. Juli wurde Sauerbruch selbst von Kaltenbrunner vernommen. Den Höhepunkt erreichten diese Verhandlungen, als die Gestapo eine von seiner Hand geschriebene Liste von Persönlichkeiten entdeckte, die fast alle an der Verschwörung beteiligt waren. Es handelte sich dabei allerdings um die zum 3. Juli eingeladenen Geburtstagsgäste, aber wäre nicht sein früherer Schüler Professor Gebhardt – der einen hohen SS-Rang bekleidete und durch seine unrühmlichen Taten in der von ihm geleiteten Anstalt in Hohenlychen nach dem Krieg bekanntwerden sollte – für seinen früheren Lehrer eingetreten, so wäre das Unheil kaum von ihm abzuwenden gewesen.

Die turbulenten Zustände nach Beendigung des Krieges waren nicht dazu angetan, Sauerbruch Ruhe zu geben. Am 15. Oktober 1945 berichtete das „Hamburger Nachrichtenblatt der Alliierten Militärregierung", daß Sauerbruch als Chef des Berliner Hauptgesundheitsamtes abgesetzt worden sei, weil er von der nationalsozialistischen Führung Ehrungen und Geschenke angenommen habe; am 20. September 1945 sei dieser Posten an Konitzer übertragen worden. Am Schluß dieser Zeitungsnachricht heißt es: „Es wird angenommen, daß Professor Sauerbruch seine Tätigkeit als Arzt an der Berliner Charité weiter ausüben darf." Selbst oder vielleicht gerade eine Persönlichkeit des Ausmaßes wie Sauerbruch erlag dem Schicksal, als es die Größe echter Tragik annahm. Die Wertskala der inneren Emigration läßt sich von außen nicht bemessen. Die hohe Verantwortung eines geistig Prominenten und eines mit Härte ausgestatteten Gelehrten und Arztes tritt wie in unserer heutigen Situation klar hervor. Nicht minder eindeutig offenbart sich der innere Widerspruch, um nicht zu sagen, der Widersinn der Spruchkammerverfahren der damaligen Zeit. Die Beurteilung nur nach den Paragraphen des Fragebogens ging an der inneren und äußeren Haltung gegenüber dem teuflischen Regime vorbei. Selbst eine so robuste Gesundheit und Vitalität, wie Sauerbruch sie bisher gehabt hatte, mußten allmählich darunter leiden – übrigens im Sinne der psychophysischen, wir würden heute sagen, psychosomatischen Zusammenhänge –, wie Sauerbruch sie mehrfach, und zwar am nachdrücklichsten in seinem mit Hans Wenke 1936 herausgegebenen Buch „Wesen und Bedeutung des Schmerzes" selbst ausgesprochen hat.

Damit begann sich der Vorhang vor einer großen Tragödie zu heben, welche die letzten Lebensjahre Sauerbruchs sehr verdüstern sollte. Die chirurgische Kunst und die Persönlichkeit Sauerbruchs hatten auch auf die Russen ihren Eindruck nicht verfehlt; er wurde auch von ihnen als Arzt zugezogen. Unter dem 6. Dezember 1949 brachte der „Tagesspiegel" die Nachricht, daß Sauerbruch von seinem Amt als Leiter der Chirurgischen Klinik der Charité zurückgetreten sei; die „Frankfurter Allgemeine Zeitung" sprach am gleichen Tag ihr Bedauern darüber aus, „daß er seinen Posten als Leiter der Chirurgischen Klinik an der Charité hat niederlegen müssen". Die Pressestimmen der damaligen Zeit geben ein verwirrendes Bild. Neben den Plänen für die Umgestaltung der im Ostsektor von Berlin gelegenen Universität durch die Behörden der damals eben gegründeten sogenannten „Deutschen Demokratischen Republik" haben auch das Alter und der Gesundheitszustand Sauerbruchs dabei eine Rolle gespielt. Auch über die Versuche der Zulassung zur Kassenarzttätigkeit in West-Berlin sind und waren die verschiedensten Gerüchte im Umlauf. Diese Versuche sind an seiner Eigenwilligkeit gescheitert – menschlich nur zu verständlich bei einem großen Chirurgen, der sich nun auf einen bescheidenen Altenteil setzen sollte. Die Arbeit konnte ihn nicht befriedigen und war auch so wenig einträglich, daß er in den letzten Zeiten angewiesen war auf den Ehrensold der früheren Preußischen Akademie der Wissenschaften, die – einst von Leibniz begründet – jetzt im Ostsektor von Berlin gelegen war. In West-Mark umgerechnet, war der Betrag so niedrig, daß er sich davon kaum seine Lebensmittel kaufen konnte. Zum 75. Geburtstag hatte ihm die Stadt Berlin noch große Huldigungen gebracht, aber sie konnte ihm keine Pension zahlen, weil die Charité, seine frühere Arbeitsstelle, jetzt im Ostsektor läge; die ganze Grausamkeit des zweigeteilten Deutschlands packte wie ein Würgegriff den alten, verdienten Mann.
Die Tragödie eilte dem Höhepunkt zu. Als Sauerbruch im Frühjahr 1951 auf einem Deutschen Chirurgenkongreß in Hamburg weilte, stellten seine Freunde, die ihn bis dahin großzügig unterstützt hatten, mit Schrecken fest, daß er sich sehr verändert hatte. Seine Spannkraft hatte nachgelassen, er war ein gebrochener Mann. Im Laufe des Juni 1951 nahmen die Krankheitserscheinungen erheblich zu. Er erlitt einen Schlaganfall, der ihn in die von seinem „Enkelschüler" Max Madlener geleitete Urban-Klinik führte, wo er in der Nacht zum 2. Juli 1951, am Vortage seines 76. Geburtstags, verstarb.

V.

Mit Recht wurde seiner als eines der größten Chirurgen Europas im 20. Jahrhundert in zahlreichen Nachrufen der Tages- und Fachpresse gedacht. Er hatte viele bedeutende Männer und Frauen des öffentlichen Lebens zu seinen Patienten und Freunden gehabt. Er hatte eine bedeutende Schule gegründet;

nicht weniger als sechs seiner Schüler sind zur Zeit Ordinarien im deutschsprachigen Universitätsleben. Er war zwar nicht der erste, der sich an die Thoraxchirurgie heranwagte; er hat sie auch nicht auf den Höhepunkt gebracht, den sie bald nach seinem Tod erreichen sollte. Aber er hat doch durch seine ungeheure Vitalität, durch das große Ausmaß seiner Operationen und seine genialen Einfälle dieses Gebiet sehr gefördert, so daß es reif wurde bis zur Vollendung. Er hat auch nicht alle Konsequenzen der von ihm angebahnten Verfahren bereits übersehen oder auch geahnt. So ist es ihm nicht gelungen, seine Thoraxchirurgie bis zur heutigen Herzchirurgie fortzusetzen; der Operation der Herzfehler und der angeborenen Herzanomalien hat er noch skeptisch gegenübergestanden. Für einen heutigen Historiker ist es schwierig zu sagen, inwieweit die Thoraxchirurgie Sauerbruchs als Anregung oder Ferment gewirkt hat. Er hat auch nicht die Bedeutung der intratrachealen Narkose erkannt, die für dieses Gebiet entscheidend werden sollte. Aber alles das schmälert nicht das Verdienst, das Sauerbruch gerade auf diesem Gebiet erwarb. Der Medizinhistoriker muß zugeben, daß Sauerbruch auch nicht der einzige zu dieser Zeit war, der sich an die Thoraxchirurgie herangewagt hatte. Friedrich Brauer, Max Wilms und Karl Garré wurden bereits erwähnt; es wäre ungerecht, nicht auch der amerikanischen, französischen und englischen Chirurgenschulen zu gedenken. So ist bereits heute vieles überholt und manches „obsolet" nach der maßgeblichen Meinung eines Kenners der Thoraxchirurgie wie des großen Sauerbruch-Schülers Rudolf Nissen.

In einem Beitrag zum Leben von Sauerbruch, der nicht für den Fachmediziner bestimmt ist, erscheint es mir wichtig, hervorzuheben, daß er keineswegs – wie es vielfach zum Ausdruck kommt – nur ein hoher Techniker der chirurgischen Operationsverfahren gewesen ist; er war darüber hinaus ein allgemein biologisch interessierter Arzt, der ein offenes Auge und Gehör für alles das hatte, was sich in der Natur abspielt und was zum Leben des Menschen und der Natur gehört. Mag seine allgemeine naturphilosophische und philosophische Begabung nicht so durchschlagend gewesen sein, wie wir sie bei anderen Chirurgen seiner Zeit, so bei dem französischen Chirurgen Leriche, bewundern, so hat er sie trotz seiner technisch hervorragenden Begabung keineswegs vernachlässigt und in Vorträgen, Schriften und Büchern vertreten.

Wenn man das Buch „Das war mein Leben" liest, das übrigens nicht von ihm selbst geschrieben ist, wird man ein falsches Bild von der Persönlichkeit und dem Menschen Sauerbruch bekommen. Sein ihm besonders nahe stehender Schüler Rudolf Nissen hat einmal ausdrücklich darauf hingewiesen, daß der anonyme Autor dieses Buches seinem großen Lehrer einen sehr schlechten Dienst erwiesen habe, wenn er ihn als eine „selbstbewußte und bombastische Figur" darstellte. Auch anderen Gerüchten soll an dieser Stelle entgegengetreten werden. Sauerbruch hat z. B. niemals König Georg V. von England operiert, noch viel weniger hat er dafür eine Million Goldmark für seine

Klinik bekommen. Ebensowenig hat er Hitler wegen seiner Stimmbanderkrankung behandelt. Beim Hören seiner Vorträge und beim Lesen seiner Beiträge mag man den Eindruck gewinnen, es sei Sauerbruch ein leichtes gewesen zu sprechen oder zu schreiben; gerade das Gegenteil war der Fall, wie uns wieder Nissen berichtet: jedes Wort seiner Vorträge war sorgfältig abgewogen, jede seiner Schriften wurde einer peinlichen Korrektur unterworfen. Nissen erzählt, daß ein bestimmtes Kapitel des großen Buches über die „Chirurgie der Brustorgane" siebzehn Korrekturabzüge hat über sich ergehen lassen müssen, bevor es von Sauerbruch als druckreif erklärt wurde.

Über allem, was Sauerbruch sonst für die Chirurgie, die Medizin und die Wissenschaft überhaupt geleistet hat, steht sein leidenschaftliches Interesse und sein mit aller Vitalität geführtes Bemühen um den armen und kranken Menschen, für den er immer Zeit hatte, mochte noch so vieles drängen. Es ging ihm nur um den Kranken, gleichgültig ob arm oder reich. Das Geniale an ihm waren die blitzartige Erfassung der Situation des Kranken aus zum Teil winzigen Merkmalen und die meisterliche Beherrschung der chirurgischen Technik mit einer Erfindungsgabe, wie sie nur wenigen Chirurgen und Operateuren geschenkt ist. Daß er den Glanz seines Lebens und die Tragik seines Endes mit einer ebensolchen Ausgeglichenheit und Lebensfreude trug, daran mag nicht wenig das Erbe seiner rheinischen Herkunft beigetragen haben.

QUELLEN

Eine gesamte Bibliographie von Sauerbruch ist nicht vorhanden; eine größere Zusammenstellung seiner Arbeiten findet sich im Parey-Verlag, Hamburg, Spitalerstr. 12.

Hauptwerke:

F. *Sauerbruch,* Chirurgie der Brustorgane Bd. I (^{1}1920; ^{2}1928; ^{3}1930); Bd. II (1925).

F. *Sauerbruch, Ruge, Felix, Stadler,* Die willkürlich bewegbare Hand (^{1}1916).

F. *Sauerbruch* und *ten Horn,* Die willkürlich bewegbare Hand (^{2}1923).

Allgemeine Operationslehre, in: Bier, Braun, Kümmel, Chirurgische Operationslehre, hrsg. von F. *Sauerbruch* u. *v. Schmieden* (1933).

F. *Sauerbruch* und *Hans Wenke,* Wesen und Bedeutung des Schmerzes (1936).

Institut für wissenschaftlichen Film (Göttingen): Filmdokument E 108 (Vorlesung in der Charité Berlin, Dezember 1943); – Filmdokument E 62 (Vortrag im Arbeitszimmer über den Beruf des Chirurgen und über Geschichte der Chirurgie).

Verhdlg. Ges. Dtsch. Naturf. und Ärzte 94. Versammlung zu Dresden vom 20. bis 23. 9. 1936 Berlin 1937, Seite V–XI.

Sauerbruch, F. (angeblich), Das war mein Leben (1951).

LITERATUR

R. *Nissen,* Ferdinand Sauerbruch, die Entwicklung der Chirurgie der Brustorgane, in: Gestalten unserer Zeit, Bd. 4 (1955) S. 52–59.

ders., Erlebtes aus der Thoraxchirurgie (1955).

ders., Ferdinand Sauerbruch zum Gedenken, in: Medizinische Welt 20 (1951) S. 957.

ders., Zur Sauerbruch-Biographie „Das war mein Leben", in: Deutsche Medizinische Wochenschrift 77 (1952) S. 506.

H. *Killian* und G. *Krämer,* Meister der Chirurgie und die Chirurgenschulen im deutschen Raum, Deutschland, Oesterreich, Schweiz (1951).

Herrn Dr. Friedrich Sauerbruch schulde ich besonderen Dank für wichtige Auskünfte und für die Überlassung des Ahnenpasses. Für die Wiedergabe des Sauerbruch-Porträts von Max Liebermann danke ich der Kunsthalle Hamburg. Das Institut für Weltwirtschaft in Kiel, Wirtschaftsarchiv-Leihstelle, überließ mir die Sammlung der Zeitungsausschnitte über Sauerbruch, wofür hier gedankt sei.

HEINRICH LERSCH

(1889–1936)

Von Inge Meidinger-Geise

Dieser Name ist aus unserer deutschen Literaturgeschichte nicht wegzudenken. Heinrich Lersch trägt in sich selber moderne Spannungen aus, die für unser ganzes Jahrhundert charakteristisch sind und die zudem das Wesen des Dichters schlechthin kennzeichnen: der Dichtende ist gebunden an Gegebenes, er ist frei aber dadurch, daß er mit Eigenmacht dieses Gegebene ausdeuten, geistig und schöpferisch weiten und wandeln kann. Wer ist Heinrich Lersch als eigenständige Dichterpersönlichkeit? Ein Kind seiner Zeit wie selten ein Dichter in den dichtungsgeschichtlich entscheidenden ersten dreißig Jahren des 20. Jahrhunderts; ein Sohn seines Landes voll neuer revolutionärer Gedanken; Gemeinschaften zugehörig, die sich aus zeitlichen und landschaftlichen Bedingungen ergaben; ein Mann, der sein Zeiterlebnis einordnet in den großen Zusammenhang von Mythe, christlicher Offenbarung und erahnter umwälzender Zukunft. Lersch strebte aus der landschaftlichen heimatlichen Acker- und Industriewelt nach dem klassischen Süden, ohne davon verwirrt zu werden. Bei aller immerwährenden Suche nach Geborgenheit in Lebens-, Berufs- und Ideengemeinschaften bleibt der Dichter leidenschaftlicher Einzelgänger. Ursprüngliche Schöpferkraft und ein Leben voll Unruhe, Not, ja auch Irrtum durchdringen sich. Was sich vor uns entfaltet, bezeugt über die geistige und zeitliche Einordnung hinweg ergreifendes Temperament und freimütige Stärke.

I.

Heinrich Lersch stammt väterlicherseits von Handwerkern, mütterlicherseits von landsässigen Wirten und Förstern ab. Seine Lebens- und Familiengeschichte liegt, mit Liebe und Nachdenklichkeit von ihm durchforscht, im Werk vor uns. Die katholische Mutter, eine Buchhalterstochter, heiratete den um vieles älteren evangelischen Kesselschmied, von dessen Ahn Matthias Abram Lersch in der Werkstatt später noch Zeichnungen und Pläne aufbewahrt werden. Es heißt von dem Vorfahren in der lyrischen Dichtung „Mensch im Eisen":

„Er kam als Geselle aus England, war durch Holland
und Belgien nach Rheinland marschiert,
Mitwerker am ersten Rheindampfer und baute die Kräne
im Hafen von Amsterdam."

Seit zwei Generationen sind die Lerschs Kesselschmiede. Am 12. September 1889 wird der Dichter als ersehnter erster Sohn, dem bald noch mehr Geschwister folgen sollen, geboren in M.Gladbach, wo er die Volksschule besucht und vorzeitig als Lehrling in der väterlichen Werkstatt arbeiten muß. Dem schmächtigen, um Mut und Kraft ringenden Jungen öffnet sich eine in ihrer Enge vielmals vertiefte und für das ganze Leben und Wirken entscheidende Welt: der äußere Rahmen – die lärmerfüllte, feuerheiße Werkstatt und ihr benachbart eine Abdeckerei! Zuwandernde, großenteils unzuverlässige Handwerksgesellen, die alle dem ohnehin bedenklichen Ruf der Kesselschmiede zweifelhafte Ehre machen: sie sind kräftig, aber sie schaffen willkürlich; sie kennen die Welt, aber sie wirken durch Schlägereien und Mord, durch Raub und Aufwieglertum mit, diese als ungerecht erkannte Welt am falschen Ende zu revolutionieren. Den Vater schildert der Dichter, der sich als sein Sohn voll größter Gegensätze fühlte, als einen tüchtigen Tyrannen, einen Erfinderkopf und Spekulanten, der mit einem Anhang von Prozessen den bescheidenen Besitz belastete. Heinrich Lerschs Temperament empört sich bei aller Zugehörigkeit oft gegen die Vaternatur. Die Geschwister sind teils von Sehnsucht nach anderen Berufen erfüllt, wie der ein Jahr jüngere Bruder Paul, der, mütterlichen Onkeln nacheifernd, gern Bildhauer geworden wäre; Bruder Anton stirbt als Junge durch übergroßes Lastenheben am Bruch; Gerhard und Arnold geraten nach den Worten der Mutter dem Vater nach und bringen es zu nichts vor lauter Sinnieren über Erfindungen und Maschinen: „Alle Lerschs frißt die Arbeit auf!" Von den Schwestern arbeitet die ältere im Konsum, die jüngere soll Lehrerin werden. Den großen Zusammenhalt für alle gibt die Mutter, der der Dichter, wo er nur konnte, als ihr Lieblingssohn und Sorgenkind ein Denkmal setzte. Die ewig werkelnde, bis zur Erschöpfung ihre Pflicht tuende Frau eines gescheiterten Mannes, der man sogar die Trennung nahelegt, verwaltet nach Kräften den Haushalt und die Schreibarbeit für Werkstatt und Prozeßangaben, ihre Frömmigkeit – naiv und streng zugleich – trägt sie über alles hinweg und gibt ihr übermenschliche Geduld. Sie stirbt dem vierundachtzig Jahre alt werdenden Manne bald nach.
Auch der Dichter wird als junger Bursche in der Werkstatt, fast wie sein Vater und sein Bruder, zum Einäugigen durch eine schwere Verletzung; auch ihn wollen durch rohe Behandlung und ein Brustleiden Verzagtheit und Siechtum packen. Was ihn retten wird, geschieht abseits der mit den Jahren nach dem Wunsche des Vaters zusammenwachsenden brüderlichen „Nietkolonne", die den Alltag beherrscht: der Wille zur Gestaltung und damit zur Überwindung

einseitiger Fron bricht durch und läßt Sprache als neues Handwerkszeug begreifen! In der Lehrlingszeit bahnen sich schon entsprechende Freundschaften und Verbindungen an, die geistig und künstlerisch bereichern wollen – Zeichner und junge Musiker, vor allem aber der fast gleichaltrige Dichter Hans Leifhelm, damals als Student noch der Vaterstadt M.Gladbach verbunden, gewinnen Einfluß und geben Anregungen. Jedoch Heinrich Lersch genügt dieses nicht, er wagt, kaum zwanzigjährig, die erste Wanderschaft rheinauf bis Basel. Nun gehen die Sommer mit der Eroberung der deutschen und außerdeutschen Landschaft hin. Von draußen, von Wien, unter

Johann Peter Leeren (Lerssch) * Pannesheide 20. 9. 1781, † Kohlscheid 6. 12. 1831 Hufschmied zu Kohlscheid bei Aachen ∞ Maria Elisabeth Kuckelkorn * Bardenberg 13. 6. 1786 † Kohlscheid 8. 12. 1862	Gerhard Eck * Kohlscheid 12. 10. 1780, † Wilsberg 17. 11. 1857 Hufschmied zu Kohlscheid ∞ Pannesheide 3. 11. 1811 Anna Maria Lüster * Kohlscheid 8. 7. 1786 † Wilsburg-Vorscheid 17. 11. 1870	Matthias Jakob Cloeren * Neuß 20. 7. 1793, † Grimlinghausen 30. 7. 1837 Wirt zu Grimlinghausen bei Neuß ∞ Neuß 23. 1. 1813 Anna Henrietta Elisabeth Beumer * Huckingen 5. 3. 1796 † M.Gladbach 4. 11. 1884	Ludwig Stoll * Aschaffenburg … † Eicken 12. 9. 1861 ∞ Josephine Geiß
Heinrich Joseph Lersch *Kohlscheid 28. 10. 1810 † Wilsberg bei …… 6. 9. 1853 Kesselschmied	Margareta Eck *Kohlscheid 28. 2. 1812 † Wilsberg-Vorscheid 9. 4. 1898	Peter Karl Hubert Cloeren *Grimlinghausen 31. 11. 1836 † ……… Buchhalter	Rosalie Luise Eugenie Stoll * Sippersfeld bei Kaiserslautern 2. 3. 1841 † ………
∞ Heyden 8. 2. 1834		∞ M.Gladbach 8. 1. 1859	
Matthias Lersch * Wilsberg bei … 11. 3. 1843 † M.Gladbach 3. 9. 1926 Kesselschmied		Maria Johanna Cloeren * M.Gladbach 11. 3. 1861 † M.Gladbach 3. 8. 1927	
∞ M.Gladbach 2. 5. 1887			

Heinrich Karl *Lersch*
* Dahl-Landwehr 12. 9. 1889, † Bodendorf a. d. Ahr 18. 6. 1936

der Förderung des Freundes Alphons Petzold, darf Lersch dichterisch mit Lyrik hervortreten. Nach Verbreitung in Blättern der Wiener christlichen Gewerkschaften wird seine Lyrik auch im heimatlichen Raum gehört; Carl Sonnenschein, Leiter des Sekretariats sozialer Studentenarbeit, sorgt dafür und stellt dem Dichter Aufgaben. Ein erster Gedichtband, „Abglanz des Lebens", erscheint (1913). Der Dichter aber nimmt wieder sein Wanderleben auf und zieht zum erstenmal nach Italien mit dem Freunde Leifhelm. Schon zeichnet sich das Motto von Lerschs Leben ab:

> Du bist der Knecht der Maschine nicht!
> Deine Werkstatt ist die Welt, dein Hammer: dein Traum!
> Mensch im Eisen, S. 31

1914 lernt Heinrich Lersch Richard Dehmel kennen, von dessen Bedeutung nicht nur für ihn, sondern für den ganzen Kreis der Dichter aus dem Arbeitertum und dem Weltkriegssoldatentum er 1920 an Fritz Kapp schreiben wird: „Er ist doch unser wirklicher Vater, der der Liebenden und Geliebten, der Vater der Dichter und der deutschen Menschen" (Briefe und Gedichte aus dem Nachlaß, S. 62). Aber rastlos versucht Lersch, sein Weltbild im wahrsten Sinne zu erweitern. Die Wanderschaften nach Südosten und Süden ergänzen nun die Wegstationen in Belgien. Von Antwerpen aus drängt es den jungen Menschen nach Amerika – aber ihn hält dennoch die europäische Werkstättenlandschaft fest, Maß und Verantwortlichkeit eigenen Tuns begreift er neu. Und zur selben Zeit wird alles Bisherige ohnehin umgeschmiedet im Innern, wird erhärtet und klarer durch das Soldatentum, dem Lersch sich sogleich im Herbst 1914 stellt. Schon 1915 wird er in der Champagne verschüttet, und Krankheitsfolgen heilen nicht aus. Seit 1916 macht der Dichter leichten soldatischen Dienst in Köln, er kann die Heimatstadt besuchen und sogar in der Werkstatt arbeiten. Er findet aber vor allem Muße, die mit dem berühmt gewordenen „Soldatenabschied" von 1914 begonnene Kriegslyrik zu vertiefen und zu sammeln in dem Band „Herz, aufglühe dein Blut" (1916). In diesem und dem folgenden Jahr festigt sich auch durch sinnvolle Erweiterungen der Männerkreis gleichgesinnter, wennschon unterschiedlicher Dichter aus dem größeren westfälisch-rheinischen Raum, aus jenem Interessen- und Berufsbereich, dem Handwerk, Erlebnis der Industrie und Soziologie die Themen geben: Josef Winckler, Begründer des Kreises der „Werkleute auf Haus Nyland", Zahnarzt in Moers und Verfasser der vom technischen Rausch erfüllten „Eisernen Sonette", Jakob Kneip, Wilhelm Vershofen, vor allem aber Gerrit Engelke, der bereits wenig später fallen wird, bilden den Freundeskreis, der sich in den folgenden Jahren noch erweitert und in Erneuerung der Begegnungen mit Alphons Petzold auch den Nürnberger Karl Bröger und Max Barthel einbezieht. In diesen Jahren (1918 hatte der Dichter, der einmal früher selbst Ingenieur werden wollte, die Ingenieurstochter Erika Köchlin gehei-

ratet) werden Heinrich Lersch seine zwei Söhne geboren, erscheint der Gedichtband „Deutschland" (1918) und entsteht das lyrische Werk „Mensch im Eisen" (1923/24). Der kränkelnde Dichter beginnt bald darauf, nachdem er in der Nachkriegszeit vergeblich versucht hatte, als Kesselschmied die 1917 neuerworbene Werkstatt mit dem Bruder zu halten, ein dreifach intensiv rhythmisiertes Leben zu führen, dem persönliches Befinden und die Verbreitung des Werkes, dem neue dichterische Arbeit und Sehnsucht nach der Weite, aber dann auch wieder der Heimat die Linien weisen: Anacapri wird mehrere Male für Monate der Aufenthalt der ganzen Familie Heinrich Lerschs (1925, 1927, 1928, 1931). 1926 folgt einem solchen Aufenthalt eine Seereise nach Griechenland und durch den Atlantik nach Rotterdam. Im selben Jahr stirbt der Vater. Im Todesjahr der Mutter, 1927, erscheinen die beliebten Kindergeschichten vom Sohne „Manni". 1930 wird das jüngste Kind, Leni, geboren. Mit diesem Jahr setzt der letzte Werk- und Lebensabschnitt des Dichters ein. Seine allgemeine gesundheitliche Schwäche läßt ihn die Hilfe des nach besonderen Verfahren heilenden Mathias Leisen in Bodendorf an der Ahr suchen. Der grundlegende Roman „Hammerschläge" leitet die umfangreichere Prosa des Dichters ein, die sich nun bis zum Tod weiterentwickelt in charakteristischen Werken (1934 erscheint der Roman „Die Pioniere von Eilenburg", nach dem Tod finden sich aufschlußreiche Fragmente für große Romane „Siegfried", „Die Kesselschmiede" – seit 1925 vorliegend –, „Die Ruten Gottes"). Seit 1932 wohnt der Dichter ständig in Bodendorf. 1933 wird er, dessen von Hoffnungen und Zeitwachheit erfüllte Persönlichkeit sich das Dritte Reich als Dekor nicht entgehen ließ, in die Deutsche Akademie der Dichtung berufen, 1935 erhält er den Rheinischen Literaturpreis am 27. Oktober. In diesem und dem Vorjahr ergänzen noch zwei freundliche und auch teilweise kunstvolle kleine Prosabände das Werk. Neben dem Gedichtband „Mit brüderlicher Stimme" erscheint 1934 die in sich zusammenhängende Geschichtenfolge „Mut und Übermut", im nächsten Jahr werden die Erzählungen „Im Pulsschlag der Maschinen" veröffentlicht.
Bereits am 18. Juni 1936 aber stirbt im Krankenhaus in Remagen Heinrich Lersch an einer Lungen- und Rippenfellentzündung. Die Zusammenhänge seines Todes schildert der Freund Max Barthel (in der ausgezeichneten Schrift „Dichter und Denker unserer Zeit", Folge 2, S. 19 ff.): Um sich zwanzig Mark zu borgen, fuhr Lersch an einem Sommertag 1936 von Bodendorf ins Nachbardorf und konnte bei einer Biegung den Zusammenstoß mit einem Auto nur vermeiden, indem er sich vom Rad warf. Der Sturz schien nur schmerzhaft ohne weitere Folgen. Am selben Abend las der Dichter noch in einem Nachbardorf und muß sich bei der Fahrt erkältet haben. Danach fand er keinen Auftrieb mehr, die Entzündungen entwickelten sich rasch. Im Krankenhaus lag er, matt, aber wach, besucht von Freunden. Einmal summte er vor dem Tode noch ein weihnachtliches Hirtenlied von Capri.

II.

Bis in die alltäglichsten Vorkommnisse hinein scheint das Leben Heinrich Lerschs besonders heimgesucht von Schicksalsschlägen. Weitherzigkeit, überwindende Liebe aber bannen Nöte. Zwischen dürren Tatsachen und Daten stehen Lichtpunkte und Schatten des Zeitalters auf, erwächst der Raum von Heimat und Welt und zeichnet sich die Stellung des schöpferischen einzelnen innerhalb der vielgestuften Gemeinschaften ab im guten und auch im tragisch anmutenden Sinne.

Da wandelt sich handwerkliche Arbeit immer mehr zu maschineller Fertigkeit und Schnelligkeit. Im eigenen Vaterhaus deutet sich die Krisis an: Notstand und Fortschrittsträume begegnen sich! Der Prolet, mit der eigenen Haut erfahren bis zur Zerschundenheit als eine Leidensgestalt jenseits aller sozialistischen Spitzfindigkeiten, erwächst dem Dichter zu einer totalen Größe: Demut und Sehnsucht der „Werkleute", vom besungenen Fabrikmädchen bis zur mythischen Gestalt des neuen Siegfried im Nachlaßroman, werden wahrhaftig weltbewegende Kräfte einer Masse, die hier Einheit, Kraft bedeutet: „Ihr seid der Geist der Maschinen!" (Siegfried und andere Romane aus dem Nachlaß, S. 200). Lersch weiß um die vor 1914 noch sehr kraß bestehenden Standesunterschiede und läßt sein heimliches Jugenderlebnis, die Zuneigung zu einem „Fräulein" aus heimatlicher Direktorenfamilie, bis in das Fragment der „Kesselschmiede" hinein nachwirken. Aber wie helles, neues Selbstbewußtsein erfüllt ihn immer wieder die absolute Gestalt des „Arbeiters", von dem Ernst Jünger (Generationsgefährte Lerschs) 1932 sagen wird in seiner vieldiskutierten Studie, daß er die Gestalt unseres Jahrhunderts sei mit allen totalen Ansprüchen. Über parteiliche Revolutionen hinweg ahnt und umreißt mythen- und symbolfreudig Heinrich Lersch die Arbeitswelt als eine von mitwirkenden Dämonen gut und gewaltig aufwärts geführte Zukunftswelt. Allerdings besitzt diese Welt geistige Vorzeichen, die ihre Problematik in sich tragen: Glaube und Liebe sollen dem Elementaren ein Korrektiv sein!

Der Begriff des „Volkes" (der in der historisch-soziologischen Struktur unseres deutschen Lebens immer mit den Notzeiten lebendig wurde und viel markanter als jeder mühsam gesicherte Begriff einer „Gesellschaft" Tendenzen entwickelte) erhebt sich erneut mit dem ersten Weltkrieg. Nun kommt es nur noch auf Mut und Opfer aller an – beides weiß seit je der Arbeiter einzusetzen, daher steht er nun in der vordersten Reihe und verkörpert Kräfte der Verteidigung, der Hoffnung um jeden Preis, verkörpert jene vaterländischen, völkischen Gefühle, die Lersch in dem zur Volksdichtung werdenden „Soldatenabschied" wie diktiert den nächsten Menschen, der Mutter und der Geliebten vor allem, zuruft: Die Freiheit zum Dienen, der Entschluß, „sterben zu müssen", weil „Deutschland leben muß"! Wir dürfen, wenn wir sachliche Summen zu ziehen wissen, gerade diese Herzensworte als historisch gefärbte betrachten, nur in der damaligen Stunde möglich in solcher Wahrheit und solchem Drange jenseits jeder Anmaßung. Denn der Heroismus Lerschs hat in sich jenes bereits erwähnte Korrektiv von Glaube und Liebe, aus dem mit den Kriegsjahren immer deutlicher schmerzliches Leiden an der Feindschaft, Wissen von gemeinsamem Leiden über die feindlichen Linien hinweg laut werden. Der Mensch-Bruder, eine zeichenhafte Gestalt, die allgemein in der Kunst mit dem Grauen des ersten Vernichtungskrieges heraufkam, überleuchtet als ein Märtyrer der Liebe endlich die Fahnenzeichen. In der Sammlung „Mit brüderlicher Stimme" (Das dichterische Werk, S. 318) steht die bezeichnende Nachkriegsentsprechung zum „Soldatenabschied". Der junge Mann spricht zur Geliebten, daß er sich nicht binden könne:

> „Kaum mündig geworden, ... mußt ich den Krieg schon bestehn.
> Jetzt: dauernd unbrauchbar, ein Krüppel;
> im Blut noch Granaten und Schlachtfeld,
> das Ebenbild Gottes, der Mensch, verschüttet;
> zerrissen das Bild. Laß mich gehn!"

Die Nachkriegszeit, die vergeblichen Jahre handwerklichen Aufbaus finden begreiflicherweise bei dem Dichter einen in die tieferen Lebensfragen eingebetteten Ausdruck. So heißt es einmal:

> „Mein Herz kämpfte den Kampf zwischen Vaterland
> und Menschheit, Gesetz und Freiheit.
> Aber Erika saß unterm blühenden Baum,
> und das Kind schlief in der Sonne."

„Mensch im Eisen", in: Das dichterische Werk, S. 95

Und ein andermal, neben diesem Lebensglauben trotz aller Bedrängnis, steht die Klage:

> „Die Väter, die an die Politik glauben und an den Krieg,
> weil sie reich, groß und mächtig dadurch geworden sind,
> sie können nicht begreifen, daß wir die Dinge
> so verabscheuen, wie sie sie lieben."

Ebd., S. 119

Wer derart intensiv Einheit und Zusammengesunden des Volkes ersehnte, wer sachlich wie abhängig wirtschaftliche Krise sah und durchlebte, wer Gemeinschaftsmensch war und seine eigene Kraft drangeben wollte wie Heinrich Lersch, der mußte – noch dazu mit seinem lebhaften Temperament und dem naiven Zutrauen neben natürlichem Bedürfnis zum Pathos – das Dritte Reich in seinem Kommen, in seinen ersten Jahren der friedensgetarnten Aufbaufreudigkeit begrüßen und sich ihm verpflichten. Nur die eine, die liedhaft-bravouröse Seite Lerschs – und diese gleichsam im Abglanz nur, mit erfolgreichen Wortformeln weiterarbeitend –, rührte der Umschwung an. Der so bald erfolgte Tod des Dichters nahm die Entscheidungen ab. Wir dürfen nur vermuten im Hinblick auf die Spannungen des Gesamtwerks, im Hinblick auf seine Liebeserkenntnis, daß sich Lersch wahrscheinlich später qualvoll in den Sackgassen einer Pseudofreiheit gewunden hätte. Fest steht, daß in seltsam eigenwilliger Entsprechung Heinrich Lersch die dreifache Gestaltentypik unserer Epoche, wie sie Ernst Jünger in logischem Zusammenhang sieht, unbewußt verkörpert und in ein Werk gegeben hat: Arbeiter, unbekannter Soldat und Waldgänger war er und wurde er.

Waldgänger – nicht so sehr als Elitemensch, wie es Jüngers Ausdeutung verlangt, sondern als ein in Einsamkeit und Weltschau sich Erneuernder, ein um echte Freiheiten und Einsichten ringender Wanderer. Lärm und Stille waren dem Dichter in der heimatlichen niederrheinischen Umgebung zugleich vertraut. Aus der Werkstatt konnte er in den Wald ziehen, Schlote und Ackerweiten grenzten aneinander. Wanderburschensehnsucht mußte hier, in der gegliederten Landschaft, aufkommen, Neugier auf die großen verbindenden Straßen, die das heimatliche Leben erst recht bestätigen und anschaulich erläutern. So hat das Gedicht „Sehnsucht" einen glaubhaften, traditionellen Volksliedton:

...
„Nun sausen die Eisenbahnen,
Die Schiffe ziehn auf dem Rhein,
Jetzt kann ich nicht mehr bleiben,
Ich muß in die Welt hinein!"   Das dichterische Werk, S. 251

Die alten Wanderstraßen nach Österreich, der Schweiz und Italien, nach Belgien an die Küste bringen den Dichter zwar äußerlich in Bedrängnis; denn er will schauen und lernen, weniger von Werkstatt zu Werkstatt sich durchschaffen. Einmal Genügsamkeit, dann Zufallsrausch, einmal harter Hunger, dann Behagen an fremden Tischen – was tut's, es bleibt im Elend das Erkennen vom durch den Menschen schöpferisch gewonnenen und nachgestalteten Reichtum der Erde; es bleibt im Genuß aber auch das herbe Erkennen aller irdischen geheimen Unzulänglichkeiten. Lersch geht die Wege der Welt, damit die Wege seines Herzens ihm deutlicher werden. Aber immer wieder kommt er zurück zum Rheinstrom. Immer wieder ist es die heimatliche Doppellandschaft, die ihn anregt:

...
„Unter den steigenden Eisengebilden
Dämmern die Wiesen, weidet das Vieh,
Und am Horizont flackern die wilden
Feuerbrände der Industrie."

„Fahrt in die Industrie", in: Schulter an Schulter, 1934, S. 72

An anderer Stelle heißt es: „Der Rhein ist breiter als seine Ufer. Mit ihm fängt alles an und hört alles auf" (Das dichterische Werk, S. 219).

Lersch deutet kühn nach seinen innersten Spannungen zwischen der Arbeitswelt und seiner Liebe zur Heilandsgestalt, ihrer Leidens- und Erlösernähe, den Geist seiner heimatlichen Welt aus, wie er sich ihm in den Wiederbegegnungen immer symbolträchtiger dichterisch formt. So erlebt der Schiffer, der bei Duisburg-Ruhrort vorbeifährt, eine Vision:

> „... Vor der roten Abendwolke,
> Die im Purpurglanz erblühte,
> Auf der roten Sonnenscheibe,
> Kniete aufgereckt ein Mensch.
> Farben, glühende Korallen,
> Leuchteten um Leib und Antlitz,
> Und die Augen waren eines
> Bergmanns oder Jesu Christ."
>
> „Legende von der Erlösung", in: Das dichterische Werk, S. 239

„Siegfried", der magische Abgesandte aus dem Zeitlosen in die Zeit, weiß darum, daß gerade das Rheinland in seiner Werkstättenlandschaft und mit seinen Menschen ihm zur Aufgabe wird, die „Seelen in sich aufzunehmen" und er ruft: „Wo sind sie, der Rheinländer Seelen!" (Siegfried und andere Romane aus dem Nachlaß, S. 198). Gerade mit diesem ganz ins gewagt Geistige gehenden Romanversuch offenbart Lersch, wie er Heimat und Welt, Alltag und Zeit, Mensch und Gottesgeschöpflichkeit in ihren großen Entsprechungen innerlich durchlebte und die Kräfte der echten Besinnung neben die Gewalt der Taten stellte.

III.

Abrundung solcher Erkenntnisse verschafft ein Blick auf den dritten Grundzug von Lerschs Leben, Wirken und Schreiben: sein Verhalten und Ausdeuten all jener Gemeinschaften, aus denen und mit denen er als Arbeiter, Soldat und Dichter lebte.

Er ist kein Familienmensch, aber er hält fest an dieser kleinen und in sich differenzierten Welt. Keine Wanderschaft entzieht ihn völlig der väterlichen Werkstatt, der Nietgemeinschaft am Kessel, immer wieder hilft er und scheint zu solcher Hilfe immer wieder gerade rechtzeitig zurückzukommen. Die Typen der Familie und der hinzuwandernden Gesellen erfüllen die Prosa – den rhapsodischen Roman „Hammerschläge" und das vielleicht wegen des fast gleichlaufenden Themas abgebrochene Fragment „Die Kesselschmiede". In beiden Werken steht die tüftelnde und lärmende Gestalt des Vaters und Werkmeisters da, gruppieren sich um den schmächtigen, doch willenskräftig mitarbeitenden Knaben die wilden Gesellen, deren Kesselschmiedberuf ihnen einen Sinn für Freiheit des einzelnen gibt. Die Nietkolonne wirkt als lebendiges Bild der Gemeinschaft und der Einzelverantwortung zugleich in diesen Dichtungen, ja von ihr geht gleichsam die Kraft der „Hammerschläge" in die Welt. Auch in den zahlreichen Erzählungen, die alle großenteils biographischen Charakter

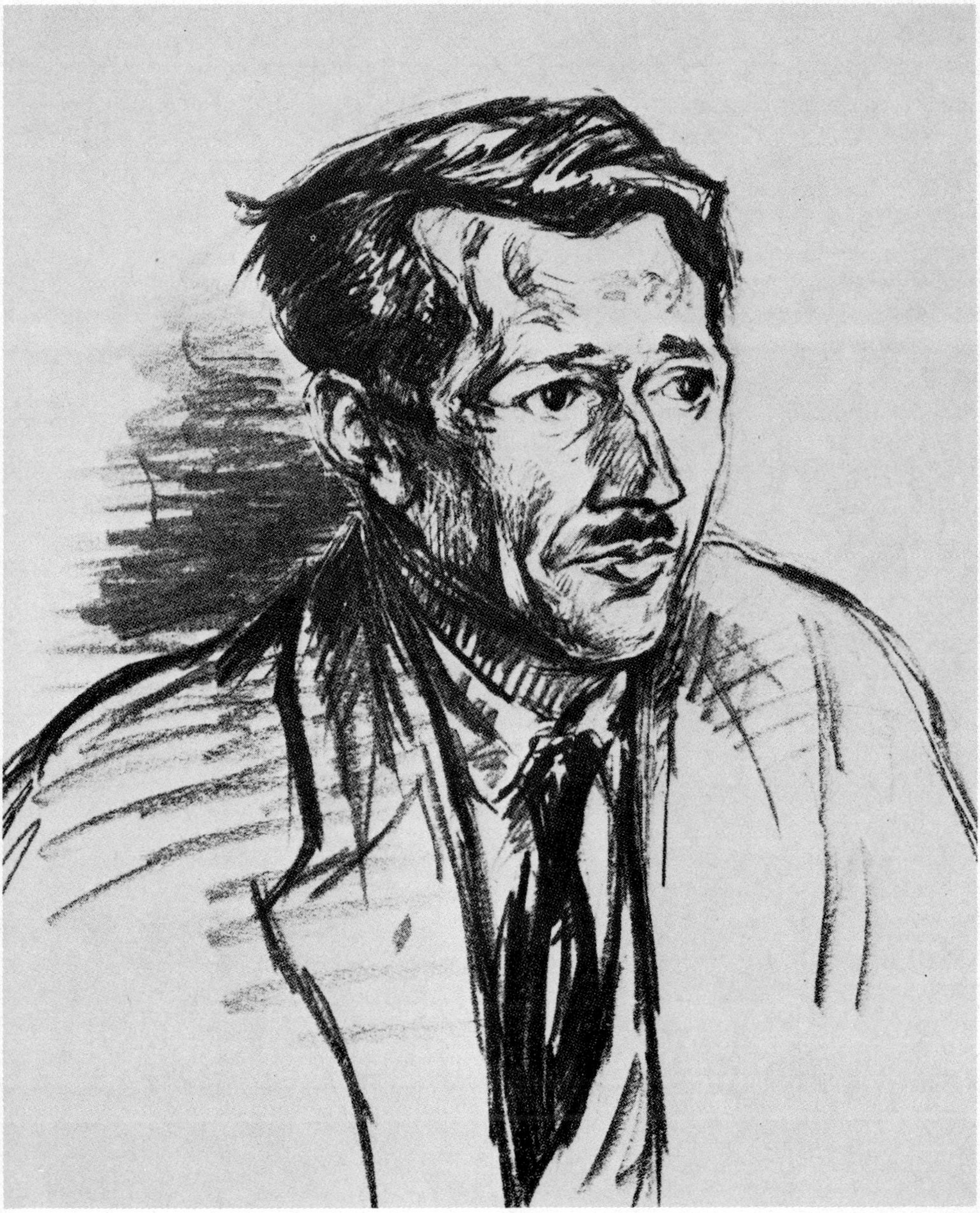

Heinrich Lersch
Zeichnung von Heinrich Nauen, Lithographie aus der Dr.-Walter-Kaesbach-Stiftung
im Städtischen Museum in Mönchengladbach

haben, auch bei der Schilderung der großen Werkstätten andernorts, beherrscht dieses Bild der Kesselschmiedgruppe die Szenen und verdeutlicht mit dem geschilderten Arbeitsgang die einzelnen Gestalten. Auch die heimatlichen Webereien, zu denen die Schichtarbeiterinnen strömen, sind dem Dichter eingeprägt. Wo immer Lersch sich aufhält, schärft er seinen Blick für die Arbeitswelt. In Griechenland beschreibt er mit gleicher Leidenschaft, wie er die blassen, lauten Fabrikmädchen der Heimat zeichnete, die Feigen einstampfenden Mädchen von Calamatta. Der Begriff der „Werkleute" belebt ein später einseitig parolehaft ausgenutztes Gedicht, das davon spricht, wie lebensvoll die Schar (nicht die gesichtslose Masse!) der Wirkenden mithelfen sollte, ein Volk zum Volk zu bilden und ihm Freiheitsbewußtsein (= innere Mündigkeit) zu schenken. Nur aus der Kenntnis von Lerschs Herkunft, Leben und Zeiterlebnis kann man diese beiden gefährlich negativ zum Klischee erstarrten Begriffe aus jüngster Vergangenheit richtig werten. Fortschritt und Gemeinschaft sollen sich bei Lersch aus wahrhaft bildenden, ja frommen Energien entfalten. Wieder ist zu sagen, daß mit solchen Gedanken Heinrich Lersch einerseits einer allzu national-optimistischen Vergangenheit anzugehören scheint und andererseits in seinen Grundgedanken rettende und den Materialismus überwindende Züge besitzt. Wenn „Arbeit Heimat" genannt wird (Schulter an Schulter, 1934, S. 92), wenn im Gedicht „Tag-Werk" (ebd., S. 93/94) gesagt wird:

> „Mein Werk, ich will dich tragen,
> Wie Gott die Erde trägt",

so enthält diese Lebenshaltung eine freudige Bejahung des Arbeiterschicksals mit seinen eigenen Gesetzen.

Die Wanderschaften Heinrich Lerschs bringen ihn zusammen mit den Brüdern der Landstraße, vom Gelegenheitsarbeiter bis zum weltweisen Vagabunden. Vergessen wir nicht, daß in den Jahren, die Lersch wandernd verbringt, ein so gegensätzlicher Geist wie Hermann Hesse seinen „Knulp" schreibt. Die Romantik und die Freiheitsfreude des Landstraßen- und Landstreicherdaseins liegen – in Opposition zur Normwelt der Städte – in der Luft. Der Dichter Lersch sucht die Kameraden, ohne doch mit ihnen zusammenbleiben zu können. Er ist ohne Willen und Absicht anders als die Nutznießer der reichen Werkstätten und Höfe. Auch er bettelt und schlägt sich faulenzend, oft sehr elend durch – aber er treibt großen Gewinn ein für sein poetisches Werk. „Ich will nicht kalt werden in Abgeschiedenheit", sagt sich der Dichter (Abglanz des Lebens, S. 17). Die Sammlung der Erzählungen „Mut und Übermut" ist voll von Erlebnisstudien und Charakterstudien der Landschaften und der Gesellen. Vom „Rheinländer" (keinem anderen als Lersch selbst) heißt es: „Er war ein einzelner und einsam: also mußte er in der großen Masse der Arbeiter aufgehen und mit ihnen leben ..." (ebd., S. 113). Nur dort in der Gemeinschaft „würde er fertig, ein Mann werden" (ebd., S. 118). Die lebhaftesten und dichterischsten Partien, voll heimlicher Romantik und ungezügelter Derbheit, finden sich in diesen Geschichten aus den Wanderjahren. Aber der Dichter kann nicht umgehen, was ihn teils erheitert, teils bitter macht: daß bei seinen Aufenthalten in den großen Werkstätten ihm die „Roten und die Schwarzen", sozialistische und christliche Gewerkschaftler, Überredungsfeldzüge liefern und er doch in seiner Wesensart, ohne charakterlos zu sein, ganz von innen her, zwischen beiden steht. Ein Roter sagt von ihm: „Entweder er begreift den historischen Materialismus ... oder er bleibt in seinem Handwerkerfimmel und würgt sich zwischen Gott und Kapital kaputt" (Hammerschläge, S. 197). Und gar so unrecht wird jener Funktionär nicht haben: Lersch begreift die blutige Revolution der Arbeiter – aber er hält an Jesus, an der Liebesbotschaft fest –, „auch wenn es keine Kirchen gäbe und die Arbeiter in allem recht haben!" (Ebd.) Ihn schaudert vor der „Arbeit als einziger Religion"; dies eröffnet im Grunde ein Nichts, dem der Dichter in ihm widerspricht, dem er als ein wahrhaft von Herzen Frommer (und trotz aller Konflikte und Gewissenskämpfe fromm Bleibender) sein ganzes Selbst entgegensetzt. Erlebte Arbeitswelt wird Lersch hier immer wieder das gültigste Exempel für das Mittätigsein des Gewissens, des von Höherem geleiteten Geistes. So die Erzählung „Der kleine Maschinist": sie schildert, wie ein Arbeiter einen Gastsänger im Opernhaus mit Geistesgegenwart vor dem Geköpftwerden durch eine maschinell versenkbare Plattform rettet. Es heißt da bekennerisch, die Einzelverantwortung, ja das „Gewissen" hervorhebend: „Die letzte Vollkommenheit der Technik ist erst die Hingabe des Arbeiters, der sein menschliches Leben zur Seele der Maschine, zu ihrem fehlenden Geist transformiert, damit sie nicht vernichte, was sie bilde" (Pulsschlag der Maschinen, S. 78).

Der Dichter Heinrich Lersch sucht die Gemeinschaft mit anderen Dichtern – und auch hier kommt ihm die Zeit entgegen mit dem Bund der „Werkleute auf Haus Nyland", dessen große Aktivität in die fruchtbaren Anfänge Lerschs fällt. Klarsichtig – z. B. in der Meinung über den andersgearteten, Pathos mit Kunstwillen übenden Josef Winckler – bleibt er zwar allen Gefährte, aber ein Gefährte auf Abstand, der sich nur dem früh fallenden Gerrit Engelke im Dichten ganz verbunden weiß.

Der Krieg, in dem dieser Kreis besonders aktiv die neue Gebundenheit an die Wirklichkeit vom Völkischen her bekundete, läßt Lersch zum Sänger der Kampfgemeinschaft wachsen – und zugleich zu einem Beter, der in seinen letzten Konsequenzen kaum auf „Gefolgschaften" rechnen darf. Hier macht sich, tragischer als bei Lerschs Stellung zu den aktiven Gewerkschaftlern und den Parteien, der Konflikt des Christen mit dem Leben, mit den Zeitströmungen geltend. So bleibt ihm letztlich, bei den Widersprüchen von Liebe und Kampf, die alte Unruhe zu Gott, die jeden ergreifen muß und lebenslang erfüllen wird, der nicht den anderen, einzig möglichen Weg sinnvoller, weltabseitiger, heiliger Versenkung gehen kann.

Rückschauend wird in der Inflationszeit Lersch den Kriegsbeginn beschreiben, wie er ihn unter der mitreißenden Wunschgewalt nach Größe des Vaterlands erfaßte:

„Aller Blutbande entfesselt, hingegeben den Weinenden,
Ohne Wille, Wunsch, Selbst!
Schaute hoch über allem Volk, durch alle Fernen
Den Schicksalszug aller Menschenvölker,
Durch Erdkatastrophen, Kriegszüge, Völkerwanderungen,
Auch uns hinschreiten, an das Schicksal verloren,
Und ich fühlte mich hinabgeschleudert ins Männervolk,
Wehrvolk,
Schicksalsbestimmt als Soldat der Soldaten."

„Mensch im Eisen", in: Das dichterische Werk, S. 49

Von „heiliger Opferung" kann der Dichter später in der ernüchternden Notzeit nach dem Kriege sprechen und das Absurdum der Vergeblichkeit umgehen durch seinen Glauben an die Urgebärden des Menschen, zu denen auch die Verteidigung des Lebens gehört.
Auch im religiösen Erlebnis spüren wir aus jeder Zeile des hier immer freimütig bekennerischen Lersch die Spannung zwischen ureigenem Erlebnis, überlieferten katholischen Symbolen und dem Einbruch einer Bild- und Gestaltenwelt, die von der Arbeit selber, von dem Antrieb der Gruppe, der „Kolonne" bestimmt ist. Bezeichnend wird jene Doppelgewalt diesseitiger Gemeinschaft und aus dem Jenseits einbrechender Macht in „Hammerschläge" einmal anschaulich gemacht. Beim Nieten überfällt es den Jungen: „Nur Gott und ich waren noch auf der Welt, ich sah den Allmächtigen, der früher ein milder Greis gewesen, nun, ein bärtiger Ingenieur, ernst und doch überlegend lächelnd, mir diesen Hammer aus dem Weltall hinunterreichen..."
(S. 181). Keiner hat wie Lersch die Madonna und Christus in die Schützengräben steigen lassen, keiner wagte wie er Formulierungen, die aus seinem gleichsam doppelt schlagenden, der Erde und Gott gehörenden Herzen hervorbrachen, die aber sehr leicht, wie alles Ursprüngliche und aus echtem Pathos Lebende mißbraucht werden konnten: Zum Beispiel „Ich glaub an Deutschland wie an Gott!" Bezeichnend heißt es ja dort weiter „Er gab uns: Mensch zu sein!" („Bekenntnis" in: Das dichterische Werk, S. 293.)
Lerschs Gebundenheit an die aus der Zeit aufsteigenden Formen der Gemeinschaft läßt ihn niemals das persönliche Ziel verleugnen. Es entstand aus sehr eigenwilliger Weltsicht, jenseits jeder hier womöglich hineinzuinterpretierenden Parteilichkeit: ein Ideal, das in der Wirklichkeit nur Auftrag bleiben kann.
„Als Arbeiter Mensch sein, der über sich die Gerechtigkeit fühlt und vor sich die Freiheit sieht, in dessen Herzen die Schönheit ist.
Wir wollen den Dreiklang in Harmonie: Ein Leben in Arbeit, Schönheit und Liebe."
„Wir", in: Abglanz des Lebens, S. 72

Selbst der Kampf umschließt die große Harmonie, die Liebe aus der Wurzel Jesse. An solchem Doppelbewußtsein mußte Lersch tragen, solange er lebte.

IV.

So gesehen, entwickelt sich der Dichter Lersch im literarischen Bereich seiner Zeit mit einer Besessenheit, die sein ganzes Werk noch bis in die Romanfragmente hinein autobiographisch macht. Die Arbeit, nicht die gleichsam am Rande aufgegriffene und nach seinem Willen nur bruchstückhaft angenommene Bildung macht ihn zu dem, was er schöpferisch ist: nicht mit Goethe, mit Liliencron kann der junge Mensch etwas beginnen! („Hammer und Feder sind beide von Stahl", in: Mut und Übermut.) Liliencrons unproblematische Wendung zur Wirklichkeit und seine Kraft der Impression ziehen Lersch zu diesem Lehrmeister der Lyrikergeneration um 1900. Auch darf man mit Recht von Lersch sagen, was im Zusammenhang mit einem Lebensbild Max Barthels ausgesprochen wird: „Auf den Landstraßen holen sich die dichtenden Arbeiter ihr Reifezeugnis, die Werkstätten sind ihre Universitäten" (Dichter und Denker unserer Zeit, Folge 26, S. 19). Dichtende Arbeiter – diese Bezeichnung, die sowohl auf Karl Bröger, auf Max Barthel als auch auf Heinrich Lersch zutrifft, kennzeichnet einen in der deutschen Literaturgeschichte einmaligen Aufbruch von schöpferischen Kräften, deren ursprüngliche Unbefangenheit vor allem bei Lersch anknüpft an uralte Wurzeln der anonymen Arbeitsdichtung (Sprache, Takt, Refrain!) und an ebenso alte, ja mythische Bilder (Welt des Ikarus, des Wieland!). Der Sprung über Bisheriges, die revolutionär jungdeutsch gefärbte Dichtung eines Freiligrath, die anklagend naturalistische Gerhart Hauptmanns, die gebildet-feinfühlig die zukünftige Arbeitswelt erforschende Lyrik des Nyland-Freundes und -Förderers Richard Dehmel, gelang auf unterschiedliche Weise diesen drei genannten proletarischen Dichtern. Nicht hörig, aber hellhörig zugewandt der dichterischen Anregekraft eines Walt Whitman und eines Emile Verhaeren im ästhetischen und ethischen Sinne (vgl. Ernst Wilhelm Balk: H. Lersch, S. 13), verschwistert dem dynamischen Weltgefühl eines Ernst Jünger, gilt Heinrich Lersch innerhalb seiner Dichtergefährten als der stets „Unruhige" (Franz Alfons Hoyer). Seine Wesenskomponenten setzen sich zusammen aus „einer vom katholischen Erbgut geprägten Mystik, ... rheinischem Volkstum und rheinischem Geblüt" (Fr. Alfons Hoyer: Die Werkleute auf Haus Nyland, S. 253). Die Werkstufen, die sich ja bezeichnenderweise erst spät ins Gedankliche hinein mit groß angelegter Prosa auffächern, erwachsen aus engstem heimatlichem Kreise ins Allgemeine: aus dem eigenen Arbeitsleben in das von Volk und Zeit, aus dem eigenen Leiden und Ringen in das des Volkes der Deutschen. Mit solchen Dichtern weitet sich, denkt man an die Begegnungen mit Geistern wie Richard Dehmel, der sich auf soziale Anklage oder Werkidylle beschränkte,

der seit der Mitte des 19. Jahrhunderts anzusetzende Bereich einer reinen Arbeiterdichtung (vgl. Gestalten wie Heinrich Kämpchen!) ins zeitgeschichtlich Bedeutsame: „Aufrührerische Bürger und das seelisch mündig gewordene Proletariat begegnen sich im Ausdruck" (Alfred Kleinberg: Die deutsche Dichtung in ihren sozialen ... Bedingungen, S. 417).
Der Aufbruch Lerschs in das dichterische Arbeiten geschieht inmitten der elenden und von so viel Todesmut erfüllten Umwelt seiner Jugend und zeigt an, wie selbstverständlich das lyrische Element zunächst den Vorrang hatte, bis die klärende Prosa erarbeitet werden konnte. Ein „Schmierer" verbrennt in einer Baumwollfabrik, wehrlos müssen die Gefährten seinem vergeblichen Fluchtweg zusehen. Und in Heinrich Lersch wächst in solchem Augenblick der Wunsch, das schwere Wagnis der Dichtung auf sich zu nehmen: „Da wußte ich, jetzt mußt du Dichter werden, um eine Sage sagen zu können: die Sage vom Soldaten der Arbeit. Dazu mußt du in die Einsamkeit gehen und so lange Blut und Wort im Munde behalten, stumm sein und leiden, bis Wort und Blut eins sind. Ja, jetzt mußt du auf die Wanderschaft gehen, einsam und allein, in die Gebirge und Täler, auf die Felder, in die tiefen Wälder, in denen der Gott wohnt, der unsere Sprache schuf" („Die in den Fabriken sterben", in: Pulsschlag der Maschinen, S. 39).
Als Lerschs erster Gedichtband „Abglanz des Lebens" erscheint, eine noch von vielen Unsicherheiten und Ausdrucksweichheiten erfüllte Talentprobe, feiert die bedeutsame bürgerlich-gesellschaftskritische Dichtung Triumphe: 1913 gibt Annette Kolb den Roman „Das Exemplar" heraus, und Thomas Mann veröffentlicht den „Tod in Venedig". Die heute noch lebendige Dichtung aus einer mit dem Geiste erkundeten Landschaft steht seit derselben Zeit vor uns: Stehrs „Geschichten aus dem Mandelhause"! Kafkas „Heizer" erscheint daneben wie das Heraufdämmern eines unheimlich neuen Weltgefühls. Lerschs Dichtung mutet an wie ein Ausbruch aus einem bisherigen Tabubezirk, in dem ebenfalls morgige Entscheidungen fallen werden. Als kurz nach der Inflation der Zyklus „Mensch im Eisen" erscheint, spannt sich für Deutschland das bedeutende literarische Feld von Rilkes „Duineser Elegien" bis zu Thomas Manns Roman „Der Zauberberg" und Hofmannsthals Bühnenwerk „Der Turm". Europa ging durchs Feuer und schreit oder meditiert nun über die Refugien des Herzens, des Geistes. Lersch erzählt das Leben des Arbeiters und die bei allen ungeleugneten Nöten erstandene Selbstbewußtheit des Proleten, der als „Geist der Maschinen" das Richtende und das Aufrichtende dieser Zeit in strömende, zumeist gültig geformte Versrede bringt. Die Publikation des Romans „Hammerschläge" fällt in die bisher entscheidendsten Jahre für die deutsche Dichtung. Beständige Zeugnisse des Expressionismus, der neuklassischen und neuromantischen Strömungen sind da: Hans Henny Jahnns „Perrudja" beispielsweise, Paul Ernsts Dramen und Prosa, Agnes Miegels „Geschichten aus Alt-Preußen". Die späterhin so wich-

tigen Marksteine eines neuen Epos entstehen: Musils, Hermann Brochs, Heimito von Doderers Romane. So kritisch abseits von einer hektisch nationaldeutschen neuen Erhebung diese österreichischen Werke stehen, so gefährlich eine Agnes Miegel in ihrem Wesen und Wirken einbezogen wird in das Kulturprogramm des kommenden zwölfjährigen Reiches, so zeitnah in ebensolchem Sinne Heinrich Lersch erscheinen muß und es den heutigen Betrachter noch immer anmutet, als sei damals ein bis heute spürbarer Riß durch die deutsche Dichtung gegangen und als wollten diese Fragen nach Maß und Bedeutung einer regionalen, nationalen Dichtung innerhalb der weltoffenen Literatur nicht aufhören – man hat Heinrich Lersch hier als einen Sprachmächtigen, einen Unbefangenen zu sehen, der wahrhaftig zu dieser zwielichtigen geschichtlichen Stunde „das gültige erhabene Gedicht und die für künftige Zeiten dokumentarische Prosa vom Industriearbeiter unseres Jahrhunderts" schuf (vgl. Christian Jenssen im Vorwort zu den „Briefen und Gedichten aus dem Nachlaß", S. 5). Als ein Dokument, mit Geist und Herz geschrieben, erscheint vor allem der großangelegte Roman „Die Pioniere von Eilenburg", der 1934 herauskommt und internationale Arbeiterprobleme vermischt mit der bitteren tatsächlichen deutschen Kleinkrämerei, die die Arbeiter selbst in jenem sächsischen Eilenburg ihre genossenschaftliche Lebensmittelversorgung wieder zerstören läßt.

Vergleicht man die heute wie auch immer lebendige oder künstlich gezüchtete Arbeiterdichtung im ostzonalen Deutschland, so erkennt man, mit welcher unabhängigen Herzenswucht Lersch seine Dichtungen schrieb. Nicht die Arbeit, nicht eine Partei ist das einzig Vertretbare und letzte Korrektiv, sondern im Menschen ruht das Maß des Dienens und der Freiheit, liegen irdische Grenzen und Zugänge zum Göttlichen. In dem Romanfragment von den „Ruten Gottes" heißt es: Die Elemente des Sozialismus, durch den deutschen Geist gestaltet und veredelt durch Religion, diese Dreiheit wird unserem Volke helfen! (Siegfried u. a. Romane, S. 372.)

V.

Ein Realismus, der von idealistischen Thesen erfüllt ist, ein heroisches Weltgefühl voller Bestreben, Grund und Maß zu behalten, eine Fortschrittsdynamik, die sich ihrer Liebestendenzen nicht begeben will – wie formt sich das in Lerschs Sprache, in dem Gehalt seiner Dichtungen? Denn von hier aus erhält ja dieser Arbeiter als Schreibender seinen Rang jenseits seiner problematischen Verflochtenheit mit den Umbruchsjahren seit 1914.

Sprache und Form offenbaren durch die Werkausgaben hin, da die Erinnerung in Lersch stets neben der Zeitauseinandersetzung lebt, das Naive und das Pathetische, das Heroische und Gefühlsselige, das Ich und die Eingefügtheit in die Werkgemeinschaft – Bekenntnis also und nicht ungefährlich mitreißende

Kollektivparolen. In den frühen Gedichten, aber auch in den vaterländischen Nachlaßgesängen lebt ein traditioneller Kreuzreim, der „deutsche Vers" in naiver Technik, gefüllt von einer schlichten, zuweilen unpersönlich gefällig wirkenden Sprache. Es gibt ein paar Gedichte in der rheinischen Mundart, es gibt reine Augenblicksimpressionen, die hier als Beispiel dienen können. Dem Lied steht immer stärker der Streckvers, der Willkürreim langatmiger Zeilen, steht ein teils gelungenes, teils allzu dick geratenes Pathos gegenüber. Diese Form dient, besonders in der späteren Lyrik, dem Willen, die Arbeitswelt in allen Einzelheiten und allem Für und Wider inmitten der Zeit zu beschreiben. Der Bilderstrom gerät hier oft ins Abwegige, das Gefühl für Ausdrucksbeschränkung um der stärkeren Wirkung willen fehlt, Lersch kann sich nicht genugtun in der Verquickung von Arbeitswelt und Kosmos:

> „Werk-Same!
> Aus den glühenden Leibern der Hochöfen
> fließt du in die Gebärmutter
> gewaltiger Bessemerbirnen ..."
>
> „Mensch im Eisen", in: Das dichterische Werk, S. 197

Dann wieder gerät alles ins Plakathafte, noch getränkt von expressionistischen Quellen, wie sie diese Jahre hervorbrachten, aber schon bedenklich hinweisend auf kommende nationale Liedfabrikationen (Mutter ...):

> „Deiner echten, natürlichen Söhne und Töchter,
> kämpfende Armeen!
> Mensch, Mensch, Mensch!
> Volk, Volk, Volk!"
>
> Ebd., S. 208

Dagegen aber steht die Fülle von Situationsschilderungen, in denen in Prosa oder Poesie der wahre, herbe Rhythmus der Arbeit, taktische Zurufe bei der Nietkolonne, Handreichungsbefehle vorherrschen. Auch lebt die Begriffswelt der Industrie, weniger hektisch als bei Engelke, weniger pompös als bei Winckler, in drängenden, diese Welt gleichsam verlebendigenden Reimen:

> „Die Pressen, die Hämmer, die Feuerfluten,
> Die Öfen, die Flammen, die Dämpfe, die Gluten!"
>
> „Fahrt in die Industrie", in: Schulter an Schulter, 1934, S. 73

In dem Nachlaßroman „Siegfried" läßt Lersch den Dichter Hannes Uhl sagen: „Zwischen dem Eisen hab' ich keine Ruh. Das schreit alles mit metallenem Munde mich an in seiner Sprache. Nun soll ich das ins Deutsche übersetzen. Wenn ich's nicht tue, wer soll es dann tun? Der Oberlehrer kann's nicht und Gerhart Hauptmann auch nicht. Sie wissen nichts vom Gott, der das Eisen wachsen läßt" (Siegfried u. a. Romane, S. 203). Julius Bab äußert sich in seinem Kommentar zu dem Bande „Herz, aufglühe dein Blut" (1916) zustimmend zu der großen lyrischen Begabung Lerschs, die allerdings neben dem Elementaren auch das Abgleiten ins volksmäßige Pathos kennt (ebd., S. 6). In den großen Langstreckenversen allerdings gewinnt ein überwiegend sicheres sprachliches Relief die Herrschaft: Bewegte Masse, die gezügelt heranwälzt, was an Bildern, an Beziehungsreichtum von der Arbeit zum Weltganzen möglich ist. Lersch ist empfindlich gegen die Meinung, daß solche Breite lediglich aus Whitmanschem Einfluß hervorging, und in der Tat sind ja diese Gesänge mit ihren dynamisch eingesetzten Zäsuren ein eigenes, das sich bereits in einigen unbeholfenen frühen Versen abzeichnet: „Man wirft mir oft und gern vor, daß ich dem Amerikaner Walt Whitman das Versmaß abgeguckt hätte: unendliche lange Zeilen ohne Reim ... Aber das ist nichts als rollendes Poltern der Preßlufthämmer aus Kesselnieten und Nähten, der Hetzrhythmus des Stückakkords im Banne der größtmöglichen Produktion, der kein ruhiges Verweilen in kurzen Abständen gestattet. Der alte Nagelschmied, der konnte in kurzen Versen dichten, der Grobschmied braucht schon längere Gezeiten" (Zitat aus „Das literarische Echo" Jahrgang 28/661 bei Fr. Alf. Hoyer, a. a. O., S. 259). Das Maßlose der Hymnen, das sich oft am Rande erträglicher Ausdrucksmittel bewegt, weiß Lersch selber unbewußt zu interpretieren, wenn er auf See Zwiegespräche hält mit Bruder Faun: „Im Sturm meiner Gesänge zeugen wir, alte Sklaven, den neuen Menschen! Wir ... stehen in Kolonnen, Göttersöhne auf Erden!" (Mittelmeerreise, S. 88.) In den Langversen stehen die bei Lersch unbekümmert selbstherrlich wuchernden Doppelworte, die drängenden Befehle stürmisch gereiht, erleben wir seine Welten gleichsam dreifach. Arbeits- und Kriegsbilder, dazu allgemeine Verkündigungen schichten sich auf:

> „Aus den Gräben der Empfindung schleudern wir Gesangsgranaten,
>   Flammenwerfer-Liebesgluten lohn, verzehrend Wahn und Dummheit.
>   ...
>   Brecht mit Weltalarmmusik ins harrende, dumpfe Menschheitsvolk,
>   Marsch, marsch, marschiert: Der Mensch ist unterwegs!"
>   „Mensch im Eisen", in: Das dichterische Werk, S. 211

Nicht nur im Kriege findet Lersch wagemutige Übergänge von christlich-katholischer Bildwelt zum gelebten Augenblick. In fließenden Übergängen vertauscht er Kultwissen und proletarische Erlebnisse:

> „Mutter meines Volkes: Proletariat!
>   ... deine Kirche ist die Fabrik,
>   In der du zum Opfer dargebracht wirst."   Ebd., S. 206

Sehr dünn, nur gehalten durch die um letzte Maße wissende Persönlichkeit Lerschs, geht hier die Grenze zur späteren, in der ostzonalen deutschen offiziellen Arbeiterdichtung üblichen Transponierung geläufiger christlicher Vorstellungen in Parteivorgänge. Lersch ahnt, wie man aus Überkommenem

„erneuern, umwandeln" kann – aber er tut es als ein einzelner, freier Dichter mit heimatlichen, weltweit bestätigten Erfahrungen.

In seiner Prosa findet er die Balance zwischen Bildungsdeutsch und Arbeiter- und Tippelbruderformeln („Ich hau' in den Sack", ich „mach dem fünf Zehen im Arschloch krumm!") durch seine erzählerische Freude und Ergriffenheit, die ihn eine proletarische Biographie in Variationen schreiben läßt. Denn nichts anderes ist ja sein Werk, das Ich-Charakter besitzt und das doch das Allgemeine der Arbeiterschaft meint. Die Romane – bis auf jenen geschlossen komponierten von den „Pionieren von Eilenburg", wo Lersch sich einmal zur distanzierten Inhaltsentwicklung zwingt und bis auf die komplizierten Inhaltssprünge im Siegfried-Fragment – sind erzählerische biographische Mosaiken. Es wiederholen sich alle Erinnerungen und Erfahrungen von Lersch, sie ergeben ein proletarisches Panorama, weniger gefügt als in verschwenderischem Detail gewonnen. Schon 1917 schreibt Lersch an den Verleger Diederichs: „An der Ungehörigkeit der Form soll man sehn, wie groß der Gegenstand ist, den man bewältigen muß" (Briefe und Gedichte aus dem Nachlaß, S. 49).

Der Gegenstand – er kehrt immer wieder, er erscheint in festen Symbolen: Kesselschmied sein gibt ein ganz besonderes, alles bestimmendes Weltverhalten. Die Pole dieses Daseins mögen verschiedene Namen tragen in den Zeitläuften, im Grunde bleiben sie die gleichen: Gefangenschaft im Feuer der Arbeit – des Krieges – der Revolution; Freiheit in der Verantwortung des Tuns – der Bruderschaft – der Liebe. Der „Mensch im Eisen" kann sich befreien durch den lebendigen Geist, durch kosmisches Wissen. „Dichter und Proleten" scheinen „Deutschlands letzte Hoffnung" (Der Brand im Kohlenbunker, in: Mut und Übermut). Immer wieder verwendet Lersch für sich selbst auch als arrivierter Dichter das Bild des Schmiedes, der „Seelen und Gemüter" unter dem Hammer hat (ebd., Die drei Soldi). Der „Gesang des Eisens", mit dem der Dichter auf die Welt kam, hart neben der lauten väterlichen Werkstatt, wird sein Generalthema. Erfüllt von ihm, beschreibt er in den Gedichten den Gang durch Krieg und Notzeit, beschreibt er in der Prosa immer wieder die Wege des jungen Menschen, der als Arbeiter in die Zeit wächst, aus Höhlen zum Licht drängt: eine neue, von tragischen Konflikten erfüllte Wieland-Gestalt, die im „Siegfried" ihren dichterischen Höhepunkt erfährt. Der Reine und Starke wird getötet vom Eisen – aber im Eisen auch leben sein Wollen und Fordern weiter, lebt die Schmiedesehnsucht, Anteil zu haben mit dem Werk an der Ordnung, die über die Welt hinausgeht.

„Vater Hammer! So preise ich dich.
Vater aller Werkzeuge, Vater allem Weltwerk ..."
„Mensch im Eisen", in: Das dichterische Werk, S. 194

Der Krieg wird zur Schmiedewerkstätte. Lersch gibt ein realistisch-hymnisches Bild mit allen Hemmungslosigkeiten eines vaterländisch Begeisterten („Die große Schmiede"). Siegfried ist der wiedererstandene „Mensch aus Eisen", der zugleich als ein Gipfel von Lerschs derber Schelmerie erscheint; ein kraftvoller Tor ist dieser Held und ohnmächtiger Märtyrer in der Nachkriegszeit dazu.

Der zweite starke Inhalts- und Bildkreis ist die Glaubenswelt, die nicht zuletzt in den Kriegsdichtungen Lersch zu einem bleibenden Sänger der modernen Großschlachten macht. Einmalig ist der jugendlich-vorandrängende Ton im „Soldatenabschied":

> „Laß mich gehn, Mutter, laß mich gehn!
> All das Weinen kann uns nichts mehr nützen,
> denn wir gehn, das Vaterland zu schützen!
> Laß mich gehn, Mutter, laß mich gehn."   „Herz, aufglühe dein Blut", S. 14

Aber daneben steht das leisere, dunklere Gedicht „Brüder", wo mit dem fremden Kameraden jenseits der Linie „Bruders Angesicht" eines „jeden Toten" erscheint. „Erlöst durch eines Gottes Blut" („Im Schützengraben") treffen sich die schießenden Söhne der Völker gegenseitig tödlich nach einem irdischen Gesetz, das der Dichter Lersch seinem Wesen nach nicht aufschlüsseln noch leugnen kann. Wenn wir Menschen nach des kleinen Sohnes Manni Wort (ein Wort, das vom Vater Heinrich Lersch stammen könnte) „Motoren vom lieben Gott sind" (Manni, S. 79), so steckt darin abermals jenes Wissen um Existenz und Ausgeliefertsein, das die Werke Lerschs trotz aller Zeitfärbung bewegt und vertieft. Gerade dieses Kinderbuch zeigt die gelöste Seite des Kämpfers Lersch, der niemals seinen eigenen frommen Schatten ganz überspringen konnte. Der Bruch, der damit durch den Begriff des Arbeiterschmiedes, des Soldatenschmiedes, des Beterschmiedes geht, mochte Lersch immer bewußter werden. Daher ist das Romanfragment „Die Ruten Gottes" nach dem Entwurf gedrängt von Umschwüngen und Reformversuchen des Helden, der vom Sozialisten zum Industrieherrscher, vom Eremiten zum Frauenliebling, vom krassen Weltverbesserer zum Weltgeduldigen und maßvollen Neugestalter seiner Umgebung wird. Lersch mochte, über seine dichterisch unbedeutenden Braunhemdenstrophen hinweg, die aufkommenden Gewitterzeichen der Zeit mehr ahnen als wissen. Letztlich gilt für sein Leben und Wirken das Bekenntnis:

> „Schreist du deine eigene Qual, schreist du deines Volkes Qual, es ist dein Schicksal:
> Sänger zu sein, Sänger von Volk und Heimat, von Mensch und Werk,
> Sänger des Volkes, das nun um sein Letztes kämpft wie du, um seine Seele,
> Um die Seele des Volkes am Rhein!"
>   „Mensch im Eisen", in: Das dichterische Werk, S. 134

Auch von Lersch bleibt, wie bei jedem Dichter, nur einiges im Flusse der Zeit bestehen. Bezeichnend aber ist, daß unterschiedlichste Verse, die seine Gefühlswelt und sein Denken umspannen, volkstümlich wurden und aus dem lyrischen Vorrat deutscher Dichtung nicht verschwinden werden – teils als Zeitdokumente, teils als Exempel ursprünglicher Dichtung: „Herbst" etwa mit dem bekannten Anfang

„Gärtner, laß die Blätter liegen,
Die jetzt über die Erde rollen ..." Abglanz des Lebens, S. 57

und natürlich der „Soldatenabschied" und „Brüder".
Aus der Prosa wird der Roman „Hammerschläge" ein gültiges Dokument bleiben.
Sohn eines geschichtsträchtigen Landes, dessen fortschrittliche Züge die Jahrzehnte unseres Jahrhunderts mitbestimmten, erscheint Heinrich Lersch nach den Worten Albert Soergels als „ein leidenschaftlich Ringender". Er schenkte sich nichts in seiner Kunst, die noch im Unbehauenen Ehrlichkeit und Lebendigkeit ausströmt.

LITERATUR

Heinrich Lersch, in: Dichter und Denker unserer Zeit (Folge 27 der Studien der Dortmunder Volksbüchereien), enthält eine Bibliographie, die sämtliche Schriften von ihm und über ihn umfaßt.
Den Zitaten liegen folgende Ausgaben zugrunde:
Abglanz des Lebens (²1917).
Briefe und Gedichte aus dem Nachlaß. Herausgegeben von Christian Jenssen (1939).
Hammerschläge. Roman (1938).
Herz, aufglühe dein Blut. Gedichte im Kriege (1916).
Manni. Geschichten von meinem Jungen (1927).
Mensch im Eisen / Mit brüderlicher Stimme. – Gesammelt unter dem Titel: Das dichterische Werk (1937).
Mittelmeerreise (1942).
Pulsschlag der Maschinen (1935).
Schulter an Schulter. Gedichte von Max Barthel, Karl Bröger, Heinrich Lersch (1934).
Siegfried und andere Romane aus dem Nachlaß (²1941).
Zitate aus Werken, in denen Heinrich Lersch erwähnt wird:
E. W. Balk, Heinrich Lersch (1939).
M. Barthel, Dichter und Denker unserer Zeit (Folge 26 der Studien der Dortmunder Volksbüchereien).
F. A. Hoyer, Die Werkleute aus Haus Nyland (Diss. Freiburg i. Br. 1939).
A. Kleinberg, Die deutsche Dichtung in ihren sozialen, zeit- und geistesgeschichtlichen Bedingungen (1927).

FRANZ OPPENHOFF

(1902–1945)

Von Bernhard Poll

Am Spätabend des Palmsonntags 1945 wurde der Oberbürgermeister der Stadt Aachen, der ersten von den alliierten Truppen besetzten deutschen Großstadt, auf Befehl Himmlers durch den Werwolf erschossen. Die Kugeln eines österreichischen SS-Unterscharführers streckten Franz Oppenhoff auf der Schwelle seines Hauses in dem Augenblick nieder, als er für die angeblich abgeschossenen deutschen Flieger die erbetene Verpflegung holte. Während der Täter mit den beiden anderen in das Grundstück eingedrungenen SS-Männern die Flucht ergriff, klagten eine Frau und drei unmündige Kinder an der Leiche des Gatten und Vaters, trauerte die Bevölkerung, soweit sie bei der Evakuierung der Grenzstadt zurückgeblieben war, über den Tod des Mannes, der sich in der schwersten Stunde Aachener Geschichte selbstlos in den Dienst der Heimat gestellt hatte, um hier nach dem Ende des Kampfes die größte Not zu wenden.

I.

Der Oberbürgermeister entstammte einer angesehenen katholischen Beamtenfamilie des Rheinlandes, die im 18. Jahrhundert aus Dorsten in Westfalen zugewandert war und sich dort, ursprünglich unter den Namen *op den Hove* und *op den Hoff*, bis ins 17. Jahrhundert zurückverfolgen läßt.[1] Über die Rheinlande hinaus haben sich die Oppenhoffs durch eine Reihe hervorragender Juristen einen Namen gemacht. Als erster dieser Juristendynastie sei Theodor Oppenhoff genannt, der am 10. November 1738 in Dorsten getauft und 1769 endgültig in die Bonner Notariatsmatrikel eingetragen wurde. Er war kurkölnischer Anwalt und Notar, auch Amtmann der Herrlichkeit Endenich, legte aber beim Einmarsch der französischen Revolutionsheere Amt und Würden nieder, weil er es ablehnte, der fremden Herrschaft den Treueid zu leisten. Er starb in Bonn „aus Gram um seinen Herrn, den Kurfürsten, und um seinen gesunkenen Wohlstand" am 26. Februar 1804.[2] Verheiratet war

---

[1] *Jos. Oppenhoff,* Meine Vorfahren. Als Schreibmaschinenmanuskript vervielfältigt. Aachen 1923 und 1937, S. 6ff.
[2] *Jos. Oppenhoff,* a.a.O., S. 25.

Theodor Oppenhoff seit 1773 mit Barbara Berchem, der Tochter eines Bonner Juristen. Aus der Ehe stammten neun Kinder, von denen vier früh starben. Der älteste der drei überlebenden Söhne,[3] Karl Joseph, der Urgroßvater des Aachener Oberbürgermeisters, war am 8. April 1779 in Bonn geboren. Er besuchte das Gymnasium, bezog dann die Universität Göttingen und arbeitete anschließend als Prokurator in Recklinghausen, seit 1812 beim Tribunal in Mülheim am Rhein. Am 1. August 1820 wurde er mit Beginn der neuen Justizorganisation als erster preußischer Landgerichtspräsident nach Kleve berufen, wo er nach dreiundzwanzigjähriger verdienstlicher Tätigkeit am 15. Februar 1843 starb.[4] Seine Frau Louise geb. von Notz vom Hause Lindhövel, mit der er 1807 den Bund fürs Leben geschlossen hatte, überlebte den Präsidenten um siebzehn Jahre. Sie starb 1860 hochbetagt in Aachen, wo sie nach dem Tode ihres Mannes Wohnung genommen hatte. Ihr Leben war, wie ihr Totenzettel[5] rühmt, „von wahrhaft christlicher, streng rechtlicher Gesinnung getragen, ein stetes Opfer für Gatten, Kinder und Angehörige". Von den vier Kindern des Ehepaares haben später in der Allgemeinen Deutschen Biographie zwei Söhne verdiente Würdigung erfahren.[6] Beide waren wiederum Juristen, beide auch Ehrendoktoren der Friedrich-Wilhelms-Universität Bonn.

Der ältere, Friedrich, starb, kaum vierundsechzig Jahre alt, Ende 1875 als Oberstaatsanwalt beim Obertribunal in Berlin. Seine erste etatsmäßige Assessorstelle hatte er 1841 beim Landgericht Aachen erhalten, an dem er von 1844 bis 1848 auch als Staatsprokurator tätig war, bis den hervorragenden rheinischen Juristen ein Ruf aus dem Königreich Hannover zu gesetzgeberischen Arbeiten in die Leinestadt berief, wo die Prozeßgesetzgebung nach dem Vorbild des in der Rheinprovinz noch geltenden französischen Prozeßrechts, den modernen Ideen entsprechend, umgestaltet werden sollte. Friedrich Oppenhoff hatte sich darauf nicht entschließen können, in Hannover zu bleiben, sondern war 1850 als Oberprokurator in Trier für drei Jahre in die rheinische Heimat zurückgekehrt, um dann jedoch der Berufung an den höchsten preußischen Gerichtshof Folge zu leisten. Indessen blieb er durch enge Familienbande, auch durch die Heirat mit seiner Kusine Angela Oppenhoff, mit dem Rheinland verbunden. Als Reichstagsabgeordneter vertrat er kurze Zeit den Wahlkreis Neuß-Grevenbroich und gehörte zu den Abgeordneten,

---

[3] Der zweite Sohn, Kaspar, war 1818–1868 Sekretär der neugegründeten Bonner Universität und seit 1826 preußischer Hofrat, dessen Sohn Edmund 1840–1850 Oberbürgermeister der Stadt Bonn. Nach ihm wurde dort die Oppenhoffstraße benannt (Jos. Oppenhoff, a. a. O., S. 37).
Der dritte Sohn, Matthias, kämpfte unter den Fahnen Napoleons, brachte es zum Major, trat Anfang 1815 in preußische Dienste und wurde 1828 verabschiedet.
[4] *Jos. Oppenhoff,* a. a. O., u. *Math. Schollen,* Franz Theodor Oppenhoff, ein Lebensbild, in: Zeitschrift des Aachener Geschichtsvereins 22 (1900), S. 1.
[5] Totenzettelsammlung der Stadtarchivs Aachen.
[6] Bd. 52 (1906), S. 708 ff. von *Fritz Oppenhoff.* Der Verfasser, ein Sohn des Aachener Landgerichtspräsidenten Theodor, war Oberlandesgerichtsrat und Geheimer Justizrat in Köln.

die dem König Wilhelm I. in Versailles die Kaiserkrone anboten.[7] Seine juristischen Kommentare ließen den Namen Oppenhoff in der Fachwelt zu einem festen Begriff werden. Wenige Tage vor dem Tode bat er den um acht Jahre jüngeren Bruder um Bearbeitung der 5. Auflage seines angesehenen Kommentars zum deutschen Strafgesetzbuch. Die 5. bis 13. Auflage des vielbenutzten Kommentars ist dann von Theodor Oppenhoff besorgt worden.

Dieser, der Großvater des Aachener Oberbürgermeisters, war am 7. Januar 1820 in Mülheim am Rhein geboren und ist am 2. Dezember 1899 in Aachen verstorben. Nach einer glücklichen Jugend in Kleve hatte er in Bonn und Berlin Jurisprudenz[8] studiert, war 1843 zum Referendar und 1846 nach der „sehr gut" bestandenen großen Staatsprüfung zum Assessor beim Landgericht in Aachen ernannt worden, an dem er nahezu fünfzig Jahre – von 1883 bis 1895 als Präsident – in selten treuer Pflichterfüllung der Rechtspflege diente. Fast so wie sein Berliner Bruder hatte sich auch der zum Aachener gewordene Theodor Oppenhoff durch eine ausgedehnte schriftstellerische Tätigkeit auf rechtswissenschaftlichem Gebiet einen geachteten Namen erworben. Diese Arbeiten befaßten sich zunächst mit den rheinischen Ressortverhältnissen und dem Bergrecht, später galten sie allein dem Strafrecht. Im Jahre 1879 lehnte er als Erster Staatsanwalt in Aachen die ihm angebotene Stelle eines Landgerichtspräsidenten in Düsseldorf ab. Er wollte die ihm zur zweiten Heimat gewordene alte Kaiserstadt nicht verlassen, in deren Leben und Geschichte er inzwischen Wurzeln geschlagen hatte. So stand er auch der Königlichen Bankkommandite in Aachen, der späteren Reichsbankstelle, seit der Gründung 1863 fast fünfundzwanzig Jahre lang als Justitiar mit großer Hingabe zur Seite, um sich auch hier, nicht zuletzt in der großen politischen und wirtschaftlichen Krise des Jahres 1866, vorzüglich zu bewähren.[9] Doch nicht nur als Jurist erfreute sich Theodor Oppenhoff allgemeiner Hochachtung. Auch zahlreiche gemeinnützige Bestrebungen unterstützte er aus innerer Anteilnahme. So war er Vorstandsmitglied des Karls-Vereins für die Restauration des Aachener Münsters,[10] Mitbegründer des Museumsvereins und Leiter von dessen archäologischer Abteilung. Neben sprachwissenschaftlichen Studien und eigenen Sammlungen zog ihn vor allem die Heimat- und Landesgeschichte an. „Die Geschichte der Burgen und Schlösser, der Dörfer und Städtchen unserer Provinz war ihm geläufig, und er kannte die Überbleibsel der Vergangenheit meist

---

[7] *Jos. Oppenhoff*, a.a.O., S. 78.

[8] Diese Berufswahl begründet er in seinen Lebenserinnerungen wie folgt: „Da ich zur Theologie zu weltlich gesinnt war, auch zur Philologie und Medizin keine Neigung verspürte, verstand es sich um so mehr von selbst, daß ich mich demselben Fache widmete, welches mein Großvater, mein Vater und mein Bruder ergriffen hatten" (*Jos. Oppenhoff*, a.a.O., S. 88).

[9] *Wilh. Eltester*, Geschichtliche Entwicklung des Aachener Bankwesens. Schreibmaschinenmanuskript Stadtarchiv Aachen, Hs 998, S. 41; *Schollen*, a.a.O., S. 4f.; *Jos. Oppenhoff*, a.a.O., S. 123.

[10] Nachruf des Karls-Vereins im Bericht für 1900, S. 4.

aus eigener Anschauung", bestätigte der Bonner Rechtshistoriker Hugo Loersch in seinem Nekrolog als Vorsitzender des Aachener Geschichtsvereins.[11] Schon 1859 war Oppenhoff dem Historischen Verein für den Niederrhein beigetreten. Als 1879 der Aachener Geschichtsverein auf den Plan trat, der sich aus dem Archäologischen Verein bildete, war Oppenhoff einer der Stifter, förderte die Zeitschrift durch einige wesentliche Beiträge[12] und hat dem Vorstand als selbstlos tätiges Miglied bis zu seinem Tode angehört. Ihm ist es zu danken, daß die Gerichtsarchive der Reichsstadt Aachen im Stadtarchiv dauernde Aufbewahrung fanden. Die über ein halbes Jahrhundert während ungewöhnlich vielseitige Tätigkeit Theodor Oppenhoffs in Aachen hat auf die Mitwelt stark gewirkt,[13] auch in der Nachwelt, besonders in der Aachener Familie Oppenhoff, tiefen Eindruck hinterlassen. An Ehren und Orden fehlte es ihm nicht. Doch hat er sich nach den Worten eines ungenannten Biographen selbst ein Denkmal gesetzt, leuchtender als diese, „das Denkmal der Dankbarkeit im Herzen des Volkes; denn für dieses schlug sein Herz, zu jeder Zeit stand seine Tür den Hülfesuchenden offen, und die wichtigste Arbeit hielt ihn nicht ab, auch die oft unbegründeten Beschwerden geduldig anzuhören".[14] Seine Gelehrsamkeit war „mit seltener Herzensgüte gepaart".[15] Die Zeitgenossen sprechen weiter von seiner echten Religiosität, der Strenge gegen sich selbst, seiner Anspruchslosigkeit; sie loben die Schlichtheit und Lauterkeit seines Wesens, seinen Gerechtigkeitssinn, seinen scharfen Verstand, den unermüdlichen Fleiß und eine große Arbeitskraft.[16] Solche Eigenschaften scheinen auch aus dem Altersphoto zu sprechen, das den Geheimen Oberjustizrat nach seinem fünfzigjährigen Dienstjubiläum zeigt.[17] Schwere Schicksalsschläge blieben ihm nicht erspart. Nach dreizehnjähriger glücklicher Ehe starb am 17. September 1870 seine Frau Fanny, die Tochter des Trierer Geheimen

---

[11] Zeitschrift des Vereins 22 (1900), S. 365.
[12] Aus dem Nachlaß seines als Referendar verstorbenen ältesten Sohnes Karl veröffentlichte er 1884 „Die Strafrechtspflege des Schöffenstuhls zu Aachen seit dem Jahre 1657" (Bd. 6), sowie 1893 als eigenen kritischen Beitrag nach den Handschriften „Die Aachener Sternzunft" (Bd. 15 und 18, Nachtrag).
[13] So wurde Oppenhoff auf der Höhe des Kulturkampfes Ende 1874 als Kandidat des Zentrums für die Aachener Oberbürgermeisterstelle genannt. Er hat darüber mit seinem Berliner Bruder korrespondiert (*Jos. Oppenhoff*, a.a.O., S. 100ff.). Doch entschied sich das Zentrum für den Landrat Wilh. Leop. Janssen aus Heinsberg, den die Stadtverordnetenversammlung am 10. November 1874 wählte, den König Wilhelm I. aber auf Vorschlag des Aachener Regierungspräsidenten von Leipziger aus politischen Gründen nicht bestätigte. Vgl. *Herm. Heusch,* in: Heimatkalender des Kreises Geilenkirchen–Heinsberg auf das Jahr 1960.
[14] „Echo der Gegenwart" vom 4. November 1894 (vermutlich ist der Biograph Math. Schollen).
[15] *Joh. Fey* im „Echo der Gegenwart" vom 9. September 1917.
[16] Vgl. außer der bereits genannten Literatur „Echo der Gegenwart" vom 3. März 1884, 17. März 1888, 26. und 29. September 1891, 5. Dezember 1899, Totenzettel (Stadtarchiv Aachen).
[17] Abb. bei *Schollen,* a.a.O. vor S. 1. Das Ölbildnis Oppenhoffs im Präsidentenzimmer des Aachener Landgerichts verbrannte im zweiten Weltkrieg.

Medizinalrats Tobias, im Alter von einunddreißig Jahren im Kindbett zu Aachen. Sie hatte ihm neun Kinder geschenkt, von denen er drei zu Grabe tragen mußte. Doch hatte er die große Freude, seine zahlreichen Kinder und Enkel in Aachen und in der Nähe aufwachsen zu sehen, ihnen viele Jahre Vorbild und Mittelpunkt zu sein.

Joseph Oppenhoff, einer seiner Söhne, stand von 1922 bis 1933 wiederum als Präsident an der Spitze des Aachener Landgerichts.[18] Er war am 4. August 1868 in Aachen geboren, hatte dort am Kaiser-Karls-Gymnasium 1887 die Reifeprüfung abgelegt und sich für das juristische Studium entschieden. Seine richterliche Laufbahn führte ihn über Bernkastel, Aachen, Ronsdorf, Kleve 1922 als Landgerichtspräsidenten nach Aachen zurück. Nach der Novemberrevolution von 1918 widmete sich Oppenhoff auch als Landtagsabgeordneter den öffentlichen Angelegenheiten. Er wurde 1919 in die verfassunggebende Preußische Landesversammlung gewählt und hat bis 1928 Aachen als Landtagsabgeordneter der Zentrumspartei vertreten. Als der Landgerichtspräsident 1933 mit Erreichung der Altersgrenze in den Ruhestand trat, lebte er weiter seinen geschichtlichen Studien. Auch ihm verdankt die rheinische Geschichtsforschung zahlreiche Arbeiten, so über Kleve, die Herrschaft Heyden, die Belagerung Dürens 1648, die Aachener Spielbank, die alte Waldgenossenschaft von Vaalsbruch und Malensbusch, das Notariatsarchiv des Landgerichts Aachen, Arbeiten, die er größtenteils in der Zeitschrift des Aachener Geschichtsvereins veröffentlichte.[19] Achtundfünfzig Jahre lang hat er dem Verein als Mitglied angehört, von 1922 bis 1940 als Vizepräsident, später, wie auch dem Historischen Verein für den Niederrhein, als Ehrenmitglied. Vor allem reizten Oppenhoff die Erforschung und Darstellung gemeinschaftlicher und gesellschaftlicher Vereinigungen. Seine Arbeiten zeigen zugleich seine vielseitigen Interessen und beweisen die kritische Gabe des Juristen, seine Vorliebe für das geschichtliche Detail, für Mosaikarbeit, besonders die Familiengeschichte.[20] Am 22. Juni 1958 ist Joseph Oppenhoff, fast neunzig Jahre alt, in Bonn verstorben, wo er nach der Zerstörung seines Aachener Heimes schließlich seinen Ruhesitz genommen hatte.[21] Die Ermordung seines Neffen, die er nicht mehr in Aachen erlebte, bedeutete für ihn schweres Leid.

Ein biblisches Alter wie dieser bekannte Landgerichtspräsident und Abgeordnete hat sein älterer Bruder Franz Oppenhoff, der Vater des Aachener Oberbürgermeisters, nicht erreicht. Er starb früh, kaum sechzig Jahre alt, an einem Nierenleiden, ist auch nicht in demselben Maße wie jener im öffentlichen Leben hervorgetreten, wenngleich er in Aachen eine geachtete Stellung ein-

---

[18] Festschrift zur Einweihung des Erweiterungsbaues des Justizgebäudes zu Aachen am 28. Oktober 1929. Aachen 1929. Echo der Gegenwart vom 29. Oktober 1929.
[19] Bd. 42 (1920) bis 58 (1937).
[20] Nachruf in der Zeitschrift des Aachener Geschichtsvereins 70 (1958) S. 201f. (B. Poll) und Totenzettel (Stadtarchiv).
[21] Aachener Volkszeitung vom 16. August 1957 und 5. Juni 1958.

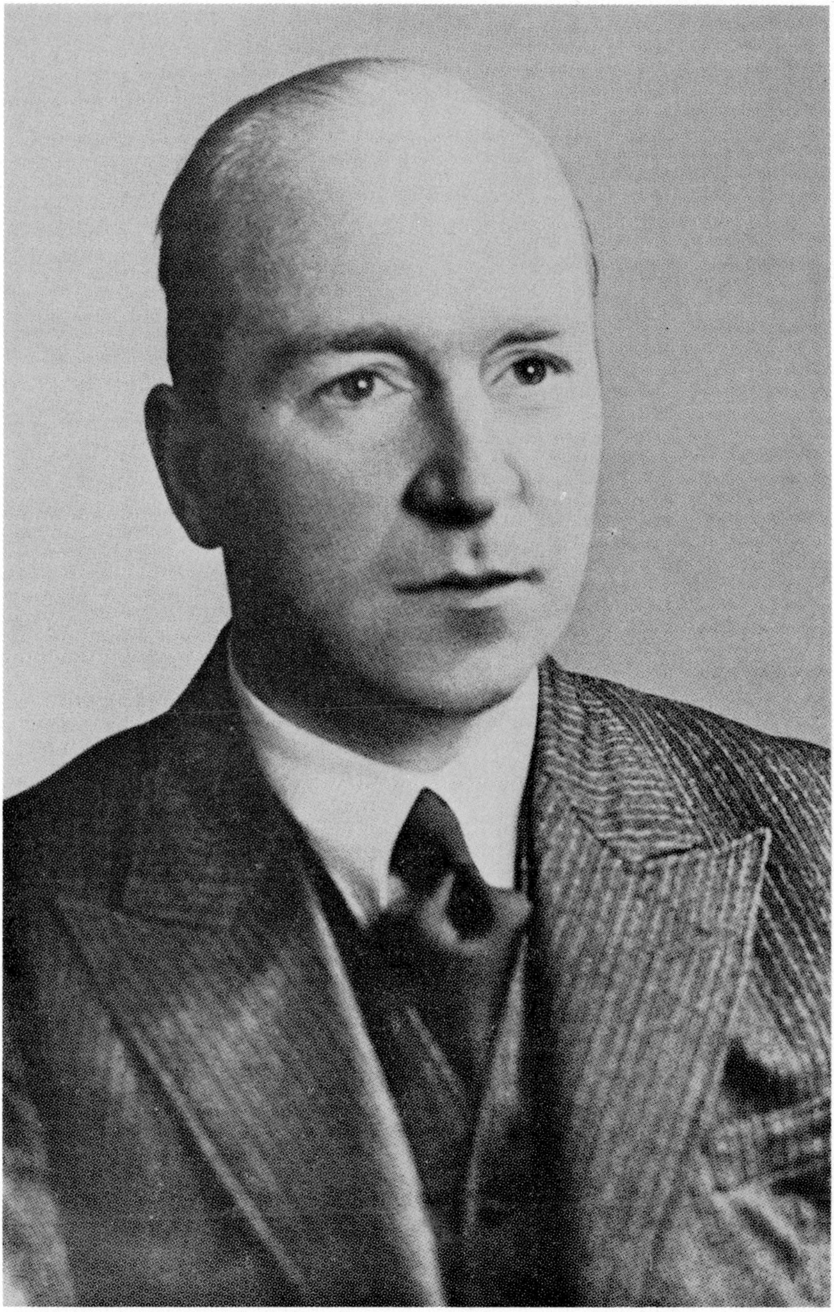

Franz Oppenhoff
Privataufnahme

nahm. Seine Tätigkeit vollzog sich mehr in der Stille der Schul- und Verwaltungsräume, war aber von dem sittlichen Ethos der Oppenhoffs getragen. Am 23. November 1860 in Aachen geboren, war Franz hier zusammen mit seinen zahlreichen Geschwistern aufgewachsen und hatte nach der Domschule das Kaiser-Karls-Gymnasium besucht, an das er nach einem Studium der Philologie 1883 als Lehrer zurückkehrte. Im Juni 1898 trat er als königlicher Kreisschulinspektor im Stadtkreis Aachen und schultechnischer Beirat der Stadtverwaltung zur Schulaufsicht über. Diesem Dienst, der ihn zum Vorgesetzten der Aachener Lehrer machte, widmete er sich mit Umsicht, Gewissenhaftigkeit und mit untadeligem Gerechtigkeitssinn, bis ihn der Tod am 1. Februar 1920 abberief. Wie sein Bruder hatte er den katholischen Glauben des Elternhauses treu bewahrt, in seiner Familie gepflegt und stets offen bekannt, auch als langjähriges Mitglied des Kirchenvorstands der Pfarre St. Kreuz. War die Ausbildung seiner Geistes- und Herzensanlagen, von den wenigen Universitätsjahren abgesehen, in der Heimatstadt erfolgt, so bemühte er sich dann ein Leben lang, dafür zu sorgen, daß die Aachener Kinder zu aufrechten Menschen, guten Bürgern der Stadt und des Staates erzogen wurden. Während des ersten Weltkrieges diente er als Hauptmann der Landwehr dem größeren Vaterlande, dessen plötzlicher Niederbruch 1918 ihn tief erschütterte. Auch den Namen von Franz Oppenhoff überliefert die Zeitschrift des Aachener Geschichtsvereins. Hier ist noch der Oberlehrer am Gymnasium den inzwischen auch in neueren Publikationen behandelten Beziehungen Friedrich Heinrich Jacobis und seiner Familie zu Aachen und zu den Clermonts im Zeitalter Goethes und der französischen Besetzung der Rheinlande in einer frühen Untersuchung nachgegangen.[22]
Verheiratet war Oppenhoff seit dem 16. August 1892 mit Gertrud Bewerunge (* 26. Januar 1871) aus Letmathe in Westfalen, einer Tochter des dortigen Bauunternehmers Friedrich Wilhelm Bewerunge und dessen Ehefrau Auguste geborene Bange. Die schwergeprüfte Mutter des ermordeten Oberbürgermeisters lebte in den letzten Jahren in einem Aachener Kloster und ist dort am 24. August 1960 im 90. Lebensjahr verstorben. Das Ehepaar Oppenhoff wohnte zunächst in der Theresienstraße Nr. 47, um gegen Ende des ersten Weltkrieges zur Kupferstraße 17, ebenfalls am Lousberg, umzuziehen. Hier erlebten die fünf Kinder ihre Jugend: Maria (* 9. September 1896), Gertrud (* 4. Januar 1900), die Zwillinge Karl und Franz (* 18. August 1902) und Joseph (* 13. Dezember 1904). Alle erhielten eine gediegene Ausbildung. Wenige Tage nach dem Tode des Schulrats traf die verwaiste Familie neues Leid, als der sehr begabte Sohn Karl, durch die Kriegs- und Hungerjahre geschwächt, als Oberprimaner einer tückischen Krankheit erlag.

[22] Bd. 16 und 17 (1894/95).

II.

Ostern 1921, also ein Jahr nach dem Tode des Vaters und des Zwillingsbruders, legte Franz Oppenhoff am Kaiser-Karls-Gymnasium die Reifeprüfung ab. Zusammen mit seinen Brüdern und Freunden, wilden Rangen, war er, ein echter „Öcher Jong", am Lousberg aufgewachsen und war, zumal während der Abwesenheit des Vaters, nicht gerade ein fleißiger Schüler. Doch schrieb er gute Aufsätze, verstand sich auf Mathematik und machte darin auch gelegentlich die Hausaufgaben für Mitschüler.[23] Bei ihnen und darüber hinaus war Franz bekannt und beliebt. Man freute sich, wenn er bei den traditionellen, nach studentischer Art stattfindenden Osterdienstagstreffen der ehemaligen Schüler der Anstalt als Sprecher seiner Klasse das Wort ergriff. Indessen konnte er nach dem Tode des Vaters aus wirtschaftlichen Gründen zunächst nicht studieren. Hatten doch die Aufzehrung des Wohlstandes, die fortschreitende Entwertung des Geldes in Auswirkung des staatlichen Zusammenbruchs vor allem die bürgerlichen Schichten hart getroffen. Dazu kamen in Aachen und anderen rheinischen Städten ein besonders drückendes Besatzungsregime, eine Zollgrenze zum übrigen Deutschland, Beamtenausweisungen und bald auch Separatistenaufstände, die auf eine rheinische Republik abzielten. Solche Bestrebungen wurden jedoch von der überwältigenden Mehrheit der Bevölkerung abgelehnt. Nicht zuletzt gehörten die Oppenhoffs zu der nicht gerade großen Zahl angesehener einheimischer Familien, deren Söhne immer wieder als gewissenhafte und pflichttreue Beamte und aufrechte Männer zugleich dazu beigetragen hatten, daß die Rheinlande nach dem Ende der Fremdherrschaft und nach der preußischen Besitzergreifung 1815 trotz aller Rückschläge immer tiefer in die größeren gesamtdeutschen und rechtsstaatlichen Verhältnisse hineingewachsen waren.

Am 15. März 1921 trat Franz Oppenhoff bei den Lynen-Werken in Eschweiler ein und machte dort die kaufmännische Lehre durch.[24] Anschließend arbeitete er, um sich Geld zum Studium zu verdienen, bis Ende Juli 1924 in der Exportabteilung. Während dieser Zeit wohnte er bei der Familie des Feinmechanikermeisters Heptner beim Werk, verbrachte aber das Wochenende meist zu Hause im nahen Aachen. Als sich die wirtschaftlichen und politischen Verhältnisse einigermaßen stabilisiert hatten, auch ein Freund des Hauses mit einem später geschenkten Darlehn half, bezog Oppenhoff die Aachen nächstgelegene, 1919 neugegründete Universität Köln und studierte, der Familientradition folgend, Jura. Am 19. Dezember 1927 legte er in Köln die erste juristische Staatsprüfung ab und verbrachte die Referendarjahre in Aachen.

[23] Freundliche Mitteilung von Maria und Gertrud Oppenhoff, Oberstudienrat Jos. Hüpgens und Oberstaatsanwalt Dr. Wilh. Nellessen in Aachen.

[24] Fabrikant Arthur Lynen, ein Landsturmkamerad des verstorbenen Schulrats, stellte den Sohn auf Bitten der Mutter ein. Lynen gehörte später zu den Klienten des von ihm sehr geschätzten Aachener Rechtsanwalts Franz Oppenhoff. Freundliche Mitteilung von Fabrikant Harald Lynen.

Sie fallen in die Zeit, da der Onkel Joseph hier Landgerichtspräsident war. Am 21. Juni 1932 bestand Oppenhoff die Große juristische Staatsprüfung in Berlin. Es sind jene Wochen voll innenpolitischer Spannung, in denen der Reichskanzler Brüning vom Reichspräsidenten von Hindenburg entlassen wurde, das Verbot der SA und SS fiel, die Wahlen einander jagten und ein „Kabinett der nationalen Konzentration" sich vergeblich bemühte, die nationalsozialistische Hochflut zu „kanalisieren". Ende November 1932 am Landgericht zugelassen, ließ sich Oppenhoff Januar 1933 in seiner Heimatstadt als Anwalt nieder.

III.

Er eröffnete sein Büro im Haus Augusta-, Ecke Alfonsstraße, konnte aber schon im folgenden Jahr zur Wilhelmstraße 52, in die Straße der Ärzte, Anwälte und Notare übersiedeln; denn seine Praxis lief gut, sogar sehr gut. Gewiß trug zunächst der gute Oppenhoffsche Name dazu bei. Doch hatte der junge Anwalt eine geschickte Art, vor Gericht aufzutreten, und die Gabe, schnell Vertrauen zu gewinnen. Am 2. Oktober 1935 heiratete er, dreiunddreißig Jahre alt, Irmgard Nimax aus Ransbach im Unterwesterwaldkreis, eine Tochter des dortigen Wand- und Bodenplattenfabrikanten Gustav Nimax. Die Ehe wurde für ihn das Glück seines Lebens. Die Liebe zu seiner Frau ermöglichte es ihm auch, seinem stürmischen Temperament Zügel anzulegen. Aus der Ehe stammen drei Töchter: Monika, Christa und Irmgard.
Weniger als politischer Kämpfer denn als katholischer Christ, als Wahrer einer sittlichen Rechts- und Staatsordnung trat er nur zu bald in Gegnerschaft zu dem in Stadt und Land zur Macht gelangten nationalsozialistischen Regime. Weltanschauliche Gründe hatten ihn auch bestimmt, sich schon als Werkstudent sogleich nach der Reifeprüfung dem ältesten katholischen Studentenverein an der Technischen Hochschule Aachen, der „Carolingia", anzuschließen. Die wirtschaftliche Lage der Familie und die Tätigkeit im Aachener Industriegebiet während der schweren Nachkriegsjahre hatten den jungen Oppenhoff früh mit menschlicher Not bekannt gemacht, seinen Blick über den häuslichen Kreis, die akademischen Studien- und Standesfragen hinaus geweitet, Augen und Herz für die soziale Frage geöffnet. Dabei blieb er ein froher Mensch, dem man sich leicht anvertraute und der sich selbst gern im Kreise von Freunden und Gleichgesinnten der Geselligkeit hingab, auch dann noch, als jedes offene Wort unter dem Druck von Partei und Staat mit wachsenden Gefahren verbunden war; denn Oppenhoff war keine ängstliche Natur. Tief durchdrungen von dem Ideal des Rechts und der Freiheit des Christenmenschen, trat er als gewissenhafter Anwalt der Priester und Ordensangehörigen auf, als der NS-Staat die ungebrochene Autorität der Kirche beim rheinischen Volk durch die vor den Sondergerichten in Köln und Koblenz groß aufgezogenen sogenannten Sittlichkeits- und Devisenprozesse zu erschüttern

suchte. Furchtlos übernahm Oppenhoff auch die Verteidigung von zahlreichen Geistlichen, die sich wegen Übertretung des Kanzelparagraphen oder des Sammelverbots zu verantworten hatten.[25]
Besonderen Mut zeigte Oppenhoff bei Übernahme der Verteidigung des Aachener Druckereibesitzers Wilhelm Metz, des Druckers der Katholischen Kirchenzeitung für das Bistum Aachen.[26] Wegen Abdrucks der päpstlichen Enzyklika „Mit brennender Sorge", in der sich Pius XI. gegen die Omnipotenz des NS-Staates gewandt hatte, war der Betrieb am 21. März 1937 auf Grund einer Verfügung der Gestapo Berlin von der Gestapo Aachen geschlossen und wenige Wochen später unter Verwaltung eines Staatstreuhänders gestellt worden.[27] Im Oktober desselben Jahres verfügte Heydrich die endgültige Enteignung. Metz wurde aus der Reichspressekammer ausgeschlossen, ihm die Betriebsführereigenschaft aberkannt. Nachdem der aus den Besatzungsprozessen international bekannte Essener Verteidiger Friedrich Grimm die Vertretung abgelehnt hatte, um nicht, wie er Metz in Berlin erklärte, mit der Gestapo in Schwierigkeiten zu geraten, wandte sich Metz in seiner Bedrängnis an Oppenhoff um Rechtshilfe. Auch in diesem Falle versagte sich der junge Aachener Anwalt nicht, obwohl ihm die Gestapo riet, sich aus der Angelegenheit herauszuhalten, da es sich um eine Anordnung des Führers handele. Drei Jahre lang setzte sich Oppenhoff bei der Gestapo in Aachen, Berlin und in Koblenz schriftlich und mündlich für seinen Klienten ein, bis man diesem bei weiteren Eingaben die Unterbringung in einem KZ androhte.[28]

[25] Die Verteidigung geschah im Auftrage und auf Kosten des Bistums Aachen. Oppenhoff besuchte die Klienten in der Untersuchungshaft und hat es wiederholt dem Oberhirten der Diözese, dem Apostolischen Administrator Hermann Joseph Sträter, ermöglicht, den Priestern in der Gefängniszelle Trost zuzusprechen. Freundliche Mitteilung des Bischöflichen Justitiars Dr. Adolf Lohmanns. Auch dem Bürovorsteher Oppenhoffs, Peter Groten, und Fabrikant Dr. Franz Zentis, einem Freunde Oppenhoffs, ist der Verfasser für stets bereitwillig erteilte Auskünfte zu Dank verpflichtet. Das Urteil von Pfarrer Joseph Dunkel aus Krefeld-Uerdingen, der am 28. September 1939 als Kaplan von St. Kornelius in Dülken vor dem Sondergericht in Düsseldorf stand, mag für viele Leidensgefährten gelten, wenn er berichtet: „Ich habe allen Grund, dem verstorbenen hochverehrten Herrn Rechtsanwalt Franz Oppenhoff, der alles nur mögliche für mich, den Inhaftierten, getan hat, dankbar zu bleiben und sein Andenken über das Grab hinaus zu ehren."
[26] Die Wochenzeitung, deren Auflage von 38 000 im Jahre 1934 innerhalb eines Jahres auf über 100 000 stieg, war eine wichtige Stütze des kirchlichen Widerstandes, oder der „Gegenpropaganda", wie es in einem Bericht der Staatspolizeistelle für den Regierungsbezirk Aachen vom 8. Mai 1935 heißt (*Bernh. Vollmer,* Volksopposition im Polizeistaat. Gestapo- und Regierungsberichte 1934–1936 = Quellen und Darstellungen zur Zeitgeschichte, Bd. 2, 1957, u. a. S. 19 und 197).
[27] Daß die Verbreitung der päpstlichen Enzyklika von zentraler Stelle in Berlin geahndet wurde, zeigt auch die gleichzeitige Maßregelung des bekannten Regensbergschen Verlages in Münster i. W., der die Enzyklika in hoher Auflage herausgegeben hatte und dessen Unternehmen deshalb nach 350jährigem Bestehen geschlossen wurde (*Heinr. Portmann,* Dokumente um den Bischof von Münster, Münster i. W. 1948, S. 19 und 70 f.).
[28] „Schweren Herzens stellten wir den nunmehr aussichtslos gewordenen Kampf ein. Oppenhoff bin ich für sein mannhaftes Auftreten zu tiefstem Dank verpflichtet", berichtet W. Metz am 8. Juli 1959 dem Verfasser.

Auch für das Aachener Domkapitel hatte Oppenhoff in dieser Zeit Prozesse zu führen, so wegen einer Verleumdung des Kapitels im „Westdeutschen Beobachter", die unter der Überschrift „Das Domkapitel im Speck – der Arbeiter im Dreck" am 13. Juli 1937 zur Eröffnung der Heiligtumsfahrt erschienen war, sowie gegen die Stadtverwaltung Aachen um die traditionelle Aufstellung und Ausschmückung des Fronleichnamsaltars auf der Rathaustreppe. Auf diese Weise kam Oppenhoff in Verbindung mit hohen kirchlichen Kreisen. Im Jahre 1938 übernahm er als Nachfolger des Rechtsanwalts Emil Krichel neben seiner Praxis die Aufgaben eines Justitiars beim Päpstlichen Werk der Glaubensverbreitung, der Aachener Zentralverwaltung dieser weltweiten kirchenamtlichen Missionsorganisation. Bald danach wurde er zum Mitglied ihres Verwaltungsrates und ihres Generalvorstandes gewählt, Juni 1939, wiederum als Nachfolger Krichels, auch zum stellvertretenden Vorsitzenden und Geschäftsführer des Franziskus-Xaverius-Missionsvereins, des Vermögensträgers des genannten Päpstlichen Werkes.

Die neuen Aufgaben führten zu einer engen Zusammenarbeit mit dem Vizepräsidenten des Päpstlichen Werkes, dem Regens des Aachener Priesterseminars, Johannes Joseph van der Velden (1943–1954 Bischof von Aachen), eine Begegnung, die für Oppenhoff von schicksalsschwerer Bedeutung werden sollte. Hat der Bischof später doch die amerikanische Besatzungsmacht auf Oppenhoff aufmerksam gemacht.

Als nach dem Überfall auf Belgien das Gebiet von Eupen und Malmedy noch im Mai 1940 dem Deutschen Reich eingegliedert wurde und die Gestapo hier ihre Verhaftungsaktionen durchführte, u. a. Bedienstete der Eisenbahn und Post, aber auch eine führende Persönlichkeit des Landes, wie den Abgeordneten und Rechtsanwalt van Vervike aus Eupen, in Schutzhaft nahm und einzelne Bewohner wegen Feindbegünstigung vor den Volksgerichtshof in Berlin brachte, setzte Oppenhoff sich auch für diese Opfer ein und verschaffte manchem die Freiheit. Kein Wunder, daß die Gestapo ihn mehrfach verwarnte und wiederholt sein Büro durchsuchte.[29]

In verschiedenen größeren Rechtsstreiten hatte Oppenhoff bis dahin die Interessen der schnell zur Bedeutung gelangten Veltrup-Werke KG Aachen vertreten. Im April 1941 trat er hier als Syndikus und stellvertretender Betriebsführer, 1943 als kaufmännischer Direktor ein und wurde für die Werke dienstverpflichtet. Es ist ihm, wie er seiner Frau gestand, schwer geworden, seine Freiheit und den Beruf, dem er mit ganzer Seele anhing, aufzugeben. Ein Zusammenstoß mit dem Kreisleiter Eduard Schmeer – dieser hat ihn Staatsfeind Nr. 1 genannt – führte am 25. August 1944 zu seiner Einberufung im Fliegerhorst Wengerohr bei Koblenz. In einer bei den Personalakten Oppenhoffs im Landgericht Aachen befindlichen politischen Beurteilung durch die Kreisleitung vom 23. August desselben Jahres wird „seine nationalsozia-

---

[29] Das Büro in der Wilhelmstraße wurde 1943 mit allen Akten durch Fliegerangriff zerstört.

listische Zuverlässigkeit in Frage gestellt".[30] Doch erreichten dringende Vorstellungen der Veltrup-Werke beim Rüstungsstab in Berlin die erneute Freistellung Oppenhoffs, der, darauf am 1. September entlassen, weder eingekleidet noch vereidigt worden war. Es ist kennzeichnend für seine Gewissenhaftigkeit, daß er dies seiner Frau und seinen Freunden sogleich nach seiner Rückkehr mitteilte. Auf die Bemerkung seiner Frau, dies sei, da der Krieg doch bald zu Ende gehe, von keiner großen Bedeutung mehr, belehrte er sie mit ernsten Worten über die Heiligkeit des Eides.[31]

Mitte September 1944 fiel der Krieg auf deutsches Gebiet zurück. In Aachen begann die Partei, die bis dahin die wahre Lage geflissentlich verschleiert hatte, nach harten Auseinandersetzungen mit den militätischen Kommandostellen eine planlose Evakuierung der Bevölkerung. Dann wurde die Stadt eingeschlossen, sechs Wochen lang belagert und war doch nicht zu halten. Bis zum bitteren Ende am 21. Oktober wurde sie von wenigen noch verwendungsfähigen deutschen Kampfgruppen unter dem Obersten Wilck verteidigt und von Truppen der 1. US-Division unter dem Generalmajor Huebner im schweren Straßen- und Häuserkampf erobert.[32]

IV.

Rund sechstausend Einwohner hatten trotz des Evakuierungsbefehls in den Trümmern ihrer Häuser ausgeharrt. Andere, darunter Oppenhoff und eine Professorengruppe der Hochschule, hatten schon früher bei den Fliegerangriffen in den ländlichen Gebieten um Eupen mit ihren Familien ein Unterkommen gesucht und gefunden. Als Eupen am 11. September besetzt wurde, befand sich Oppenhoff dort bei seiner Familie. Nach seiner erneuten Uk-Stellung hatte ihm Fabrikant Anton Veltrup einen geschäftlichen Auftrag nach Eupen erteilt, damit er aus dem Gesichtskreis der Aachener Kreisleitung kam.[33] Fast alle Deutschen wurden jetzt von den Amerikanern zunächst in Internierungslager gebracht: in die Lützow-Kaserne auf Krummerück bei Aachen, Lager Brand genannt, oder in ein belgisches Barackenlager bei Homburg.

Auf Vorschlag des in Aachen gebliebenen Bischofs van der Velden erhielt Oppenhoff nunmehr die Genehmigung der Besatzungsmacht, mit einigen angesehenen Aachener Bürgern, die sich in Eupen, Raeren, Roetgen, Kornelimünster, Brand und in den genannten beiden Lagern befanden, Besprechungen über die Bildung einer neuen Stadtverwaltung zu führen. Major Swoboda, der

---

[30] Personalakte Oppenhoff, S. 65.
[31] Auch an dieser Stelle sei Frau Irmgard Oppenhoff für die zahlreichen, dem Verfasser erteilten Auskünfte herzlich gedankt.
[32] Vgl. Das Schicksal Aachens im Herbst 1944. Authentische Berichte. Hrsg. von *Bernh. Poll*, in: Zeitschrift des Aachener Geschichtsvereins 66/67 (1955), S. 193–268.
[33] Zeugenaussage Veltrups im Oppenhoff-Prozeß am 19. Oktober 1949.

Kommandant des Lagers Brand, fuhr Oppenhoff zu diesem Zweck mit seinem Jeep von Ort zu Ort und brachte die zur Mitarbeit in der Verwaltung bereiten Deutschen mehrfach im Lager Brand zusammen.

Am 31. Oktober 1944, 11 Uhr, begann hier unter Vorsitz Oppenhoffs in einem Zimmer des ehemaligen Offizierskasinos die entscheidende Sitzung. „Alle Anwesenden waren", wir folgen einem Augenzeugenbericht,[34] „stark beeindruckt von der zwei Tage zuvor vom CIC vorgenommenen, von allen als ungerechtfertigt empfundenen Verhaftung des Oberregierungsrates Sträter[35], der von uns als kommissarischer Oberbürgermeister vorgesehen war. Mehr als einer war geneigt, aus berechtigtem Unmut hierüber seine Mitarbeit zu versagen. Oppenhoff ist nicht minder empört; er weist aber darauf hin, daß ein derartiger ‚Streik' nicht nur nichts bessern, sondern der Bürgerschaft nach Ansicht des Lagerkommandanten wahrscheinlich jede Möglichkeit nehmen werde, den Aufbau und die Leitung der neuen Stadtverwaltung selbst zu übernehmen und durchzuführen. Außerdem verlange der Stadtkommandant, Oberstleutnant Carmichael, bis 15 Uhr die Benennung des Oberbürgermeisters und seiner nächsten Mitarbeiter ‚aus den hier Anwesenden'. Er (Oppenhoff) habe bereits gebeten, diese Frist zu verlängern; Major Swoboda, der ihn dabei unterstütze, sei aber auf ein festes Nein seines höheren Vorgesetzten gestoßen. – Ein Ultimatum! Eine Zeitlang gehen die Ansichten hin und her. Endlich siegt die Vernunft; alle Anwesenden beugen sich dem Zwang der Stunde. Durch Zuruf wird Oppenhoff zum Oberbürgermeister gewählt. Nach ernstem Schweigen nimmt er die Wahl an. In seinem kurzen Dankeswort spricht er von der Schwere der vor ihm liegenden Aufgabe und der Verantwortung, die er übernehmen wird. Dann gedenkt er seiner in Süddeutschland weilenden Mutter und Geschwister:[36] ‚Gott schütze sie vor den Schergen Himmlers, die vermutlich nach ihnen fahnden werden, wenn Hitler und Genossen von dem erfahren, was hier geschieht. Ich sorge mich ehrlich um sie, fühle mich aber im Gewissen verpflichtet, meine ganze Kraft in dieser schwersten Stunde meiner Vaterstadt dem Amte zu weihen, mit dem Sie mich betrauen'."

Nach kurzer Aussprache traten die folgenden Persönlichkeiten als Bürgermeister an die Seite Oppenhoffs: Regierungsrat Dr. Helmut Pontesegger (Recht und Verwaltung), Rechtsanwalt Dr. Gerd Heusch, seit Mitte November Kaufmann Hans Carl (Arbeit und Fürsorge), Dr. Karl Breuer (Schule, Erziehung und Kultur), Tuchfabrikant Joseph Hirtz (Ernährung und Land-

---

[34] Bericht des in derselben Sitzung zum Bürgermeister bestellten Geschäftsführers Dr. Karl Breuer vom März 1947. Vgl. auch Aachener Nachrichten vom 29. November 1949.

[35] Hermann Sträter entstammte einer angesehenen Aachener Familie. Er war kein Parteigenosse und gehörte seit 1933 der Regierung in Aachen an; er starb hier als Regierungsdirektor a. D. am 20. Juli 1956.

[36] Die Mutter und Geschwister hielten sich bei dem jüngsten Sohn und Bruder in Stuttgart auf.

wirtschaft), Technischer Direktor Heinrich Faust (Wirtschaftslenkung), Dozent der Technischen Hochschule Dr. Hans Schwippert (Bauwesen), Dr.-Ing. Hans Mies (Technik, Stadtwerke und Straßenbahn), Notariatsassessor Hans Schefer (Polizei). Hatte Oppenhoff die Finanz- und Vermögensverwaltung zunächst selbst übernommen, so konnte er das Amt des Stadtkämmerers bald an Dr. Kurt Pfeiffer abgeben.

Noch am Nachmittag des 31. Oktober wurde der neue Oberbürgermeister vom Stadtkommandanten Oberstleutnant Carmichael in der im Suermondt-Museum eingerichteten Stadtkommandantur auf eine amerikanische Bibel vereidigt. Er schwur, nachdem die amerikanischen Journalisten, Kriegsberichterstatter und Pressephotographen auf seinen Wunsch aus naheliegenden Gründen den Raum hatten verlassen müssen, sein Amt nach bestem Wissen und Gewissen zum Besten der Bürgerschaft unter Beachtung der deutschen Gesetze und der Gesetze der Militärregierung verwalten zu wollen. Vorher hatte er vom Stadtkommandanten die erbetene Zusicherung erhalten, daß ihm keine Handlung abverlangt würde, die einem seiner Mitbürger zum Nachteil oder dem deutschen Volk und seinen Soldaten zum Schaden gereichen könne. „Wer Oppenhoff bei seiner Arbeit erlebt hat, wer weiß, wie er sich den oft drängenden Fragen der vernehmenden Offiziere entzog, wer endlich seine letzte Handlung – den angeblich flüchtenden Soldaten Brot zu reichen – bedenkt, muß zugeben, daß hier ein wirklicher deutscher Patriot am Werke war."[37] Gleich bei Beginn seiner Tätigkeit erklärte Oppenhoff nach der Aussage verschiedener Mitarbeiter, daß nichts gegen die deutsche Wehrmacht unternommen werden dürfe.[38] Der Oberbürgermeister hatte auch keine Verbindung mit der amerikanischen Kampftruppe. Er unterstand der Aufsicht des Military Government Aachen. Seine Tätigkeit hielt sich im Rahmen der reinen Zivilverwaltung eines besetzten Gebietes, wie diese im Artikel 43 der Haager Landkriegsordnung von 1907 festgelegt und in beiden Weltkriegen bindendes Völkerrecht war.[39]

Nach rechtsstaatlicher Auffassung kann daher den Oberbürgermeister und seine Mitarbeiter kein Vorwurf treffen, wenn sie sich, nachdem die gnadenlose Kriegsmaschine endlich über die Heimatstadt Aachen hinweggerollt war, dieser und der zurückgebliebenen Mitbürger annahmen.[40]

[37] Aus der Ansprache des Aachener Ratsherrn Dr. Edmund Sinn auf den ihm befreundeten Oberbürgermeister bei der Gedenkstunde der Stadt und des Vorstandes des Deutschen Städtetages auf dem Ostfriedhof in Aachen zum 10. Todestag Oppenhoffs am 25. März 1955 (Ms. S. 2/3, Stadtarchiv Aachen, Nachlaß Oppenhoff).
[38] Aussage Dr. Karl Breuer im Oppenhoff-Prozeß. Auch die Zeugen Faust und Op de Hipt bekundeten, daß sich Oppenhoff nur mit der Betreuung der Zivilbevölkerung und dem Aufbau einer neuen Verwaltung befaßt habe (Prozeßakten 6 Ks 2/49, Urteil S. 43). Für die Erlaubnis der Akteneinsicht im Landgericht Aachen sei Oberstaatsanwalt Dr. Montebaur bestens gedankt.
[39] Prozeßakten, Urteil S. 43.
[40] Durch Übertragung der Gestapo-Methoden auf das vom Gegner besetzte deutsche Gebiet, die Erschießung von „Verrätern", wollte jedoch Himmler die zurückgebliebene Bevöl-

Am Tag von Allerheiligen begann in einigen zwar beschädigten aber noch benutzbaren Räumen des Regierungsgebäudes unter den denkbar größten Schwierigkeiten die Arbeit der neuen Verwaltung.[41] Der Geist echter Erneuerung und menschlicher Verbundenheit, der diese erste Aufbauarbeit Aachens erfüllte, dringt noch heute in den Worten des nur zu bald abberufenen Oberbürgermeisters vernehmbar an unser Ohr, wenn wir in seinem „Aufruf" von Mitte Dezember 1944 an die aus den Internierungslagern zurückgekehrten Bürger lesen:
„Aachener! Unsere fast zweitausendjährige Stadt ist in ihrer Geschichte niemals von einem gleich schweren Schicksal getroffen worden wie heute. Kein früherer Krieg, kein Stadtbrand, keine Hungersnot, keine Seuche haben die Stadt in ähnlicher Weise heimgesucht. Was nach den schweren Fliegerangriffen noch blieb, das ging in den letzten Kämpfen verloren. Wir finden nur noch Trümmer. Es fehlt an allem: an Wohnungen, an Nahrung, an Kleidung, an Werkzeugen, an Geld und an Hilfsquellen. Bitterste Not liegt hinter uns, lange, schwerste Zeiten des Aufbaus vor uns. Uns bleibt nichts als unser guter Wille, unsere Tatkraft und die tiefe, heiße Sehnsucht nach einem neuen, wahrhaften und gerechten Vaterland für alle..."
Oppenhoff war der Mann solchen guten Willens, der Stadt Aachen wie schon der Vater und Großvater in besonderer Weise verbunden. Ihm wohnte

kerung weiter terrorisieren und in den Dienst eines längst verlorenen totalen Krieges zwingen. Hatte das „Schwarze Korps", die Zeitung der SS, doch schon am 5. Oktober 1944 geschrieben: „In besetzten deutschen Landesteilen gäbe es keine ‚deutsche' Zivilverwaltung, keine ‚deutsche' Exekutive, keine ‚deutsche' Gerichtsbarkeit, weil ihre Träger und Organe den nächsten Monat kaum erleben würden. Kein Beamter dürfte feindlichen Befehlen folgen, ohne die Gewißheit zu haben, daß er bald darauf kalt und starr hinter seinem Schreibtisch hockt..." Das Bestehen des „Werwolf", einer Parteiorganisation, die den Widerstand hinter den feindlichen Linien fortsetzen sollte, wurde zwar erst am 2. April 1945, also unmittelbar nach der von NS-Presse und -Rundfunk am 30. und 31. März mitgeteilten Erschießung Oppenhoffs bekanntgegeben, doch gehen die Anfänge dieser Improvisation offenbar in den Oktober 1944 zurück. Denn schon Anfang November 1944 überbrachte SS-Obergruppenführer Prützmann, der Sonderbeauftragte Himmlers für die Organisation des „Werwolf" mit dem Sitz in Berlin, dem General der Waffen-SS und Höheren SS- und Polizeiführer West, Karl Gutenberger, in dessen Stabsquartier in Erkelenz gelegentlich der Werwolf-Besprechung mündlich den Befehl Himmlers, daß der „neue Oberbürgermeister von Aachen" zu erschießen sei, weil dieser durch die Annahme des Bürgermeisteramtes seine „reichsfeindliche Einstellung" bewiesen habe (Prozeßakten, Urteil S. 8ff.).

[41] Der von den Amerikanern zum Landrat von Monschau ernannte bekannte Tuchfabrikant und Heimatforscher Walter Scheibler besuchte – im Jeep mit dem Kommandanten von Monschau, Capt. Goetcheus, über Eupen fahrend – am 11. November 1944 erstmals nach der Kapitulation Aachens die Stadt und berichtet in seinem Kriegstagebuch über deren „trostlosen Eindruck": „Nur die Hauptdurchgangsstraßen waren fahrbar gemacht, die meisten anderen Straßen waren durch Minen oder Schutt unbefahrbar..." Oppenhoff saß „in einem Erdgeschoßzimmer des neuen Regierungsgebäudes ohne Heizung und Licht... Ich mußte feststellen, daß die ganzen Verhältnisse in Aachen auf allen Gebieten, zumal in der Versorgung, noch viel schwieriger lagen als in Monschau. Der östliche Teil der Stadt, seitlich der Heinrichsallee, und Hansemannplatz waren noch Kriegsgebiet und durften nicht betreten werden" (Zwischen zwei Fronten. Kriegstagebuch des Landkreises Monschau. Monschau 1959, S. 83f.).

ein unbeugsames Rechtsgefühl inne, das blutmäßige Erbe seiner Ahnen. Er hatte ein Herz für die Not seiner Mitbürger und einen aufgeschlossenen Sinn für das Gebot sozialer Gerechtigkeit, deren Probleme er als jugendlicher Angestellter und später als Betriebsführer kennenlernte. Nicht zuletzt aber war er Christ. Nicht allein deshalb, weil ihm das Christentum von Vater und Mutter überkommen war, sondern „weil er dessen tragende und heilende Kräfte an sich selbst verspürt hatte und sie auch für den Wiederaufstieg seines Volkes nutzbar machen wollte".[42]

So veranlagt, konnte Oppenhoff sich dem undankbaren Amt nicht entziehen. Er hat sich trotz der klar erkannten Gefahren mit ganzer Kraft in seinen Dienst gestellt.

V.

Die Aufgabe schien zunächst hoffnungslos. Es gab nichts mehr zu verwalten. Alles und jedes war neu zu erarbeiten. Zu den dringendsten Erfordernissen gehörte das Aufräumen der Straßen für den lebenswichtigen Verkehr. Dabei fehlten so gut wie alle Transportmittel. Mit zwei Pferdefuhrwerken zum Fahren von Milch und Gemüse konnte erst nach acht Tagen begonnen werden. Wiederum zehn Tage später fuhr das erste deutsche Auto in der Stadt. Die großen Zufahrtsstraßen blieben jedoch für jeden zivilen Verkehr gesperrt. Trotzdem mußten Lebens- und Existenzmittel erzeugt oder geborgen und herangeschafft, alle Unterlagen zum Wiederaufbau des Waren- und Zahlungsverkehrs neu erstellt, Dienststellen für eine gerechte Verteilung, für Ordnung und Sicherheit errichtet werden. Die große Stadt, die vor dem Kriege rund 162000 Bewohner hatte, lag in Trümmern. Im Dezember 1944 zählte sie etwa 10000 Menschen, darunter viele Frauen, Kinder und alte, nicht mehr voll Arbeitsfähige. Weitere 15000 waren aus nahen Grenzgebieten wieder zurückzuführen. Dazu stellte die Besatzuug ihre Quartierforderungen. So mußte man viele Obdachlose, obwohl dabei mit Mißbrauch zu rechnen war, in fremde Wohnungen einweisen, eine Maßnahme, die später bei manchen zurückgekehrten Geschädigten das Ansehen dieser ersten Verwaltung beeinträchtigt hat. Vor allem galt es, die zerstörten Versorgungsdienste wieder in Gang zu bringen, den wenigen Fachkräften die Erlaubnis zur Arbeitsaufnahme bei der Besatzung zu erkämpfen. Auch von deren Seite fehlte es nicht an Schwierigkeiten, zumal einzelne Bewohner versuchten, die Besatzung gegen die verantwortlichen Männer einzunehmen.[43] Überall mußte der Oberbürgermeister selbst eingreifen. „Er war die treibende Kraft aller Planungen und Ausführung;

---

[42] *Edm. Sinn,* a.a.O., S. 2.
[43] *Karl Breuer,* Niederschrift aus der Zeit des Oppenhoff-Prozesses 1949. Stadtarchiv Aachen, Nachlaß. – „Oppenhoff war", so berichtet Dr. Breuer weiter, „den Amerikanern ein sehr unbequemer Oberbürgermeister. Für die Rechte und Vorteile der Aachener Bevölkerung kämpfte er mit ihnen in kluger, aber verbissener Weise bis zur Selbstaufopferung. Wiederholt stellte er sein Amt zur Verfügung."

traten Schwierigkeiten auf, so ging er ihren Gründen nach und gab nicht Ruhe vor ihrer Beseitigung. Er spornte seine Mitarbeiter an und wies ihnen Aufgaben zu, die ihnen völlig fremd waren und eigentlich nicht zumutbar. Aber durch das Gewicht seiner Persönlichkeit und durch sein Vorbild zwang er sie, das ihnen abgeforderte Unmögliche zu tun."[44]

Schon in seinem „Aufruf" hatte Oppenhoff einen neuen Gemeinsinn der Bürger gefordert, wenn sie an einem „Leben in Armut, dem es aber nicht an Würde fehlen" sollte, teilhaben wollten. Als leuchtendes Vorbild hatte er ihnen die Domwache vor Augen gestellt, die in den Bombennächten und während der Belagerung in freiwilligem Dienst, und nur auf sich selbst gestellt, Tag und Nacht das ehrwürdige Münster geschützt hatte. In einem mit Professor Dr. Peter Mennicken von der Technischen Hochschule Aachen geführten Gespräch[45] äußerte sich der Oberbürgermeister noch im Dezember über solche Gemeinschaftsarbeiten und auch zur Frage der Bildung politischer Parteien:

„Zu solchen Notarbeiten wollen wir die Menschen nicht zwingen, sie müssen sich von innen her dazu verpflichtet fühlen und freiwillig zur Verfügung stellen. Die Mitbürger zu solchem Verständnis zu führen, ist besonders schwer, da sie seit 1933 ihre Menschenwürde, ihren Glauben an den anderen und ihren Rückhalt immer mehr verloren haben. Hier bedarf es einer völligen Umstellung. Wir leben in der Not, und wir bilden eine Notgemeinschaft. Für eine Absonderung irgendeiner Art, für eine politische Parteiung ist jetzt nicht die Zeit. Nur in Einigkeit können wir mit unseren unzulänglichen Mitteln an unsere Aufgabe herangehen. Wir fühlen uns der uralten Tradition Aachens verpflichtet. Das bedeutet nicht Lokalpatriotismus, das ist ein Beitrag zur Schaffung eines neuen Vaterlandes; denn von Aachen aus ist bereits vor mehr als tausend Jahren eine Erneuerung Deutschlands ausgegangen... Aus der Entwicklung und aus den Gegebenheiten der Zeit können wir aber nicht einfach da anknüpfen, wo wir vor 1933 oder gar vor 1914 aufhörten. Die Freiheit muß neu und in neuer Form erkämpft werden."

Immer wieder hat Oppenhoff darüber nachgedacht, wie man das Vertrauen der irregeleiteten Menschen zurückgewinnen könne. Wie man ihnen begreiflich machen solle, daß alles aus einem anderen Geiste geschehen müsse. „Der Oberbürgermeister machte", so heißt es in einer zeitgenössischen Niederschrift Mennickens, „den Versuch, die Menschen zu überzeugen. Er sprach mit Vertretern aller Schichten und Berufe in einer so offenen und selbstverständlichen Art, wie man das bisher nicht gekannt hatte. Er nahm die Ansichten dieser Männer und Frauen ganz ernst, legte ihnen dar, wo die wesentliche Not steckte, zeigte Wege, sie zu beheben, und erfuhr, was die Menschen bedrückte.

[44] *Edm. Sinn,* a.a.O., S. 3f.
[45] Das von Mennicken geschriebene und von Oppenhoff korrigierte Ms. befindet sich wie der erste Aufruf und die folgenden Zeugnisse im Stadtarchiv Aachen, Nachlaß Oppenhoff.

Diese Gespräche fanden scharfe Kritiker. Die einen glaubten, er gäbe damit die von ihm geforderte Würde preis, die anderen lächelten überlegen und meinten, dies seien schöne Versuche, die niemals einen Erfolg haben würden."

Nach der Einnahme Aachens hatten zwei amerikanische Armeen ostwärts der Stadt in einer dritten Schlacht ihre Angriffe fortgesetzt, sich in den regenschweren November- und Dezemberwochen unter großen Verlusten den Weg durch den Hürtgenwald, durch das Industriegebiet der Inde und Wehe zur Rur gebahnt, wo die Front Mitte Dezember zunächst liegenblieb. Am 14. dieses Monats erhielt Oberbürgermeister Oppenhoff von dem in der Stadt weilenden Zivilberater Eisenhowers, Botschafter Murphy, die Zusicherung, daß eine einheitliche militärische und zivile Behörde für das ganze damals besetzte Gebiet geschaffen werden solle.[46] Das mußte die wirtschaftliche Versorgung Aachens wesentlich erleichtern. Da begann zwei Tage später im benachbarten Südabschnitt, zwischen Monschau und Echternach, für die Amerikaner völlig überraschend, die Ardennenoffensive. Ihre beträchtlichen Anfangserfolge machten alle Planungen vorläufig zunichte, brachten die Schrecken des Krieges wieder in bedrohliche Nähe der Stadt. Schon fürchtete man hier eine neue Räumung und die Rückkehr des NS-Terrors.

Kurz vor Weihnachten erreichte die Krise ihren Höhepunkt. Die Straßen wurden für Deutsche gesperrt. Tausende Fahrzeuge rollten Tag und Nacht in die nahe Kampfzone. Das Mißtrauen der Amerikaner wuchs, machte den Männern der Verwaltung die Arbeit doppelt schwer. Trotzdem hatte Oberbürgermeister Oppenhoff eine Weihnachtsfeier angesetzt. Auch war es ihm unter großen Schwierigkeiten gelungen, dreitausend Christbäume in die Stadt schaffen zu lassen. Mitten im Waffenlärm der Ardennenschlachten, in einer Welt des Hasses, grenzenloser Verwirrung und Not sollte jede Familie in Aachen ihren Christbaum haben, ihr dadurch wenigstens am Heiligen Abend das Gefühl heimatlicher Geborgenheit beschieden sein.[47] Am 23. Dezember fand im Kassenraum des Regierungsgebäudes die Weihnachtsfeier der Verwaltung statt. Hier hat Oppenhoff das einzige Mal vor einem größeren Kreis als Oberbürgermeister gesprochen. Außer den Angestellten der Stadt nahm auch Major Swoboda teil, da eine Versammlung von mehr als fünf Personen nur so möglich war. Auch ihn hat die Feier wie die übrigen Teilnehmer tief ergriffen.[48] Nach dem Weihnachtslied „Es ist ein Ros' entsprungen" und dem Duett „Tui sunt coeli", das Domkapellmeister Professor Th. B. Rehmann eigens für diese Weihnacht schrieb, nahm der Oberbürgermeister das Wort.

[46] *Edm. Sinn,* a.a.O., S. 4 und *Karl Breuer,* Schriftl. Mitteilung an den Oberstaatsanwalt vom 21. Oktober 1949, S. 2.
[47] *Edm. Sinn,* a.a.O., S. 4.
[48] Oppenhoff „hat es stets abgelehnt und es auch seinen Mitarbeitern (Bürgermeistern) schärfstens untersagt, öffentlich oder gar am feindlichen Rundfunk zu sprechen. Major Swoboda, der amerikanische Verbindungsoffizier, war verständnisvoll genug und hat weder Oppenhoff noch uns übrigen jemals eine derartige Zumutung gemacht" (*Karl Breuer,* a.a.O., S. 1).

Er sprach über das Fest der Familie und der Liebe in dieser schweren Zeit. Oppenhoff „sprach lebhaft und eindringlich, ergriffen und ergreifend wie einer, der zu diesem Werk berufen ist. Er sprach mit Wärme von Mensch zu Mensch, von Herzen zu Herzen. Es war eine neue Art, die man hier spürte, ein Wille, zu überzeugen und nicht zu überwältigen. Es war eine Verheißung und eine Hoffnung. Nach der Rede wurden noch zwei Weihnachtslieder gespielt und gesungen, und still ging jeder seinen Weg durch die Trümmer nach dorthin, wo er sich ein Unterkommen zurechtgemacht hatte."[49] Die folgenden drei Feiertage benutzte der Oberbürgermeister, um die Ärmsten der Armen zu besuchen, Alte, Kranke im Krankenhaus und besonders verdiente Arbeiter, wie den Leichenbestatter Brand, der in den Wochen der Belagerung und in der folgenden Zeit allein und eigenhändig die Toten aus den Häusern holte und ihnen den letzten Liebesdienst erwies, ohne nach einem Entgelt zu fragen.[50] Zum Januar 1945 ist auch ein charakteristisches, seinem Mitarbeiter Faust gewidmetes Gedicht Oppenhoffs überliefert, in dem es heißt:

> „Wenn beim Ringen um die Klarheit
> die Erkenntnis sich erweitert,
> Welten stürzen – mancher scheitert:
> Wo ist Irrtum, wo ist Wahrheit?
>
> Wenn bei dem gerechten Wollen
> Freunde selbst – mit Recht – verzagen,
> so muß man es dennoch wagen,
> schöpft das Herz nur aus dem vollen!"

VI.

Als im Februar Frau Oppenhoff aus Eupen zurückkehrte,[51] fand sie ihren Mann, der immer ein fröhlicher Mensch gewesen war, durch die Last der Verantwortung, die aufreibenden Auseinandersetzungen mit der Besatzungsmacht überaus ernst und von dunklen Ahnungen erfüllt. „Es wird mir ergehen wie Rathenau und anderen. Vielleicht ist der Fallschirmspringer schon für mich bestimmt", sagte Oppenhoff in diesen Wochen zu einem Freunde, um sich dennoch täglich mit neuem Mut und Gottvertrauen seinen Aufgaben zu widmen.

---

[49] Tagebuch Mennicken.
[50] *Edm. Sinn*, a.a.O., S. 4. Der freiwillige Einsatz des Leichenbestatters wurde von Oppenhoff wiederholt als vorbildlich hervorgehoben. Vgl. auch das von Mennicken aufgezeichnete „Gespräch", siehe Fußnote 45.
[51] Major Swoboda hatte Oppenhoff schon zu Weihnachten oder Neujahr angeboten, seine Familie und seine Möbel aus Eupen zu holen. Als er auf Oppenhoffs Gegenfrage sich nicht dafür verbürgen konnte, daß alsbald auch die übrigen im Grenzgebiet wohnenden Aachener Familien mit ihrer Habe nach Aachen zurückgeholt würden, hatte Oppenhoff auf die Rückführung seiner Familie damals verzichtet (*Karl Breuer*, siehe Fußnote 43).

Nachdem Himmler schon einigemal zuvor die Beseitigung des „neuen Aachener Oberbürgermeisters" dem Höheren SS- und Polizeiführer West, Gutenberger, befohlen hatte,[40] erhielt dieser im Januar 1945 in seinem Stabsquartier Düsseldorf-Lohausen ein Schreiben Himmlers, daß der Oberbürgermeister zum Tode verurteilt und die Vollstreckung durch „Werwolf" zu vollziehen sei. Über das erkennende Gericht, seine Zusammensetzung, das Datum der Verurteilung, ja selbst den Namen des Verurteilten fehlte jede Angabe. Gleichwohl ergriffen jetzt Gutenberger und sein Stabsführer Raddatz die entscheidenden Maßnahmen, trafen leitend die Vorbereitungen, auch wenn sie den SS-Untersturmführer Wenzel beauftragten, „das Weitere zu veranlassen". Wenzel war mit den Werwolf-Männern auf Schloß Hülchrath bei Grevenbroich, dem Stabsquartier Gutenbergers vor der Rückverlegung nach Düsseldorf-Lohausen, als Leiter des Reststabes zurückgeblieben. Er erhielt die Führung des Erschießungskommandos, während einer der ihm in Hülchrath unterstellten Ausbilder, SS-Unterscharführer Leitgeb, zu seinem Stellvertreter bestimmt wurde. Zu ihnen traten zwecks Führung der Gruppe im Gelände zwei ehemalige Kriminalassistenten der Gestapo, die bei der Grenzpolizei in Aachen-Eupen bis zur Evakuierung Dienst getan und seitdem, zur Wehrmacht eingezogen, mehrfach als „Frontaufklärer" in Zivil hinter den feindlichen Linien Verwendung gefunden hatten, sowie zwei Jugendliche, darunter eine BDM-Hauptgruppenführerin, für Erkundungsgänge in Aachen. Am Abend des 19. März 1945, als der Rhein schon von den Amerikanern, die Oder von den Russen überschritten war, startete dieses „Spezialkommando" mit einem amerikanischen Beuteflugzeug auf dem Fliegerhorst Hildesheim in Richtung Aachen und sprang im Walde bei Gemmenich im deutsch-belgisch-holländischen Grenzgebiet ab, schlug sich zum Aachener Wald durch und bezog u. a. in der Nähe des Pelzerturms ein Lager. Es erkundete die Wohnung des Oberbürgermeisters, dessen Name Oppenhoff ihm erst jetzt bekannt wurde. Am Abend des 25. März drangen Wenzel und Leitgeb in deutscher Fliegerkombination, darunter Zivilkleidung, durch ein Kellerfenster in das Haus Oppenhoffs, Eupener Str. 251, während einer der beiden Kriminalassistenten sich in unmittelbarer Nähe befand, und zwangen die anwesende Hausangestellte, den Oberbürgermeister herbeizurufen, der diesen Sonntagabend mit seiner Frau im Nachbarhaus bei Freunden zubrachte. Unerschrocken folgte Oppenhoff sogleich der Aufforderung und erkundigte sich nach den Wünschen der angeblich auf der Flucht und in Not befindlichen deutschen Soldaten. Als er wieder aus seinem Haus trat – er hatte der Hausangestellten aufgetragen, Butterbrote zu machen –, wurde er von Leitgeb, der dem zögernden Wenzel die Pistole mit Schalldämpfer aus der Hand genommen hatte, durch einen Schuß in die linke Schläfe getötet. Keiner der beiden hatte auch nur ein Wort von einer Verurteilung oder Vollstreckung eines Urteils gesprochen.

Das Schwurgericht des Landgerichts Aachen klärte die dunklen Hintergründe des Verbrechens und erkannte am 22. Oktober 1949 nach fünf Verhandlungstagen, weil es ein Urteil eines jener in den letzten Kriegsmonaten bestehenden „Gerichte" „für möglich" hielt und die Angeklagten in einem militärischen Unterordnungsverhältnis zu Himmler gestanden hatten, nicht auf Mord, sondern auf Beihilfe zum Totschlag. Gutenberger wurde zu vier Jahren Zuchthaus, Raddatz zu drei Jahren Gefängnis, die beiden Kriminalassistenten zu geringen Strafen verurteilt. Leitgeb war während der Flucht bei Rollesbroich in der Eifel durch eine Mine getötet worden. Wenzel blieb bis heute verschollen.[52]

Das Schwurgericht stellte in seinem Urteil fest, daß die Erschießung Oppenhoffs „damals wie heute die Verachtung und den Abscheu aller anständig denkenden Menschen hervorgerufen" habe. Während die NS-Propaganda in der Agonie des Dritten Reiches eine Woche nach der Tat die Tötung des „treulosen Verräters" durch „deutsche Freiheitskämpfer", seine Verurteilung durch ein – nie vorhandenes – „Gericht zur Wahrung der deutschen Ehre" nicht genug rühmen konnte, berichtete die mit Genehmigung der Alliierten Militärbehörde damals in Aachen erscheinende deutschsprachige Zeitung,[53] daß der Oberbürgermeister der Stadt einem „Nazimeuchelmord" zum Opfer gefallen sei. Auch heute spricht man in Aachen nur von der „Ermordung" Oppenhoffs.

Schwer hatte die Bürde des Amtes auf den Schultern des Oberbürgermeisters gelastet. Noch am Abend seines Todestages hatte er einem Freunde gestanden: „Ich gehöre zu denen, die wissen, daß es fast nicht mehr geht und die es doch immer wieder versuchen." Gleichwohl war er Halt und Stütze seiner Mitbürger. Das wurde jetzt sichtbar, als er fehlte. „Er, der so vielen den Mut gab, wieder aufrecht zu stehen, er mußte fallen, getroffen vom Geschoß des Mörders", hieß es in der Totenklage dieses Freundes.

Am Mittwoch vor Ostern fanden im Hohen Dom zu Aachen die feierlichen Exequien statt. Der Bischof selbst sprach die Gedenkworte. In der Mittagsstunde wurde unter größter Anteilnahme der Bevölkerung der Oberbürgermeister auf dem Ostfriedhof beigesetzt. Am offenen Grab wandte sich Professor Hans Schwippert, damals Bürgermeister für das Bauwesen, ein letztes Mal an ihn, um zu danken, auch im Namen der Mitarbeiter:

„In ihrer aller Namen sage ich Dir Dank für diese Sorge, Dank für Dein Kämpfen, Dank für Dein warmes, rechtliches Herz. In ihrer aller Namen nehme ich Abschied von Dir. Zur Weihnacht hast Du uns in unvergeßlicher Stunde in den Ruinen zur tätigen Liebe aufgerufen. Zu Ostern wolltest Du uns rufen zur Hoffnung. Fünf Stunden vor Deinem Tod hast Du davon gesprochen, Du

---

[52] Diese Darstellung stützt sich auf die Gerichtsakten 6 Ks 2/49. – Die Revision beim Bundesgerichtshof hatte 1952 keinen sachlichen Erfolg.
[53] Aachener Nachrichten vom 28. März 1945.

wolltest, daß wir auferstehen und hoffen. So stelle ich diesen Abschied unter das Zeichen der Hoffnung. Wir senken Deinen Leib in die Erde, aus der jetzt und immer wieder das Blühen kommt. So auch senken wir ein Dein Vermächtnis des Rechts in die Herzen, damit es aus diesen Herzen wieder blühen möge in und unter den Menschen."

Der Mutterboden, in dem die Oppenhoffs wurzelten, war die heimische Erde, die alte Tradition einer Juristenfamilie. Ihr Ethos gründete sich auf kirchlich-religiöse Bindungen. Hohe Bürgertugenden hatten in der dunkelsten Zeit Deutschlands in Franz Oppenhoff Gestalt angenommen. Als leidenschaftlicher Anwalt der Heimat und des Rechts, für die er sein Leben opferte, wird er in der rheinischen Geschichte fortleben.

Der Witwe setzte die dankbare Stadt Aachen einen Ehrensold aus. Sie hält das Andenken des in ihrem Dienst Gefallenen lebendig, indem sie eine ihrer Hauptstraßen nach ihm benannte.

BISHER ERSCHIENENE BÄNDE

BAND 1. 1961. 264 S., 16 Taf., 1 Faltkte., DM 39,50.

Inhalt:

Vier Erzbischöfe von Köln: BRUNO I. *Robert Haass;* PHILIPP VON HEINSBERG *Gerhard Kallen;* ENGELBERT I. VON BERG *Erich Wisplinghoff;* DIETRICH VON MOERS *Georg Droege*
JOST MAXIMILIAN GRAF VON GRONSFELD *Helmut Lahrkamp*
JOHANN WILHELM, KURFÜRST VON DER PFALZ *Max Braubach*
ELIAS ELLER *Edmund Strutz*
JOHANN JOSEPH COUVEN *Paul Schoenen*
JOHANN GOTTFRIED BRÜGELMANN *Marie Luise Baum*
JOHANNES MÜLLER *Johannes Steudel*
GOTTFRIED KINKEL *Edith Ennen*
FRANZ BÜCHELER *Hans Herter*
FERDINAND SAUERBRUCH *Leo Norpoth*
HEINRICH LERSCH *Inge Meidinger-Geise*
FRANZ OPPENHOFF *Bernhard Poll*

BAND 2. 1966. 287 S., 21 Taf., 1 Kte., DM 39,50.

Inhalt:

KONRAD VON HOCHSTADEN *Erich Wisplinghoff*
WINRICH VON KNIPRODE *Erich Weise*
BARTHOLOMÄUS BRUYN *Hildegard Westhoff-Krummacher*
JOHANN VON VLATTEN *Anton J. Gail*
JOHANNES GROPPER *Walter Lipgens*
JAKOB III. VON ELTZ *Victor Conzemius*
MAXIMILIAN PASQUALINI UND SEINE FAMILIE *Dorothea Herkenrath*
FRIEDRICH SPEE VON LANGENFELD *Emmy Rosenfeld*
GERHARD REUMONT *Egon Schmitz-Cliever*
CHRISTIAN VON STRAMBERG *Karl Georg-Faber*
HERMANN VON BECKERATH *Heinz Boberach*
LUDOLF CAMPHAUSEN *Erich Angermann*
ALFRED RETHEL *Heinrich Schmidt*
MAXIMILIAN GRAF VON SPEE *Dietrich Höroldt*
PAUL FREIHERR VON ELTZ-RÜBENACH *Jürgen Huck*
JOSEF PONTEN *Gerhart Lohse*

BAND 3. 1968. 271 S., 22 Taf., DM 39,50.

Inhalt:

KARL DER GROSSE *François Louis Ganshof*
ALBERTUS MAGNUS *Heinrich Ostlender*
NIKOLAUS VON KUES *Erich Meuthen*
HERMANN VON WIED *August Franzen*
JOHANNES SLEIDANUS *Heinz-Otto Sieburg*
JAN VON WERTH *Helmut Lahrkamp*
JAKOB IGNAZ HITTORFF *Karl Hammer*
JOHANNES VON GEISSEL *Rudolf Lill*
CLEMENS AUGUST ALERTZ *Egon Schmitz-Cliever*
ERNST FRIEDRICH ZWIRNER *Willy Weyres*
JOHANN WILHELM SCHIRMER *Heinrich Appel*
CLEMENS THEODOR PERTHES *Albert Rosenkranz*
ADOLF KOLPING *Victor Conzemius*
KARL TRIMBORN *Rudolf Morsey*
ROBERT LEHR *Walter Först*

BAND 4. 1970. 302 S., 24 (4 farb.) Taf., DM 39,50.

Inhalt:

REINALD VON DASSEL *Rainer Maria Herkenrath*
BALDUIN VON LUXEMBURG *Franz-Josef Heyen*
WALRAM VON JÜLICH *Wilhelm Janssen*
AGRIPPA VON NETTESHEIM *Charles G. Nauert, Jr.*
PETER HASENCLEVER *Hermann Kellenbenz*
JANUARIUS ZICK *Othmar Metzger*
LUDWIG VAN BEETHOVEN *Joseph Schmidt-Görg*
JOHANN CLAUDIUS VON LASSAULX *Willy Weyres*
SULPIZ BOISSERÉE *Wolfgang Braunfels*
HEINRICH HEINE *Eberhard Galley*
FRIEDRICH ENGELS *Helmut Hirsch*
JOSEPH REINKENS *Victor Conzemius*
HEINRICH NAUEN *Eberhard Marx*
WALTER HASENCLEVER *Horst Denkler*
LUDWIG STRAUSS *Werner Kraft*

BAND 5. 1973. 259 S., 21 Taf., DM 39,50.

Inhalt

NIKOLAUS WILHELM BECKERS FRHR. VON WALHORN *Wilhelm Mummenhoff (†), Bernhard Poll*
JOHANN NIKOLAUS VON HONTHEIM *Heribert Raab*
JOHANN HUGO WYTTENBACH *Richard Laufner*
PETER CORNELIUS *Herbert von Einem*
THEODOR FLIEDNER *Anna Sticker*
ALFRED VON REUMONT *Hubert Jedin*
JOHANN WILHELM FRENKEN *Norbert Trippen*
FRANZISKA SCHERVIER *Erwin Gatz*
JAQUES OFFENBACH *Anna-Dorothee v. den Brincken*
MAX BRUCH *Karl-Gustav Fellerer*
ALEXANDER SCHNÜTGEN *Armin Spiller*
JULIUS BACHEM *Hugo Stehkämper*
ELSE LASKER-SCHÜLER *Werner Kraft*
JOHANN VICTOR BREDT *Klaus Goebel*

BAND 6. 1975. 288 S., 17 Taf., DM 39,50.

Inhalt:

REGINO VON PRÜM *Eduard Hlawitschka*
WILHELM VON JÜLICH *Wilhelm Janssen*
PETER RINCK *Franz Irsigler*
JOHANNES FRIEDRICH VON SCHAESBERG *Leo Peters*
FERDINAND HILLER *Reinhold Sietz (†)*
VINCENZ STATZ *Willy Weyres*
PHILIPP KREMENTZ *Erwin Gatz*
FRIEDRICH WILHELM DÖRPFELD *Klaus Goebel*
JACOB GERHARD ENGELS *Hans Horn*
WILHELM MARX *Hugo Stehkämper*
HEINRICH BRAUNS *Hubert Mockenhaupt*
KONRAD ADENAUER *Hans Maier*
WILHELM SOLLMANN *Felix Hirsch*

BAND 7. 1977. 316 S., 18 Taf., DM 39,50.

Inhalt:

ANNO II. VON KÖLN *Dieter Lück*
JOHANNES RODE *Pater Petrus Becker OSB*
JAKOBE VON BADEN *Burkhard Roberg*
FRANZ DAUTZENBERG *Klaus Müller*
ERNST MORITZ ARNDT *Max Braubach (†)*
MATTHIAS JOSEPH DE NOEL *Elga Böhm*
FRANZ LUDWIG ZAHN *Klaus Goebel*
ENGELBERT HUMPERDINCK *Hans-Josef Irmen*
HEINRICH PESCH *Franz H. Mueller*
PAUL CLEMEN *Albert Verbeek*
ERNST POENSGEN *Lutz Hatzfeld*
WILHELM LEVISON *Paul Egon Hübinger*
PAUL MOLDENHAUER *Horst Romeyk*
ROBERT PFERDMENGES *Wilhelm Treue*
KARL ARNOLD *Walter Först*

BAND 8. 1980. 323 S., 16 Taf., 1 Faltkte., DM 39,50.

Inhalt:

HERIBERT VON KÖLN *Heribert Müller*
ARNOLD VON WIED *Heinz Wolter*
HILGER QUATTERMART VON DER STESSE *Wolfgang Herborn und Klaus Militzer*
HERMANN VON GOCH *Franz Irsigler*
KONRAD HERESBACH *Corinne Beutler und Franz Irsigler*
HERMANN VON NEUENAHR *Heiner Faulenbach*
JOHANN HUGO VON ORSBECK *Franz Schorn*
WILHELM ARNOLD GÜNTHER *Alois Thomas*
JOHANN BAPTIST GEICH *Klaus Müller*
JOSEPH GÖRRES *Heribert Raab*
HEINRICH VON WITTGENSTEIN *Hasso von Wedel*
GERHARD DÜRSELEN *Klaus Goebel*
MOSES HESS *Bruno Frei*
LEOPOLD KAUFMANN *Dietrich Höroldt*
CARMEN SYLVA *Uwe Eckardt*
HERMANN CARDAUNS *Manfred Bierganz*

BAND 9. 1982. 320 S., 26 Taf., DM 39,50.

Inhalt:

WILBALD VON STABLO *Franz-Josef Jakobi*
ARNOLD VON ISENBURG *Rudolf Holbach*
HEINRICH VON FINSTINGEN *Volker Henn*
• SIEGFRIED VON WESTERBURG *Franz-Reiner Erkenz*
HEINRICH EGHER VON KALKAR *Gertrud Wegener*
• ADOLPH CLARENBACH *Klaus Goebels*
JOHANN ADAM SCHALL VON BELL *Heinz Doepgen*
JEAN IGNACE RODERIQUE *Herbert Hömig*
• CLARA FEY *Dieter Wynands*
CARL SCHURZ *Walter Kessler*
ANTON DE WAAL *Erwin Gatz*
CARL JOHANNES SENFFT *Lutz Hatzfeld*
• HUGO STINNES *Peter Wulf*
• KARL JOSEPH KARDINAL SCHULTE *Ulrich von Hehl*
WILHELM LEHMBRUCK *Siegfried Salzmann*
PETER ALTMEIER *Franz-Josef Heyen*